AF482543

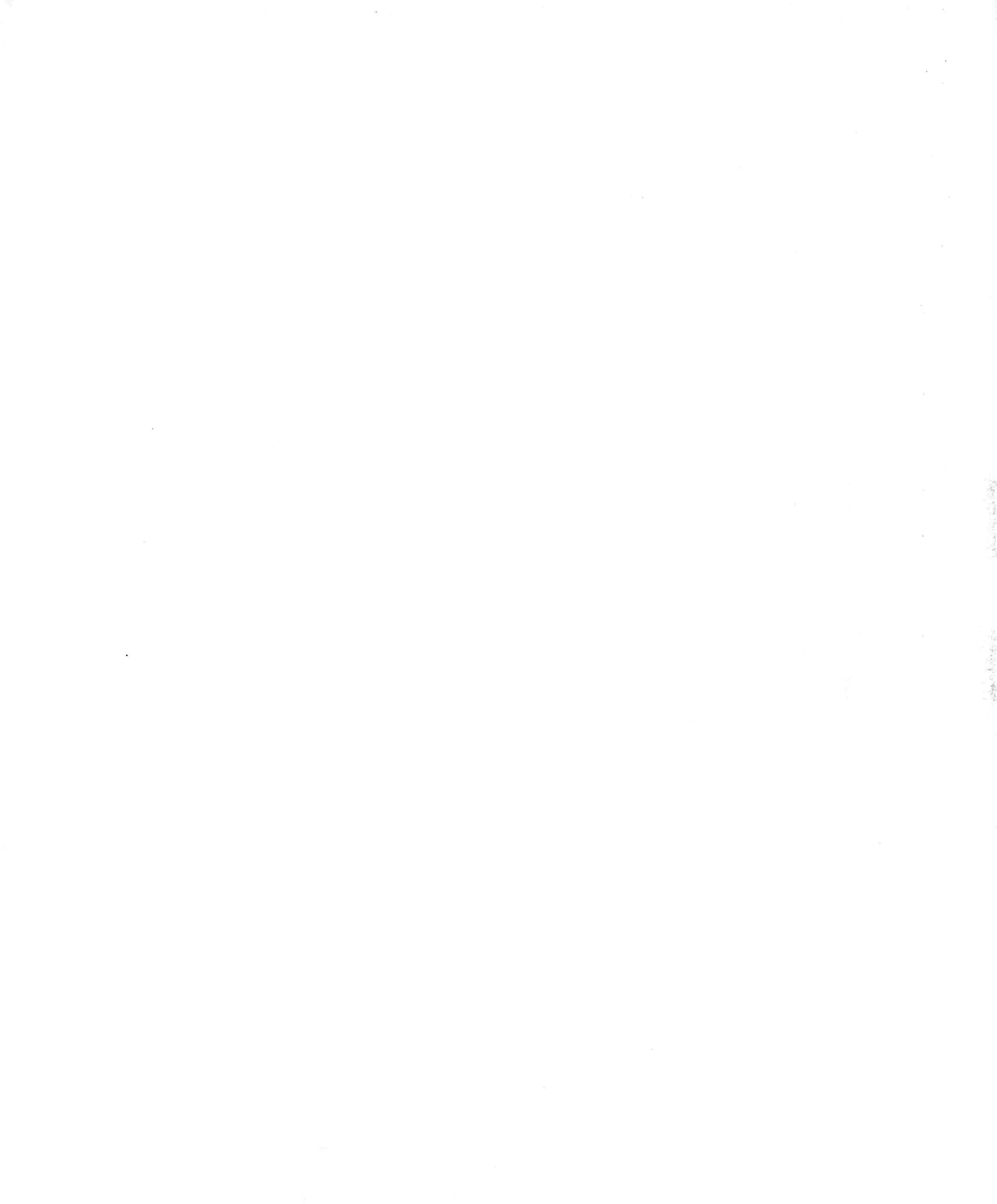

Patrocina / Sponsored by

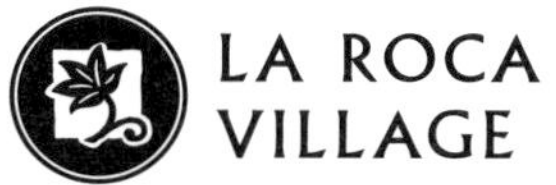

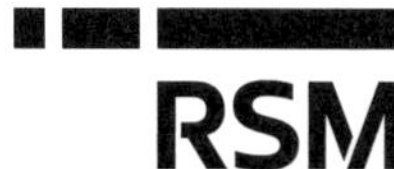

Jordi **Bernadó** **ID** project

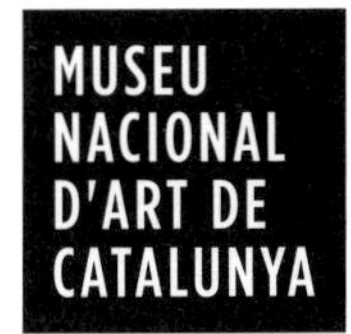

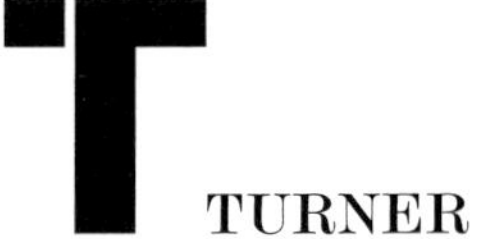

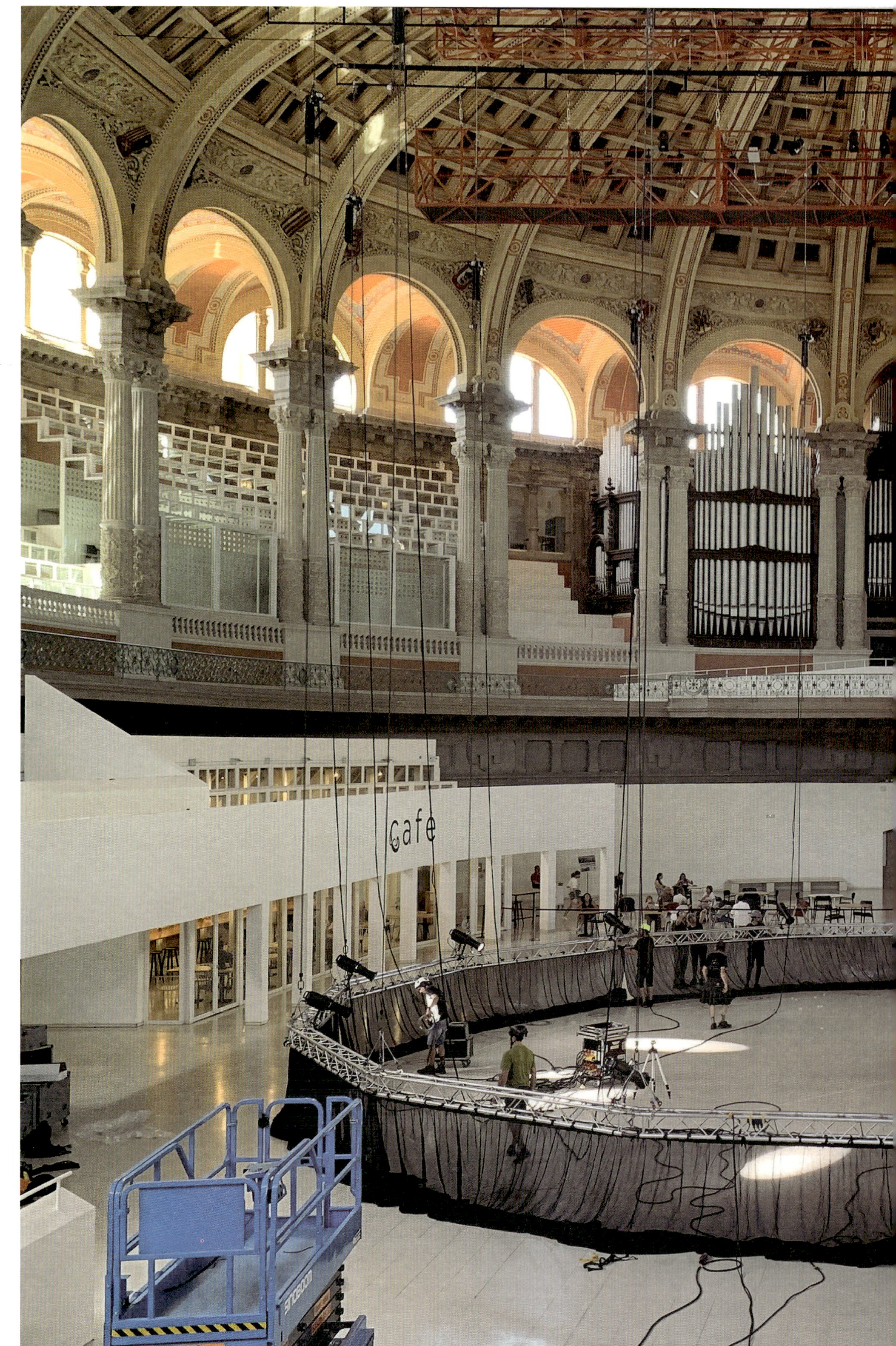
cafe

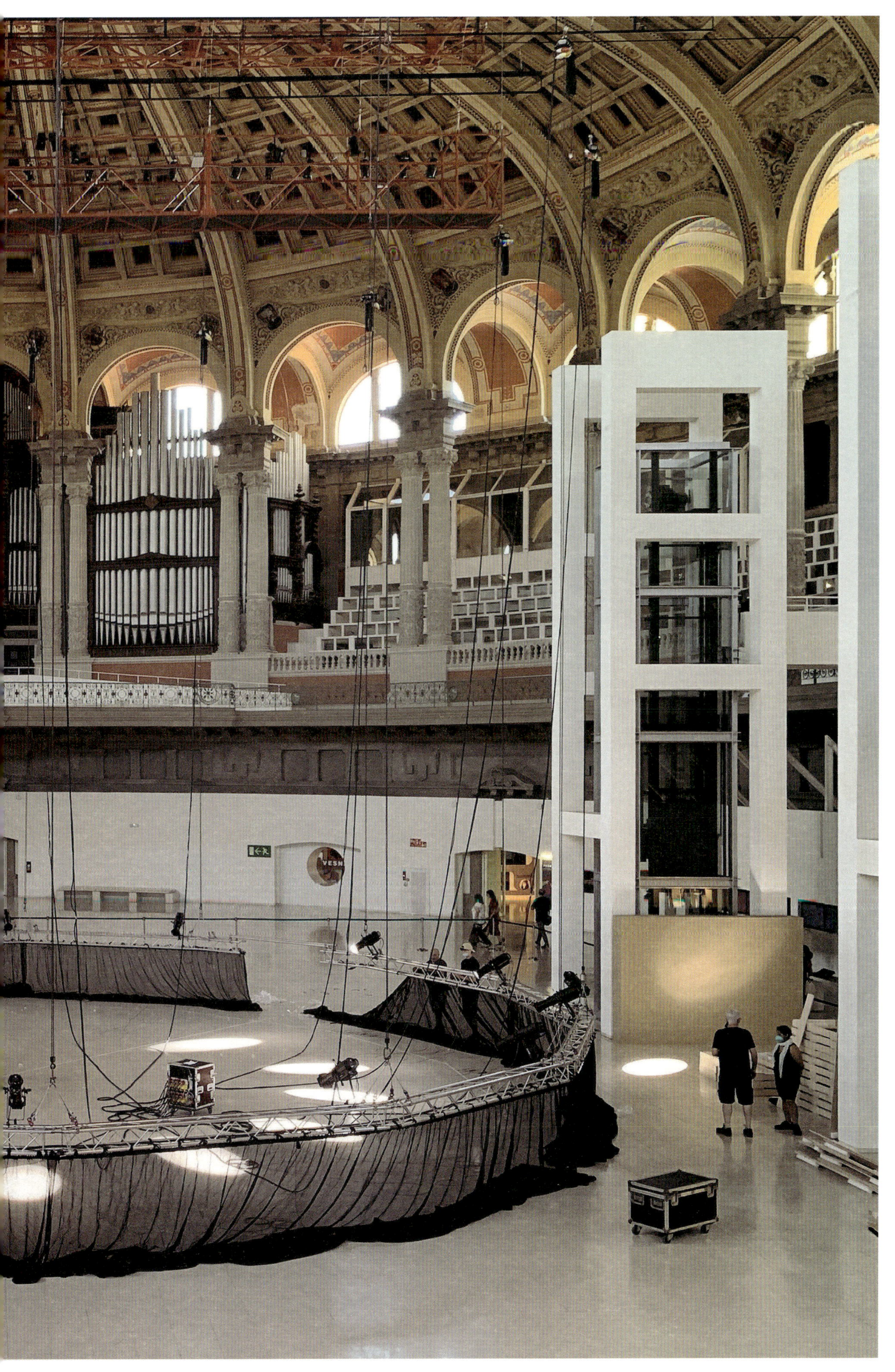

El Museu impulsa des de fa uns anys la idea de recuperar, almenys parcialment, l'ús de la Sala Oval com a punt de trobada i plaça pública, i també com a espai per a intervencions de format mitjà i gran a càrrec d'artistes, realitzades de forma específica pel nostre programa.

És en aquest context que presentem el *IDproject* del fotògraf Jordi Bernadó, un artista que des de fa temps estava en diàleg obert amb el Museu, explorant-ne les col·leccions. Aquesta intervenció és fruit de les converses mantingudes i s'ha d'inscriure en el treball amb artistes contemporanis que hem anat desenvolupant darrerament i que tan bons resultats ha generat en forma de nous projectes i obres artístiques. En aquest cas, la proposta incideix en la voluntat del Museu d'esdevenir un lloc de present on debatre i interrogar-se sobre qüestions molt rellevants per a tots nosaltres avui, amb una instal·lació de fotografies de gran format en què, a través dels personatges retratats, les imatges ens porten a qüestions avui fonamentals: el medi ambient, la ciència, els drets humans, el coneixement i la tecnologia, entre moltes altres. Amb un procés complex de selecció dels protagonistes d'aquesta sèrie d'imatges, i amb unes limitacions autoimpo- sades per ell mateix, Bernadó ens parla també de la seva idea del retrat i, sobretot, de la possibilitat d'un lloc o un espai al món que ens representi a cadascun de nosaltres, tal com els indrets que apareixen a la instal·lació ho fan amb els fotografiats.

El projecte també referma l'aposta clara del Museu per la fotografia, no només a través de la política d'adquisicions i donacions per seguir construint la col·lecció que tant ha crescut darrerament, sinó també mitjançant el treball amb els creadors en actiu.

Vull expressar el meu agraïment als autors dels textos d'aquesta publicació, Alejandro Castellote i Laura Ferrero, i el meu reconeixement i gratitud personal a Jordi Bernadó per la professionalitat i l'entusiasme que ha mostrat al llarg de tot el projecte, així com la feina ingent i sempre facilitadora dels seus col·laboradors Amanda Mauri i Joan Deulofeu. També vull agrair i destacar la contribució fonamental de la Col·lecció d'Art Banc Sabadell, que va produir i adquirir les obres i ha estat essencial per a aquest projecte. Finalment, com sempre, vull agrair i destacar la feina de tot l'equip del Museu, que és qui converteix tot això en realitat.

Pepe Serra Villalba, director del Museu Nacional d'Art de Catalunya

El Museo impulsa desde hace algunos años la idea de recuperar, cuando menos parcialmente, el uso de la Sala Oval como punto de encuentro y plaza pública, y también como espacio para intervenciones de medio y gran formato a cargo de artistas, realizadas de forma específica para nuestro programa.

En este contexto presentamos el *IDproject* del fotógrafo Jordi Bernadó, un artista que desde hace tiempo estaba en diálogo abierto con el Museo, explorando sus colecciones. Esta intervención es fruto de las conversaciones mantenidas y debe inscribirse en el trabajo con artistas contemporáneos que hemos ido desarrollando últimamente y tan buenos resultados ha generado en forma de nuevos proyectos y obras artísticas. En este caso, la propuesta incide en la voluntad del Museo de convertirse en un lugar de presente donde debatir e interrogarse sobre cuestiones muy relevantes para todos nosotros hoy, con una instalación de fotografías de gran formato en la que, a través de los personajes retratados, las imágenes nos llevan a cuestiones hoy fundamentales: el medio ambiente, la ciencia, los derechos humanos, el conocimiento y la tecnología, entre otras muchas. Con un proceso complejo de selección de los protagonistas de esta serie de imágenes, y con unas limitaciones autoimpuestas por él mismo, Bernadó nos habla también de su idea del retrato y, sobre todo, de la posibilidad de un lugar o un espacio en el mundo que nos represente a cada uno de nosotros, al igual que los lugares que aparecen en la instalación lo hacen con los fotografiados.

El proyecto también reafirma la apuesta clara del Museo por la fotografía, no solo a través de la política de adquisiciones y donaciones para seguir construyendo la colección que tanto ha crecido últimamente, sino también mediante el trabajo con los creadores en activo.

Quiero expresar mi agradecimiento a los autores de los textos de esta publicación, Alejandro Castellote y Laura Ferrero, y mi reconocimiento y gratitud personal a Jordi Bernadó por la profesionalidad y entusiasmo que ha mostrado a lo largo de todo el proyecto, así como el trabajo ingente y siempre facilitador de sus colaboradores Amanda Mauri y Joan Deulofeu. También quiero agradecer y destacar la contribución fundamental de la Colección de Arte Banco Sabadell, que produjo y adquirió las obras y ha sido esencial para este proyecto. Por último, como siempre, deseo agradecer y destacar el trabajo de todo el equipo del Museo, que es quien convierte todo esto en realidad.

Pepe Serra Villalba, director del Museu Nacional d'Art de Catalunya

For some years now, the Museum has been working to revive the Oval Room, at least partially, as a meeting point, a public arena, and as a space for large and medium-sized interventions created specifically as part of our cultural programme.

It is in this context that we present *IDproject*, a show by the photographer Jordi Bernadó, who has long been engaged in an open dialogue with the Museum, exploring its collections. The artist's intervention, the result of conversations we have had, is part of our recent work with contemporary artists that has generated such excellent results in the shape of new projects and artistic creations. In this case, the project is aligned with the Museum's aspiration to become a place where issues of great relevance to all of us today can be debated and explored. In *IDproject*, Bernadó presents an installation of large photographs which, through the personalities they portray, evoke themes of the most vital importance: the environment, science, human rights, knowledge, and technology, among others. Formulating a complex process for selecting those portrayed in this series of photographs, and imposing certain restraints on his work, Bernadó also explores his idea of the portrait and, above all, of the possibility of a place or space in the world that can represent each and every one of us, just as the sites that appear in the installation represent his subjects.

The project also reaffirms the Museum's strong commitment to photography, not only through the policy of acquisitions and donations aimed at continuing to build a collection that has grown so much in recent years, but also by working with active practitioners.

I would like to express my gratitude to Alejandro Castellote and Laura Ferrero, the authors of the texts in this publication, and to proffer my most sincere recognition and congratulations to Jordi Bernadó for the professionalism and enthusiasm he has shown throughout the project. Many thanks, too, to his collaborators, Amanda Mauri and Joan Deulofeu, for their hard work and inestimable cooperation. I would also like to thank the Banc Sabadell Art Collection and to highlight the vital contribution it has made to the project by producing and acquiring the works in the show. Finally, as always, my sincere gratitude to the entire Museum team, whose excellent work helped to bring this ambitious project to fruition.

Pepe Serra Villalba, director of the Museu Nacional d'Art de Catalunya

Alejandro Castellote

Davant del paisatge dels altres

Alejandro Castellote,
comissari i professor de fotografia

La producció fotogràfica de Jordi Bernadó es desdobla en dues identitats creadores que en enunciar-les semblen oferir alguns punts en comú. La primera és essencialment occidental i està relacionada amb l'esperit dels viatgers, amb la voluntat d'entendre altres cultures i, a la tornada, compartir el que ha conegut. És un fotògraf cosmopolita, no perquè hagi viscut en molts llocs, sinó perquè és capaç de transitar-los amb la fluïdesa dels qui han deixat de creure en les fronteres. És occidental perquè l'exteriorització de les seves exploracions cap a països que no són el seu l'inscriu en una característica, essencialment europea, que ja va ser descrita per l'historiador grec Heròdot quatre-cents anys abans de Crist:

> «Cada any enviem els nostres vaixells, amb gran perill per a les vides i grans despeses, a l'Àfrica a preguntar: Qui sou? Com són les vostres lleis? Com és la vostra llengua? Ells no han enviat mai un vaixell a preguntar-nos-ho a nosaltres».[1]

La segona apareix quan es repassa la seva obra, en la qual trobem punts d'intersecció que reverteixen en un tret de la seva personalitat: la curiositat. Una curiositat que es manifesta en forma d'escrutini, d'una mirada a vegades impertinent, connotada amb abundants dosis de tendresa, d'ironia salpebrada amb espurnes de sarcasme; però crec que el que realment sobrevola el conjunt de la seva obra és l'empatia, un concepte que ha crescut i madurat gràcies a la curiositat.

És cert que la paraula curiositat és aparentment banal, no és gaire eufònica i ni tan sols és esdrúixola, però sí que és poderosament inclusiva en els seus interessos. Després de tot, la curiositat porta a la sorpresa i aquesta sorpresa aristotèlica és el detonant de la recerca i del pensament científic. Amb l'humor, amb la ironia, passa una cosa semblant. Són conceptes *menors* que rarament han ocupat posicions de prestigi en la història del pensament. Això no obstant, l'humor i la ironia faculten la possibilitat de parodiar les pròpies conviccions, és a dir, pensar. La qual cosa no sembla un assumpte menor.

El viatge, la voluntat de compartir, d'explicar històries i un caràcter profundament empàtic estan profundament arrelats en la història, en el programa inicial de la fotografia i en l'esperit relacional que li ha permès, gairebé dos segles després, ocupar un lloc central en els sistemes de comunicació de la societat. Al cap de trenta anys de trajectòria, podem fer un recorregut especular del seu treball en paral·lel amb la història del mitjà, on es troben alguns elements que en sustenten, gairebé literalment, l'estructura formal i conceptual.

La fotografia ha recorregut la història, en aquest cas la de l'art, en els vagons de segona classe. Però ha tingut una influència que tampoc ha estat menor. De fet, l'aparició de la fotografia va suposar l'atemptat més gran a l'essència de l'art occidental: la mimesi. L'associació de «destresa en l'execució» amb «qualitat artística» va entrar en franca decadència en aquell mateix moment i encara no se n'ha recuperat. N'hi ha prou de llegir als artistes i els experts en art del segle XIX per adonar-se de l'esquinçament que va produir aquest aparell, capaç de reproduir la realitat amb els més mínims detalls, sense cap esforç i sense fer veu engolada. Va ser una bomba de rellotgeria que ara, mirant-ne els efectes en retrospectiva, pocs s'atrevirien a qualificar negativament.

Imatges dins d'imatges

Kenneth Josephson és un fotògraf conceptual nord-americà que té una sèrie titulada *Images Within Images* (Imatges dins d'imatges). En una de les fotografies que en formen part hi apareix una mà subjectant una postal. És de 1967 i s'hi reprodueix la imatge del palau de Drottningholm, una de les residències de la família reial sueca a l'illa de Lovön. La vista presenta el palau davant d'un llac i està feta des d'un sender flanquejat per estàtues que es dirigeix, vorejant la riba del llac, cap a l'entrada principal. Sembla una postal antiga. Josephson és en aquest mateix lloc. Aguanta la postal davant la càmera amb la mà esquerra i amb la dreta fa una fotografia des del mateix lloc on es va fer la imatge antiga. Sembla confrontar aquest escenari registrat en el passat amb la situació actual: les estàtues, per exemple, estan cobertes amb unes estructures de fusta, la qual cosa dona a entendre que estan en procés de neteja o restauració. Josephson inclou el passat en el present; fa coincidir dos temps diferents a l'interior de la fotografia. Tendim a pensar que el registre fet per ell es més real que el de la postal perquè aquest temps ja no existeix. La imatge de Josephson, la del present, pel fet d'incloure aquest element estrany a les regles de representació del paisatge –la mà– escenifica la seva pròpia mirada i, com que l'escena reprodueix un pla subjectiu, ens dona l'oportunitat de sentir que podem intercanviar-nos amb ell i ser nosaltres els qui estem aguantant la postal.

Aquest moment d'intersubjectivitat ens permet fer un acte de reconeixement. Ens posem en el seu lloc. Intentem entendre què vol dir amb aquest gest tan simple. Pensem. I elaborem la nostra pròpia opinió sobre l'escena. Superposem per un instant la nostra subjectivitat amb la seva i en aquest lapse oblidem que, realment, ens trobem davant de dues fotografies. Josephson juga, mitjançant aquesta paradoxa visual, amb la manera com la percepció gestiona la comprensió de les imatges, amb el poderós suggeriment de realitat que contenen. «La fotografia», diu John Berger, «no tradueix les aparences, les cita», i afegeix «la càmera pot atorgar autenticitat a qualsevol conjunt d'aparences, per molt falses que siguin». Queda a les nostres mans descodificar les altres capes no visibles que coadjuven a orientar el significat del que hi veiem, del que hi *llegim*. Al començament del segle XX, la publicitat de Kodak deia: vostè pitja el botó i nosaltres fem la resta. Però, un segle més tard, res que tingui relació amb les imatges és tan innocent com aleshores. Diguem, per simplificar, que ara la càmera mostra el fragment i nosaltres hi posem la resta.

Berlin (DE 14.5)

Berlin (DE 11.5)

Berlin (DE 5.2)

Aquest és l'oferiment que Jordi Bernadó comparteix a través de les seves fotografies. Fa un trànsit del *jo* al *nosaltres*. Ens està dient que el que compta no és el que *ell* pensa, sinó el que *nosaltres* pensem. No hi ha un missatge ocult que haguem d'endevinar. Ens cedeix el poder d'interpretar.

Amb les fotografies de Mark Klett, un altre fotògraf nord-americà, en aquest cas d'Arizona, passa una cosa semblant al que fa Ken Josephson. En els seus treballs Klett superposa, de diferents maneres, imatges del passat sobre les del present. Ho fa, en paraules seves, «per reflexionar sobre nocions més àmplies de la cultura, el pas del temps i la construcció de la percepció». Les més espectaculars estan fetes al voltant del Gran Canyó del Colorado[2] i al Parc Nacional de Yosemite. Utilitza fotografies dels grans fotògrafs paisatgistes nord-americans del segle XIX i

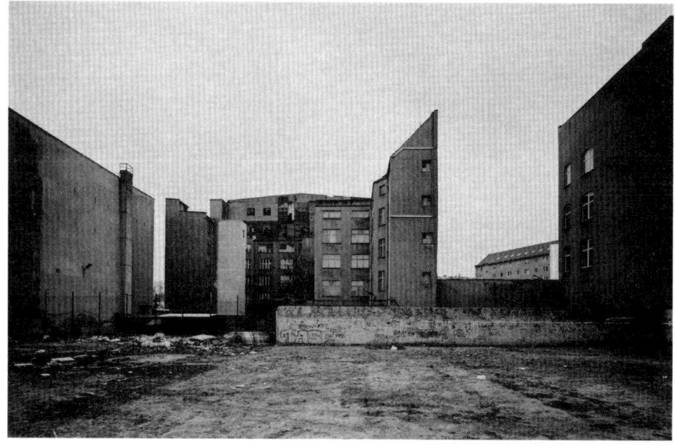

començament del XX: Timothy O'Sullivan, Eadweard Muybridge, William Bell i William Henry Holmes.

Les paradoxes visuals de Ken Josephson tenen, a primera vista, l'encant de la senzillesa, de la identificació fàcil dels referents, la qual cosa les empeny a ser llegides amb aquella espècie de «delectació distreta» de què va parlar Barthes. El plaer de la identificació continua sent un dels més evidents de la nostra relació amb una fotografia. I, com diu el curador i escriptor cubà Juan Antonio Molina, «potser és un dels gaudis més "purs", perquè permet un acostament més o menys "ingenu" a la imatge, que fins i tot es pot escapar de les pretensions conceptuals més radicals». L'objectiu d'aquests tres fotògrafs, Bernadó, Josephson i Klett, és activar les lectures d'una imatge que fins i tot poden ser divergents d'allò que s'hi representa. Només hi ha un problema perquè, com diu Daniel Pennac en el llibre *Com una novel·la*, «la veu llegir no admet l'imperatiu».

Les fotografies de Jordi Bernadó també semblen senzilles a primera vista, però inclouen altres imatges no visibles –imatges mentals–, estrats semàntics que condueixen la lectura que en fem a múltiples direccions interpretatives que anirem visualitzant al llarg d'aquest text.

1 Steiner, George, *La idea de Europa*. Madrid: Ediciones Siruela, 2005, pàg. 68.

2 Vegeu el seu llibre *Reconstructing the View, The Grand Canyon Photographs of Mark Klett and Byron Wolfe*. Oakland, CA: University of California Press, 2012. http://www.markklettphotography.com/books-summary/2015/10/7/reconstructing-the-view-the-grand-canyon-photographs-of-mark-klett-and-byron-wolfe-university-of-california-press-2012

3 *La curaduría como (in)disciplina* és un text de Juan Antonio Molina que pertany al curs Introducció a la pràctica curatorial al Centro de la Imagen de Mèxic.

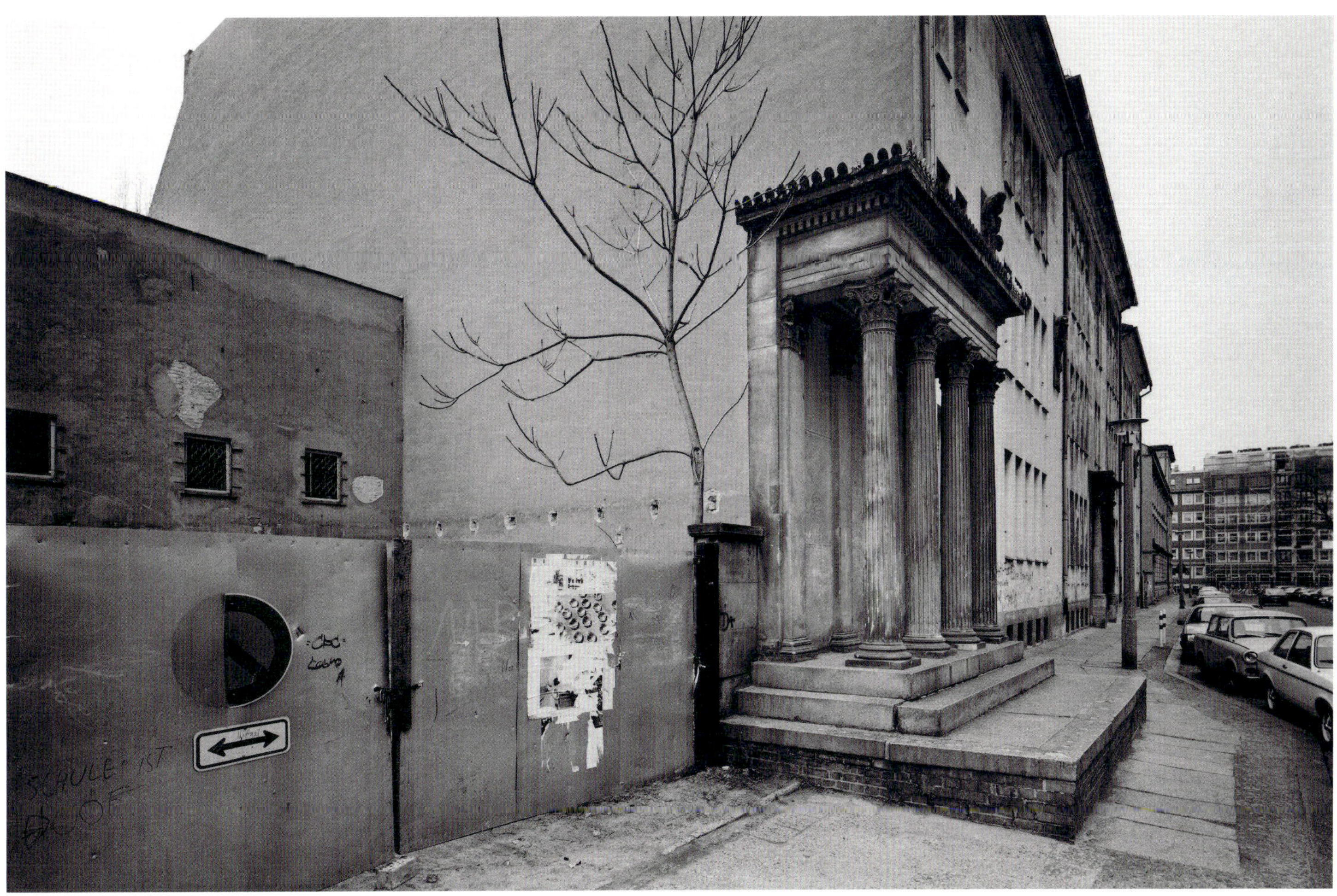

> «El que esperem d'una fotografia és, primer, que ens atorgui el plaer de la identificació, segon, que ens commogui, oferint aspectes nous de la realitat i, en tercer lloc, que ens convenci que allò que hi ha fotografiat és real. D'aquí provenen els tres problemes principals que encara ha d'enfrontar qualsevol fotògraf: el problema de la llegibilitat de la imatge, el problema de la capacitat d'impacte i el problema de la versemblança».[3]

Berlín

Al començament de la dècada dels noranta, després del desmantellament de l'URSS, Berlín passa a ser la nova capital d'Alemanya. Són anys en què es posa en marxa un ambiciós projecte urbanístic destinat a configurar la nova morfologia de la que va ser capital del país fins a la caiguda de Hitler. La construcció d'aquest nou Berlín es converteix en metàfora de la construcció d'una nova Europa, la que sorgeix de la caiguda de l'icònic mur que va separar la ciutat i de l'enfonsament del teló d'acer. Alemanya aborda un nou repte: ja no vol ser només la locomotora econòmica d'Europa, també vol ser-ne el far cultural, aquest cavall de Troia que tan bons resultats havia donat a França en segles anteriors. Després de la penetració de la cultura, les arts i les col·leccions franceses en altres països, hi entraven les grans empreses, cosa que ha continuat fent fins avui. En el cas recent de la Xina, per posar-ne només un exemple, al començament del segle XXI, els primers festivals de fotografia van ser organitzats per francesos i patrocinats per grans companyies de diferents sectors de l'economia francesa.

Però continuem amb Alemanya; l'estat, seguint el model francès, activa totes les seves institucions per fer-se present en tots els àmbits de la cultura i eventualment liderar l'escena artística. Els museus s'afanyen a sincronitzar-se amb aquest lideratge mostrant les col·leccions d'art alemany arreu del món. Els bancs, especialment el Deutsche Bank, inverteixen quantitats extraordinàries per incrementar les seves col·leccions d'art. Només a les oficines del banc al Regne Unit es despleguen més de quatre mil –4.000– obres dels seus fons; al llarg del continent americà té en exhibició prop de 7.000 obres, totes en paper o en suport fotogràfic. És molt probable que algú anomeni això estratègia neocolonial, però tot i que fos així, sembla la menys nociva de les estratègies.

Pel que fa a la fotografia, l'anomenada Escola de Düsseldorf –Becher, Gurski, Höfer, Ruff, Struth– es converteix en un dels

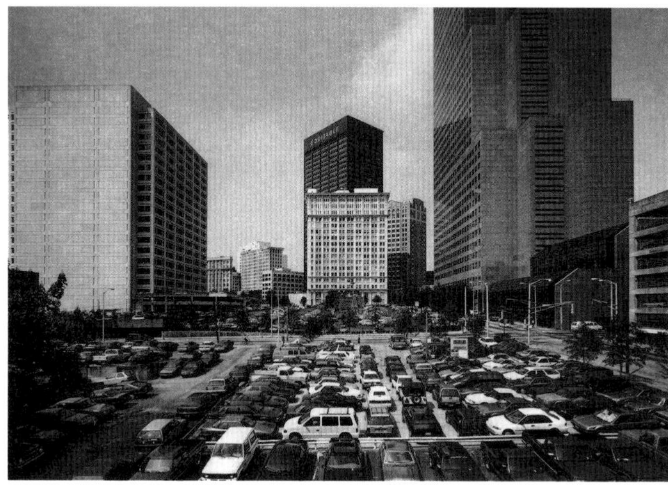

4 El projecte es va inaugurar al Palais de Tokyo de París, llavors seu del Centre national de la photographie francès, juntament amb l'exposició retrospectiva del mestre peruà Martín Chambi, organitzada pel departament de fotografia del Círculo de Bellas Artes de Madrid.

5 L'exposició comissariada per William Jenkins *New Topographics: Photographs of a Man-Altered Landscapel*, que va donar nom a aquest moviment, va ser coorganitzada pel Center for Creative Photography de Tucson, Arizona, i el George Eastman House International Museum of Photography and Film de Rochester, Nova York, el 1975. Hi van participar Robert Adams, Lewis Baltz, Bernd i Hilla Becher, Joe Deal, Frank Gohlke, Nicholas Nixon, John Schott, Stephen Shore i Henry Wessel Jr.

6 Valtorta, Roberta, "Ripartire da zero" en *Tracce. Giampietro Agostini*. Milà: Baldini&Castoldi s.r.l., 1998, pàg. 7.

referents de l'art contemporani i influeix en gran manera en la fotografia europea. Durant gairebé un parell de dècades, cada nova sèrie dels integrants d'aquest grup format a la Kunstakademie de Düsseldorf generava una cadena d'imitadors. Un dels seus integrants, Axel Hütte, va començar en aquest període una sèrie en color sobre la construcció del nou Berlín i, sota la seva poderosa influència, desenes de fotògrafs europeus es van sumar a il·lustrar aquesta metàfora de la «nova Europa en construcció». Paral·lelament, uns quants centenars més es van dedicar a registrar «espais de poder» calcant les directrius conceptuals de la sèrie homònima de Candida Höffer.

Jordi Bernadó, aleshores ja molt vinculat a la fotografia d'arquitectura, va publicar el seu primer assaig fotogràfic, el 1993, precisament amb imatges de la capital alemanya. Però no ho va fer seguint la retòrica de Düsseldorf, sinó en blanc i negre, inspirat entre altres pel fotògraf italià Gabriele Basilico –especialment admirat i influent a Espanya– i en John Davies, que gaudien tots dos, ja aquells anys, d'un extraordinari predicament en la fotografia europea. En la seva obra, l'un i l'altre parlen en veu baixa de ciutats postindustrials, de la vacuïtat d'aquestes ciutats i de com hem alterat la natura. Veient les seves fotografies es diria que, a la manera de Fox Talbot, deixen que la ciutat es representi a ella mateixa.

Fins aquí tot bé, Bernadó va registrar la metamorfosi de Berlín sense escarafalls, amb un càmera de format mitjà, en rigorós blanc i negre, arrecerat darrere de la pantalla de la perspectiva renaixentista, amb els carrers buits perquè la gent no distregui la nostra atenció i homenatjant, a vegades, les vistes panoràmiques dels fotògrafs pioners del segle XIX. Però va començar a veure-hi coses estranyes. Una mena d'entropia urbana que exhibia col·lisions arquitectòniques no racionals, falles temporals entre edificis confrontats, buits significants i realitats malenconioses que es mostren pels intersticis de les obres. I aquí apareixen les mitgeres. La cara inútil dels blocs de vivendes. Un recurs constructiu que actua com a separador entre diferents edificis i que no sol ser present en els treballs sobre arquitectura. Són murs enormes, buits, que esperen, com al·legòriques «Penèlopes» de ciment, l'arribada d'un edifici que doni sentit a la seva existència, a la seva naturalesa discreta i invisible. Hi ha vegades que sí que hi arriba però, mai més ben dit, no està a l'altura del que se n'esperava. En aquest Berlín recuperat, el protagonisme de les mitgeres no és, de cap manera, anecdòtic, perquè subratlla visiblement una absència: és la metàfora de la ciutat que durant tres dècades va estar dividida.

Bernadó no és el primer que atura la mirada a les mitgeres i les converteix en protagonista central de les seves imatges. A la Missió fotogràfica sobre Beirut, que va posar en marxa el 1991 l'escriptor libanès Dominique Eddé, Robert Frank també les inclou com un signe més de la desolació que deixa la guerra. A més dels treballs de Frank, Eddé va disposar dels treballs

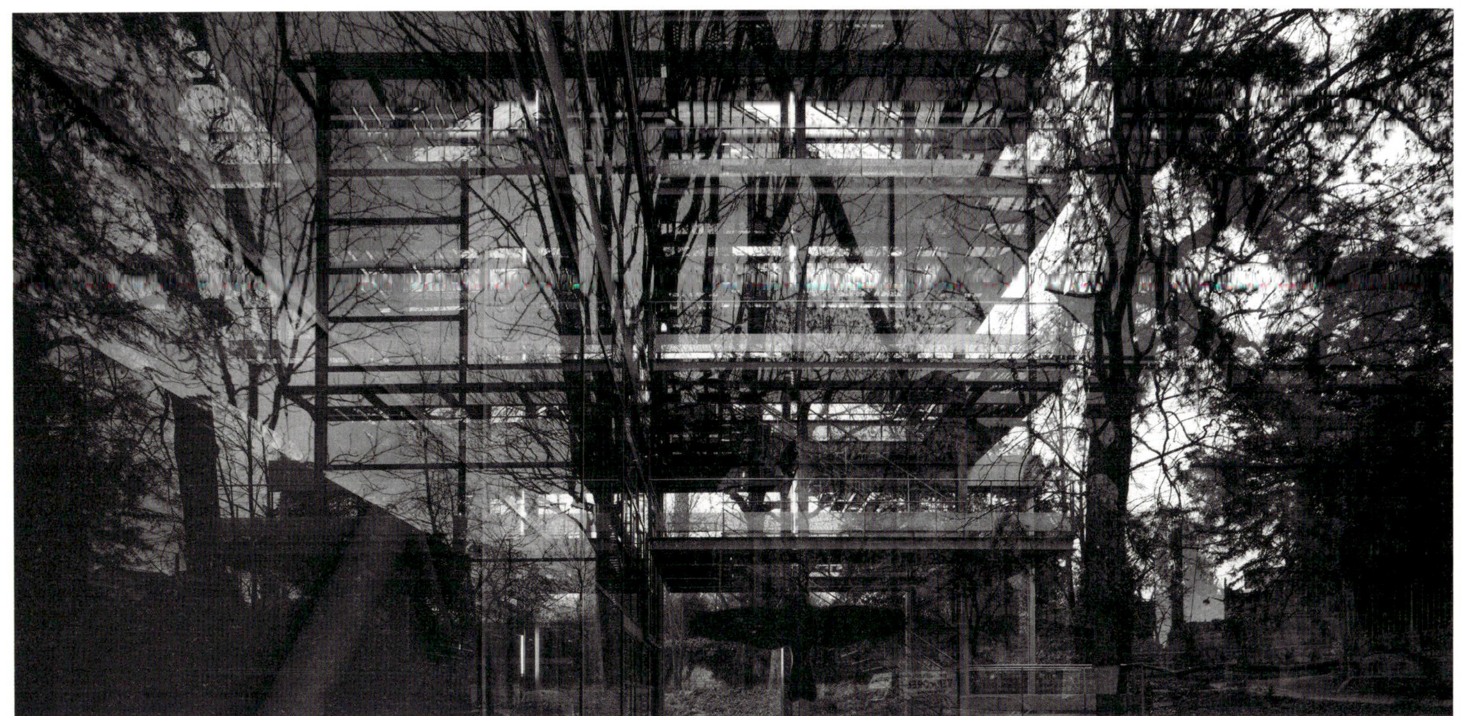

de Josef Koudelka, Raymond Depardon, René Burri i Fouad Elkoury.[4]

Però si mirem una mica més enrere, la primera fotografia que es conserva –l'heliografia sobre zinc de Nicéphore Niepce– ja mostrava dues mitgeres. En una d'aquestes s'hi havia habilitat un colomar, que no és una mitgera usual però que, amb relació al que aquí ens interessa, és una paret sense entitat. Una resta de l'edifici. La veritat és que, como moltes de les fotografies d'aquest període iniciàtic, el contingut de les preses era pràcticament accidental. El que importava realment era que la foto aparegués en el paper i no s'esborrés al cap de pocs minuts. Qui sí que va donar carta de naturalització, molts anys després, a aquestes incongruències de l'espai urbà va ser l'alemany Albert Renger-Patzsch (1897–1966), un fotògraf adscrit al corrent de la *Nova Objectivitat*, que es va interessar per la singular arquitectura industrial i els barris obrers adjacents i que és un clar antecedent de Bernd i Hilla Becher. I, per descomptat, els fotògrafs integrants de l'ara famosa exposició *New Topographics* [5] també van incloure mitgeres en els seus treballs sobre el paisatge postindustrial dels Estats Units. L'exposició no va tenir una especial repercussió quan es va inaugurar i els seus membres no van exercir mai com a col·lectiu, tot i que en els anys posteriors es van convertir en un corrent d'influència indubtable. De fet, crec que Robert Adams i Lewis Baltz, tots dos participants a la mostra, són els que van deixar una empremta més visible en l'obra de Bernadó. L'estètica sense encant que exhibien a les seves fotografies il·lustrava visualment el començament de l'era postindustrial i la vacuïtat del paisatge que la circumdava.

Aquest període de reconversió, i en alguns casos de desmantellament de les grans indústries pesants d'occident, va formar part del repertori temàtic de molts artistes durant dues dècades. De fet, els efectes d'aquesta mutació i les seves conseqüències encara continuen despertant interès.

> «La complexa transformació del període industrial al postindustrial, amb tots els estrats i totes les disharmonies i incerteses, ha generat un paisatge on la natura no constitueix altra cosa que un fons llunyà i descurat, sovint poc o gens visible, una cosa que ja gairebé no existeix».[6]

Així ho expressava Roberta Valtorta, historiadora de la fotografia de paisatge, que tant va escriure sobre Gabriele Basilico i altres components del que a Itàlia es van anomenar «fotògrafs del territori», entre els quals es trobaven Luigi Ghirri i Guido Guidi. Ghirri va ser el primer que, els anys setanta, va incorporar el color a la seva obra i va posar en qüestió, mitjançant artificis fotogràfics, el caràcter inestable de la percepció.

Durant els anys noranta, el treball de Jordi Bernadó es va anar allunyant progressivament del blanc i negre i abraçant el color com a signe rigorosament contemporani. A través del color, les anomalies del paisatge natural, l'urbà i el de les perifèries, es converteixen en un present exhaustiu que prescindeix de la malenconia. Des d'aquesta òptica no contaminada pel romanticisme aborda una mirada crítica, a través de vint-i-set països, sobre la manera com Europa s'ha anat representant ella mateixa. Una història de l'arrogància que s'exhibeix monumentalment mitjançant palaus i en contínues mencions a la bellesa canònica

El Cairo (E 15.4)
Kryziu Kalnas (L 2.3)
Stockholm (S 2.3)

Fragmentos para una cronotopografía del simulacro. Trajines, traídas y faenas de Jordi Bernadó. MACUF, A Coruña, Spain

de la seva arquitectura, que n'ennobleix la religió i el poder polític, superbament colonial; és la història que enalteix i confirma la superioritat de les seves arts i exhibeix orgullosa les petjades de les grans idees humanes sorgides des de Grècia fins a l'actualitat. Aquest pes és tan gran que sovint trenca els fonaments que sostenen la idea d'Europa. Aquí és on intervé la mirada atenta de Bernadó. El glaç nòrdic s'esberla, les creus s'acumulen i deixen d'al·ludir a la religió per esdevenir una metàfora de les guerres devastadores. La descontextualització dels signes repetits de la seva grandesa adquireix un halo d'ironia que voreja el patetisme.

Les contínues fugues que ofereix el punt de vista de la seva càmera subratllen amb insistència el ressò de les perspectives renaixentistes. Les fugues cap a l'horitzó, tanmateix, no anun-

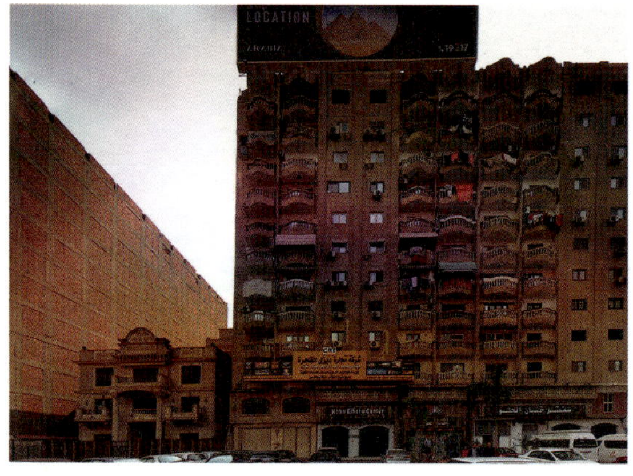

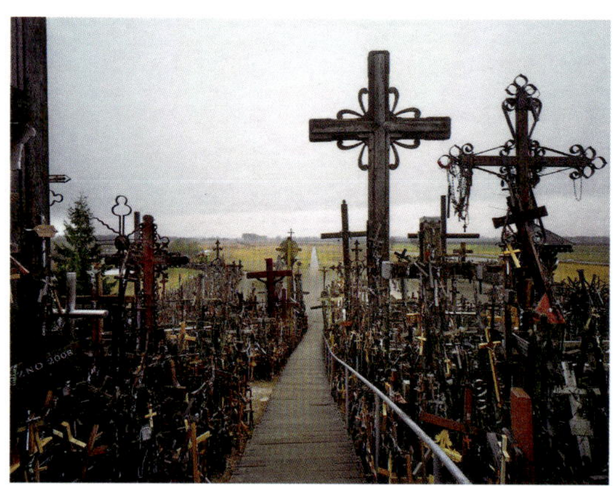

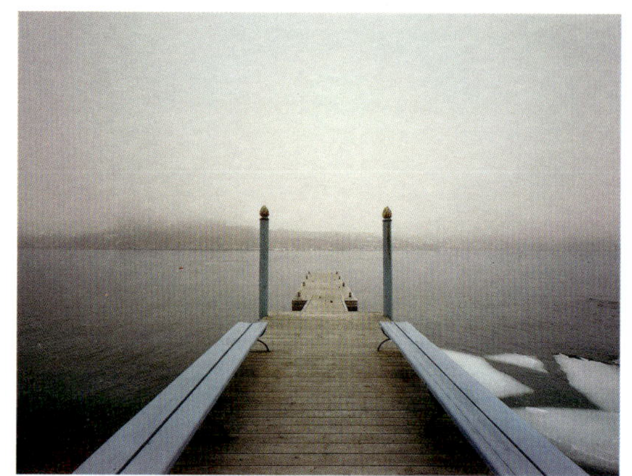

cien una destinació. Al fons, quan les línies paral·leles gairebé es toquen, no hi ha res. Aquestes perspectives s'aniran repetint al llarg de tota la seva obra com una mena de gramàtica personal. La convivència d'aquesta poètica, de ressonàncies metafísiques llunyanes, amb l'aclaparadora vacuïtat d'alguns escenaris del present atorga als seus treballs una empremta inquietant.

La veu de les mitgeres

Un altre element del paisatge que forma part fonamental de l'obra de Bernadó són els cartells. Els enormes i els mitjans. La semiòtica que n'emergeix a les fotografies informa d'alguna cosa més que la literalitat del que diuen els respectius textos publicitaris; la ubicació a l'entorn urbà, a la perifèria, a les carreteres i en aquest territori amorf que anomenem l'àmbit rural, que és perifèria d'ell mateix, permeten una lectura de la imatge en clau temporal. Mentre que la morfologia d'aquests signes, la tipografia, la imatge que els il·lustra i, per descomptat, el producte que s'hi anuncia, revelen la classe de societat que els consumeix. Aquesta potencialitat semiòtica dels cartells, sumada a la informació del context que aporta la fotografia, constitueix una mena

7 Vegeu Larry Schaaf, *William Henry Fox Talbot, In Focus: Photographs from the J. Paul Getty Museum*. Los Angeles: Getty Publications, 2002, pàg. 82. ©2002 J. Paul Getty Trust. Per veure i ampliar la fotografia de Talbot llegiu els comentaris de Schaaf: https://artsandculture.google.com/asset/nelson-s-column-under-construction-in-trafalgar-square-london-william-henry-fox-talbot/0wG3PxyBjertZg

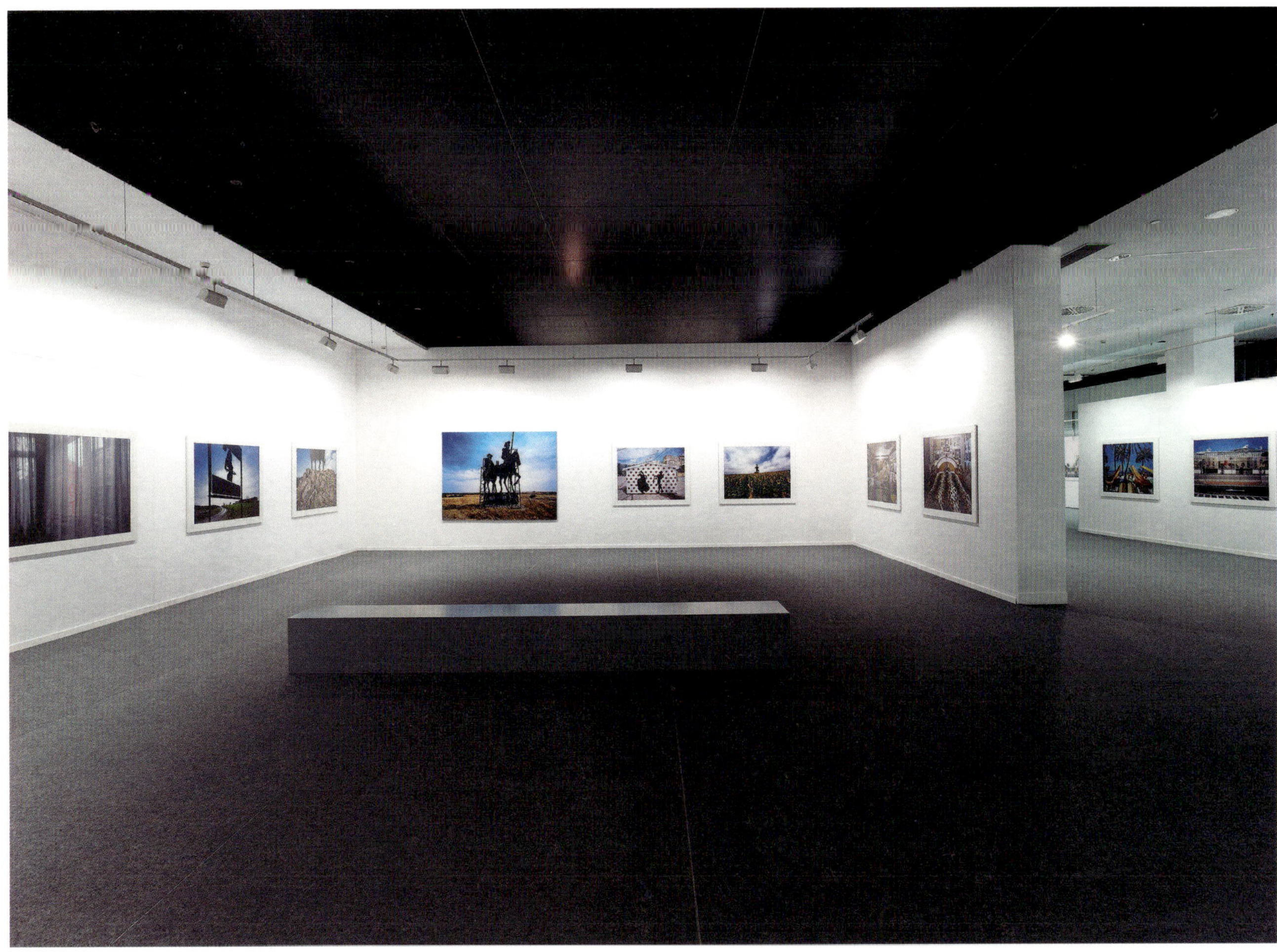

d'estructura simbiòtica que s'enriqueix a partir dels diferents estrats significants i genera una o diverses imatges dins de les fotografies. Walker Evans va ser un apassionat d'aquesta imatgeria, d'aquest conjunt de signes que amb el temps adquireixen una entitat diferent i descriuen una iconografia que conté nombrosos elements identitaris. A Evans li interessaven les façanes, la morfologia dels edificis, les seves mitgeres, els aparadors dels petits comerços enrajolats amb rètols, fotografies i objectes. Imatges dins d'imatges.

El paper d'intermediaris semàntics que mostren els cartells es fa especialment visible en una fotografia històrica de William Henry Fox Talbot: *Nelson's Column under construction in Trafalgar Square* (1844), on la tanca que envolta les obres d'instal·lació de la Columna de Nelson està completament recoberta de cartells de tota mena, com totes les tanques del món, i gràcies a la precisió mimètica de la fotografia és possible llegir-hi el que diuen els cartells, fins i tot s'hi poden veure horaris de trens o publicitat del Theater Royal Lyceum. No hi podia faltar, per descomptat, el conegut avís, retolat en un lateral de la tanca, on es llegeix: «No hi fixeu cartells». A Jordi Bernadó li encantarà, encara que estic segur que la coneix. He sentit que algú va escriure un assaig precisament sobre el que diuen i signifiquen tots els cartells que apareixen en aquesta fotografia.[7]

Una vegada i l'altra, les fotografies evidencien que tenen una capacitat extraordinària per estendre el significat del que mostren. Funcionen com a missatges curts, comprimeixen el relat, però tenen la capacitat d'expandir-lo en direccions insospitades: es comporten com enllaços. La seva potencialitat simbòlica és capaç de dotar d'una personalitat icònica insospitada alguns elements que apareixen a la imatge. Personalment, estic convençut que Le Corbusier va dissenyar la distribució de les finestretes que apareixen en un dels murs brutalistes de la capella de Notre Dame du Haut (Ronchamp, França), basant-se en *Madrid, 1933*, la famosíssima fotografia d'Henri Cartier-Bresson on un grup de nens –que Lartigue no hauria retratat mai– s'aplega, en diferents plans de la imatge, al voltant del fotògraf. Com a teló de fons, omplint bona part de la fotografia, es veu, endevineu-ho, una mitgera perforada arbitràriament per finestretes. Un exemple més de les paradoxes que pot activar una fotografia: la intervenció dels inquilins, il·legal per descomptat, destinada a airejar rebosts o a il·luminar trasters, és capaç d'inspirar un dels arquitectes més famosos del segle. Abans, per descomptat, que emergís la categoria dels *starchitects*.

Denton (US 295.4)

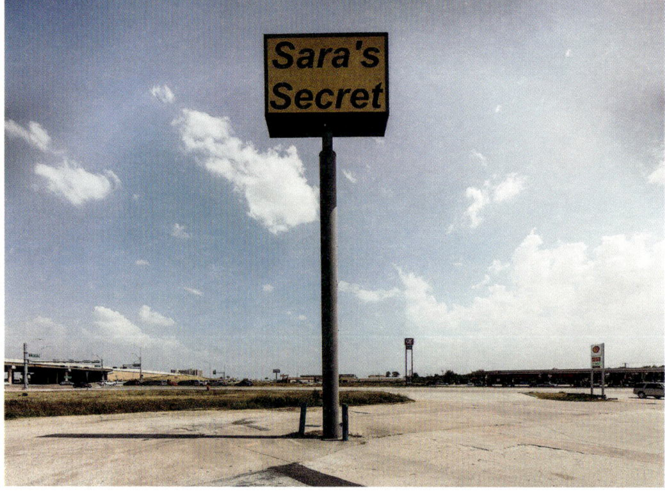

Dubai (UAE 17.2)

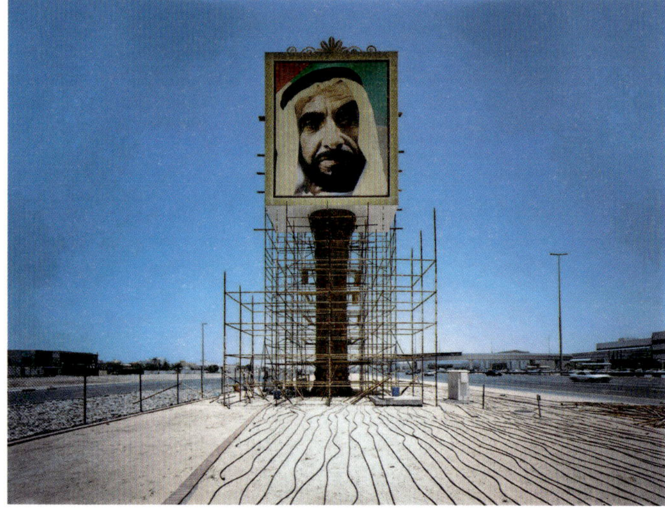

Si no, mañana. Galeria Senda, Barcelona

La capital des de lluny

És possible que la mirada de Bernadó estigui subtilment condicionada pel fet d'haver nascut en una *ciutat de províncies*, Lleida. Sol passar que els qui neixen en aquestes ciutats *menors* s'hagin de traslladar a la capital, en aquest cas Barcelona, per poder estudiar i créixer sense limitacions. Són conscients que, parafrasejant ABBA, la capital sempre «s'ho queda tot». Les aparences de la capital, des de lluny, semblen mostrar que tot és disseny acurat, elegància vuitcentista, revolucions divines en discoteques de moda i torres de la família a la costa empordanesa. Però Bernadó sap que, de prop, hi ha un revers en el qual no és igual ser de l'Eixample que de la Barceloneta on, fins fa poc, quan anaven al centre deien «vaig a Barcelona». Sempre hi ha una cara oculta en aquestes asincronies entre centres i perifèries, sempre hi treu el cap l'ànima de poble que encara sobreviu en certs barris.

Quan fotografia el món exterior a Barcelona, vull creure que Jordi Bernadó, com a lleidatà, sap que hi ha una realitat paral·lela a comarques. Sap que aquests sales per celebrar noces i comunions, saturats del que Juan Carlos Rego anomena «promiscuïtat decorativa», on hi ha jardins que volen retenir sense èxit l'arquitectura postmoderna de Bofill i on es reserven tres places per als nuvis a l'aparcament, són llocs que encanten la gent que hi va amb la família i els amics. Si ho pensem des d'un punt de vista provincià –cosa que no se'm fa gens difícil perquè el meu pare era d'un poble de la Guadalajara profunda, on vaig passar tots els estius durant la infància, i sé el que en deien dels que veníem de «la capital»–, descobrirem que aquesta mirada de Bernadó que tots titllem, en un primer moment, de sarcàstica està farcida d'un capa de tendresa, que no eludeix assenyalar les incongruències, però que al·ludeix a la complicitat que ostenta un *local expatriat*. Comprendre evita jutjar sense pietat.

A Espanya, els contemporanis de Jordi Bernadó, aquells amb qui comparteix una mirada agredolça sobre la *perifèria* de la modernitat són, entre altres, Carlos Pérez Siquier, Txema Salvans, Juan de la Cruz Mejías i Ricardo Cases. Cadascun d'ells amb una poètica particular. Sense entrar en la diferent cronologia dels treballs, tots ells van obrir la porta a una reflexió crítica, carregada d'ironia i afectuosa sobre la classe mitjana espanyola, una mirada que ara continuen desenes de fotògrafes i fotògrafs de tot el país. El que distingeix Bernadó i els seus afins és el sentit de l'humor i, com no podia ser d'altra manera en aquest món globalitzat, fotògrafs de diferents països han emprès també una crònica social en clau crítica. Martin Parr n'és un i també va ser un dels primers a introduir el color i un flaix de farciment per superposar una capa hiperreal als seus reportatges. L'assaig que li va donar la fama, i l'odi etern d'algun col·lega ideològicament compromès, es va publicar en un llibre inaugural –*The last resort* (1986)– amb fotografies fetes a New Brighton, Regne Unit. Parr deia aleshores que, a diferència dels fotògrafs expedicionaris de les revistes il·lustrades de meitat de segle que anaven a països

8 Tunbjörk, Lars, *Landet Utom Sig: Bilder från Sverige* (Country Behind Itself: Pictures form Sweden). Estocolm: Journal, 1993.

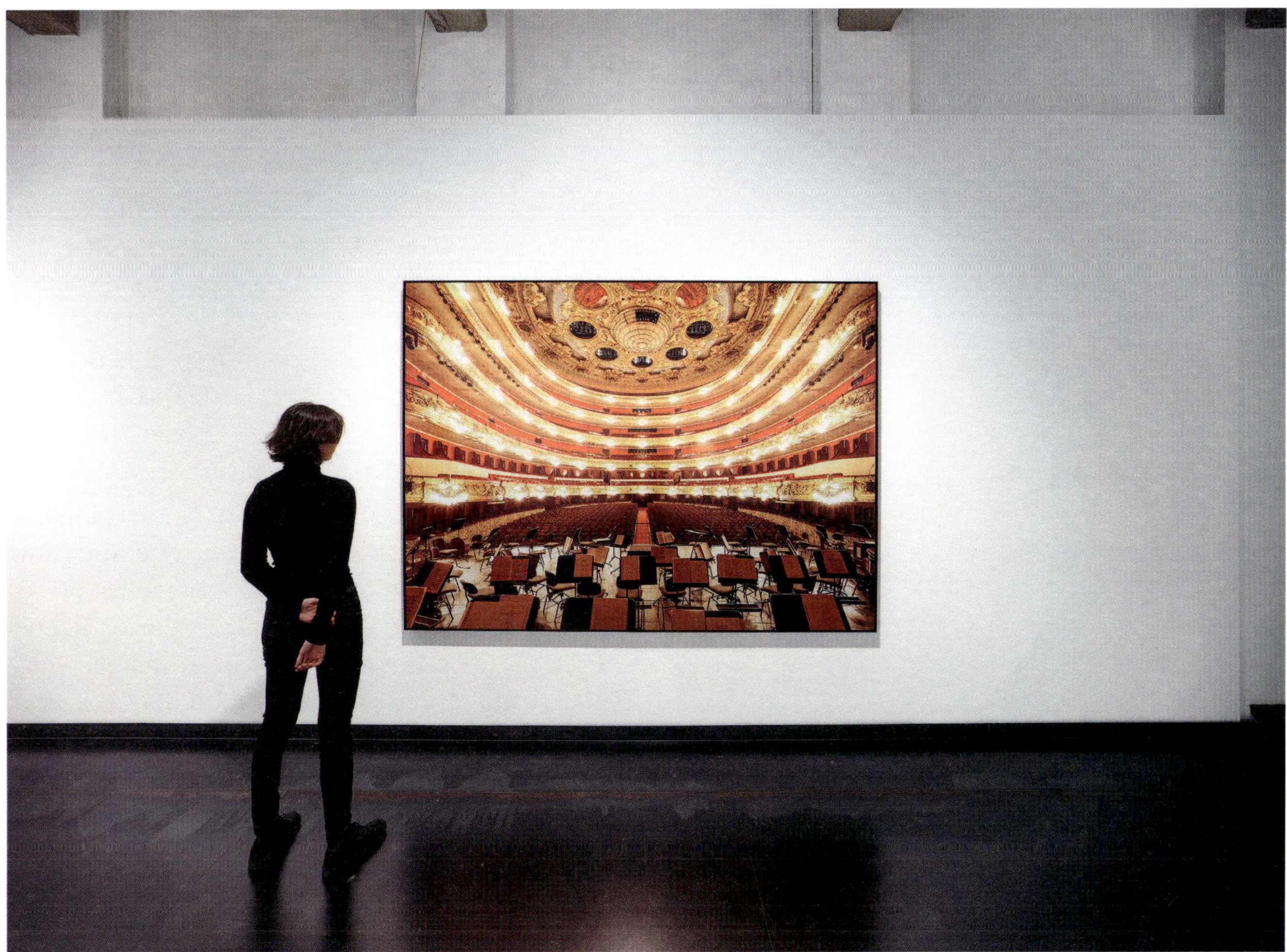

ignots, ell baixava a fer fotos al súper de la cantonada. Després va entendre que els súpers de barri són semblants en tots els països i es va dedicar a escanejar les actituds i les aparences de la societat al món. I ho continua fent amb una ironia molt anglesa que ell també s'aplica sense pal·liatius.

Lars Tunbjörk, un fotògraf suec excepcional i molt menys conegut del que la seva obra mereix, podria formar part d'aquest grup d'antropòlegs de carrer. El seu llibre *Landet Utom Sig: Bilder från Sverige*[8] (1993), sobre la societat de consum a la Suècia del començament dels anys noranta, il·lustra admirablement la decadència materialista d'un país aparentment envejable. Tunbjörk s'atura en els signes que caracteritzen una societat profundament puritana, pel que fa a les aparences: jardins cuidats fins a l'obsessió, gespa artificial, cases i cafès impol·luts, tota una exhibició d'ordre i contenció fins i tot als llocs de lleure excepte, és clar, quan es manifesten els efectes de l'alcohol.

Tots aquests antropòlegs de carrer participen d'aquest axioma de Robert Frank on afirmava que la fotografia «amb sentit» és aquella capaç de representar una realitat a partir d'escenes on sembla «que no hi passa res». El que ell va anomenar instants *in between*, aquells que tenen lloc abans de l'esdeveniment o després. Tots ells es presenten com a *storytellers* amb matisos. Cap d'ells perd el son per debatre l'estatus artístic de la fotografia. Pensen, com Plató, que, més que no pas arts, el que hi ha són *maneres de fer.* Plató sempre acaba apareixent quan es parla de fotografia, especialment la seva caverna, que té més *visitants* que les coves del Drach a Mallorca. Un estereotip. I tots ells adoren els estereotips perquè són l'epítom d'aquesta societat global.

Welcome to Espaiñ

La primera acció de Bernadó en aquesta sèrie és induir-nos, sense demanar-ho, a pronunciar-ne el títol. Ens escoltarem nosaltres mateixos fent una fonetització d'una manera de parlar que després, cap a la meitat del llibre, trobarem escrita sobre un contenidor. Aquesta manera de pronunciar correspon a persones que, malgrat que no es veuen, són a la fotografia. Persones invisibles sobre les quals, inercialment, projectem aquesta espècie de classisme soterrat que es produeix davant la vulgaritat. Un classisme cultural. Però també un lapsus del nostre *inconscient rural*. Bernadó podria haver utilitzat com a títol *L'Espanya pagerola*,

Vilarta de San Juan (WE 112.2)

Suite Iberia. Ciudadela, Pamplona

Madrid (WE 117.1)

Madrid (WE 114.1)

Arganda del Rey (WE 111.2)

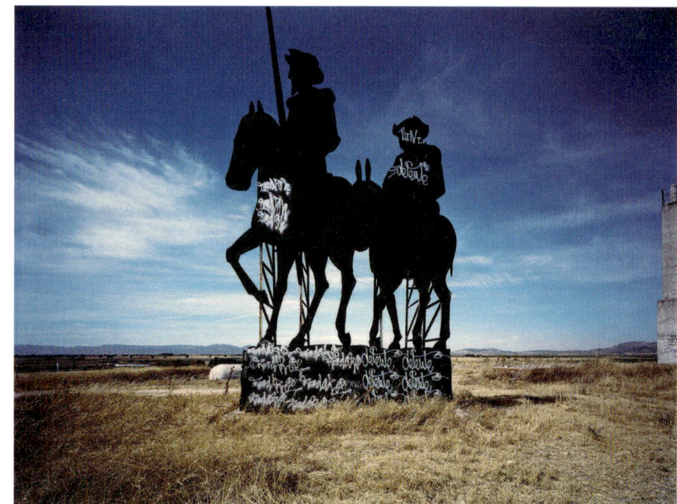

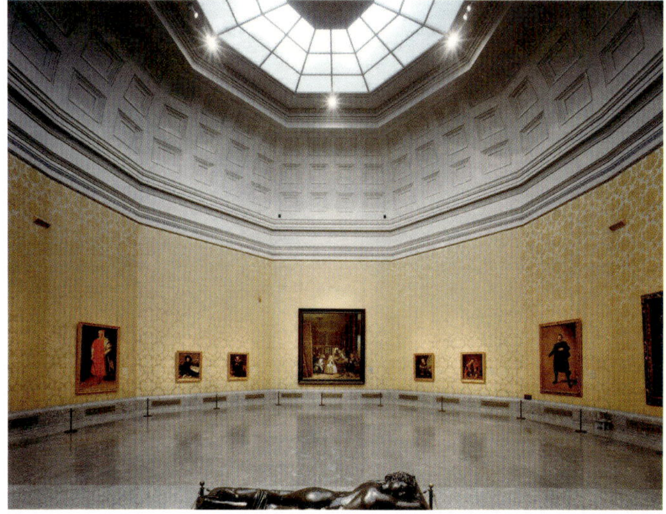

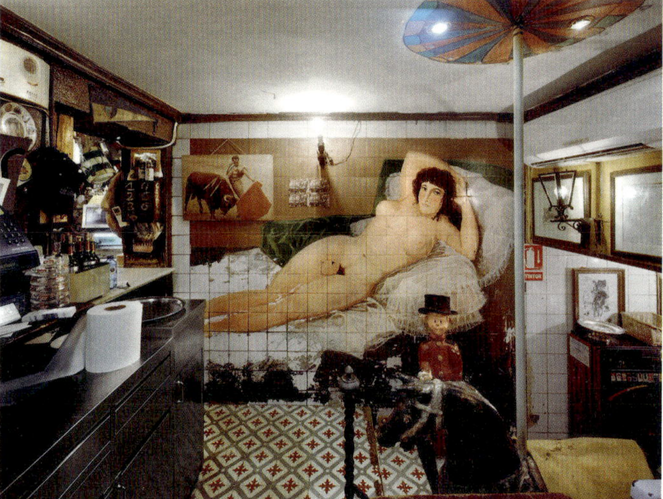

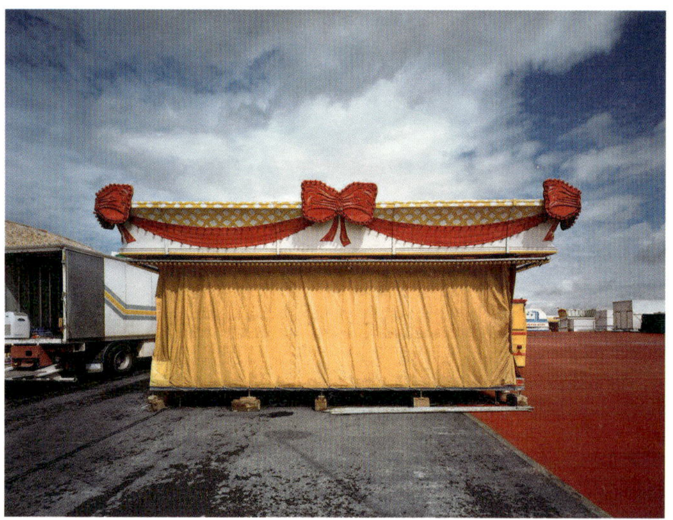

9 Rancière, Jacques, *El reparto de lo sensible. Estética y política*. Santiago: LOM Ediciones, 2009, pàg. 10.

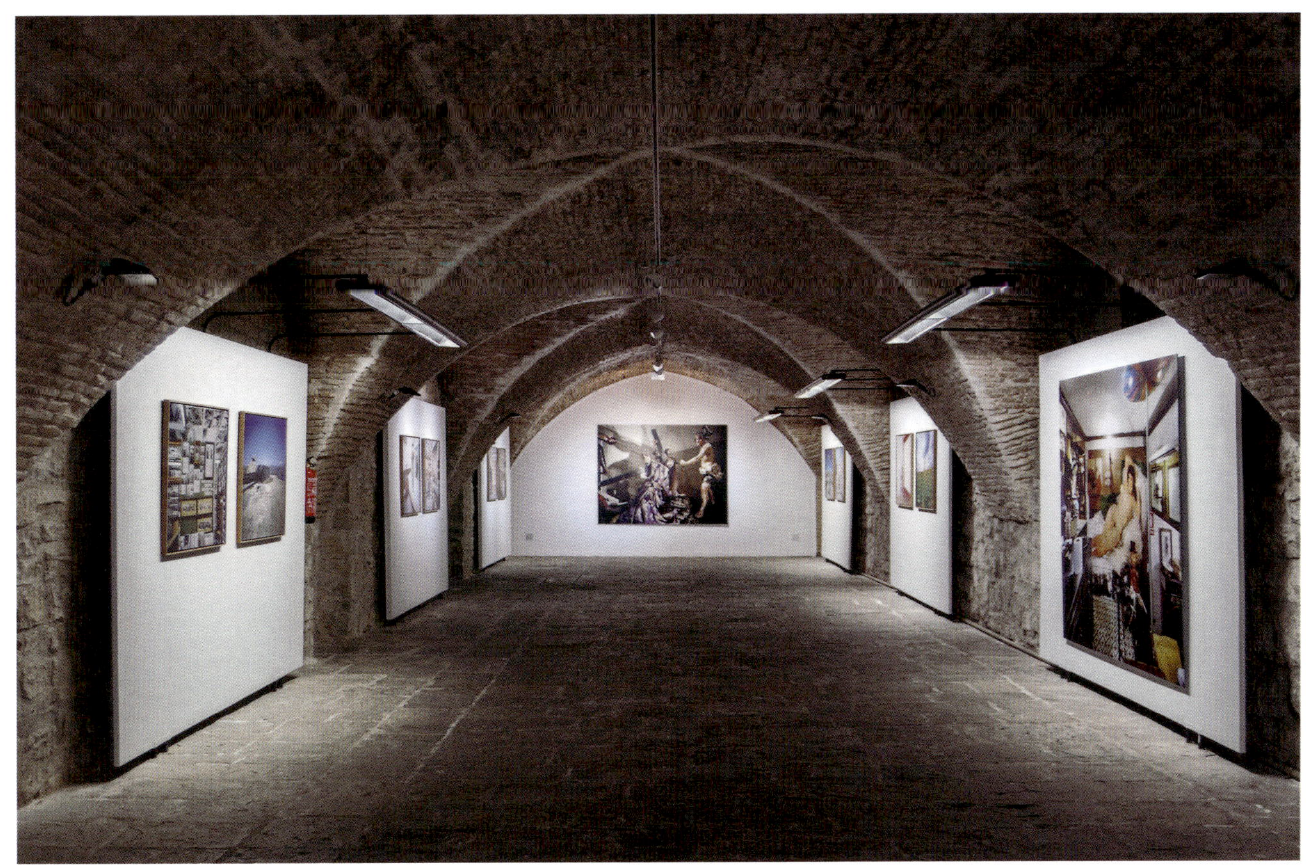

que és molt més descriptiu, però també, sens dubte, molt més despectiu: «S'usa per referir-se a les persones de poble i zones rurals, que respondrien a un estereotip de simplicitat i manca de sofisticació, amb un argot i uns costums propis», però ni tan sols aquesta definició del diccionari de la RAE aporta trets de dignitat a l'adjectiu. A més a més, el terme «pagerol» ve de pagès i aquí no estem parlant d'oficis.

Quan es fa present el caràcter aspiracional que se li suposa a aquestes comunitats de la perifèria de la modernitat urbana és inevitable que desperti el sarcasme despietat dels urbanites. Potser és perquè en alguns aspectes continuem sent una societat aspiracional. Al capdavall, el que desitjava l'Espanya que emergeix a la transició no era *ser* sinó *assemblar-se*: als europeus, per exemple. És possible que necessitem veure aquest innocent surrealisme per confirmar el nostre encara recent estatus de modernitat. De la mateixa manera que viatgem a països no desenvolupats per confirmar, quan en tornem, que vivim en el millor dels mons.

Es podria pensar que aquest conjunt de fotografies hauria d'haver constituït el primer llibre de Bernadó, per proximitat, per logística, però no va ser així. Ja havia produït sèries sobre Berlín, Atlanta o Detroit, totes amb una retòrica visual semblant, com totes les fotografies que ha fet en blanc i negre. Tanmateix, *Welcome* està totalment fotografiada en color i fa l'efecte que va esperar a formalitzar-la com a llibre –i per descomptat com a exposició– quan la seva poètica va tenir un caràcter més recognoscible, quan va estar més definida i depurada. Potser es va esperar amb la intenció de poder delimitar les qualitats polítiques de la sèrie, perquè «la política tracta d'allò que veiem i del que en podem dir, sobre qui té la competència per veure i la qualitat per dir».[9]

Així doncs, convé analitzar en primer lloc com construeix les imatges, cosa que, sorprenentment, ja apareix definida des de les primeres sèries en color sobre diferents ciutats que ha anat realitzant arreu del món. El seu repertori temàtic no ha fet altra cosa que complementar-se, afegint-hi localitzacions, versions idiomàtiques dels paisatges amb i sense figures, per dir-ho així, del seu escrutini sobre els signes de la societat contemporània a través de les grans ciutats i les grans perifèries. Es podria dir que la curiositat l'ha impulsat a corroborar com es representen les societats elles mateixes a través de l'arquitectura, les publicitats, els espais de lleure, les infraestructures. Imitant-se les unes a les altres o tractant d'adquirir una personalitat singular. Però no hi ha una voluntat explícita de categoritzar les societats. Proposa

Detroit (US 201.2)

Detroit (US 188.6)

Sysendalen (NOR 3.1)

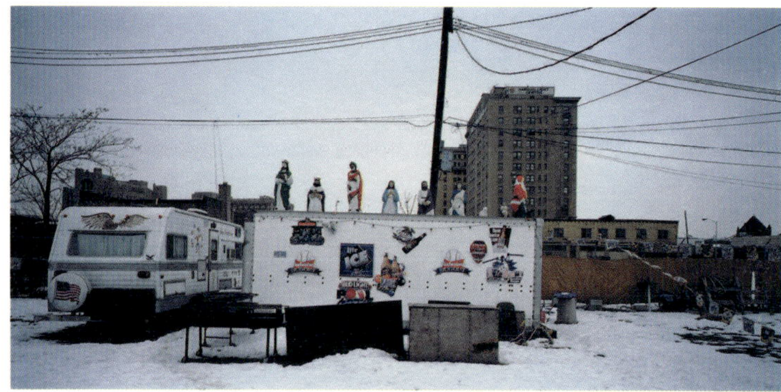

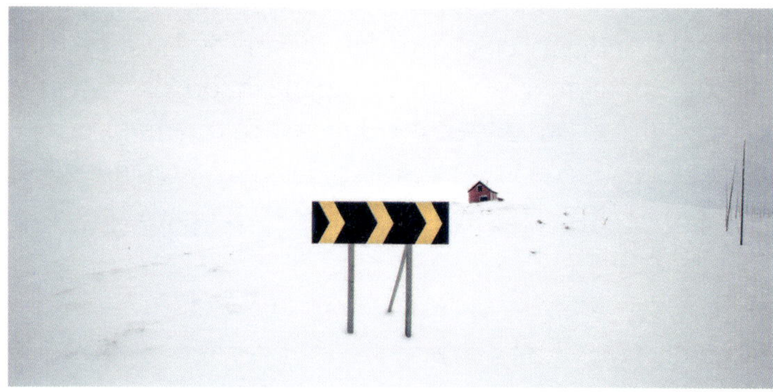

imatges perquè opinem al respecte. Això sí, no són fotografies innocents. Bernadó sap on mira, una altra cosa és que ens digui què en pensa del que veu.

Un altre tema és la representació de la natura original, si és que encara és possible reconèixer-la, i les vistes contemporànies de les ciutats en la seva particular esplendor. Aquí Bernadó redueix la presència de signes discordants al nombre més reduït possible. Aquesta austeritat apareix en la majoria de les fotografies del llibre *Lucky Looks*, que Bernadó va fer per tot Espanya per encàrrec del Banc Sabadell. I aquí reconeixem de nou les fugues cap a l'infinit que apareixien en el llibre *Europa*, que en aquest cas remeten a un altre estrat semàntic: la domesticació secular del paisatge. Certament, *Lucky Looks* era un encàrrec i hi prevalia l'exaltació sincera de la bellesa, però Bernadó no pot evitar que pel mig s'hi barregin unes quantes fotografies que confirmen que el paisatge surreal és el veí del costat en una part del paisatge espanyol que confronta amb les ciutats.

Excursions bernadianes

Dos dels seus llibres, *Good News* i *Very Very Bad News*, adopten, gairebé en totes les fotografies, la forma de *paisatges-sense-subjecte*, una metàfora visual de les urbs contemporànies. Fer desaparèixer les persones, que sempre són objecte de la nostra curiositat i despisten l'atenció, centra l'interès en el teló de fons i manté així el to metonímic de la representació. Bernadó aborda la representació de la grandiositat, el luxe en proporcions absurdes i les arquitectures espectaculars fent ús del format panoràmic perquè l'espectacularitat dels escenaris necessita formats concomitants. Per a Jordi Bernadó, que pertany a la generació que va veure amb els seus propis ulls com s'eixamplaven les pantalles dels cinemes fins al Cinemascope, les fotografies panoràmiques en color són sinònim d'espectacularitat visual, cosa que il·lustra, al meu entendre, com els episodis que han deixat petjada en la memòria sempre acaben apareixent en espais insospitats.

El seu recurs operatiu és la perspectiva renaixentista, aquella que recupera la mimesi aristotèlica en l'art, la capacitat de dotar de vida la superfície plana de les imatges.[10] Conté intacta la potencialitat de ser creïble i comprensible per a l'ull humà. Per solucionar de manera raonable la incongruència del que té davant se serveix dels angles rectes que, segons la geometria euclidiana, són congruents, i del context que aporta el paisatge com a escenari habitat i alterat. No oblidem que la fotografia es vanava ja des dels seus orígens de ser el dispositiu ideal per aconseguir la mimesi perfecta, la qual cosa li confereix un avantatge essencial: tota la civilització occidental ha incorporat aquesta representació com la més propera a la realitat. I com a eurocèntrics que som, tendim a estendre a tothom el que és cert per a nosaltres. Tanmateix, les representacions de la pintura clàssica xinesa, per exemple, no estan basades en la perspectiva cònica. Per als xinesos, la mimesi, en termes d'escala i exactitud,

10 «El Renaixement va voler dotar d'una vida el pla del quadre, d'una profunditat específica, com a manifestació d'una acció, expressió d'una interioritat o transmissió d'una significació. Ha instaurat, entre el que és dicible i el que és visible, una relació de correspondència a distància i dona a la imitació un espai específic». Rancière, *op. cit.*, pàg. 15.

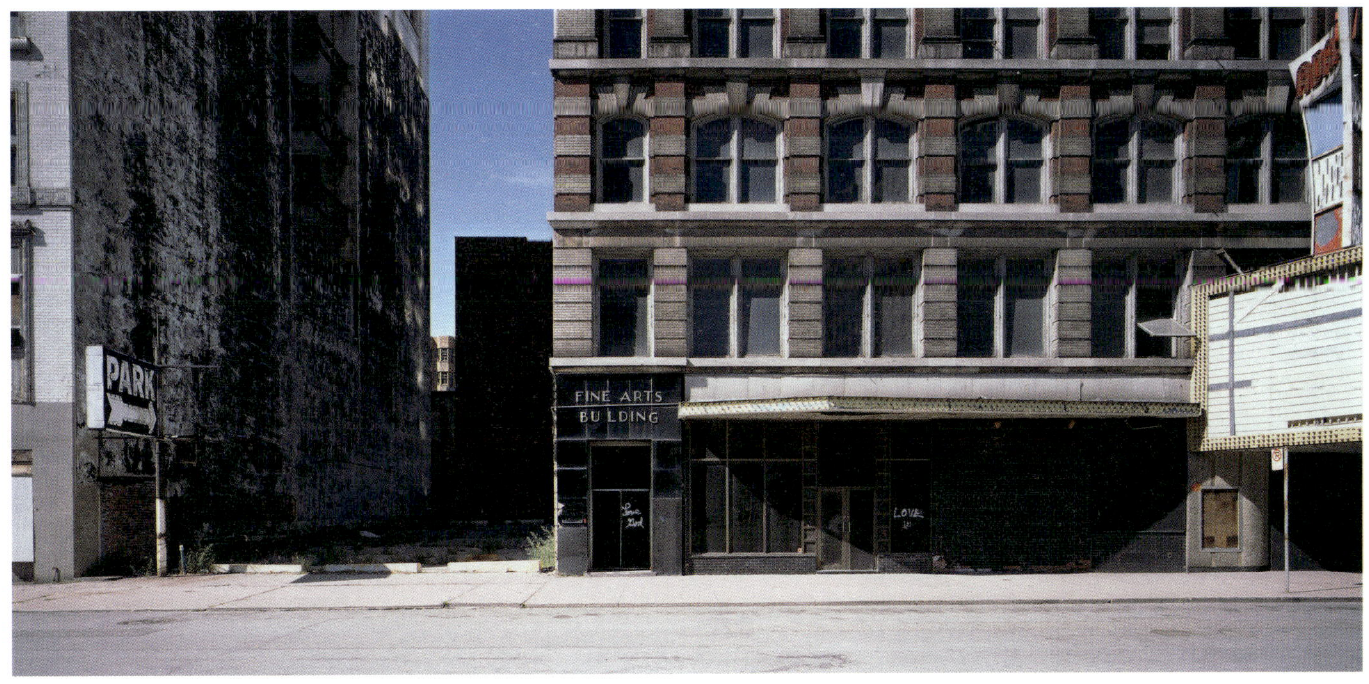

no és un assumpte prioritari ni té la importància que nosaltres li donem. Tenen interioritzades les propietats simbòliques de les imatges i, de fet, els caràcters de la seva escriptura han evolucionat a partir d'imatges. És per això que la pintura tradicional xinesa presenta amb freqüència poemes cal·ligrafiats. Hi conviuen dues classes d'imatges que enriqueixen entre totes dues la polisèmia del quadre.

El món en la llunyania

Cal dir com més aviat millor que la presència de països llatinoamericans i africans en aquests llibres és mínima, malgrat que el material del qual es nodreixen els seus treballs és abundant en aquestes zones del món, on la carnavalització de la realitat forma part de la quotidianitat. A *Very Very Bad News* hi ha quatre fotografies de Belo Horizonte, Brasil, i onze de Ciutat del Cap, Sud-àfrica, que no és precisament una ciutat del tercer món. Aquesta absència subratlla la intenció de gairebé tota la seva obra: posar-nos davant del mirall perquè veiem la cara oculta del desenvolupament i el consum als països desenvolupats o, dit sense eufemismes, als països més rics de la terra.

Tot i això, a més de Mèxic, l'Argentina andina, Beirut, l'Índia o l'Azerbaidjan, Jordi Bernadó ha fotografiat el desert de Danakil, a la banya d'Àfrica, o el llac més aïllat del món, prop del riu Congo, i s'ha embarcat, juntament amb l'escriptora Laura Ferrero, en un projecte –*Happiness: Ways of Living*– que és més aviat una indagació, una reflexió, sobre aquesta entelèquia aristotèlica anomenada felicitat i que associem inercialment a un entorn segur i confortable. Van visitar llocs on la felicitat sembla un sentiment improbable: la ciutat de les escombraries i la ciutat dels morts a El Caire; Makoko, una barriada de palafits i construccions precàries de fusta a Lagos, Nigèria; l'avinguda dels Baobabs, a Morondava, l'epicentre del turisme de Madagascar, i les ribes del riu Buriganga a Dacca, Bangladesh, on els treballadors desballesten grans vaixells en condicions d'extrema precarietat. En tots aquests països, la mirada de Bernadó prescindeix de la ironia i es recolza en temàtiques més vinculades a la relació de les persones amb el seu entorn i, per extensió, amb la natura.

Recentment, a Tanzània, va fer un projecte sorgit sobre la marxa: es va afegir a un safari pel Serengueti com un turista més; va registrar i va anotar el nombre d'animals –incloent-hi els humans– que apareixien a cada escena. El que podria ser una rèplica de la cacera fotogràfica que porten a terme els turistes des dels seus 4×4, armats amb potents teleobjectius, es converteix en aquesta sèrie en una paradoxa. Bernadó, el fotògraf professional, va utilitzar la seva càmera de format mitjà (la que sempre fa servir, l'única que té) armada amb un objectiu semiangular; amb aquesta càmera tots els protagonistes de les escenes: lleons, elefants, hipopòtams, senyores i senyors d'una certa edat, massais, guies, xofers... esdevenen figures minúscules, a penes recognoscibles, mentre que l'escenari adquireix un protagonisme insospitat. Una d'aquestes fotografies, la que mostra la figura d'un elefant en la llunyania, retallant-se sobre l'horitzó, anticipa la classe d'enquadrament que Bernadó utilitzarà en la seva sèrie *IDproject*. Com veureu i comprendreu més tard, en aquesta imatge l'elefant sembla haver triat *el seu lloc al món*.

Lagos (NIG 9.2)

Ksamil (ALB 20.3)

Hargeisa (SOM 6.1)

Campo/Contracampo. XV Spanish Biennial of Architecture and Urbanism. Spanish Embassy in Japan, Tokyo

Bombes de rellotgeria

La fotografia va ser i continua sent una bomba de rellotgeria, i de les de dispersió, perquè impregna incomptables categories del pensament i de la ciència, de la identitat individual i de la tribal. Quan es tanca, per exemple, el llibre *Welcome to Espaiñ*, de Jordi Bernadó, és probable que es faci amb aquella determinació efectista, i sonora, que només permeten els llibres de tapa dura. Una espècie de punt i a part. A partir d'aquest moment perden protagonisme individual les fotografies, deixem de somriure amb el seu anecdotari riquíssim i el que guanya pes és el sediment que deixa el conjunt. Aquí es fa detonar la bomba retardada. Diríem que aquestes fotografies sobre el nostre país mostren, exhibeixen amb obscenitat, una espècie de «resta», tal com ho van definir Schelling i després Lacan, que no volem anomenar i que ens costa assimilar, però que sabem que existeix. Ho sabem perquè aquests *altres*, metonímicament representats a les fotografies de Bernadó, som nosaltres o, si us deixa més tranquils, els nostres cunyats, que

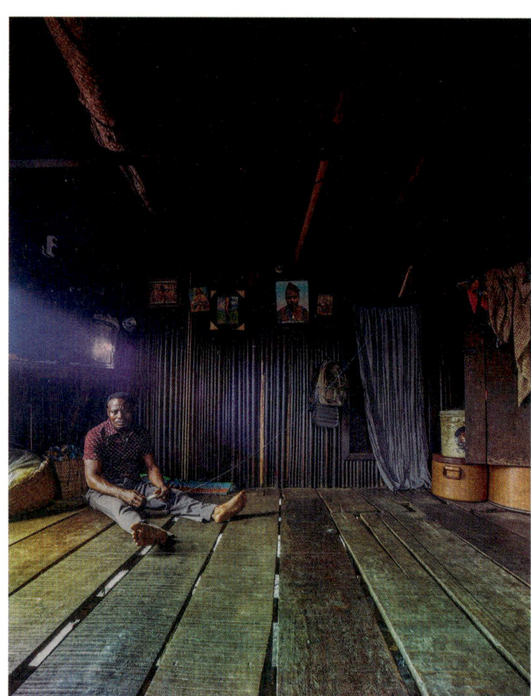

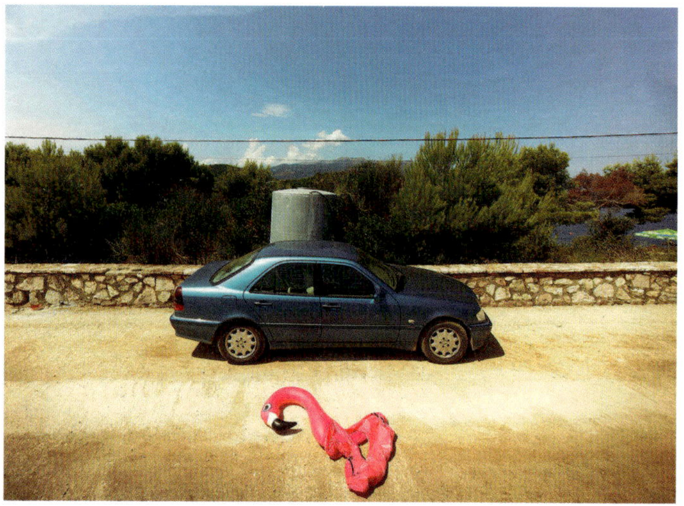

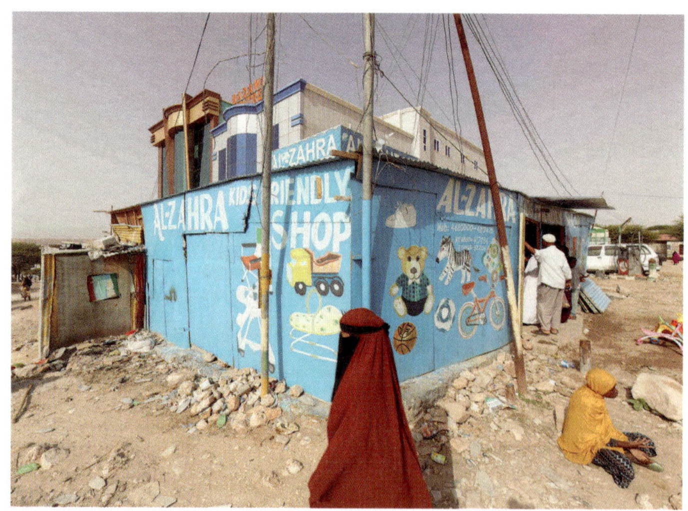

11 Vegeu el meu assaig «España: fragmentos propios y ajenos de nuestro imaginario visual» en *España a través de la fotografía 1839-2010*. Madrid: Taurus, Fundación Mapfre, 2013, pàg. 78-79.

12 M'he sentit avalat per la sornegueria de Jordi Bernadó en utilitzar a la meva manera un paràgraf extraordinari de Michel Foucault pertanyent al seu assaig *La arqueología del saber*. L'original diu així: «Diguem, per ser breus, que la història, en la seva forma tradicional, començava a "memoritzar" els monuments del passat, a transformar-los en documents i a fer parlar aquestes petjades que moltes vegades no són verbals per si mateixes, o que diuen en silenci una altra cosa del que diuen; avui dia, la història és la que transforma els documents en monuments i la que, allà on desxifràvem les petjades deixades pels homes, allà on intentàvem reconèixer el que havien estat, desplega una massa d'elements que hem d'aïllar, agrupar, fer pertinents, relacionar-los, reunir-los en conjunts».

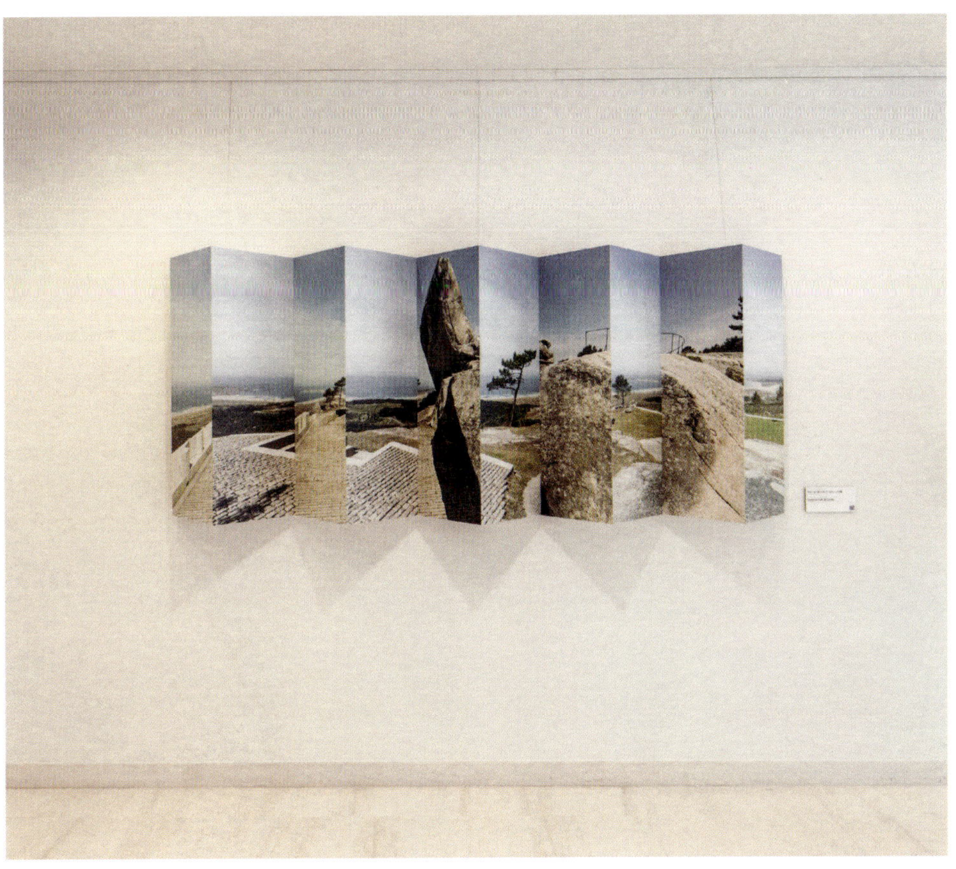

ve a ser el mateix: són de la família. En les metonímies sempre tenim una relació de contigüitat, de proximitat, de pertinença a un mateix grup, a la mateixa espècie. Per això, aquesta mena d'artificis visuals causen desassossec, perquè en reconeixem els signes i sabem que són temporals, sabem que no pertanyen al segle passat, a la història recent de la transició, han estat fets aquest segle. Han travessat el moment històric del començament dels anys noranta en el qual vam estar immersos en una ficció col·lectiva que ens presentava com a pertanyents a la comunitat de països *rics des de sempre* i que avançàvem a tota velocitat cap a la modernitat desprenent-nos, per fi, de l'ancestral retard respecte a Europa. Els camps de secà convertits en camps de golf són una bona metàfora d'aquest anacronisme.[11] Però quan les crisis ens han fet despertar, el dinosaure d'aquest passat tronat, de vegades superb i sovint illetrat, encara és aquí. Sembla que aquesta «resta» és el que ens falta per madurar com a societat.

La memòria individual necessita l'oblit, necessita fer lloc per incorporar coses noves, processar-les i estar en disposició de fer-les emergir al nostre cap en forma d'imatge quan les evoquem. No obstant això, no gosaria dir el mateix respecte a l'oblit col·lectiu de la memòria històrica, però no tingueu por, no esteu condemnats que us repeteixi la famosa frase. Aquest esborrament necessari i parcial dels records, aquest oblit que sempre és a l'aguait a la memòria, no es produeix gràcies a la distància a la qual deixem alguna cosa o algú. De fet, hi ha rastres de la memòria que ni tan sols s'esborren de manera indeleble –encara que esmicolem a cops de martell el nostre disc dur– i en aquests casos es conserva una petjada dorment, hibernada en un raconet de la ment, susceptible d'activar-se involuntàriament mitjançant les fotografies –les dels àlbums familiars, les dels diaris, les postals, les fotografies icòniques d'un moment històric, etc.– que actuen amb molta freqüència com a interruptors capaços de convocar, localitzar i recuperar un record.

Aquests documents de Jordi Bernadó volen *memoritzar* el passat recent, tan recent que sovint encara és present. Volen fer parlar aquestes petjades que a vegades no són verbals per si mateixes, i fins i tot les que sí que estan basades en textos –a la paret, en cartells de tota mena–, perquè diguin una cosa diferent de la que diuen. Dit en semiòtic: perquè a més de denotar, connotin. Bernadó té cura a fer veure el lloc on són. Un lloc que també diu en silenci una cosa diferent del que diuen els elements protagonistes de la fotografia. És una manera, la seva manera, de fer història, de permetre que desxifrem les petjades deixades pels homes. Una manera de transformar aquests documents en *monuments*, encara que siguin d'aquells que s'instal·len a les rotondes de les perifèries urbanes.[12]

Conil de la Frontera (BS 384.4)

Barcelona (BCN 29.1)

Astana (KAZ 2.4)

És cert que en moltes de les seves sèries entra en qüestió la veracitat de les fotografies, el veïnatge amb el simulacre. Un exemple: el fotògraf Ángel Marcos va instal·lar un d'aquests neons que anuncien un *puticlub* de carretera enmig d'una pineda de Valladolid (l'obra és la número 25 de la sèrie *Rastres*). El neó que anuncia el local, *Olimpo*, descontextualitzat del lloc original permet que Marcos el situï en el territori de la surrealitat. Aquesta mateixa sensació de simulacre, de suplantació de la realitat, la podem tenir amb els neons similars que apareixen a les fotografies de Bernadó o, més similar encara, amb l'anunci de *Tío Pepe* enmig d'un camp de gira-sols a Conil de la Frontera i amb un dels toros d'Osborne,

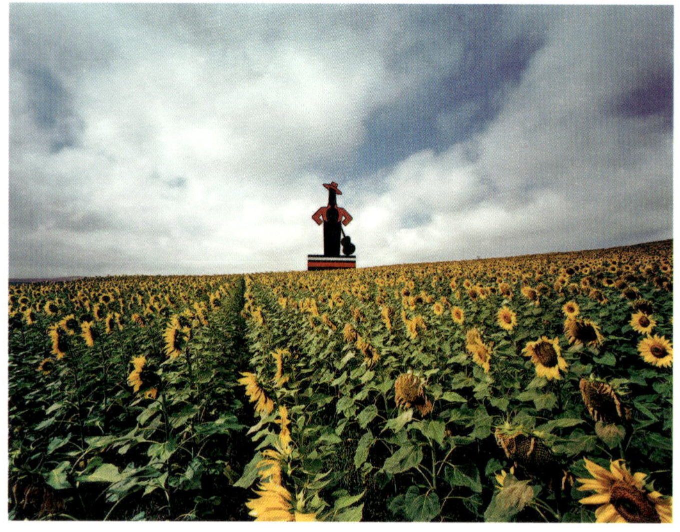

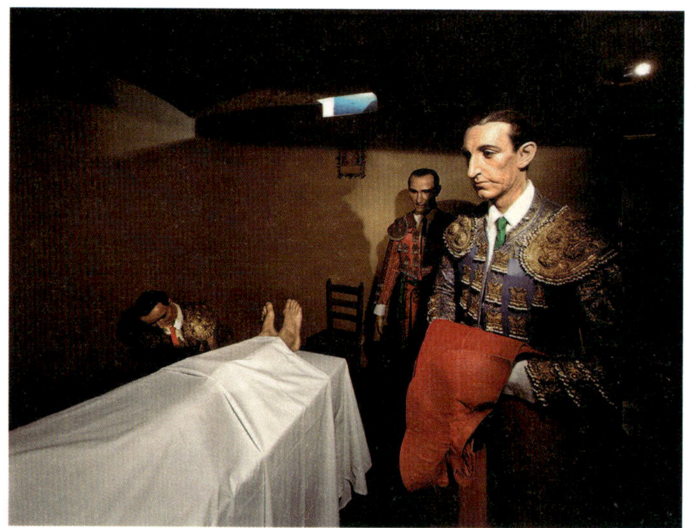

ara indultats, a la part alta d'un turó rocós. Com diu Juan Antonio Molina sobre l'escriptura de la història a través de les fotografies:

> «Si acceptéssim el protagonisme de la imatge en la constitució del relat històric, també hem d'acceptar la relativitat del relat històric. I hem d'acceptar que s'està produint una relació dialèctica entre la necessitat de creure en la imatge i la poca credibilitat de la imatge».[13]

Els museus de cera van antecedir, com a posada en escena de simulacres indissimulats, la representació dels protagonistes de la història que ara monopolitzen les imatges. Els seus equivalents contemporanis són l'evolució dels antics dioremes d'animals salvatges als museus de ciències naturals, que ara han modificat l'escenari amb tècniques d'il·luminació i animació digital sofisticades. Els museus de cera no van voler pujar al tren de la modernitat tecnològica i fa temps que han esdevingut anacrònics, en una mena de pleonasme visual, i redundant, de l'anacronisme. Per això Bernadó se'n serveix per subratllar que persisteixen en la innocent duplicació de la realitat i que les seves sales es transformen en gabinets d'un col·leccionista embogit.

En pot servir d'exemple la fotografia d'una sala atapeïda de líders mundials del Museu de Cera de Barcelona. La fotografia és una

13 Molina, Juan Antonio, *Saltar al Vacío. La Fotografía en la era del deleite distraído.* México: zonezero.com

14 Gustaffson, Jan, «1.11 El cronotopo cultural, el estereotipo y la frontera». *Cultura, lenguaje y representación*, n.º 1, pàg. 137-147. Recuperat a partir de https://www.e-revistes.uji.es/index.php/clr/article/view/1269

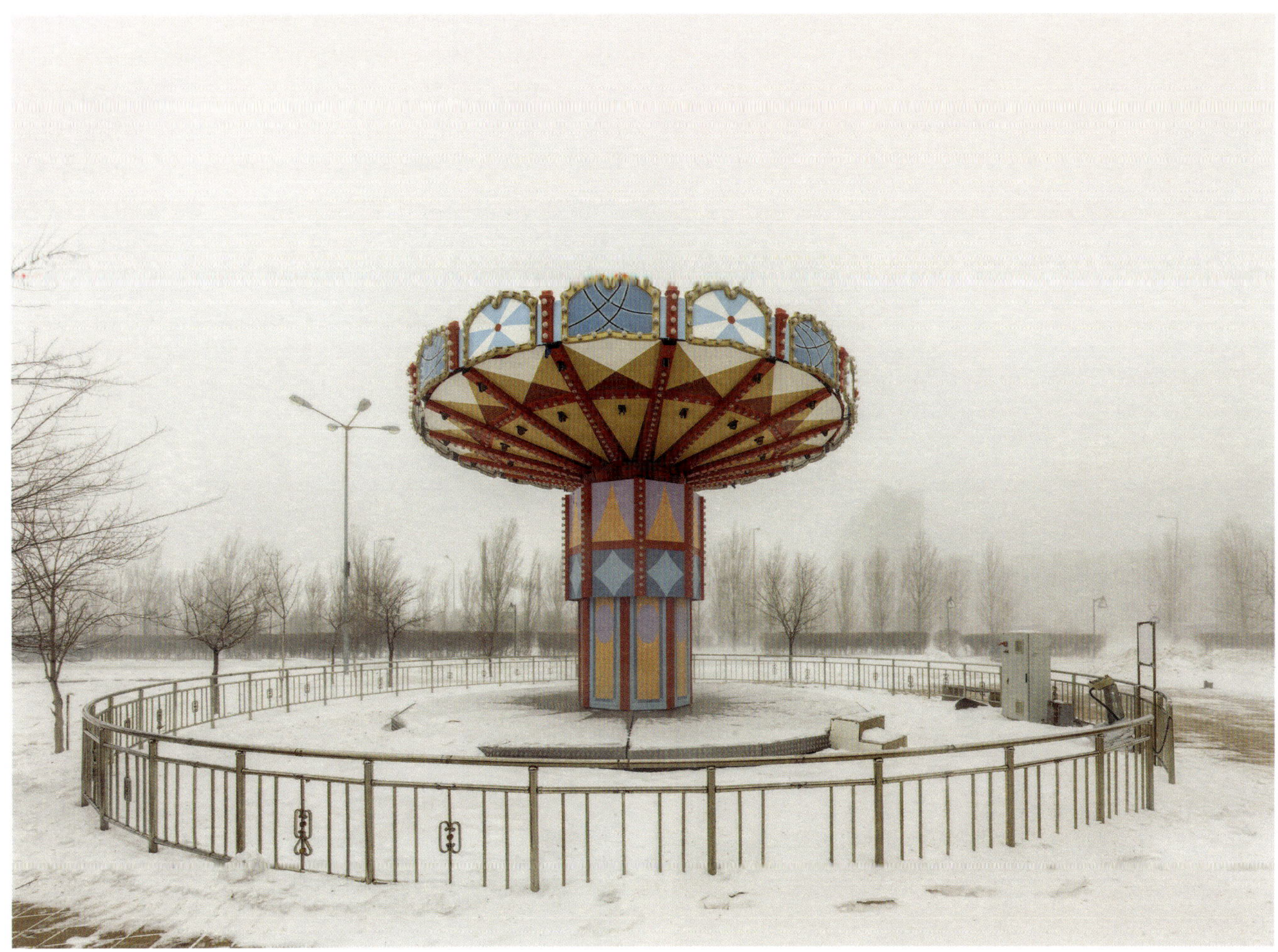

mera descripció, sense cap distorsió histriònica, excepte l'ús d'un objectiu angular per poder incloure-hi la quantitat més gran possible de personatges. No sabríem com enumerar-los sense redundar en els perversos aparellaments que, aleatòriament, es presenten davant els nostres ulls: Goebbels, Churchill, Hitler, Arafat, el mariscal Tito, Pujol, els reis Joan Carles i Sofia, Franco, Francesc Macià, Tarradellas, Lluís Companys, Fidel Castro, De Gaulle, Mao... tots coronats per un fresc fals del pintor Ricardo Balaca (1844-1880) que reprodueix la rebuda dels Reis Catòlics a Colom a Barcelona –a l'abril de 1493– després de tornar del Nou Món. Hi apareixen agenollats dos indis, dona i home, convenientment mig nus –més ella que ell, per descomptat–, que contrasten amb els rics abillaments del conqueridor, els reis i la cort. Es diria que és una fotografia transparent, en termes de descodificació del significat: el que es veu és el que hi ha. Aquesta és, bàsicament, la proposta de Bernadó: ens obre les portes de la fotografia perquè ens moguem al seu interior i n'opinem al lliure albir. Però podem fer-nos una pregunta i aplicar-la a aquesta i a bona part de les fotografies incloses a la sèrie, quina classe d'informació n'obtindria un turista jubilat nascut, per exemple, en un petit poblet de l'interior de la Xina?

Des d'aquesta premissa és possible que ens adonem del grau d'atenció que prestem als codis inserits en les aparences, a les connotacions territorials, culturals i fins i tot temporals. Així ens serà més fàcil endevinar la resposta: l'acumulació de dades locals a penes deixarà informació transparent al nostre jubilat. Tot depèn d'unes altres preguntes que serveixen per analitzar on es generen les fotografies i com les rebem: des d'on mirem, cap a on mirem i com ho representem.

Els locals sempre tenim una espècie d'accés privilegiat a la lectura d'imatges que naveguen entre llocs comuns i estereotips.

> «L'estereotip no permet –o és molt poc inclinat a– lectures alternatives a les establertes, fins i tot si la percepció general o l'experiència no hi concorden. Per aquesta raó, en comptes de privilegiar una lectura denotativa, l'estereotip depèn en gran manera d'una lectura connotativa, tal com va mostrar Barthes en l'anàlisi dels mites i les mitologies, fenòmens que tenen una gran semblança amb l'estereotip».[14]

En la introducció a la sèrie *Welcome to Espaiñ*, inclosa al seu lloc web, s'hi llegeix:

> «L'objectiu no és glorificar Espanya, tampoc envilir-la, sinó desemmascarar allò que podríem anomenar la vida secreta

Marbella (BS 387.2)
Dubai (UAE 1.3)

Marbella (WE 78.1)

dels clixés. [...] Els estereotips formen la base d'aquest estrany viatge al cor de l'essència espanyola, guien el fotògraf en el camí per la prima línia entre la veritat i la mentida, entre la història i la fantasia. Aquest és, abans de res, un repositori de fantasies, una col·lecció de desitjos fragmentats, distorsionats i desubicats».

Bernadó recupera aquesta manera de riure'ns de nosaltres mateixos que, en certa manera, va promoure Luis Carandell amb el seu llibre *Celtiberia Show*. Una recopilació d'anuncis comercials, avisos, cartells, notes i tota mena de material escrit amb voluntat de comunicar alguna cosa, que pertanyien a la secció que va anar publicant setmanalment a la revista *Triunfo* des de 1968 i que

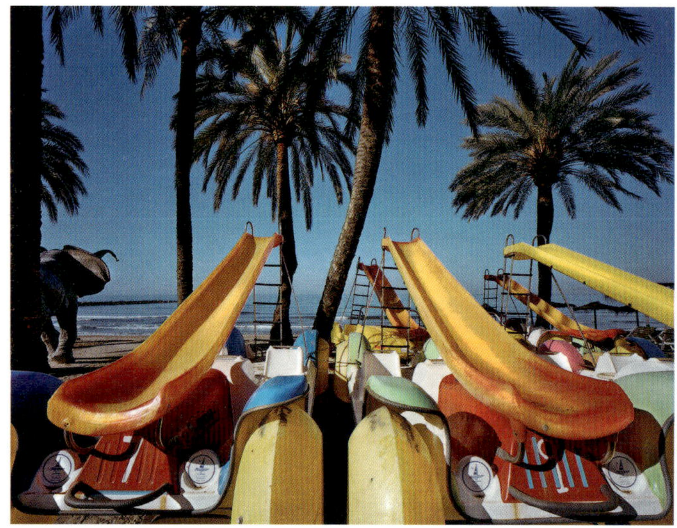

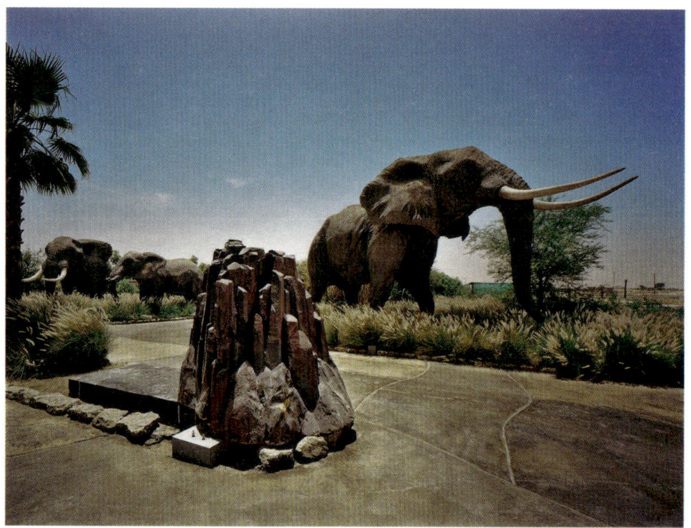

traçaven «sense mala intenció, tampoc bona» el perfil d'una part de la població de l'època que ell mateix considerava en extinció, atès «l'avenç dels temps».

Segurament, va ser Pedro Almodóvar qui primer es va animar a normalitzar aquesta Espanya *pagerola*, resemantitzant-la des del pop i fent-nos-la més digerible. Una espècie de catarsi molt poc aristotèlica però bastant eficaç. Almodóvar no ha estat l'únic que va portar al cinema aquesta galeria de personatges berlanguians contemporanis. Fa uns anys, Pablo Berger va voler fer una pel·lícula «amb un Madrid d'hiperrealisme exacerbat, com a teló de fons». Per rodar *Abracadabra* (2017) es va documentar amb retalls de fotos, veient pel·lícules... i llibres de fotografies; segons Berger, la pel·lícula «està marcada per *Vivan los novios*, de Juan de la Cruz Megías; per Jordi Bernadó i el seu llibre *Welcome to Espaiñ*; per Ricardo Cases i *Belleza de barrio*; per l'obra de Martin Parr i la de Carlos Pérez Siquier»[15] (probablement la sèrie en color *La platja* i el seu llibre *Trampas para incautos*, tot i que la seva obra ofereix una bona dosi de propostes en aquesta direcció).

Tanmateix, als barris de treballadors, als pobles absorbits per la conurbació, a les ciutats de províncies, encara hi ha un espai

15 Entrevista a Pablo Berger https://elpais.com/cultura/2017/07/31/actualidad/1501491333_523292.html

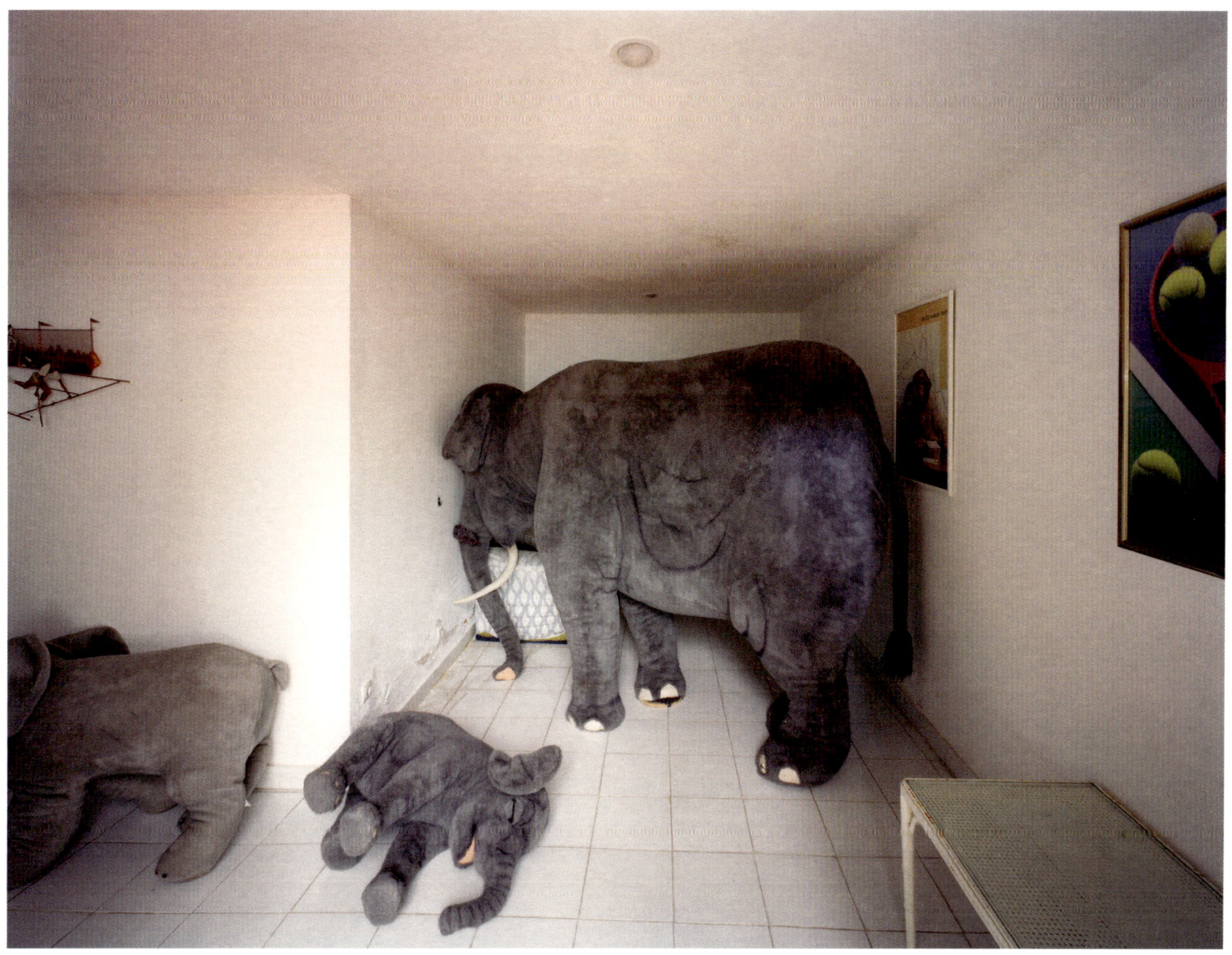

on podem llegir la identitat dels que els ocupen, les relacions que mantenen i la història que comparteixen. «El lloc –diu Marc Augé– és un espai fortament simbolitzat, és un univers de reconeixement, on cadascú coneix el seu lloc i el dels altres, és un conjunt de punts de referències espacials i socials: tots els que s'hi reconeixen tenen alguna cosa en comú, comparteixen alguna cosa». Una altra qüestió és, amb permís d'Augé, com els decoren, com els senyalitzen o com els urbanitzen. A mesura que la mirada de Bernadó s'acosta als llocs turístics, la posada en escena es va fent més universal, més intercanviable amb els espais de lleure d'altres països. El turisme massiu, s'ha dit una infinitat de vegades, ha difuminat les referències espacials, socials i històriques i ha alterat les coordenades espai-temps. Probablement és a les platges i als grans parcs temàtics on això és més visible. Aquí seria més fàcil per a l'etnògraf Levi Strauss aplicar el seu dogma, «estudiar els humans com si fossin formigues», i diluir la posició jeràrquica que pretenen ocupar els humans, com a consumidors superlatius, en la piràmide tròfica dels éssers vius.

De Júpiter al paradís passant per Palestina

Les paradoxes que proporciona la realitat constitueixen un dels elements medul·lars de l'obra de Jordi Bernadó, amb les quals va a trobar-s'hi instintivament. Aquesta va ser la pulsió, el germen, del que és el seu viatge paradoxal per excel·lència: *Writing West*. Amb un mapa al davant va triar una ciutat de l'est dels Estats Units, Jupiter, com a començament d'una travessia que els portaria, a ell i a l'escriptora Laura Ferrero, a la costa oest del país. Va prendre com a referència cartogràfica aquells llocs la toponímia dels quals excitava les seves expectatives: Utopia, El Dorado, Happy, Hope, Odessa, Palestine, Tokyo, Athens, Lost Eden, Venus, Venice... Creuar els Estats Units de costa a costa és un viatge instal·lat en l'imaginari nord-americà des que els primers colons es van aventurar a l'oest a la recerca de les terres promeses. En la història de la literatura i de la fotografia, dues fites reforcen la fascinació per aquest viatge iniciàtic: la novel·la *On the Road*, de Jack Kerouak, i l'assaig fotogràfic *The Americans*, de Robert Frank, prologat per Kerouak i inspirat i secundat per Walker Evans. Després de Frank, molts fotògrafs nord-americans han replicat aquest recorregut per itineraris diferents i han donat

Jupiter (US 329.1)t
Loving (US 17.4)t
Paradise (US 353.3)t
Paradox (US 292.2)t

Monument Valley (US 308.1)

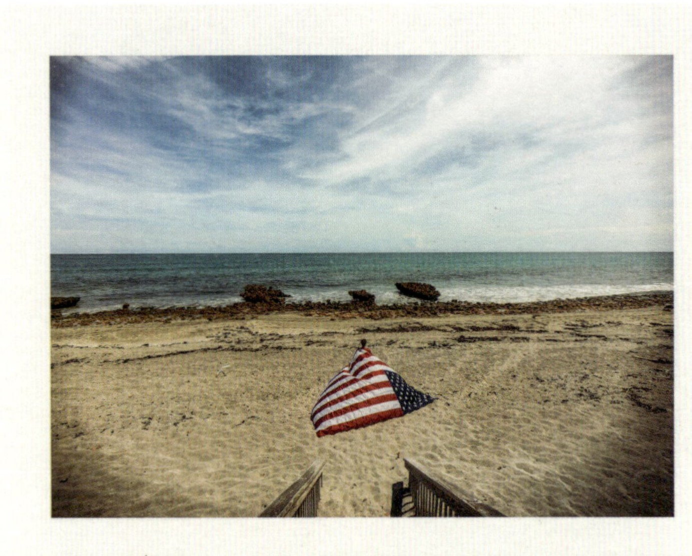

Jupiter, Florida

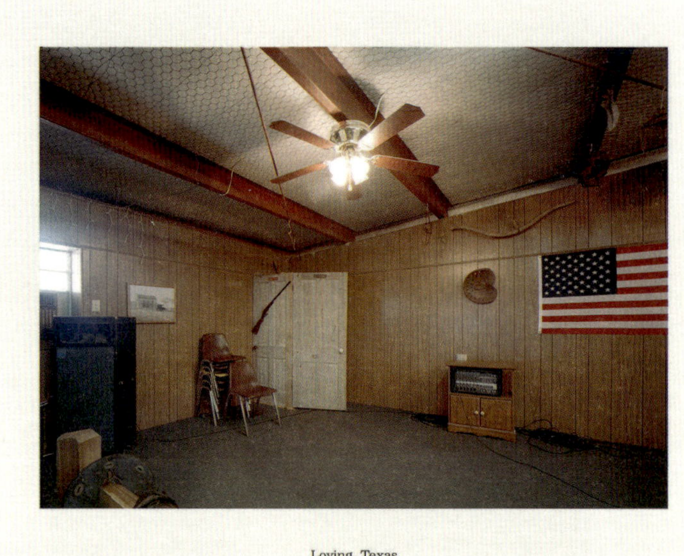

Loving, Texas

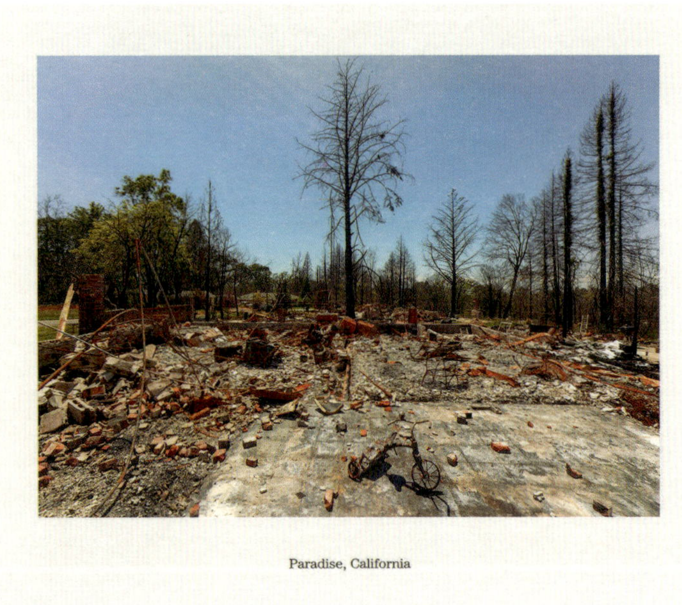

Paradise, California

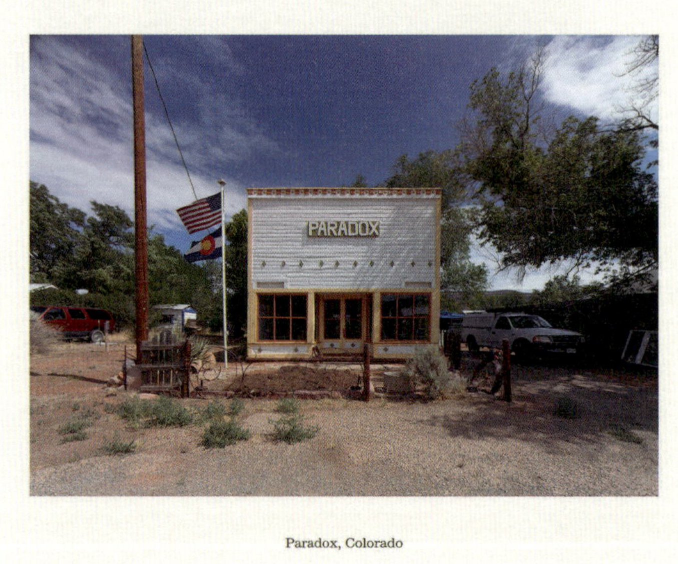

Paradox, Colorado

16 "The willing suspension of disbelief for the moment, which constitutes poetic faith." Samuel Taylor Coleridge, *Biographia Literaria*, 1817.

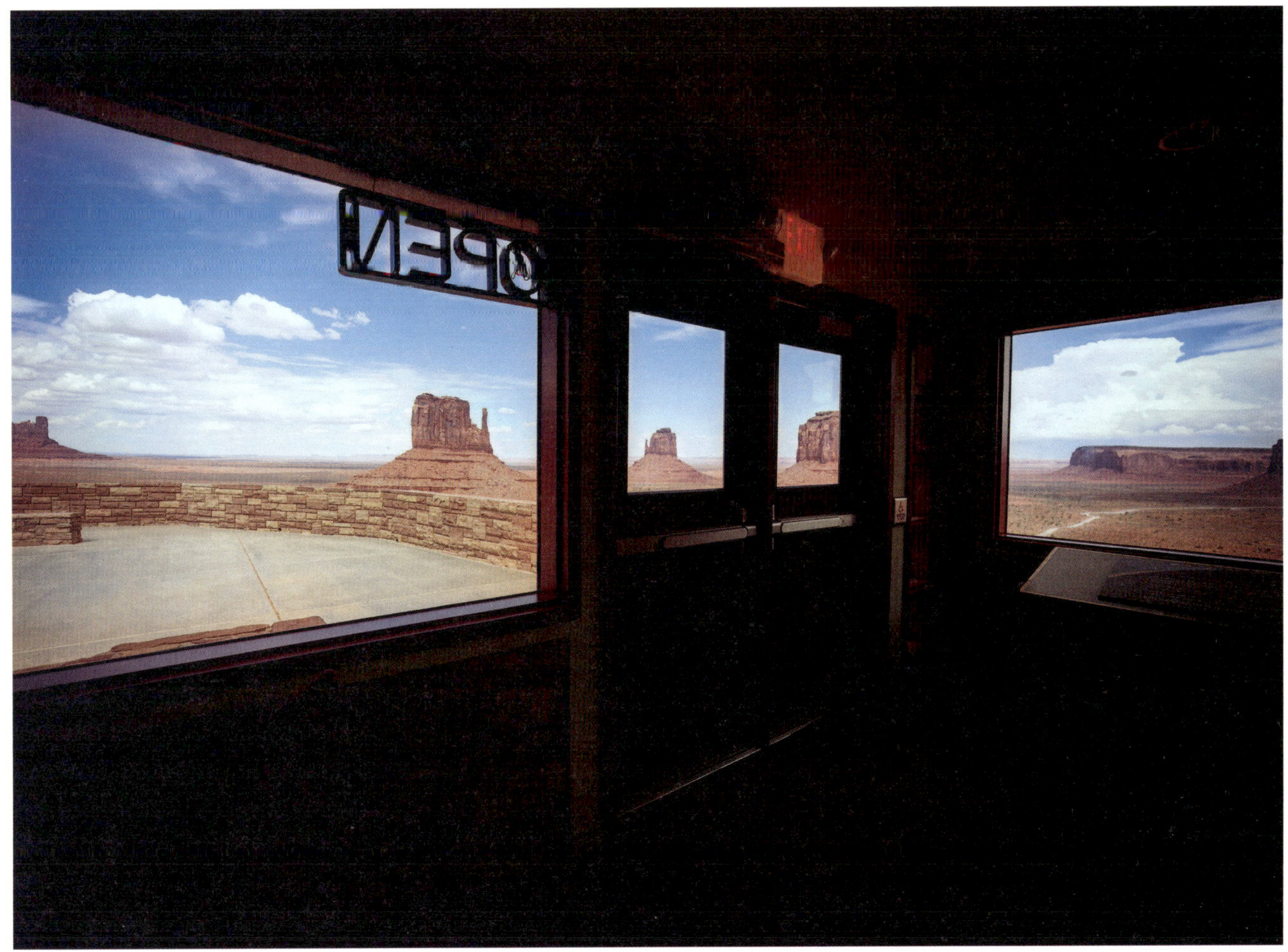

lloc a llibres ara referencials: Lee Friedlander, *Monuments* (1976); Stephen Shore, *Uncommon Places* (1982); Joel Sternfeld, *American Prospects* (1987) o, més recentment, Alec Soth, *Sleeping by the Mississippi* (2004). Tots aquests llibres contenen, amb diferents graus de visibilitat, un pòsit autobiogràfic. No n'hi ha cap que mostri cap mena d'ironia.

El trajecte de Bernadó comença a Jupiter, la qual cosa defineix immediatament el caràcter excèntric del seu punt de vista. El que troba al llarg del camí és una posada en escena dels mites, els estereotips i la iconografia del país més representat del planeta. De nou els escenaris parlen dels seus habitants, de nou els cartells, les mitgeres, les fugues de la perspectiva, la frontalitat dels enquadraments, els *trompe-l'oeil*, operen en l'espectador una espècie de «suspensió voluntària de la incredulitat». Aquella que va enunciar Samuel Taylor Coleridge el 1817,[16] referint-se a la poesia, i que tantes vegades s'ha associat al cinema o als fotomuntatges de Jeff Wall.

El recorregut per aquests llocs que encarnen els somnis minúsculs dels seus pobladors és curull de contradiccions, de simulacres ingenus, d'exhibicions orgulloses dels valors heretats dels pioners, un estrat profund que encara perviu en els seus descendents i que conté la promesa luterana: «Déu ha posat la terra i totes les seves riqueses a disposició del poble escollit». La paradoxa final d'aquest viatge, la més tràgica, esclata en arribar al paradís –Paradise, Califòrnia– un poble arrasat per un incendi forestal que va deixar centenars de morts i desapareguts. Bernadó conclou el seu relat en un escenari patètic habitat només pels rastres icònics d'aquest paradís somiat, convertit ara en infern.

Microhistòries

Una fotògrafa em va dir que durant molt de temps la va obsedir saber com era el seu pare, desaparegut quan ella tenia a penes dos anys. Només en conservava una fotografia feta a la platja on apareixen la seva mare al costat d'una amiga i ella, a penes un bebè, asseguda a la sorra. El braç d'un home es recolza afectuosament sobre la seva espatlla; la resta del cos queda fora de la fotografia. Va reconstruir la imatge del seu pare a partir d'aquest braç. Em va explicar com en va anar deduint la sensibilitat, la força, l'altura que havia de tenir i tot un seguit de fantasies que podrien recordar aquella estranya percepció que experimenten

La California (IT 24.4)
Palma de Mallorca (MA 3.4)
Roma (IT 4.2)

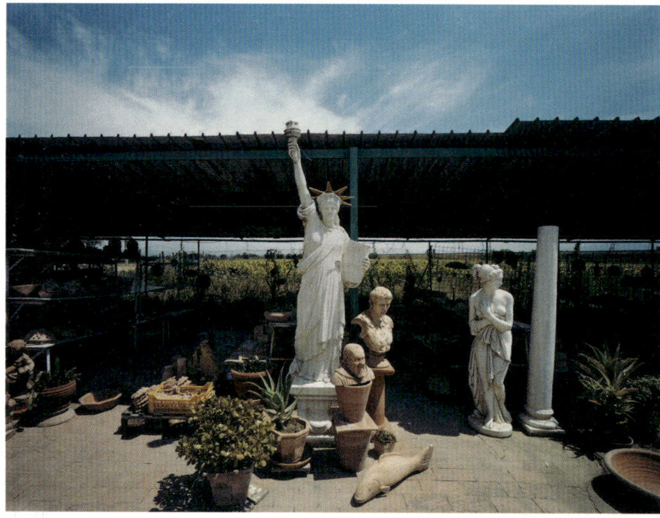

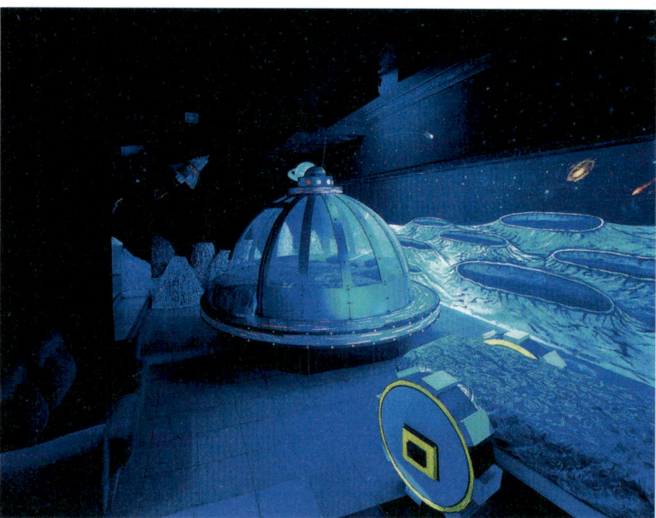

els qui han perdut una extremitat: la sensació que el membre extirpat encara hi és, encara el senten, encara els fa mal. Aquest constructe mental, creat a partir d'una fotografia, la va acompanyar durant la infància, de la manera com els nens juguen en secret amb un amic invisible. Molts anys després, ja a l'adolescència, es va animar a preguntar a la seva mare, fent veure que no hi tenia gaire interès, per aquest braç que apareixia a la foto. «Ah, sí, era el germà de la meva amiga, que també estiuejava al mateix lloc que nosaltres». A partir d'aquell moment va decidir dedicar-se a la fotografia. Més enllà de la frustració, el que la va seduir d'aquesta experiència va ser la capacitat d'una fotografia, una qualsevol, per construir històries la relació de les quals amb la realitat podia ser només tangencial, operativa.

Jordi Bernadó té una sèrie, *True loving and Other Tales*, on utilitza trobades casuals entre noms de llocs o llocs solitaris que ha descobert i que tenen una història darrere. Molts estan situats en el que coneixem com l'«Amèrica profunda». En general són denominacions en homenatge a alguna ciutat europea o que prenen el nom del primer propietari del tros de terra; alguns d'aquests noms són tan evocadors que sembla endevinar-s'hi una voluntat poètica i sorprèn saber que només són un cognom. Més accidental encara és el veïnatge de dues d'aquestes toponímies, com la que dona títol a la sèrie (*Amor veritable* en castellà). No és accidental que Bernadó hagi triat aquest títol, perquè el concepte *veritable* també és un veí inestable molt proper en tota la seva obra. L'estranyesa en aquests noms de llocs l'aporta el nom de l'estat, que sempre va adjunt a les denominacions toponímiques americanes. Una de les més famoses és la que va donar lloc a la famosa pel·lícula *Paris-Texas*, de Wim Wenders. Una altra de les variants que ofereix aquest joc semàntic amb les paraules fa referència a la incongruència entre els signes que s'exhibeixen a la fotografia i la ciutat que els mostra. Una de les més conegudes és la d'un peu enorme que calça una bota de patinatge sobre gel recolzat en un camp d'herba. Al fons s'intueixen les carpes d'un circ i, mirant-la amb atenció, a la foto s'endevina l'ancoratge a terra del peu monstruós. El títol és *American Park, Girona*. El text ancora el significat.

En bona part del llibre, Bernadó escriu els noms dels llocs a la base de les fotografies imitant la cal·ligrafia anglesa que s'utilitza per titular i datar els gravats commemoratius. Ho fa com si posés la primera frase d'un conte i deixés a les nostres mans completar-lo. Quan ha considerat necessari fixar amb més detall algunes de les claus de la microhistòria que allotgen, Adela García-Herrera en revela per escrit les dades informatives en un llibret minúscul, literalment inserit en el volum, molt més gros, que conté les fotografies. Aquesta separació física permet no interferir en el que Umberto Eco en diria una «lectura oberta» de les fotografies que tenen vocació de narradores.

Com bé sap Jordi Bernadó, la meva preferida és la titulada *La Califòrnia, Itàlia*. En vaig escoltar la intrahistòria abans de veure

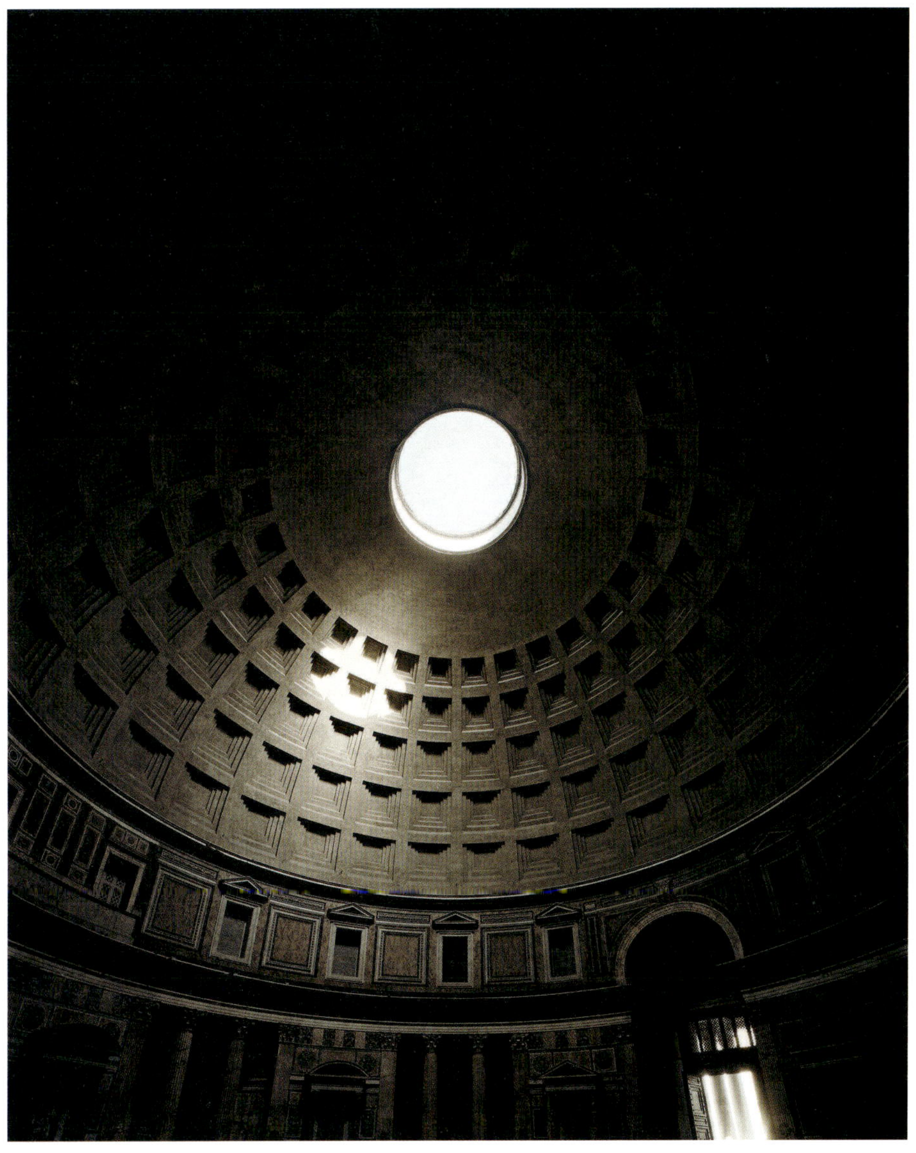

la foto. En resum, el conte, datat al segle xix, narra el viatge amb vaixell d'un grup d'emigrants que van partir de Sicília buscant una vida millor a Califòrnia. No hi van arribar mai. El patró els va tenir fent voltes pel Mediterrani durant setmanes i els va desembarcar de nou a la costa italiana després d'assegurar-los que havien arribat a la seva destinació. Els sicilians van anomenar aquest lloc La Califòrnia. Ningú sap el final de la història, si van descobrir l'engany o van morir pensant que eren a *L'Amèrica*. La foto de Bernadó és un dels seus comptadíssims retrats. Hi apareix un home que, segons el text de García-Herrera, «és l'únic vestigi d'aquell engany». El personatge ha anat reunint objectes que contenen un halo simbòlic dels Estats Units; no corresponen necessàriament al sud-oest americà, però això no té gaire importància. En veure'ls se sap immediatament que formen part de la simbologia americana, aquesta que tots hem construït a partir de les pel·lícules de Hollywood.

En 1972, el fotògraf nord-americà Bill Owens va publicar el seu llibre *Suburbia*, un assaig sociopolític que retrata els habitants de la zona de l'Amèrica interior on va néixer i va treballar l'autor. En va arribar a vendre 50.000 còpies en tres edicions. La personalitat d'aquest projecte documental rau en els peus de foto, on els protagonistes descriuen amb aquest orgull ingenu, tan americà, i en rigorosa primera persona del plural, la vida que han construït, la casa on viuen i les fantasies que hi han dipositat. El sarcàstic ancoratge semàntic que aporten aquests ingenus –per a nosaltres– comentaris condiciona i indueix la lectura de les fotografies.

Aquests exemples de micronarracions il·lustren com la relació del text amb les fotografies pot, tal com s'esdevé en el cas de *La Califòrnia*, convidar-nos a embarcar en una història, o a construir-la nosaltres mateixos durant el trajecte, mentre que en les de Bill Owens el text té la voluntat d'ancorar el significat. És

Palau Solterra. Fundació Vila Casas, Torroella de Montgrí

interessant que la naturalesa *expedicionària* dels significats que habiten les fotografies –com en el cas del braç del pare– sol agafar rumbs alternatius, no necessàriament metafòrics, en funció de l'experiència subjectiva del lector. Les fotografies i els significats transiten sovint per senders paral·lels que, en un moment donat, es bifurquen i en d'altres s'entrecreuen. Només en alguns casos es presenta a l'espectador la possibilitat d'imantar el que diuen les fotografies amb les seves pròpies interpretacions.

Per això parlàvem al començament de la imbricació del treball de Bernadó en el programa original de la fotografia, perquè no només repeteix l'esperit viatger dels pioners per registrar el món i els seus signes, sinó que hi inclou els trets dissidents del positivisme vuitcentista i subratlla la feble relació de les imatges amb la realitat. Per aquest motiu hem parlat també dels que han estat els seus companys de viatge, perquè ara ningú navega en solitari per a descobrir mons ignots o punts de vista disruptius. La fotografia ja no és un invent les característiques del qual no som capaços d'esmentar perquè encara no disposem de les paraules adequades per fer-ho. Així va passar quan el polímata John Herschel va proposar a la Royal Society, el 20 de febrer de 1840, adoptar la denominació de *positiu* i *negatiu* «per evitar els circumloquis», fart de descriure farragosament, cada vegada, per què la captura d'una imatge apareixia al paper amb tots els tons invertits. Al segle XXI no hi ha lloc per a l'adamisme en gairebé cap faceta de la vida i menys encara en la creació artística, un territori fèrtil per a les etiquetes, les classificacions i les denominacions. Em tranquil·litza molt treballar amb autors com Jordi Bernadó, que no aspiren a inaugurar una tendència.

Una altra fotografia de *True Loving* il·lustra aquestes referències, formals i conceptuals, de propostes de representació anteriors a ell. Es titula *Detroit, Michigan* i mostra una casa unifamiliar aïllada enmig d'un paisatge artificialment despoblat de natura. D'aquest arquetip de casa-llar, en el qual hi falta la xemeneia fumejant, García-Herrera diu que sembla estar posada sobre la parcel·la amb el risc que «qualsevol cop de vent pugui fer-la desaparèixer». No va errada, cada any els tornados que arrasen certes zones del sud dels Estats Units s'enduen moltes d'aquestes construccions prefabricades. Al meu entendre, aquesta fotografia conté, emmascarada, una agra reflexió sobre el concepte de *way of life* americà.

En realitat, aquest caràcter «prefabricat» és concomitant amb l'arquetip de casa individual que la publicitat ha venut a Occident. El resultat és una «repetició monòtona, una acumulació d'elements de catàleg que confereix a aquest prototip de casa un aspecte curiosament fals, de decorat transitori incompatible amb la vida domèstica». La descripció m'ha recordat una dada bastant il·lustrativa al respecte: els qui sosteníem que el llibre més publicat de la història és la Bíblia estàvem equivocats. El més publicat és el catàleg d'IKEA, que a les seves pàgines reprodueix innombrables ambients casolans a fi d'il·lustrar como queden el

17 Wulf, Andrea, «Poesía, ciencia y naturaleza» a *La invención de la naturaleza. El nuevo mundo de Alexander von Humboldt*. Traducció de M. Luisa Rodríguez Tapia. Barcelona: Penguin Random House Grupo Editorial SAU, 2016, pàg. 309-310.

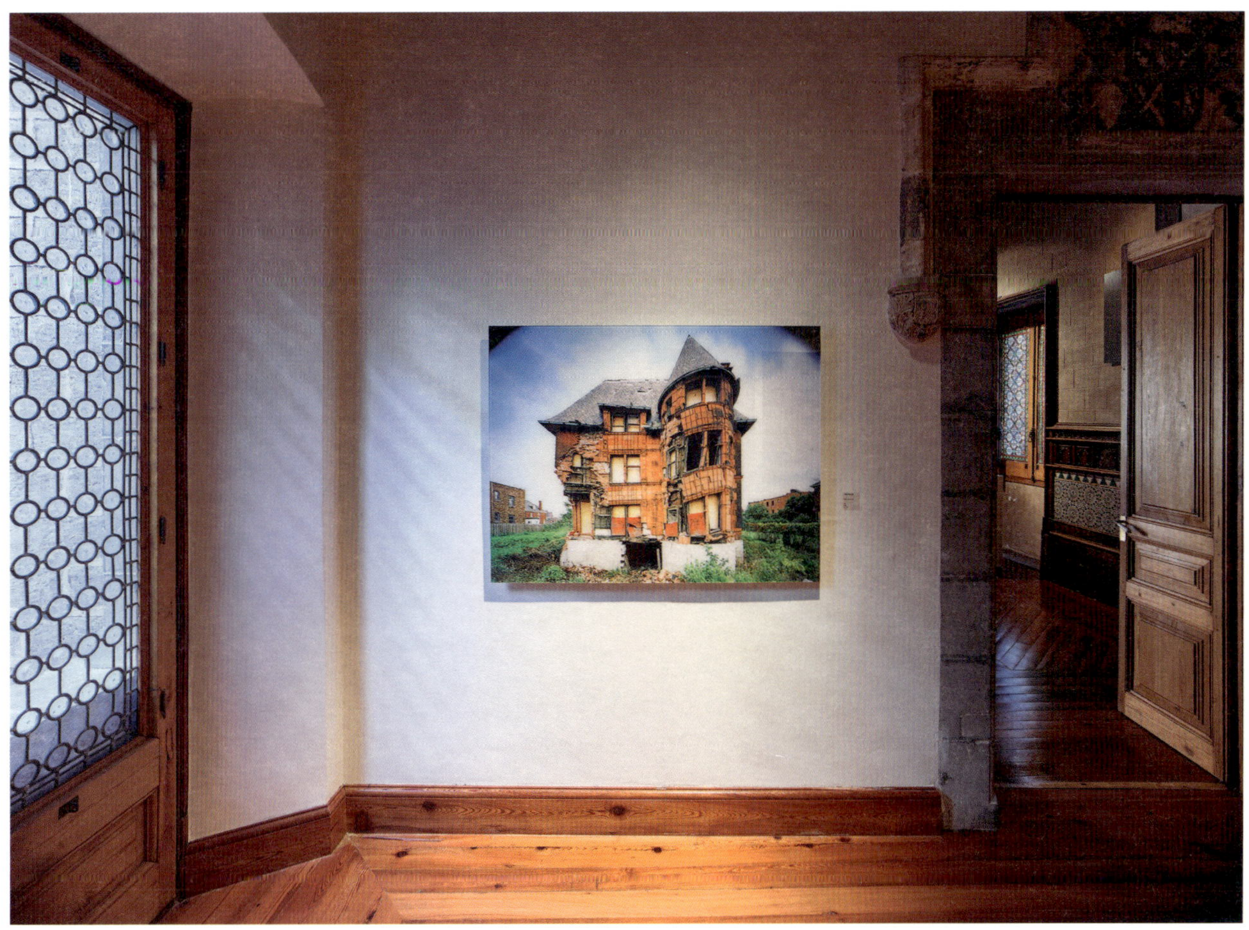

seu mobles a casa. No hi ha ni una sola foto que sigui veritable: totes són simulacres, escenificacions temporals el propòsit de les quals és nodrir amb imatges l'imaginari de llar que creuen tenir els compradors. A poc a poc, les cases reals, gràcies a l'extraordinària logística de distribució de la marca, es van assemblant cada vegada més als simulacres del catàleg i, irremeiablement, han anat neutralitzant l'imaginari individual i l'han canviat per una individualitat de consum. El que Augé en diu fer de la casa, de l'espai privat per excel·lència, un «no lloc».

El que és paradoxal, i en certa manera comprensible, és que l'aïllament en cases unifamiliars ha arrelat profundament a l'imaginari de les societats escandinaves i ha acabat per esdevenir un problema de caràcter social. En alguns casos, com a Finlàndia, arriba a un extrem gairebé patològic. Els finlandesos mateixos diuen que el seu ideal és tenir una casa a tocar d'un llac amb el veí més proper vivint a uns quants quilòmetres. Un fotògraf finlandès, Esko Männikkö, va fer un treball extraordinari a mitjan anys noranta –*Far North*– sobre aquesta qüestió. Va registrar la vida de molts homes solters que viuen sols enmig del camp macerant-se lentament en alcohol. A diferència dels nord-americans, aquests no exhibeixen simbologia cristiana ni decoren les façanes amb banderes nacionals com a exaltació simbòlica de pertinença i de la seva sagrada individualitat. La individualitat és un terme molt inflat que, mitjançant la insistència i l'afirmació ideològica de la societat nord-americana, ha aconseguit instal·lar-se com a sinònim del concepte de llibertat.

La fantasia de viure en una casa de fusta, aïllat a la natura, no és contemporània. Però hi ha solituds i solituds. N'és un exemple molt eloqüent el d'Henri Thoreau, que també es va construir una petita casa individual de fusta, de 3 per 4,5 metres, enmig del bosc, al costat de l'estany Walden. Hi va viure dos anys, dos mesos i dos dies. Però crec que la seva decisió i el seu posicionament personal –«volia viure deliberadament, afrontar només els fets essencials de la vida»– no tenen res a veure ni amb els solters finlandesos, ni amb els ardents nacionalistes americans. Aquest temps va servir a Thoreau per escriure un dels textos sobre natura més famosos dels Estats Units –Walden–, que es va publicar set anys després de deixar la cabana el 1837.[17] A vegades el present, aquest meravellós simulacre que hem anat pagant a terminis, no resisteix la comparació amb certs moments del passat. Devem estar fent malament alguna cosa. I qui diu alguna cosa en pot voler dir moltes.

D'on prové aquesta obsessió per la individualitat? Probablement tenim instal·lada al subconscient l'Amèrica de la postguerra

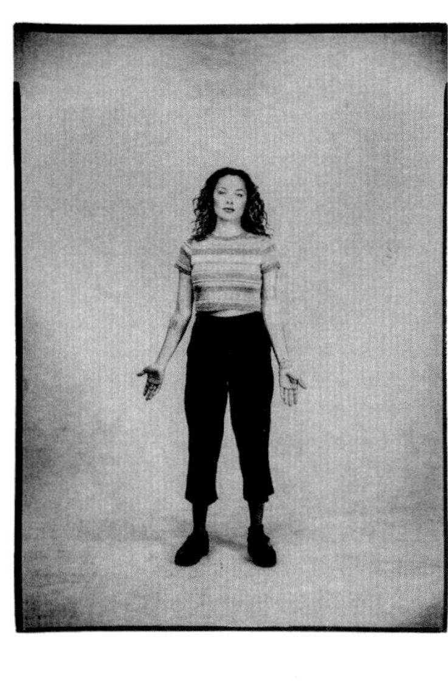

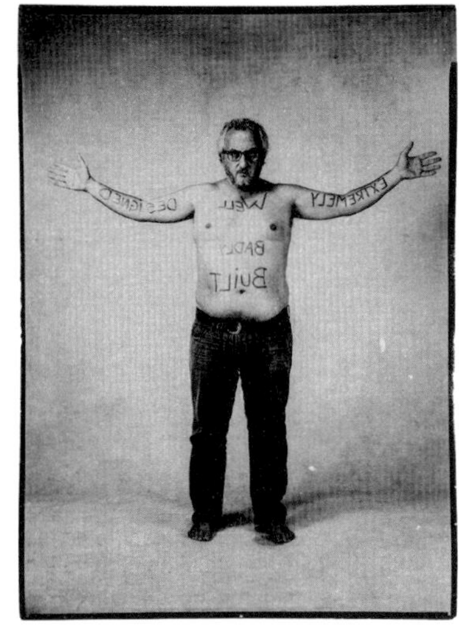

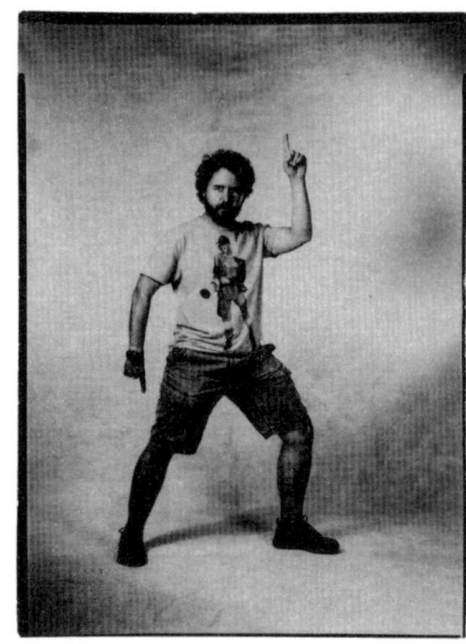

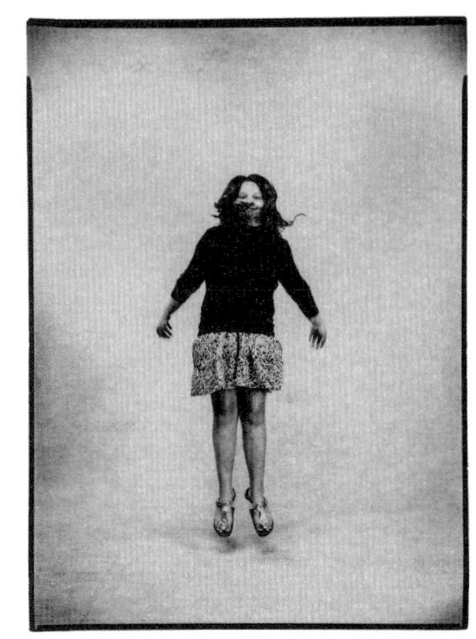

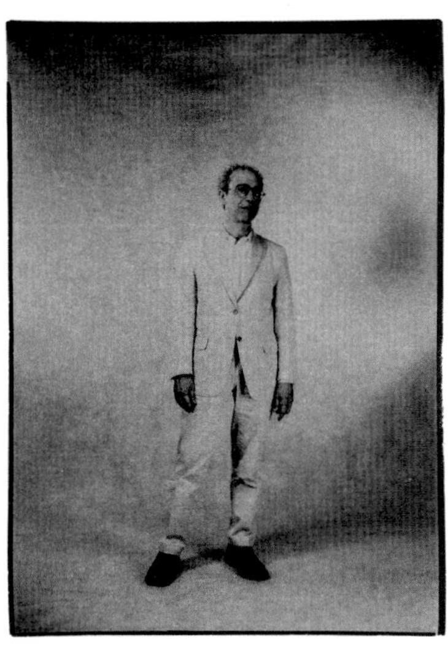

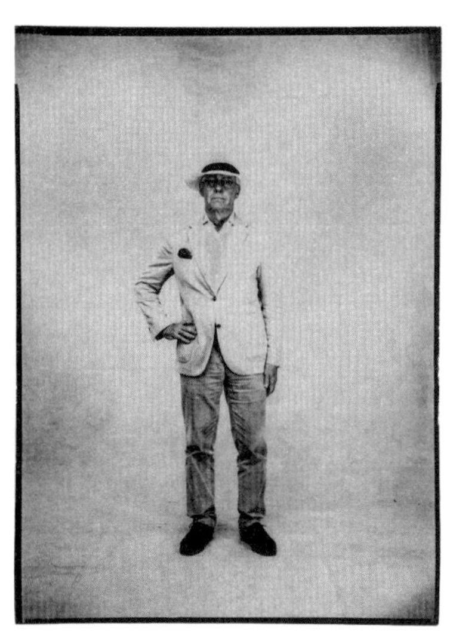

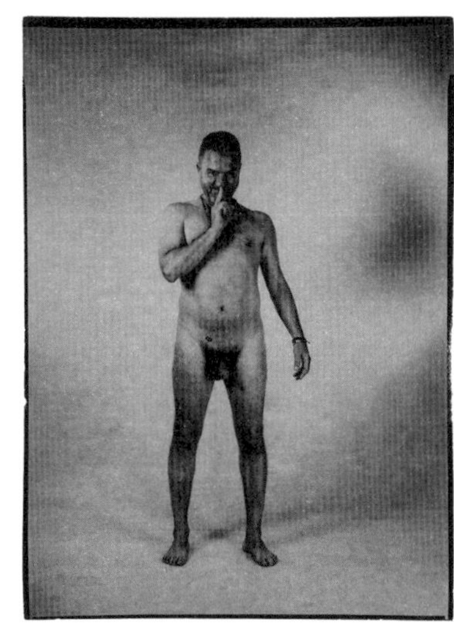

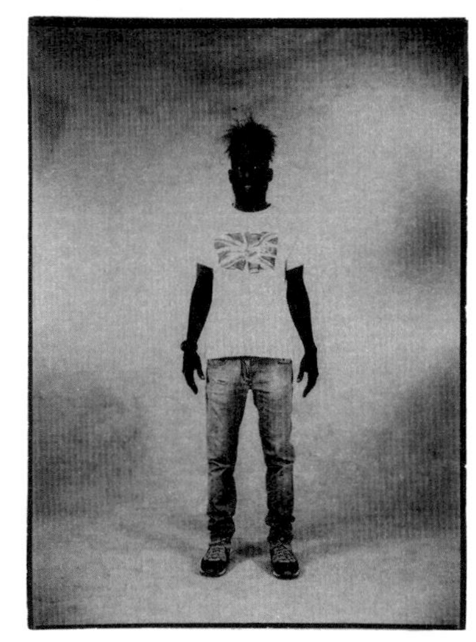

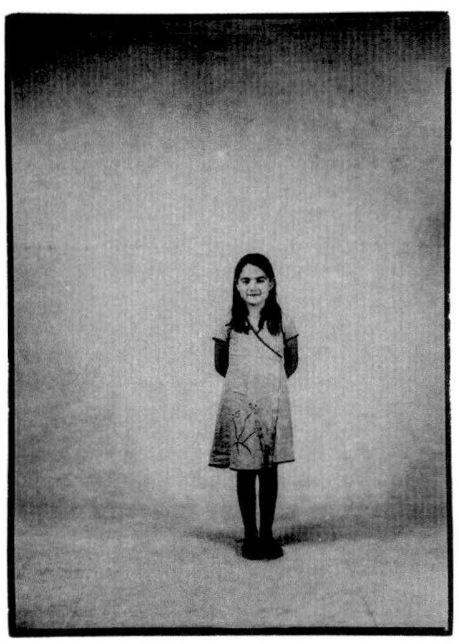

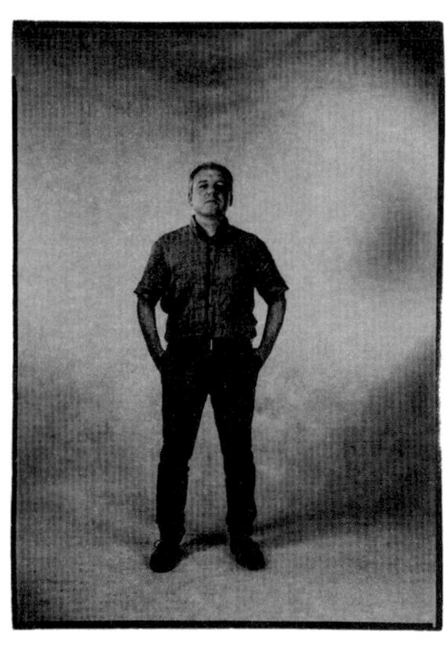

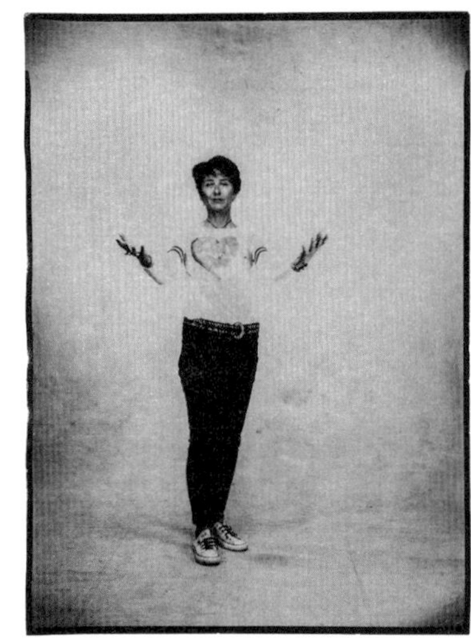

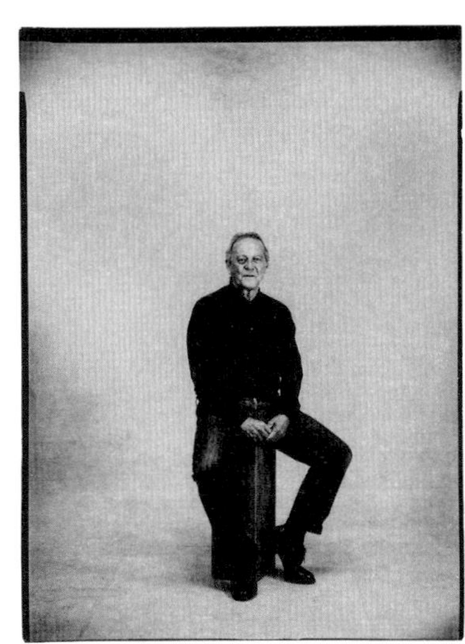

18 Bourriaud, Nicolas, *Estética relacional*. Buenos Aires: Adriana Hidalgo editora, 2013.

19 La frase original: «A la societat postmoderna l'única cosa que es comparteix és l'espectacle, aquest joc en el qual ningú juga i tots miren», va ser inclosa a Berger, John, *Algunos pasos hacia una pequeña teoría de lo visible*. Traducció de Nacho Fernández. Madrid: Árdora Ediciones, 1997, pàg. 37.

mundial, amb aquells barris plens de cases unifamiliars clonades, totes amb jardí i garatge. Potser el primer estrat referencial es troba a les pel·lícules nord-americanes de la fi dels anys cinquanta i fonamentalment de la dècada dels anys seixanta. Les nostres cases adossades espanyoles repliquen tardanament, com ha estat tradició a la postdictadura, aquesta icona de progrés i benestar nord-americà. En tots els casos, el teló de fons és l'obsessió pel consum.

Sobre la nostra condició de consumidors, sobre aquesta boira consumista que impregna i amara totes les societats d'economia pròspera, en parla Nicolas Bourriaud, de manera més extensa, en el llibre *Estética relacional*:

> «Les famoses autopistes de la comunicació, amb peatges i àrees de descans, amenacen d'imposar-se com a únic trajecte possible d'un punt a un altre del món humà [...] tenen com a defecte transformar els usuaris en mers consumidors de quilòmetres i dels seus productes derivats. Davant per davant dels mitjans electrònics, els parcs de diversió, els llocs d'esplai, la proliferació de formats compatibles de sociabilitat, ens trobem pobres i desproveïts, com una rata de laboratori condemnada per sempre a un mateix recorregut, a la seva gàbia, entre trossos de formatge. Aleshores, el subjecte ideal de la societat de figurants estaria reduït a la condició de mer consumidor de temps i espai. Perquè el que no es pot comercialitzar està destinat a desaparèixer. Aviat les relacions humanes no podran existir fora d'aquests espais de comerç».[18]

«Hi ha coses tan privades que només es poden dir en públic»

Hi ha un aspecte, al meu parer nuclear, en l'obra d'aquest constructor d'imatges que va ser estudiant d'arquitectura. És l'aspecte *relacional*, que apareix en diversos projectes concrets i amara la resta de la seva producció. Ara que vivim abocats a aquest escenari virtual de les pantalles, on, parafrasejant John Berger «l'única cosa que es comparteix és l'espectacle, aquest joc en el qual ningú juga i tots miren»,[19] la proposta de Jordi Bernadó és convidar-nos a jugar. Ens convida a ser protagonistes de la nostra pròpia representació. En els retrats de la sèrie *Present to Future*, cedir-nos la representació no és un acte menor, significa fer un pas enrere com a autor, compartir el poder. Perquè en aquest joc de poder que és el retrat cedeix l'hegemonia al retratat, que és el responsable de pensar com posar. El 2017, Jordi Bernadó i Santiago Garcés van fer 372 retrats, cadascun a una única persona, en el transcurs de sis dies. Així ho descriu Amanda Mauri a la introducció del projecte:

> «En conjunt, les fotografies componen un estrany àlbum familiar, un arxiu gairebé espectral. La seva estètica evocadora és, en part, fruit d'una decisió tècnica: les fotografies es van fer amb una càmera de plaques en una única exposició sobre paper positiu. És a dir, no hi ha negatius, no es poden reproduir. Cada retrat és únic. Però no és només això, hi ha més coses. Abans de disparar es recorda als retratats la finitud de la seva vida: "D'aquí a 200 anys ja no hi serem, res del que som existirà. Excepte, potser, aquesta fotografia". I, amb aquesta reflexió, se'ls plantejava una pregunta: "Què voldries que veiessin els que trobin el teu retrat? Què els voldries dir?"»

Res tan complex com afrontar la posteritat a través del propi cos, de l'expressió de la cara, dels gestos que coreografien les nostres extremitats. Saber que això quedarà, mai més ben dit, immortalitzat perquè altres persones ho vegin en el futur, a la manera en què les ombres dels habitants d'Hiroshima van quedar fixades a les parets després de l'explosió nuclear, adquireix un grau de dramatització superlatiu. Oblidem que el joc no pertany exclusivament al territori de la infància; potser és per això que ens resulta complicat deixar anar la fantasia, actuar i somiar. Convindria escoltar Píndar quan afirma: «L'home és l'ombra d'un somni». Una frase-imatge que empeny a pensar, que no tanca el seu significat, que proposa, novament, «una lectura oberta».

Una pregunta tan quotidiana com «què em poso?», que ens fem cada dia, es converteix aquí en una aporia de caràcter tan transcendental que alguns decideixen no posar-se res perquè la roba representa un signe temporal que aporta codis peribles. Mentre nosaltres, els espectadors, anem contemplant totes aquestes persones valentes que han assumit el repte ens van sobrevolant preguntes en primera persona: què hi faria, jo, en aquesta sessió de retrats? Com m'hi posaria? Etcètera. Aquí és on Jordi Bernadó proposa un acte net d'empatia que desemboca en una reflexió sobre nosaltres mateixos: ens posem al lloc de l'altre, incorporem les seves mateixes reflexions, els seus mateixos dubtes i en visualitzem el resultat a la imaginació. Aquesta transposició del subjecte es repeteix a la sèrie *IDproject* a partir d'una pregunta diferent.

Els seus treballs «relacionals» proposen un territori d'experimentació social, una alternativa a la uniformitat dels comportaments contemplatius que sempre ha proposat l'art. I la fotografia és especialment eficaç en aquesta mena de socialitzacions.

A les sessions, Jordi Bernadó habita l'essència relacional i empàtica de la fotografia: es converteix en mediador i opera simultàniament com a activador del sensible i com a mestre de cerimònies que, com en el cas de l'explicació d'una foto a un grup de gent amb els ulls tapats, del qual parlarem a continuació, imita els qui exhibien invents a les fires del segle XIX i començament del XX per concitar la sorpresa dels assistents.

En el cas de *Present to Future*, es tracta d'una experiència d'intersubjectivitat en la qual el retratat porta la iniciativa, és ell o ella qui envia el missatge. La importància ritual de l'acte de posar per a un retrat ha anat disminuint amb el pas dels anys. Durant les primeres dècades del segle XX s'anava a l'estudi d'un fotògraf per obtenir un dels pocs retrats que una persona es feia al llarg de la vida. La major part de vegades tenia com a funció ser regalat a una persona estimada, a un membre de la família o a algun amic, sabent que el conservaria en un àlbum que passaria a les mans de les generacions següents. Aquesta consciència de la futura funció del retrat és la que es replica en aquest projecte. I, com hem anat veient al llarg del text, les derives que provocarà en els que el vegin seran imprevisibles.

Fa més de deu anys que Bernadó va posar en marxa una altra acció per a *ús i gaudi* dels participants, sense intenció d'obtenir com a resultat un objecte tangible. En aquest cas ho va fer en col·laboració amb un altre fotògraf, Martí Llorens, a l'estudi del qual va tenir lloc una de les experiències. L'altre escenari triat va ser la Reial Acadèmia de Ciències i Arts de Barcelona. Els assistents eren convocats a acudir a les respectives localitzacions, se'ls posava un antifaç abans d'entrar a la sala on tindria lloc l'experiència –una espècie de *wunderkammer* (la vuitcentista càmera de les meravelles)–, i allà, absolutament a les fosques, escoltaven un convidat descriure'ls una fotografia. En acabar la descripció de la fotografia es treien l'antifaç amb la sala encara a les fosques, s'obria una cortina i apareixia davant ells la imatge que el convidat havia descrit. El que veien davant seu era la sala real. Al cap d'una estona, després que els ulls s'adaptessin a la llum, els mostraven la fotografia de la sala. L'experiència replicava el funcionament d'una càmera fosca amb els participants a l'interior. Mentre escoltaven, s'anaven formant una imatge mental amb les dades que els facilitaven i després la contrastaven amb la realitat i amb la seva reproducció fotogràfica. El primer que es generava després de l'experiència era una conversa en què cadascun dels participants explicava el que havia imaginat i després els comentaris s'estenien al llarg de la tarda.

En acabar la sessió dels retrats per al futur s'obtenia un objecte tangible, però el més important que es compartia entre els participants era l'emoció que havien sentit en posar. A la sessió dels antifaços no hi havia objecte, però sí una experiència cinèsica parcialment tangible o, més ben dit, visualment tangible. En els dos casos, la part relacional no se circumscrivia al moment de la presa o a l'exhibició de «la realitat». Tenia lloc després, en les interaccions entre els participants. Un espai de relació que, en el cas dels retrats, es va repetir en el marc d'una exposició on el temps, els anys que havien passat, generava una conversa d'una altra naturalesa, sempre en el pla d'intimitat que els havia proporcionat l'experiència compartida.

Fa l'efecte que els treballs de Jordi Bernadó aniran evolucionant cada vegada més cap a propostes que tinguin un perfil més vinculat a aquests pressupostos relacionals, tant amb el públic com amb els espais o els paisatges que hagi de fotografiar. El 26 de juny de 2022 va reunir 2.292 persones al Gran Teatre del Liceu de Barcelona –tantes persones com butaques hi ha al teatre– amb l'objectiu de compondre una cartografia humana de la ciutat. Tots estaven asseguts i l'única persona que hi havia a l'escenari va ser ell. El projecte es diu *Me We* i, de nou, té la morfologia d'una celebració, aquesta vegada de la seva ciutat d'adscripció. I de nou la posada en escena d'un ritual que relacioni les persones entre elles mitjançant un pensament comú, la pertinença, que al meu entendre és un concepte que té una sensibilitat més pròxima a la vida i a la comunitat que la identitat. Els vincles funcionen com el reflex de prensió dels bebès, per instint. Se'ls posa un dit al palmell de la mà i tanquen el puny. Els vincles relacionats amb la pertinença també s'activen amb un component instintiu. Bernadó els va fotografiar i ell mateix va declarar que l'important no seria la fotografia, sinó el fet mateix de reunir nacionalitats, edats, gèneres, classes socials i races diferents. Pot semblar un estereotip, però crec que l'acció va produir una al·legoria del trencadís de Gaudí. Més bonic com més fragments dissemblants contingui. Ja havíem assenyalat que Jordi Bernadó és una persona cosmopolita i segurament aquesta idea està relacionada amb com ha anat veient la seva ciutat, Barcelona, a la llunyania tantes vegades.

IDproject és un ambiciós projecte al servei de persones que han tingut una relació important amb la societat. Bernadó fa copartícips els subjectes en la construcció conceptual de la imatge. Necessita la seva col·laboració perquè existeixi. Els demana una cosa molt íntima: que triïn el lloc més important per a ells. El fotògraf posa en marxa tota una complicada logística per fer en aquest lloc una única fotografia amb el subjecte present, però allunyat de la càmera i donant l'esquena al fotògraf. El resultat és un paisatge, un escenari habitat per una sola persona, irrecognoscible tret que es llegeixi el text que figura al costat de la fotografia. És un acte de fe que requereix la credulitat de l'espectador i la complicitat del subjecte retratat. En cert sentit es podria interpretar com una cerimònia de pertinença a un lloc simbòlic. De nou, el ritual eleva la temperatura emocional del protagonista perquè convoca en la seva memòria els moments que només ell o ella han viscut aquí i la importància superlativa que ha tingut, simbòlicament, en la seva vida. Els rituals, un element fonamental en l'univers confucià, tenen la capacitat de facilitar entre els assistents el pas de la realitat a l'espai simbòlic. Un espai de ficció que els provoca els mateixos sentiments que si fos real.

Cada persona, sense excepció, que veu i escolta el procés de construcció de la imatge es fa immediatament la mateixa pregunta: quin lloc triaria jo?

Jordi Bernadó em va explicar que un dels participants s'havia sentit massa exposat compartint una experiència tan íntima. El menys important era saber qui, jo no li ho vaig preguntar i ell tampoc m'ho hauria dit. L'important per a mi és que em va fer recordar la frase que titula aquest apartat i que no he aconseguit saber qui la va pronunciar; mai he necessitat apuntar-la, fa anys que la recordo paraula per paraula tractant de comprendre aquests termes tan aparentment contradictoris. Crec que aquestes fotografies, on Jordi Bernadó actua com a intermediari entre el subjecte i el públic, m'han donat la clau per desxifrar-la. En verbalitzar un sentiment de tal dimensió emocional, la malla d'interrelacions que forma el cap amb el cos deslliura al seu torn un devessall d'emocions que no té equivalència amb el que se sent quan simplement s'hi pensa. Hi ha coses tan íntimes que només es poden dir en públic.

Alejandro Castellote

Ante el paisaje de los demás

Alejandro Castellote,
comisario y profesor de fotografía

La producción fotográfica de Jordi Bernadó se desdobla en dos identidades creadoras que al enunciarlas parecen ofrecer algunos puntos en común. La primera es esencialmente occidental y tiene que ver con el espíritu de los viajeros, con la voluntad de entender otras culturas y compartir lo que han conocido a su regreso. Es un fotógrafo cosmopolita, no porque haya vivido en muchos lugares, sino porque es capaz de transitarlos con la fluidez de quienes han dejado de creer en las fronteras. Es occidental porque la exteriorización de sus exploraciones hacia países que no son el suyo lo inscribe en una característica, esencialmente europea, que ya fue descrita por el historiador griego Heródoto cuatrocientos años antes de Cristo:

> «Todos los años enviamos nuestros barcos, con gran peligro para las vidas y grandes gastos, a África a preguntar: ¿Quiénes sois? ¿Cómo son vuestras leyes? ¿Cómo es vuestra lengua? Ellos nunca enviaron un barco a preguntarnos a nosotros».[1]

La segunda aparece al repasar su obra. En ella encontramos puntos de intersección que redundan en un rasgo de su personalidad: la curiosidad. Una curiosidad que se manifiesta en forma de escrutinio, de una mirada a veces impertinente, connotada con abundantes dosis de ternura, de ironía salpimentada con chispas de sarcasmo; pero creo que lo que realmente sobrevuela el conjunto de su trabajo es la empatía, un concepto que ha crecido y madurado gracias a la curiosidad.

Es cierto que la palabra curiosidad es aparentemente banal, no es demasiado eufónica y ni siquiera es esdrújula, pero sí es poderosamente abarcadora en sus intereses. Después de todo, la curiosidad lleva al asombro y ese asombro aristotélico es el detonante de la investigación y del pensamiento científico. Algo parecido sucede con el humor, con la ironía. Son conceptos *menores* que raramente han ocupado posiciones de prestigio en la historia del pensamiento. Sin embargo, el humor y la ironía facultan la posibilidad de parodiar las propias convicciones, o sea, pensar. Lo que no parece un asunto menor.

El viaje, la voluntad de compartir, de contar historias y un carácter profundamente empático están profundamente enraizados en la historia, en el programa inicial de la fotografía y en el espíritu relacional que le ha permitido, casi dos siglos después, ocupar un lugar central entre los sistemas de comunicación de la sociedad. Al cabo de treinta años de trayectoria, podemos hacer un recorrido especular de su trabajo en paralelo con la historia del medio, donde se encuentran algunos elementos que sustentan, casi literalmente, la estructura formal y conceptual de su trabajo.

La fotografía ha recorrido la historia, en este caso la del arte, en los vagones de segunda clase. Pero su influencia tampoco ha sido menor. De hecho, su aparición supuso el mayor atentado a la esencia del arte occidental: la mímesis. La asociación de «destreza en la ejecución» con «calidad artística» entró en franca decadencia en ese mismo momento y todavía no se ha recuperado. Basta leer a los artistas y a los expertos en arte del siglo XIX para darse cuenta del desgarro que produjo ese aparato, capaz de reproducir la realidad en sus más mínimos detalles, sin esfuerzo alguno y sin engolar la voz. Fue una bomba de relojería que ahora, mirando en retrospectiva sus efectos, pocos se atreverían a calificar negativamente.

Imágenes dentro de imágenes

Kenneth Josephson es un fotógrafo conceptual norteamericano que tiene una serie titulada *Images Within Images* (Imágenes dentro de imágenes). En una de las fotografías que forman parte de ella aparece una mano sujetando una postal. Está tomada en 1967 y en ella se reproduce la imagen del palacio de Drottningholm, una de las residencias de la familia real sueca en la isla de Lovön. La vista presenta el palacio frente a un lago y está tomada desde un sendero flanqueado por estatuas que se dirige, bordeando la orilla del lago, hacia la entrada principal. Parece una postal antigua. Josephson está en ese mismo lugar. Sujeta la postal ante la cámara con su mano izquierda y con la derecha toma una fotografía desde el mismo sitio en el que se realizó la imagen antigua. Parece confrontar ese escenario registrado en el pasado con la situación actual: las estatuas, por ejemplo, están cubiertas por unas estructuras de madera, lo que da a entender que están en proceso de limpieza o restauración. Josephson incluye el pasado en el presente; hace coincidir dos tiempos distintos en el interior de la fotografía. Tendemos a pensar que el registro tomado por él es más real que el de la postal porque ese tiempo ya no existe. La imagen de Josephson, la del presente, al incluir ese elemento ajeno a las reglas de representación del paisaje –su mano– escenifica su propia mirada y, puesto que la escena reproduce un plano subjetivo, nos da la oportunidad de sentir que podemos intercambiarnos con él y ser nosotros quienes estamos sujetando la postal.

Ese momento de intersubjetividad nos permite hacer un acto de reconocimiento. Nos ponemos en su lugar. Intentamos comprender qué quiere decir con ese gesto tan simple. Pensamos. Y elaboramos nuestra propia opinión sobre la escena. Solapamos por un instante nuestra subjetividad con la suya y en ese lapso se nos olvida que, realmente, estamos ante dos fotografías. Josephson juega, mediante esta paradoja visual, con el modo en que nuestra percepción gestiona la comprensión de las imágenes, con la poderosa sugerencia de realidad que contienen. «La fotografía», dice John Berger, «no traduce las apariencias, las cita», y añade «la cámara

Berlin (DE 20.7)

Berlin (DE 18.5)

Berlin (DE 2.3)

puede otorgar autenticidad a cualquier conjunto de apariencias, por muy falsas que sean». Queda en nuestras manos descodificar las otras capas no visibles que coadyuvan a orientar el significado de lo que vemos, de lo que *leemos* en ellas. A comienzos del siglo XX, la publicidad de Kodak decía: usted aprieta el botón y nosotros hacemos el resto. Pero un siglo más tarde nada que tenga que ver con las imágenes es tan inocente como entonces. Digamos, para simplificar, que ahora la cámara muestra el fragmento y nosotros ponemos el resto.

Ese es el ofrecimiento que Jordi Bernadó comparte a través de sus fotografías. Hace un tránsito del *yo* al *nosotros*. Nos está diciendo que lo que cuenta no es lo que *él* piense, sino lo que *nosotros* pensemos. No hay un mensaje oculto que tengamos que adivinar. Nos cede el poder de interpretar.

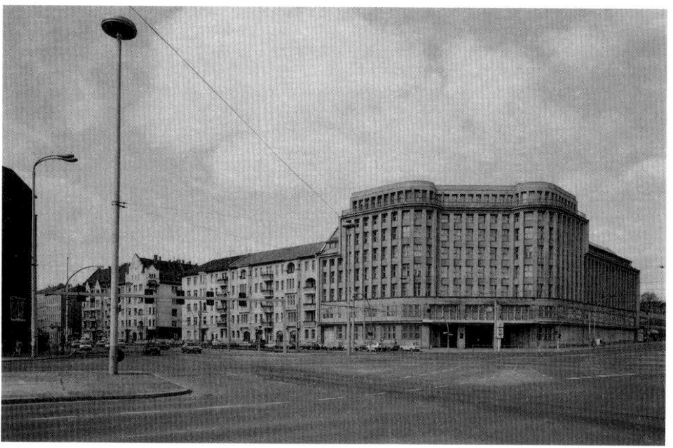

Algo semejante a lo que hace Ken Josephson ocurre con las fotografías de Mark Klett, otro fotógrafo estadounidense, en este caso de Arizona. En su trabajo Klett superpone, de diferentes maneras, imágenes del pasado sobre las del presente. Lo hace, en sus palabras, «para reflexionar sobre nociones más amplias de la cultura, el paso del tiempo y la construcción de la percepción». Las más espectaculares están realizadas alrededor del Gran Cañón del Colorado[2] y en el Parque Nacional de Yosemite. Utiliza fotografías de los grandes fotógrafos paisajistas norteamericanos del siglo XIX y principios del XX: Timothy O'Sullivan, Eadweard Muybridge, William Bell y William Henry Holmes.

Las paradojas visuales de Ken Josephson tienen, a primera vista, el encanto de la sencillez, de la fácil identificación de los referentes, lo que las empuja a ser leídas con esa especie de «deleite distraído» que nombrara Barthes. El placer de la identificación sigue siendo uno de los goces más evidentes de nuestra relación con una fotografía. Y, como dice el curador y escritor cubano Juan Antonio Molina, «tal vez sea uno de los goces más "puros", pues permite un acercamiento más o menos "ingenuo" a la imagen, que puede incluso escapar de

1 Steiner, George, *La idea de Europa*. Madrid: Ediciones Siruela, 2005, p. 68.

2 Véase su libro *Reconstructing the View, The Grand Canyon Photographs of Mark Klett and Byron Wolfe*. Oakland, CA: University of California Press, 2012. http://www.markklettphotography.com/books-summary/2015/10/7/reconstructing-the-view-the-grand-canyon-photographs-of-mark-klett-and-byron-wolfe-university-of-california-press-2012

3 *La curaduría como (in)disciplina* es un texto de Juan Antonio Molina perteneciente al curso «Introducción a la práctica curatorial» en el Centro de la Imagen de México.

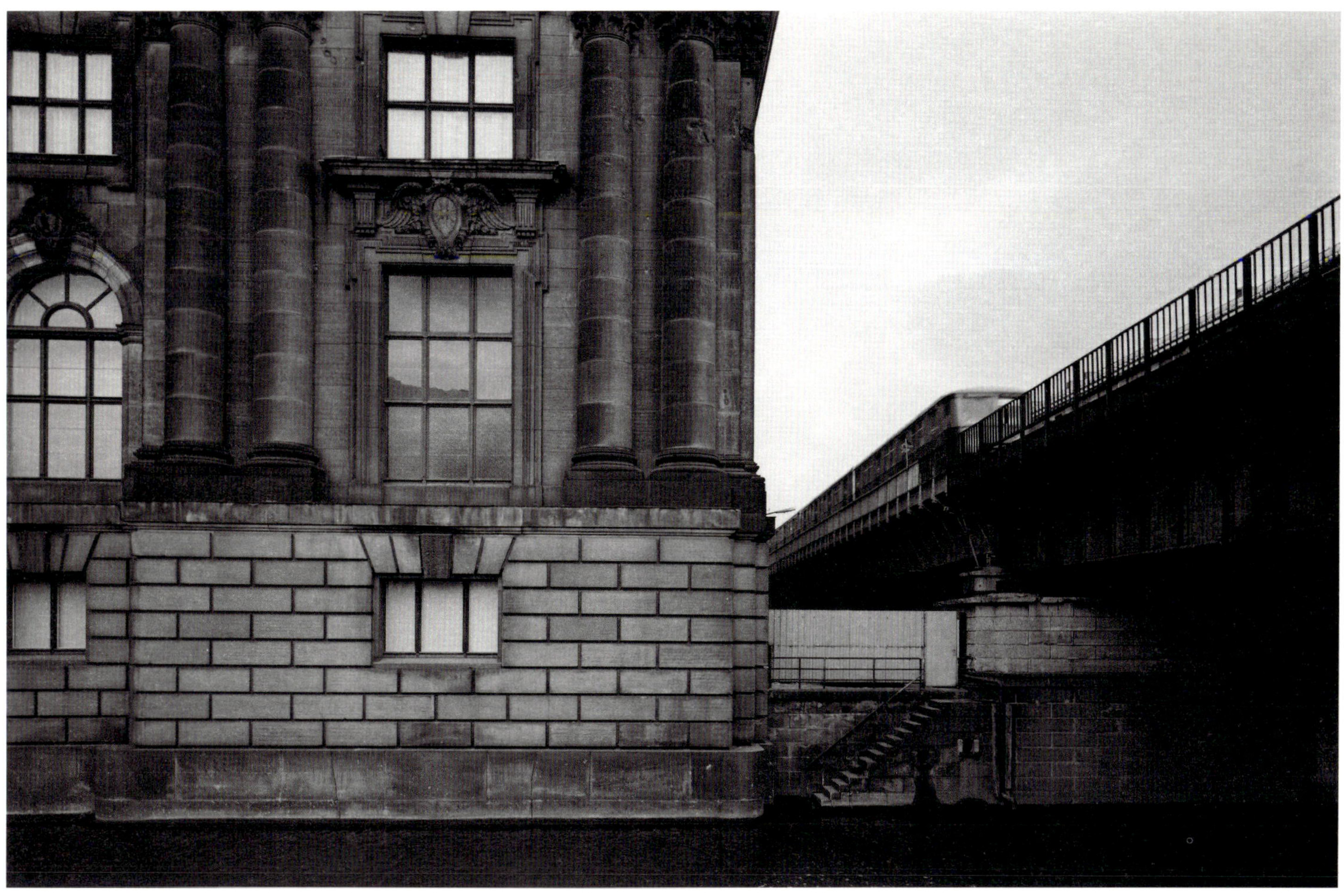

las pretensiones conceptuales más radicales». El objetivo de estos tres fotógrafos, Bernadó, Josephson y Klett, es activar nuestras propias lecturas de una imagen que incluso pueden ser divergentes de lo representado. Solo hay un problema porque, como dice Daniel Pennac en su libro *Como una novela*, «la voz leer no admite el imperativo».

Las fotografías de Jordi Bernadó también parecen sencillas a primera vista, pero incluyen otras imágenes no visibles –imágenes mentales–, estratos semánticos que conducen la lectura que hacemos de ellas a múltiples direcciones interpretativas que iremos visualizando a lo largo de este texto.

> «Lo que esperamos de una fotografía es, primero, que nos otorgue el placer de la identificación, segundo, que nos conmueva, ofreciendo aspectos novedosos de la realidad y, en tercer lugar, que nos convenza de que lo fotografiado es algo real. De ahí provienen los tres problemas principales que todavía debe enfrentar todo fotógrafo: el problema de la legibilidad de la imagen, el problema de su capacidad de impacto y el problema de su verosimilitud».[3]

Berlín

A comienzos de la década de los noventa, tras el desmantelamiento de la URSS, Berlín pasa a ser la nueva capital de Alemania. Son años en los que se pone en marcha un ambicioso proyecto urbanístico destinado a configurar la nueva morfología de la que fuera capital del país hasta la caída de Hitler. La construcción de ese nuevo Berlín se convierte en metáfora de la construcción de una nueva Europa, la que surge con la caída del icónico muro que separó la ciudad y con el desmoronamiento del telón de acero. Alemania aborda un nuevo reto: ya no quiere ser solo la locomotora económica de Europa, quiere ser también el faro cultural de Europa, ese caballo de Troya que tan buenos resultados le había dado a Francia en siglos anteriores. Tras la penetración de su cultura, de sus artes y de sus colecciones en otros países, entraban las grandes empresas. Algo que ha seguido haciendo hasta el día de hoy. En el caso reciente de China, por poner solo un ejemplo, a comienzos del siglo XXI, los primeros festivales de fotografía fueron organizados por franceses y patrocinados por grandes compañías de diferentes sectores de la economía francesa.

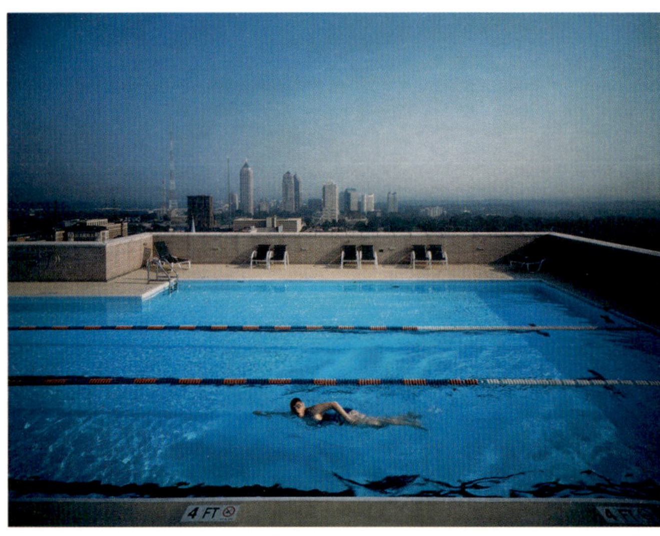

4 El proyecto se inauguró en el Palais de Tokyo de París, entonces sede del Centre National de la Photographie francés, junto a la exposición retrospectiva del maestro peruano Martín Chambi, organizada por el departamento de fotografía del Círculo de Bellas Artes de Madrid

5 La exposición comisariada por William Jenkins *New Topographics: Photographs of a Man-Altered Landscape I*, que dio nombre a ese movimiento, fue coorganizada por el Center for Creative Photography de Tucson, Arizona, y el George Eastman House International Museum of Photography and Film de Rochester, Nueva York, en 1975. Participaron en ella: Robert Adams, Lewis Baltz, Bernd y Hilla Becher, Joe Deal, Frank Gohlke, Nicholas Nixon, John Schott, Stephen Shore y Henry Wessel Jr.

Pero continuemos con Alemania; el estado, siguiendo el modelo francés, activa todas sus instituciones para hacerse presente en todos los ámbitos de la cultura y eventualmente liderar la escena artística. Los museos se apresuran a sincronizarse con ese liderazgo mostrando sus colecciones de arte alemán en todo el mundo. Los bancos, especialmente el Deutsche Bank, invierten cantidades extraordinarias en incrementar sus colecciones de arte. Solo en las oficinas del banco en el Reino Unido se despliegan más de cuatro mil –4.000– obras de sus fondos; a lo largo del continente americano tiene en exhibición cerca de 7.000 obras, todas en papel o en soporte fotográfico. Es muy probable que alguien lo denomine estrategia neocolonial, pero aun si así fuera, parece la menos dañina de las estrategias.

En lo referente a la fotografía, la llamada Escuela de Düsseldorf –los Becher, Gurski, Höfer, Ruff, Struth– se convierte en uno de los referentes del arte contemporáneo, permeando en gran manera la fotografía europea. Durante casi un par de décadas, cada nueva serie de los integrantes de ese grupo formado en la Kunstakademie de Düsseldorf generaba una cadena de imitadores. Uno de sus integrantes, Axel Hütte, comenzó en ese periodo una serie en color sobre la construcción del nuevo Berlín y, merced a su poderosa influencia, decenas de fotógrafos europeos se sumaron a ilustrar esa metáfora de la «nueva Europa en construcción». Paralelamente, otros cientos se consagraron a registrar «espacios de poder» calcando las directrices conceptuales de la serie homónima de Candida Höffer.

Jordi Bernadó, ya entonces muy vinculado a la fotografía de arquitectura, publicó su primer ensayo fotográfico, en 1993, precisamente con imágenes de la capital alemana. Pero no lo hizo siguiendo la retórica de Düsseldorf, lo hizo en blanco y negro, inspirado entre otros por el fotógrafo italiano Gabriele Basilico –especialmente admirado e influyente en España– y en John Davies, que gozaban los dos, ya en esos años, de un extraordinario predicamento en la fotografía europea. En su obra, ambos hablan en voz baja de ciudades posindustriales, de su vacuidad y de como hemos alterado la naturaleza. Viendo sus fotografías se diría que, a la manera de Fox Talbot, dejan que la ciudad se represente a sí misma.

Hasta ahí todo bien, Bernadó registró la metamorfosis de Berlín sin aspavientos, con un cámara de medio formato, en riguroso blanco y negro, resguardado tras la pantalla de la perspectiva renacentista, con las calles vacías para que la gente no distraiga nuestra atención y homenajeando, en ocasiones, las vistas panorámicas de los fotógrafos pioneros del siglo XIX. Pero empezó a ver cosas extrañas. Una suerte de entropía urbana que exhibía colisiones arquitectónicas no racionales, fallas temporales entre edificios colindantes, vacíos significantes y realidades melancólicas asomando por

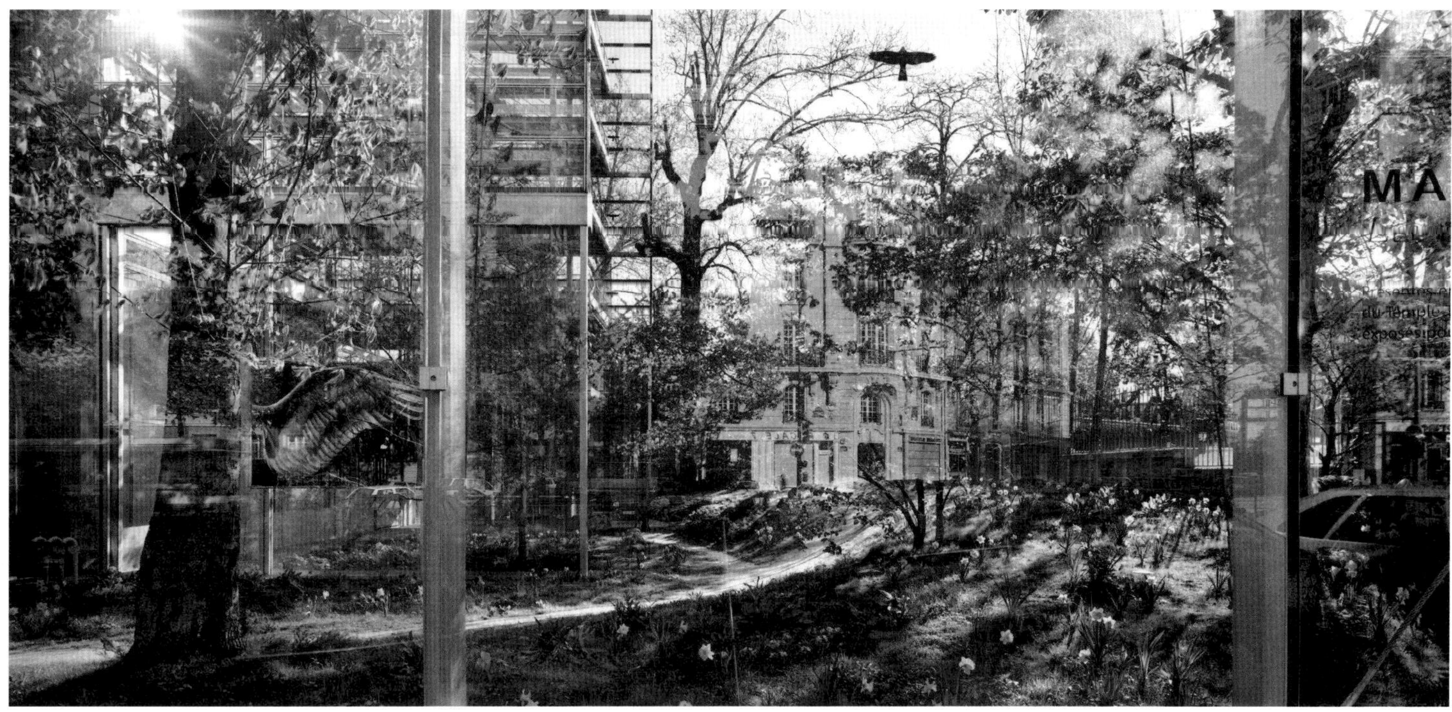

los intersticios de las obras. Y ahí aparecen las medianeras. La cara inútil de los bloques de viviendas. Un recurso constructivo que actúa como separador entre diferentes edificios y que no suele estar presente en los trabajos sobre arquitectura. Son enormes muros vacíos que esperan, como alegóricas «Penélopes» de cemento, la llegada de un edificio que dé sentido a su existencia, a su naturaleza discreta e invisible. Hay veces que sí llega pero, nunca mejor dicho, no está a la altura de lo que necesitaba de él. En ese Berlín recuperado, el protagonismo de las medianeras no es, en modo alguno, anecdótico, pues subraya visiblemente una ausencia: es metáfora de la ciudad que durante tres décadas estuvo demediada.

Bernadó no es el primero que detiene su mirada en las medianeras y las convierte en protagonista central de sus imágenes. En la Misión fotográfica sobre Beirut, que puso en marcha en 1991 el escritor libanés Dominique Eddé, Robert Frank también las incluye como un signo más de la desolación que deja la guerra. Además de los trabajos de Frank, Eddé contó con los de Josef Koudelka, Raymond Depardon, René Burri y Fouad Elkoury.[4]

Pero si miramos un poco más hacia atrás, ya la primera fotografía que se conserva –la heliografía sobre zinc de Nicéphore Niepce– mostraba dos medianeras. En una de las cuales se había habilitado un palomar, que no es una medianera al uso, pero para lo que nos interesa se trata de una pared sin entidad. Un resto del edificio. Lo cierto es que, como muchas de las fotografías de ese periodo iniciático, el contenido de las tomas era prácticamente accidental. Lo realmente importante consistía en que la foto apareciera en el papel y no se borrara a los pocos minutos. Quien sí dio carta de naturaleza, muchos años después, a esas incongruencias del espacio urbano fue el alemán Albert Renger-Patzsch (1897–1966), un fotógrafo adscrito a la corriente de La Nueva Objetividad, que se interesó por la singular arquitectura industrial y los barrios obreros adyacentes y que es un claro antecedente de Bernd y Hilla Becher. Y, por supuesto, los fotógrafos integrantes de la ahora famosa exposición *New Topographics*[5] también incluyeron medianeras en sus trabajos sobre el paisaje posindustrial de Estados Unidos. La exposición no tuvo especial repercusión cuando se inauguró y sus miembros nunca ejercieron como colectivo, aunque se convirtieron en los años posteriores en una corriente de indudable influencia. De hecho, creo que Robert Adams y Lewis Baltz, ambos participantes en la muestra, son quienes tienen una huella más visible en la obra de Bernadó. La estética desangelada que exhibían en sus fotografías ilustraba visualmente el comienzo de la era posindustrial y la vacuidad del paisaje que la circundaba.

Ese periodo de reconversión, y en algunos casos de desmantelamiento de las grandes industrias pesadas de occidente, formó parte del repertorio temático de muchos artistas durante dos décadas. De hecho, los efectos de esa mutación y sus consecuencias todavía siguen despertando interés.

El Cairo (E 15.3)
Beirut (LIB 1.4)
Prague (CZ 1.3)

A Cop d'Ull. La Virreina Centre de la Imatge, Barcelona

> «La compleja transformación del periodo industrial al posindustrial, en todos sus estratos y con todas sus desarmonías e incertidumbres, ha generado un paisaje en el que la naturaleza no constituye otra cosa que un fondo lejano y descuidado, a menudo poco o nada visible, algo que ya apenas existe».[6]

Así lo expresaba Roberta Valtorta, historiadora de la fotografía de paisaje, que tanto escribió sobre Gabriele Basilico y otros componentes de lo que en Italia se llamó «fotógrafos del territorio», entre los que se encontraban Luigi Ghirri y Guido Guidi. Ghirri fue el primero que, en los años setenta, incorporó el color a su obra y puso en cuestión, mediante trampantojos fotográficos, el carácter inestable de nuestra percepción.

Durante los años noventa, el trabajo de Jordi Bernadó fue alejándose progresivamente del blanco y negro y abrazando

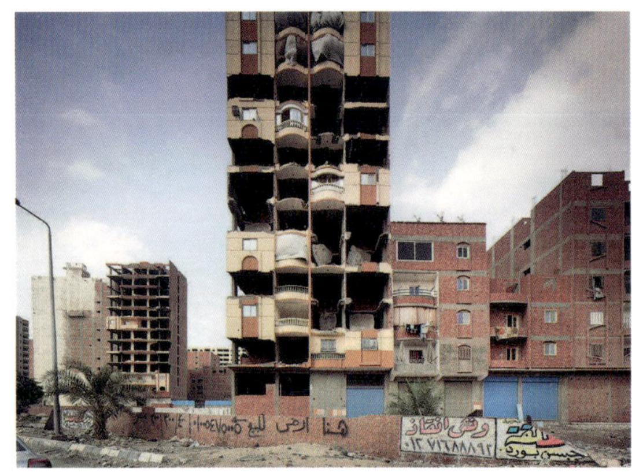

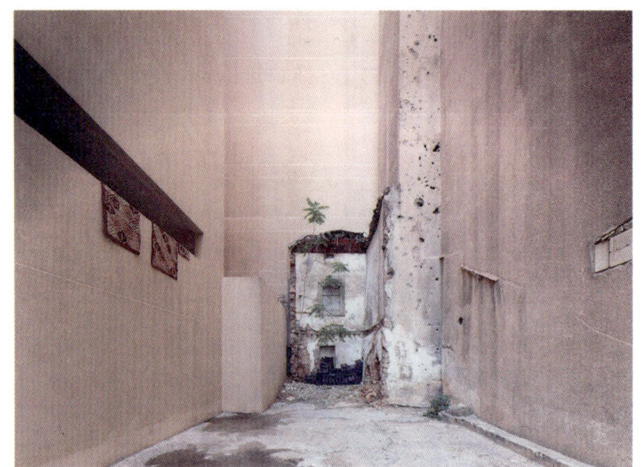

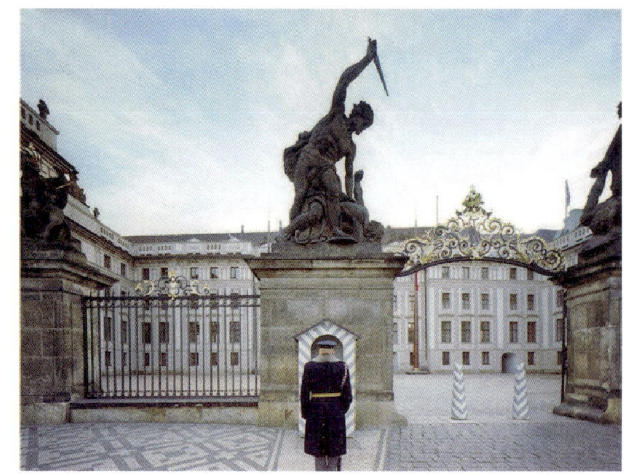

el color como signo rigurosamente contemporáneo. A través del color, las anomalías del paisaje natural, el urbano y el de las periferias, se convierten en un presente exhaustivo que prescinde de la melancolía. Desde esa óptica no contaminada por el romanticismo aborda una mirada crítica, a través de veintisiete países, sobre el modo en que Europa se ha ido representando a sí misma. Una historia de la arrogancia que se exhibe monumentalmente mediante palacios y en continuas menciones a la belleza canónica de su arquitectura, que ennoblece su religión y su poder político, soberbiamente colonial; es la historia que enaltece y refrenda la superioridad de sus artes y exhibe orgullosa las huellas de las grandes ideas humanas surgidas desde Grecia hasta la actualidad. Es tal ese peso que a menudo quiebra los fundamentos que sostienen la idea de Europa. Ahí es donde interviene la mirada atenta de Bernadó. Los hielos nórdicos se quiebran, las cruces se acumulan y dejan de aludir a la religión para convertirse en metáfora de las guerras devastadoras. La descontextualización de los signos repetidos de su grandeza adquiere un halo de ironía que bordea lo patético.

6 Valtorta, Roberta, "Ripartire da zero" en *Tracce. Giampietro Agostini*. Milán: Baldini&Castoldi s.r.l., 1998, p. 7.

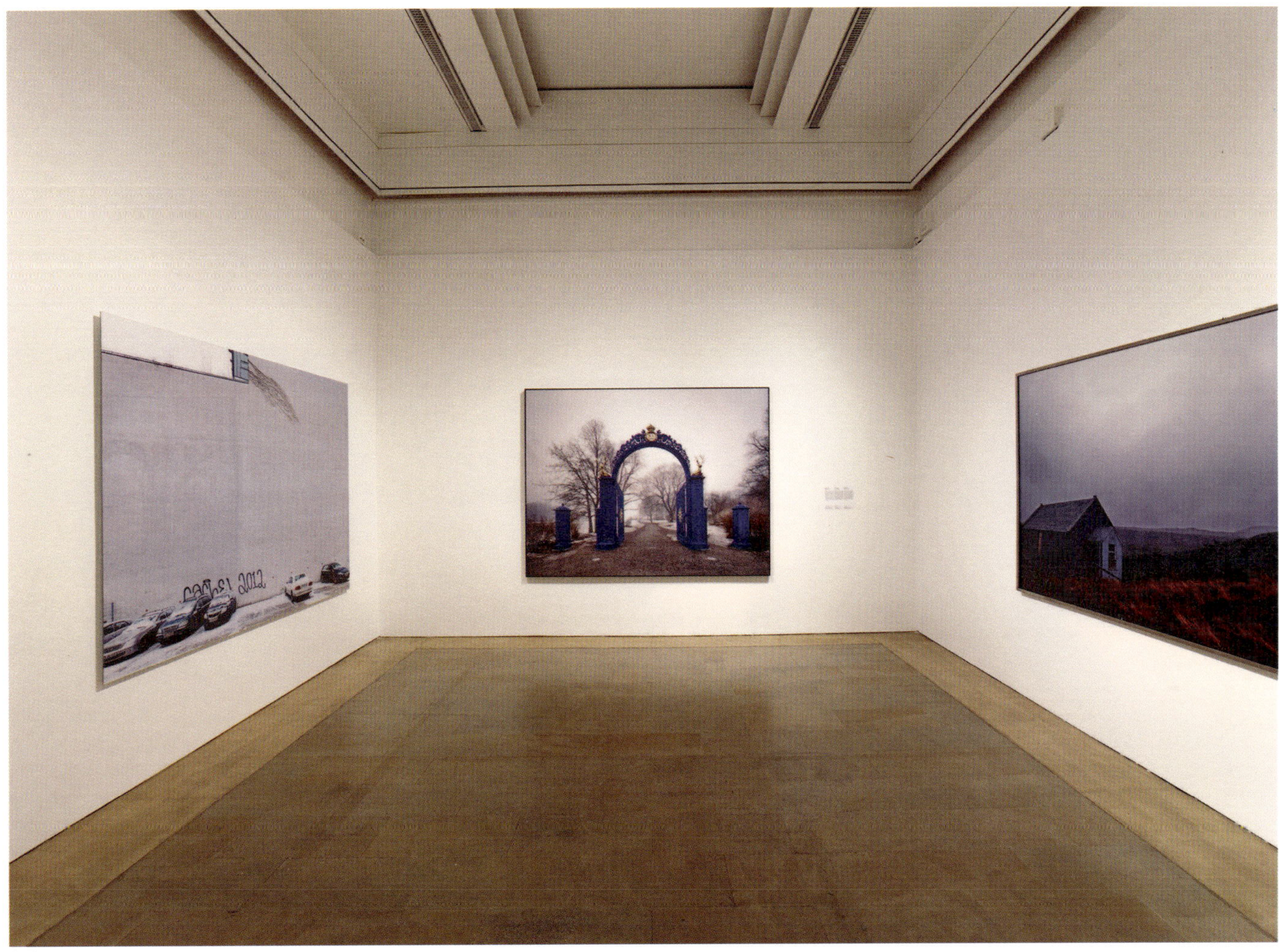

Las continuas fugas que ofrece el punto de vista de su cámara subrayan con insistencia el eco de las perspectivas renacentistas. Las fugas hacia el horizonte, sin embargo, no anuncian un destino. Al fondo, cuando las líneas paralelas casi se tocan, no hay nada. Estas perspectivas se irán repitiendo a lo largo de toda su obra como una suerte de gramática personal.

La convivencia de esa poética, de lejanas resonancias metafísicas, con la abrumadora vacuidad de algunos escenarios del presente otorga a sus trabajos una huella inquietante.

La voz de las medianeras

Otro de los elementos del paisaje que forma parte fundamental de la obra de Bernadó son los carteles. Los enormes y los medianos. La semiótica que emerge de ellos en las fotografías informa de algo más que la literalidad de lo que dicen sus textos publicitarios; su ubicación en el entorno urbano, en la periferia, en las carreteras y en ese amorfo territorio que llamamos el ámbito rural, que es periferia de sí mismo, permiten una lectura en clave temporal de la imagen. Mientras que la morfología de esos signos, su tipografía, el tipo de imagen que los ilustra y, por supuesto, el producto que se anuncia, revelan el tipo de sociedad que los consume. Esta potencialidad semiótica de los carteles, sumada a la información del contexto que aporta la fotografía, constituye una suerte de estructura simbiótica que se enriquece a partir de los diferentes estratos significantes generando una o varias imágenes dentro de las fotografías. Walker Evans fue un apasionado de esa imaginería, de ese conjunto de signos que con el tiempo adquieren una entidad diferente y describen una iconografía que contiene numerosos elementos identitarios. A Evans le interesaban las fachadas, la morfología de los edificios, sus medianeras, los escaparates de los pequeños comercios alicatados con rótulos, fotografías y objetos. Imágenes dentro de imágenes.

El papel de intermediarios semánticos que ostentan los carteles es especialmente visible en una fotografía histórica de William Henry Fox Talbot: *Nelson's Column under construction in Trafalgar Square* (1844). En ella, la valla que rodea las obras de instalación de la Columna de Nelson está repleta

Sunlakes (US 297.2)

Llano (US 304.2)

Si no, mañana. Galeria Senda, Barcelona

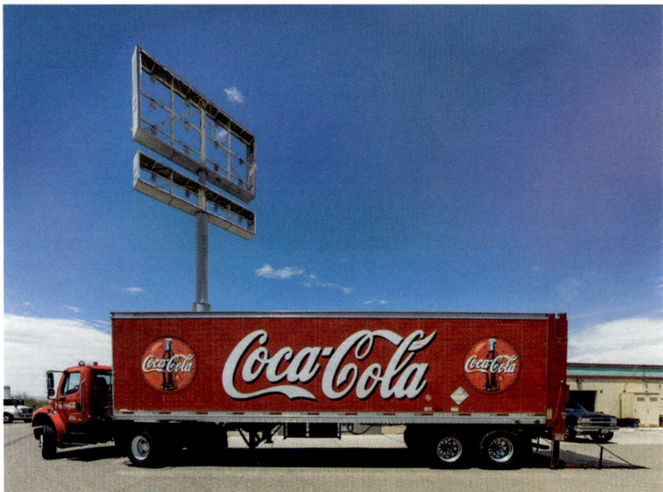

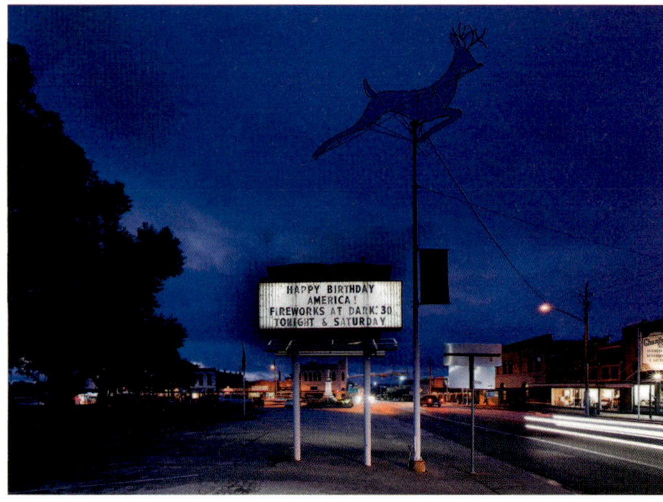

de carteles de todo tipo, como todas las vallas del mundo, y gracias a la precisión mimética de la fotografía es posible leer lo que dicen los carteles, incluso se pueden ver horarios de trenes o publicidad del Theater Royal Lyceum. No podía faltar, por supuesto, el consabido aviso, rotulado en un lateral de la valla, donde se lee: «Prohibido fijar carteles». A Jordi Bernadó le encantará, aunque estoy seguro de que la conoce. He oído que alguien escribió un ensayo precisamente sobre lo que dicen y significan todos esos carteles que aparecen en esa fotografía.[7]

Una y otra vez, las fotografías evidencian que tienen una extraordinaria capacidad para extender el significado de lo que muestran. Funcionan como mensajes cortos, comprimen el relato, pero tienen la capacidad de expandirlo en direcciones insospechadas: se comportan como hipervínculos. Su potencialidad simbólica es capaz de dotar de una personalidad icónica insospechada a algunos elementos que aparecen en la imagen. Personalmente, estoy convencido de que Le Corbusier diseñó la distribución de las ventanitas que aparecen en uno de los muros brutalistas de la capilla de Notre Dame du Haut (Ronchamp, Francia), basándose en *Madrid, 1933*, la famosísima fotografía de Henri Cartier-Bresson donde un grupo de niños –que jamás habría retratado Lartigue– se arremolina, en diferentes planos de la imagen, alrededor del fotógrafo. Como telón de fondo, llenando buena parte de la fotografía, se ve, adivinen, una medianera socavada arbitrariamente por ventanucos. Un ejemplo más de las paradojas que es susceptible de activar una fotografía: la intervención de los inquilinos, ilegal por supuesto, destinada a airear despensas o a iluminar trasteros, es capaz de inspirar a uno de los arquitectos más famosos del siglo. Antes, por supuesto, de que emergiera la categoría de los *starchitects*.

La capital desde lejos

Es posible que la mirada de Bernadó esté sutilmente intermediada por el hecho de haber nacido en una *ciudad de provincias*, Lleida. Suele pasar que quienes nacen en estas ciudades *menores* tengan que trasladarse a la capital, en este caso Barcelona, para poder estudiar y crecer sin limitaciones. Son conscientes de que, parafraseando a ABBA, la capital siempre «se queda con todo». Las apariencias de la capital, desde lejos, parecen mostrar que todo es cuidado diseño, elegancia decimonónica, revoluciones divinas en discotecas de moda y torres de la familia en la costa ampurdanesa. Pero Bernadó sabe que, de cerca, hay un reverso en el que no es lo mismo ser del Eixample que de la Barceloneta donde, hasta hace poco, cuando iban al centro decían «voy a Barcelona». Siempre hay una cara oculta en esas asincronías entre centros y periferias, siempre asoma el alma de pueblo que aún sobrevive en ciertos barrios.

7 Véase Larry Schaaf, *William Henry Fox Talbot, In Focus: Photographs from the J. Paul Getty Museum*. Los Angeles: Getty Publications, 2002, p. 82. ©2002 J. Paul Getty Trust. Para ver y ampliar la fotografía de Talbot leer los comentarios de Schaaf: https://artsandculture.google.com/asset/nelson-s-column-under-construction-in-trafalgar-square-london-william-henry-fox-talbot/0wG3PxyBjertZg

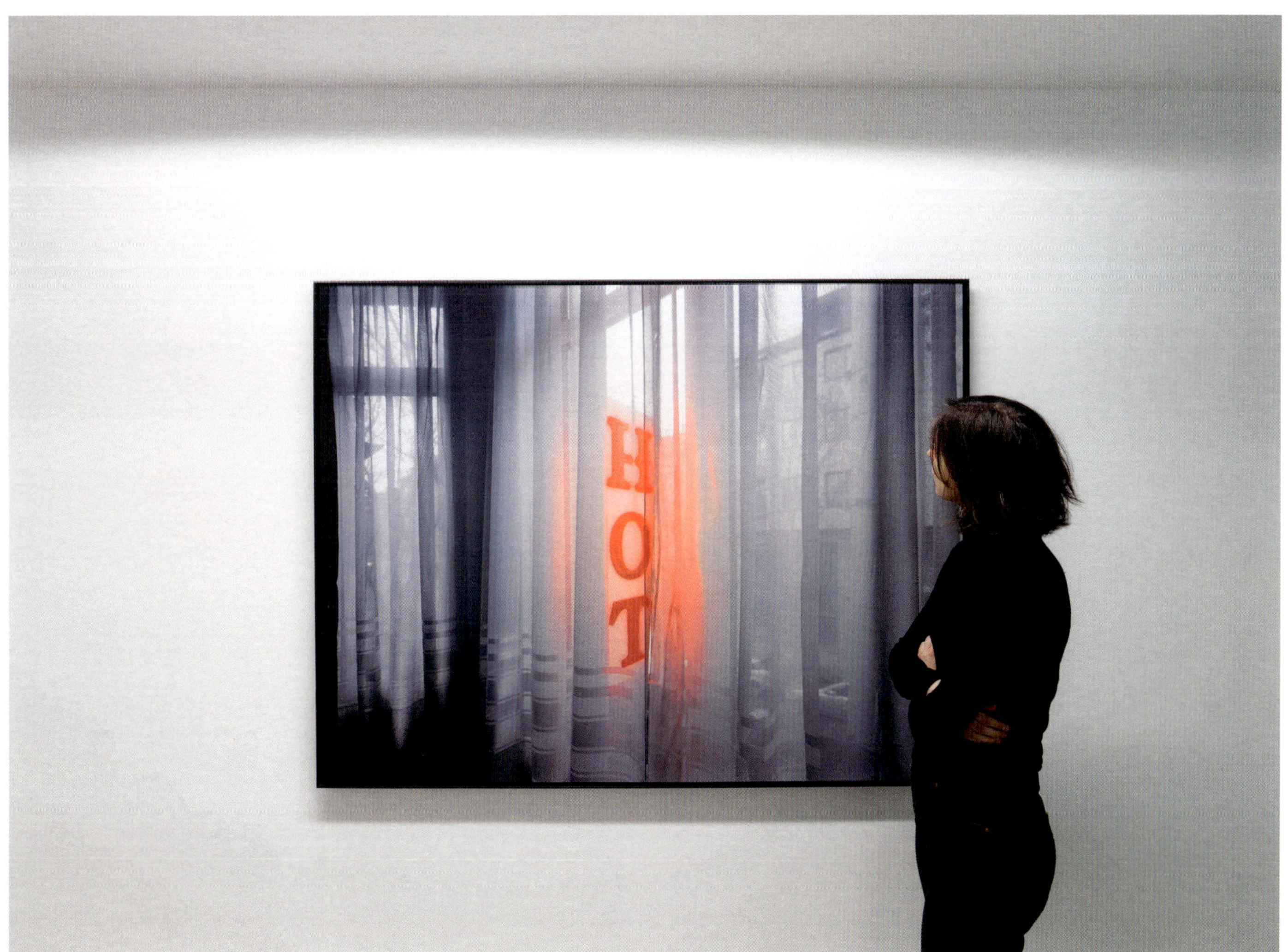

Cuando fotografía el mundo exterior a Barcelona, yo quiero creer que Jordi Bernadó, en tanto que ilerdense, sabe que hay una realidad paralela en las provincias. Sabe que esos salones para celebrar bodas y comuniones, saturados de lo que Juan Carlos Rego llama «promiscuidad decorativa», donde existen jardines que quieren retener sin éxito la arquitectura posmoderna de Bofill y donde a los novios les reservan tres plazas en el aparcamiento, son lugares que encantan a la gente que va allí con la familia y los amigos. Si lo pensamos desde un punto de vista provinciano –lo que no me resulta nada difícil puesto que mi padre era de un pueblo de la Guadalajara profunda, donde pasé todos los veranos de mi infancia, y sé lo que decían de los que veníamos de «la capital»–, descubriremos que esa mirada de Bernadó que todos tildamos, en un primer momento, de sarcástica está trufada con un capa de ternura, que no elude nombrar las incongruencias, pero alude a la complicidad que ostenta un *local expatriado*. Comprender evita juzgar sin piedad.

En España, los pares de Jordi Bernadó, aquellos con los que comparte una mirada agridulce sobre la *periferia* de la modernidad son, entre otros, Carlos Pérez Siquier, Txema Salvans, Juan de la Cruz Mejías y Ricardo Cases. Cada uno con una poética particular. Sin entrar en la distinta cronología de los trabajos, todos ellos abrieron la espita de una reflexión crítica, cargada de ironía y cariñosa sobre la clase media española, una mirada que ahora continúan decenas de fotógrafas y fotógrafos de todo el país. Lo que distingue a Bernadó y a sus pares es el sentido del humor. Como no podía ser de otra manera en este mundo globalizado, fotógrafos de diferentes países han emprendido también una crónica social en clave crítica. Martin Parr es uno de ellos y fue también uno de los primeros en introducir el color y un flash de relleno para superponer una capa hiperreal a sus reportajes. El ensayo que le dio la fama, y el odio eterno de algún colega ideológicamente comprometido, se publicó en un libro inaugural –*The last resort* (1986)– con fotografías tomadas en New

Vilarta de San Juan (WE 112.4)

Palau Solterra. Fundació Vila Casas, Torroella de Montgrí

Barcelona (BCN 4.3)cc

Sabadell (WE 481.1)

Fortuna (WE 32.1)

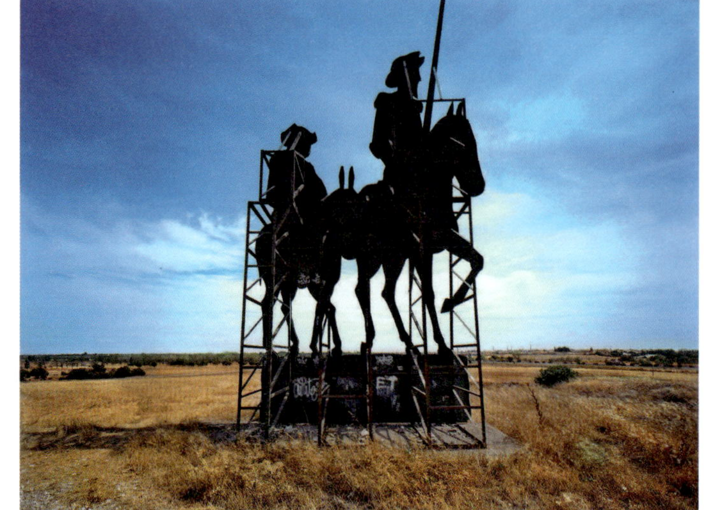

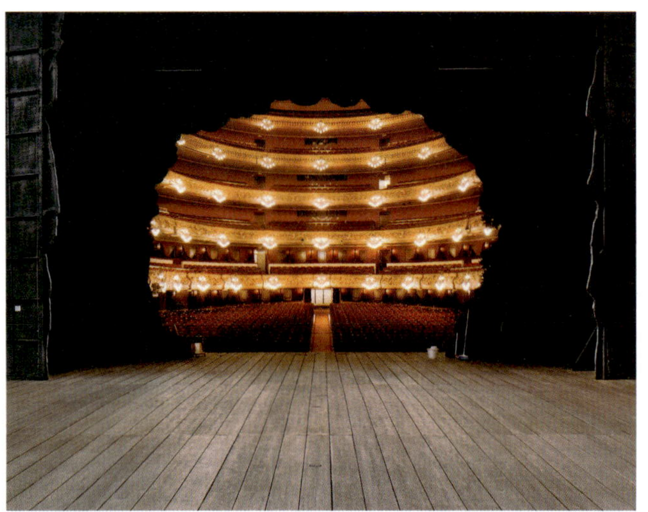

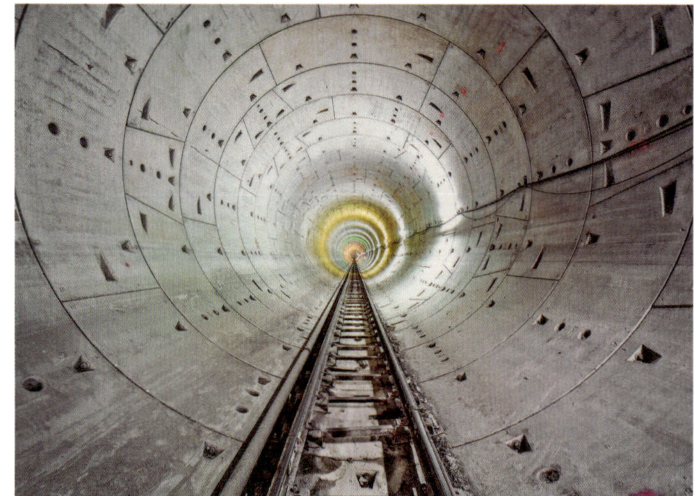

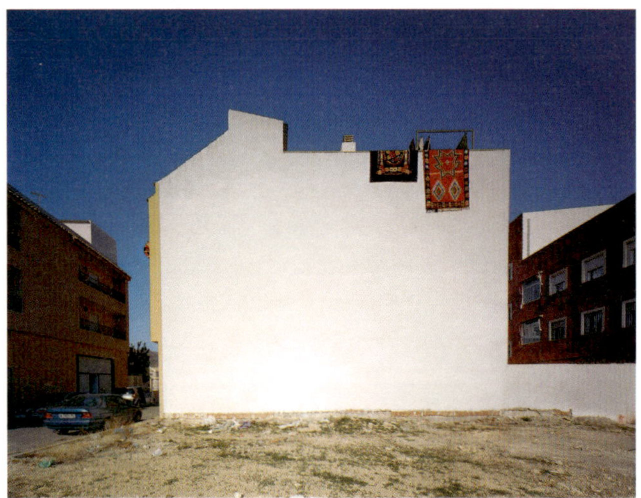

Brighton, Reino Unido. Parr decía entonces que, a diferencia de los fotógrafos expedicionarios de las revistas ilustradas de mitad de siglo que iban a países ignotos, él se bajaba a hacer fotos al súper de la esquina. Luego entendió que los súper de barrio son semejantes en todos los países y se dedicó a escanear en el mundo las actitudes y apariencias de la sociedad. Y lo sigue haciendo con una ironía muy inglesa que él también se aplica a sí mismo sin paños calientes.

Lars Tunbjörk, un fotógrafo sueco excepcional y mucho menos conocido de lo que su trabajo merece, podría formar parte de este grupo de antropólogos de calle. Su libro *Landet Utom Sig: Bilder från Sverige*[8] (1993), sobre la sociedad de consumo en la Suecia de comienzos de los años noventa, ilustra admirablemente la decadencia materialista de un país aparentemente envidiable. Tunbjörk se detiene en los signos que caracterizan a una sociedad profundamente puritana en sus apariencias: jardines cuidados hasta la obsesión, césped artificial, hogares y cafés impolutos, toda una exhibición de orden y contención incluso en los lugares de ocio salvo, claro está, cuando el alcohol hace sus efectos.

8 Tunbjörk, Lars, *Landet Utom Sig: Bilder från Sverige* (Country Behind Itself: Pictures form Sweden). Estocolmo: Journal, 1993.

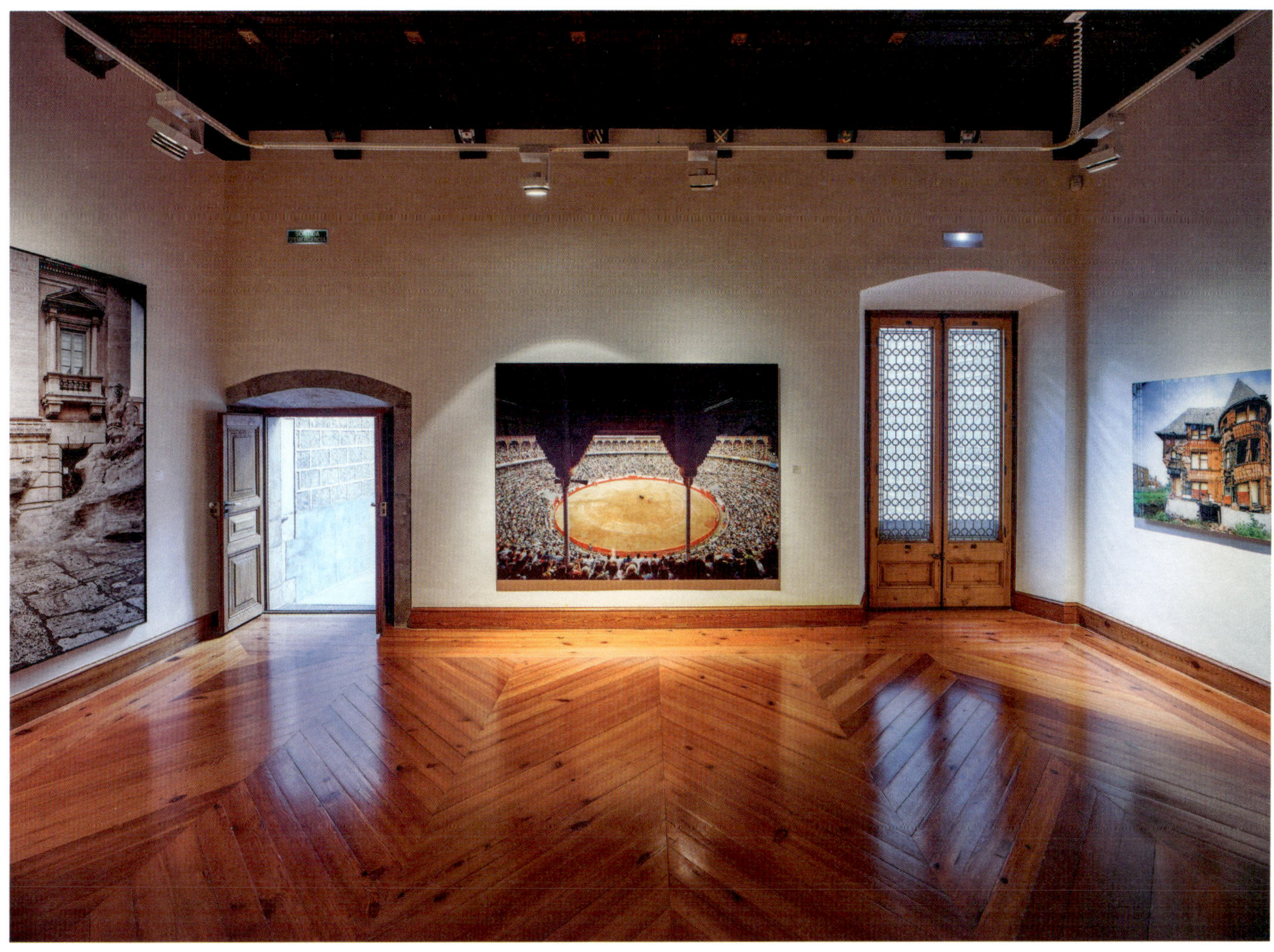

Todos estos antropólogos de calle participan de ese axioma de Robert Frank donde afirmaba que la fotografía «con sentido» es aquella capaz de representar una realidad a partir de escenas donde parece «no ocurrir nada». Lo que él denominó instantes *in between*, aquellos que suceden antes del acontecimiento o después. Todos ellos se presentan como *storytellers* con matices. Ninguno de ellos pierde el sueño por debatir el estatus artístico de la fotografía. Piensan, como Platón, que más que artes lo que hay son *modos de hacer*. Platón siempre acaba apareciendo cuando se habla de fotografía, en especial su caverna, que tiene más *visitantes* que las cuevas del Drach en Mallorca. Un estereotipo. Y todos ellos adoran los estereotipos porque son el epítome de esta sociedad global.

Welcome to Espaiñ

La primera de las acciones que hace Bernadó en esta serie es inducirnos, sin pedirlo, a pronunciar el título. Nos escucharemos a nosotros mismos realizando una fonetización de una manera de hablar que luego, a mitad del libro, encontraremos escrita sobre un contenedor. Esa manera de pronunciar corresponde a personas que, aunque no se las ve, están en la fotografía. Personas invisibles sobre las que, inercialmente, proyectamos esa especie de clasismo soterrado que sobreviene ante la ordinariez. Un clasismo cultural. Pero también un lapsus de nuestro *inconsciente rural*. Bernadó podría haber utilizado como título *La España paleta*, que es mucho más descriptivo, pero es, sin lugar a dudas, mucho más despectivo: «Se usa para referirse a las personas de pueblo y zonas rurales, que responderían a un estereotipo de simplicidad y falta de sofisticación, con una jerga y costumbres propias», pero ni siquiera esta definición del diccionario de la RAE aporta rasgos de dignidad al adjetivo. Además, en Cataluña, el término «paleta» designa metonímicamente al albañil y aquí no estamos hablando de oficios.

Cuando se hace presente el carácter aspiracional que se supone a esas comunidades en la periferia de la modernidad urbana es inevitable que concite el sarcasmo despiadado de los urbanitas. Tal vez sea porque en algunos aspectos seguimos siendo una sociedad aspiracional. Después de todo,

Barcelona (BCN 1.1)

Detroit (US 188.1)

Nice (FR 306.5)

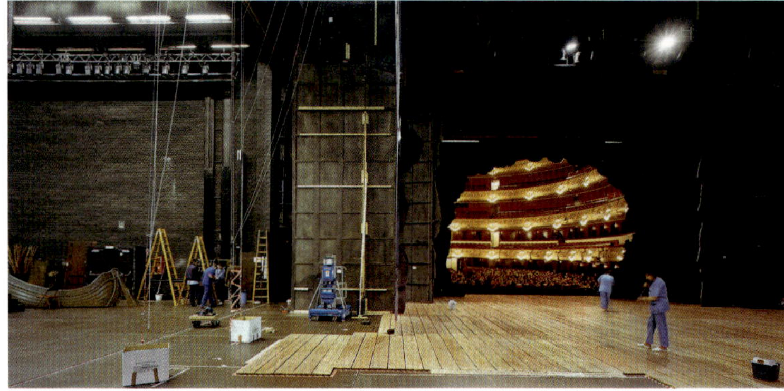

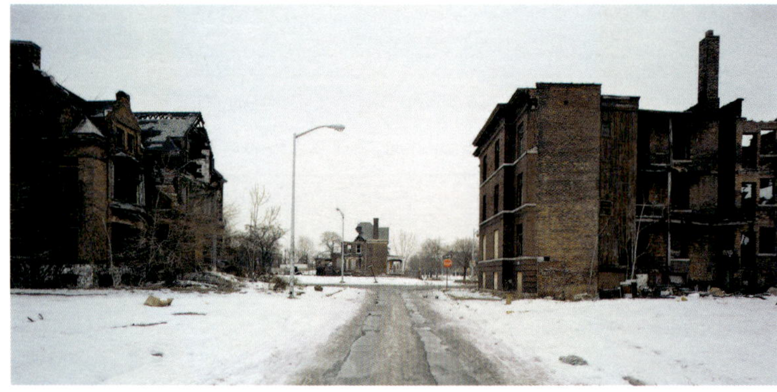

lo que deseaba la España que emerge en la transición no era *ser* sino *parecerse*: a los europeos, por ejemplo. Es posible que necesitemos ver ese inocente surrealismo para refrendar nuestro todavía reciente estatus de modernidad. Del mismo modo que viajamos a países no desarrollados para confirmar a nuestro regreso que vivimos en el mejor de los mundos.

Se podría pensar que este conjunto de fotografías debería haber constituido el primer libro de Bernadó por proximidad, por logística, pero no. Ya había producido series sobre Berlín, Atlanta o Detroit con una retórica visual semejante, como todas las fotografías que ha realizado en blanco y negro. Sin embargo *Welcome* está enteramente fotografiada en color y da la impresión de que esperó a formalizarla como libro –y por supuesto como exposición– una vez que su poética tuviera un carácter más reconocible, que estuviera más definida y depurada. Puede ser que esperara con la intención de poder acotar las cualidades políticas de la serie, pues «la política trata de lo que vemos y de lo que podemos decir al respecto, sobre quién tiene la competencia para ver y la cualidad para decir».[9]

Interesa entonces analizar en primer lugar como construye las imágenes. Algo que, sorprendentemente, aparece ya definido desde las primeras series en color sobre diferentes ciudades que ha ido realizando en todo el mundo. Su repertorio temático no ha hecho más que complementarse, añadiendo localizaciones, versiones idiomáticas de sus paisajes con y sin figuras, por así decirlo, de su escrutinio sobre los signos de la sociedad contemporánea a través de las grandes urbes y las grandes periferias. Se podría decir que la curiosidad lo ha impulsado a corroborar como se representan las sociedades a sí mismas a través de su arquitectura, sus publicidades, sus espacios de ocio, sus infraestructuras. Imitándose unas a otras o tratando de adquirir una personalidad singular. Pero no hay una voluntad explícita de categorizar las sociedades. Propone imágenes para que opinemos al respecto. Eso sí, no son fotografías inocentes. Bernadó sabe donde mira, otra cosa es que nos diga qué piensa de lo que ve.

Otro asunto es la representación de la naturaleza original, si es que todavía es posible reconocerla, y las vistas contemporáneas de las ciudades en su particular esplendor. Ahí Bernadó reduce la presencia de signos discordantes al menor número posible. Esa austeridad aparece en la mayoría de las fotografías del libro *Lucky Looks*, que Bernadó realizó por toda España por encargo del Banco Sabadell. Y aquí reconocemos de nuevo las fugas hacia el infinito que aparecían en su libro *Europa*, que en este caso remiten a otro estrato semántico: la secular domesticación del paisaje. Cierto que *Lucky Looks* era un encargo y primaba la exaltación sincera de la belleza, pero Bernadó no puede evitar que por en medio se cuelen unas pocas fotografías que confirman que el paisaje

9 Rancière, Jacques, *El reparto de lo sensible. Estética y política*. Santiago: LOM Ediciones, 2009, p. 10.

10 «El renacimiento quiso dotar de una vida a lo plano del cuadro, de una profundidad específica, como manifestación de una acción, expresión de una interioridad o transmisión de una significación. Ha instaurado, entre lo decible y visible, una relación de correspondencia a distancia, dando a la imitación su espacio específico». Rancière, *op. cit.*, p. 15.

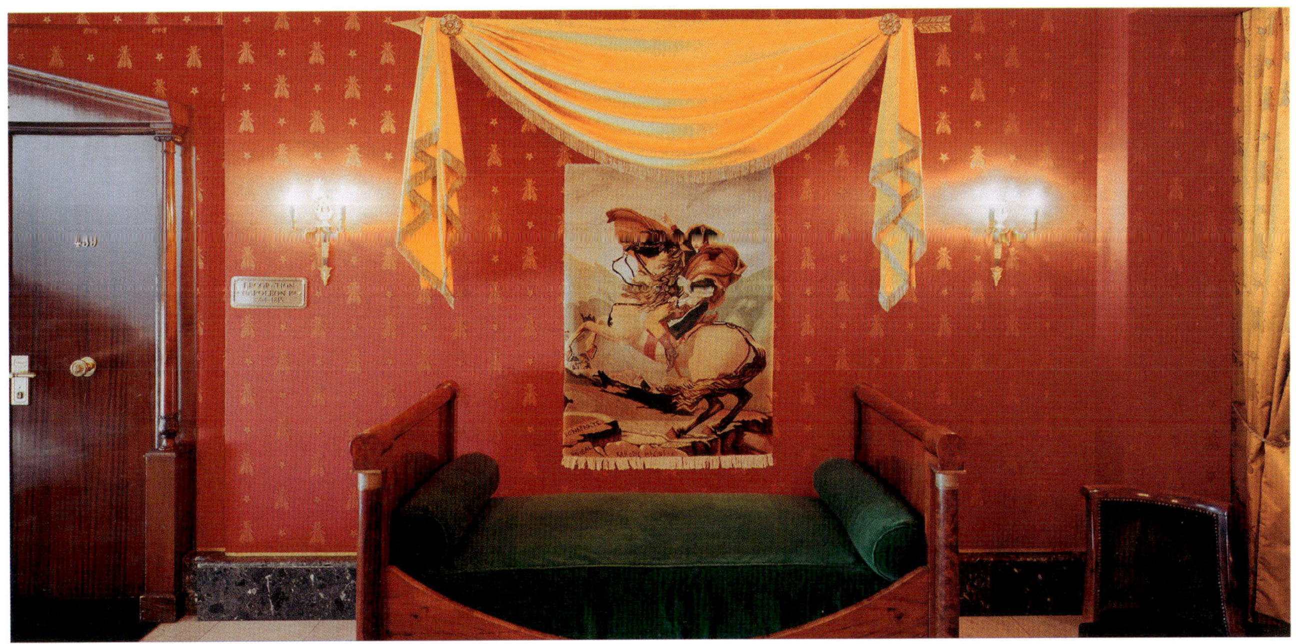

surreal es el vecino de al lado en una parte de ese paisaje español que colinda con las ciudades.

Excursiones bernadianas

Dos de sus libros, *Good News* y *Very Very Bad News*, adoptan, casi en la totalidad de sus fotografías, la forma de *paisajes-sin-sujeto*, una metáfora visual de las urbes contemporáneas. Hacer desaparecer a las personas, que siempre son objeto de nuestra curiosidad y despistan la atención, focaliza el interés en el telón de fondo y mantiene así el tono metonímico de la representación. Bernadó aborda la representación de la grandiosidad, el lujo en proporciones absurdas y las arquitecturas espectaculares haciendo uso del formato panorámico porque la espectacularidad de los escenarios necesita formatos concomitantes. Para Jordi Bernadó, que pertenece a la generación que vio con sus propios ojos como se ensanchaban las pantallas de los cines hasta el Cinemascope, las fotografías panorámicas en color son sinónimo de espectacularidad visual. Algo que ilustra, en mi opinión, como los episodios que han dejado huella en nuestra memoria acaban siempre asomando en espacios insospechados.

Su recurso operativo es la perspectiva renacentista, aquella que recupera en el arte la mímesis aristotélica, la capacidad de dotar de vida a la superficie plana de las imágenes.[10] Contiene intacta la potencialidad de ser creíble y comprensible para el ojo humano. Para solucionar de manera razonable la incongruencia de lo que tiene delante se sirve de los ángulos rectos que, según la geometría euclidiana, son congruentes, y del contexto que aporta el paisaje como escenario habitado y alterado. No olvidemos que la fotografía se jactaba ya desde sus comienzos de ser el dispositivo ideal para conseguir la mímesis perfecta, lo que le confiere una ventaja esencial: toda la civilización occidental ha incorporado esa representación como la más cercana a la realidad. Y como eurocéntricos que somos, tendemos a extender a todo el mundo lo que es cierto para nosotros. Sin embargo, las representaciones de la pintura clásica china, por ejemplo, no están basadas en la perspectiva cónica. Para los chinos, la mímesis, en términos de escala y exactitud, no es un asunto prioritario ni tiene la importancia que nosotros le damos. Tienen interiorizadas las propiedades simbólicas de las imágenes y, de hecho, los caracteres de su escritura han evolucionado a partir de imágenes. Por eso, en la pintura tradicional china figuran con frecuencia poemas caligrafiados. Conviven dos tipos de imágenes que enriquecen entre ambas la polisemia del cuadro.

El mundo a lo lejos

Hay que decir cuanto antes que la presencia de países latinoamericanos y africanos en estos libros es mínima, aunque el material del que se nutren sus trabajos es abundante en esas zonas del mundo, donde la carnavalización de la realidad forma parte de lo cotidiano. En *Very Very Bad News* hay cuatro fotografías de Belo Horizonte, Brasil, y once de Ciudad del Cabo, Sudáfrica, que no es precisamente una ciudad del tercer mundo. Esa ausencia subraya la intención de casi toda su obra: ponernos ante el espejo para ver la cara oculta del

Lagos (NIG 6.1)
Dead Sea (JOR 2.2)
Hargeisa (SOM 19.1)

After landscapes. Copied cities.
Fabra i Coats Centre d'Art Contemporani, Barcelona

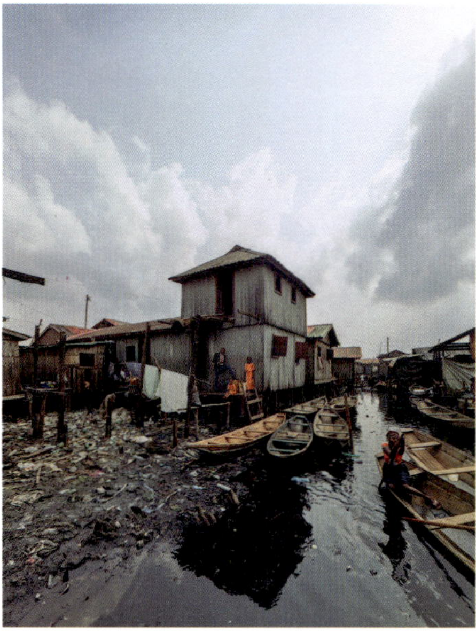

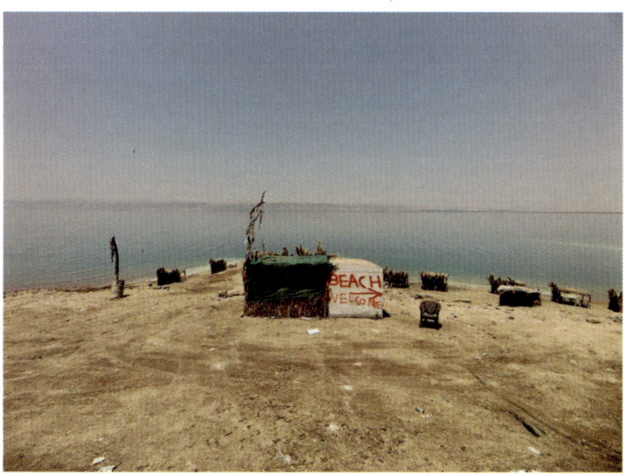

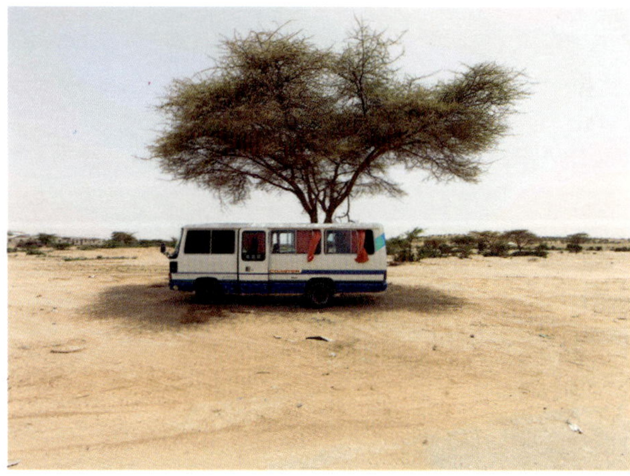

desarrollo y el consumo en los países desarrollados o, dicho sin eufemismos, en los países más ricos de la tierra.

No obstante, además de México, la Argentina andina, Beirut, India o Azerbaiyán, Jordi Bernadó ha fotografiado el desierto de Danakil, en el cuerno de África, o el lago más aislado del mundo, cerca del río Congo, y se ha embarcado, junto a la escritora Laura Ferrero, en un proyecto –*Happiness: Ways of Living*– que más bien es una indagación, una reflexión, sobre esa entelequia aristotélica llamada felicidad y que asociamos inercialmente a un entorno seguro y confortable. Visitaron lugares donde la felicidad parece un sentimiento improbable: la ciudad de la basura y la ciudad de los muertos en El Cairo; Makoko, una barriada de palafitos y precarias construcciones de madera en Lagos, Nigeria; la avenida de los Baobabs, en Morondava, el epicentro del turismo de Madagascar, y las orillas del río Buriganga en Daca, Bangladés, donde los trabajadores desguazan grandes buques en condiciones de extrema precariedad. En todos estos países la mirada de Bernadó prescinde de la ironía y se apoya en temáticas más vinculadas a la relación de las personas con su entorno y, por extensión, con la naturaleza.

Recientemente, en Tanzania, realizó un proyecto surgido sobre la marcha: se insertó en un safari por el Serengueti como un turista más; registró y anotó el número de animales –incluyendo los humanos– que aparecían en cada escena. Lo que podría ser una réplica de la caza fotográfica que acometen los turistas desde sus 4×4, armados con potentes teleobjetivos, se convierte en esta serie en una paradoja. Bernadó, el fotógrafo profesional, utilizó su cámara de medio formato (la que usa siempre, la única que tiene) armada con un objetivo semiangular; con ella todos los protagonistas de las escenas: leones, elefantes, hipopótamos, señoras y señores de cierta edad, masáis, guías, choferes... devienen figuras minúsculas, apenas reconocibles, mientras que el escenario adquiere un insospechado protagonismo. Una de estas fotografías, la que muestra a lo lejos la figura de un elefante recortándose sobre el horizonte, anticipa el tipo de encuadre que Bernadó va a utilizar en su serie *IDproject*. Como verán y comprenderán más tarde, en esta imagen el elefante parece haber elegido *su lugar en el mundo*.

Bombas de relojería

La fotografía fue y sigue siendo una bomba de relojería, y de racimo, pues impregna incontables categorías del pensamiento y de la ciencia, de la identidad individual y de la tribal. Cuando uno cierra, por ejemplo, el libro *Welcome to Espaiñ*, de Jordi Bernadó, es probable que lo haga con esa determinación efectista, y sonora, que solo permiten los libros de tapa dura. Una especie de punto y aparte. A partir de ese momento pierden protagonismo individual las fotografías, dejamos de

11 Véase mi ensayo «España: fragmentos propios y ajenos de nuestro imaginario visual» en *España a través de la fotografía 1839-2010*. Madrid: Taurus, Fundación Mapfre, 2013, pp. 78-79.

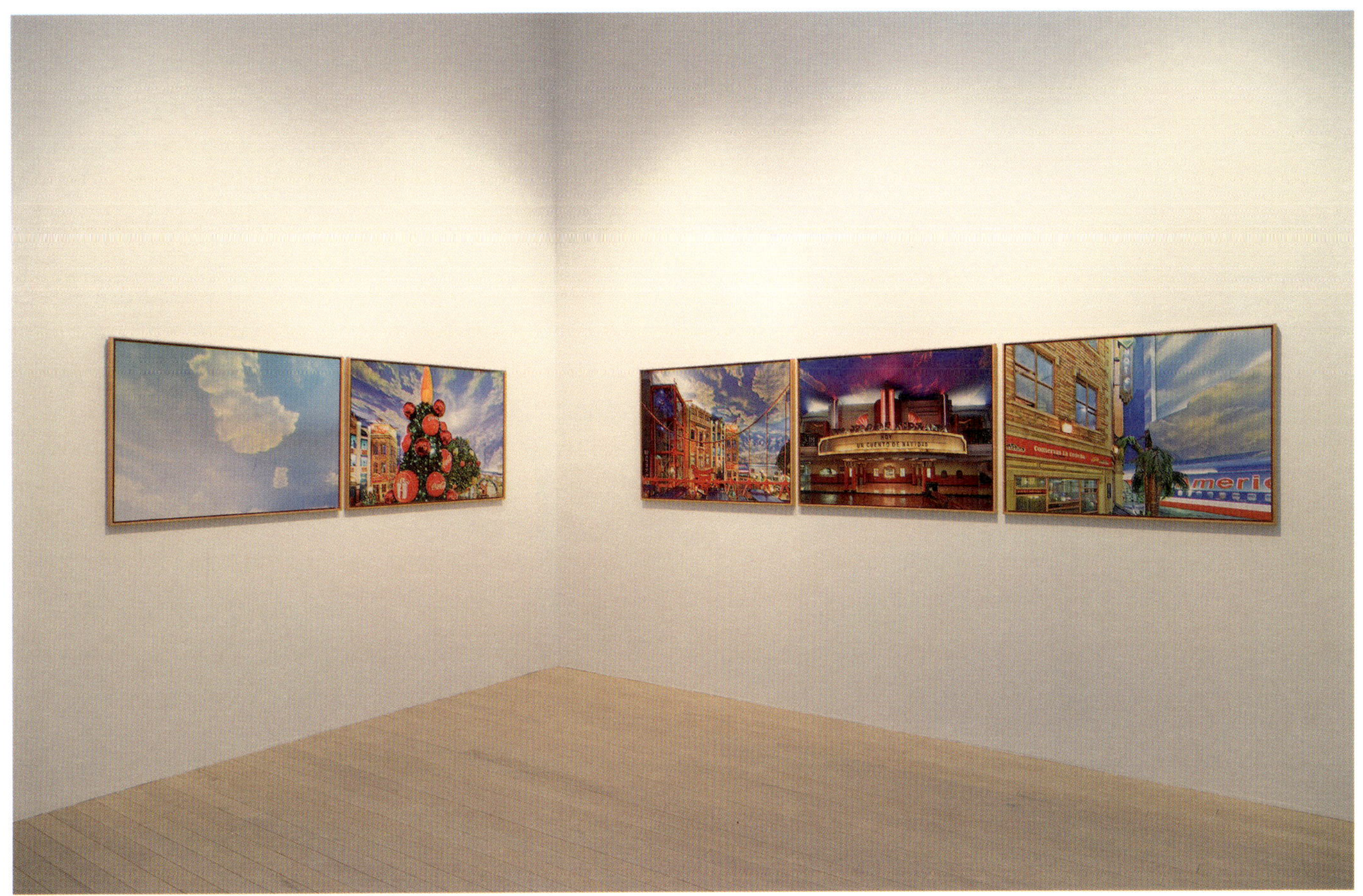

sonreírnos con su riquísimo anecdotario y lo que gana peso es el sedimento que deja el conjunto. Ahí se detona la bomba retardada. Uno diría que esas fotografías sobre nuestro país muestran, exhiben con obscenidad, una especie de «resto», tal como lo definieran Schelling y después Lacan, que no queremos nombrar y que nos cuesta asimilar, pero que sabemos que existe. Lo sabemos porque *esos otros*, metonímicamente representados en las fotografías de Bernadó, somos nosotros o, si les deja más tranquilos, nuestros cuñados, que para el caso es lo mismo: son de la familia. En las metonimias tenemos siempre una relación de contigüidad, de proximidad, de pertenencia a un mismo grupo, a la misma especie. Por eso, esta especie de trampantojos visuales causan desasosiego, porque reconocemos los signos y su temporalidad, sabemos que no pertenecen al siglo pasado, a la historia reciente de la transición, están hechos en este siglo. Han atravesado ese momento histórico de comienzos de los años noventa en el que estuvimos inmersos en una ficción colectiva que nos presentaba como pertenecientes a la comunidad de países *ricos desde siempre*, avanzando a toda velocidad hacia la modernidad y deprendiéndonos, por fin, de nuestro ancestral retraso con Europa. Una buena metáfora de ese anacronismo son los campos de secano convertidos en campos de golf.[11] Para cuando las crisis nos han hecho despertar, el dinosaurio de ese pasado casposo, en ocasiones soberbio y a menudo iletrado, todavía sigue ahí. Parece que ese «resto» es lo que nos resta para madurar como sociedad.

La memoria individual necesita el olvido, necesita hacer sitio para incorporar cosas nuevas, procesarlas y estar en disposición de hacerlas emerger en nuestra mente en forma de imagen cuando las evoquemos. Sin embargo, no me atrevería a decir lo mismo respecto al olvido colectivo de la memoria histórica, pero no teman, no están condenados a que les repita la famosa frase. Ese necesario borrado parcial de los recuerdos, ese olvido que siempre acecha a la memoria, no tiene lugar merced a la tierra que pongamos por medio de algo o de alguien. De hecho, algunos rastros de la memoria ni siquiera se borran de manera indeleble –aunque machaquemos a martillazos nuestro disco duro– y en esos casos se conserva una huella durmiente, hibernada en un rinconcito de la mente, susceptible de activarse inopinadamente mediante las fotografías –las de los álbumes familiares, las de los periódicos, las postales, las fotografías icónicas de un momento histórico, etc.– que actúan con mucha frecuencia

Cádiz (BS 384.3)
Barcelona (BCN 30.4)

Barcelona (BS 467.1)

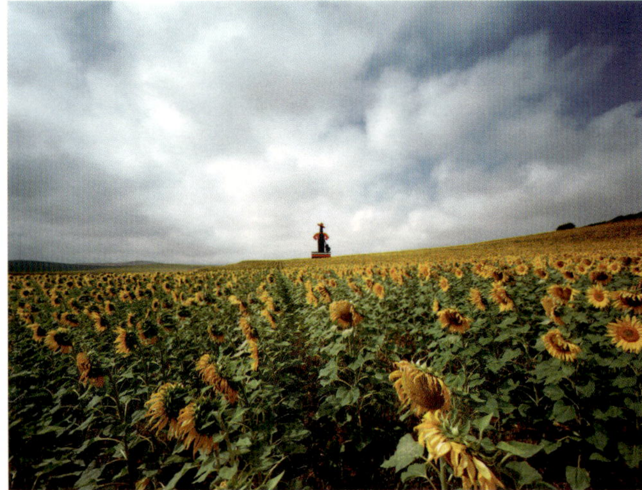

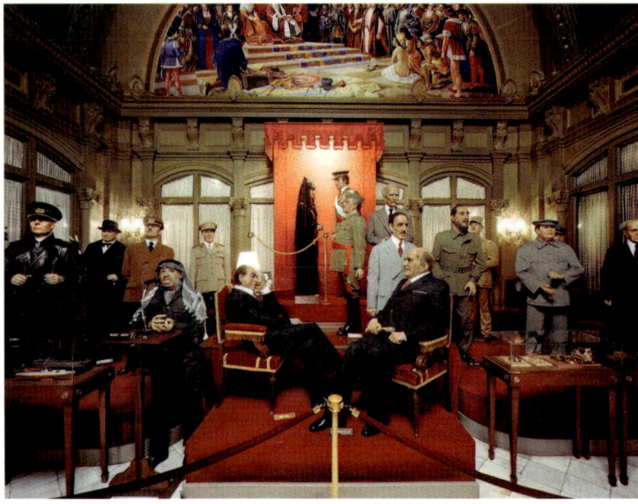

como interruptores capaces de convocar, localizar y recuperar un recuerdo.

Estos documentos de Jordi Bernadó quieren *memorizar* el pasado reciente, tan reciente que a menudo es todavía presente. Quieren hacer hablar a esas huellas que a veces no son verbales por sí mismas, e incluso a las que sí están basadas en textos –en la pared, en los carteles de todo tipo–, para que digan otra cosa distinta de la que dicen. Dicho en semiótico: para que además de denotar, connoten. Bernadó tiene especial cuidado en hacer ver el lugar en el que están. Un lugar que también dice en silencio otra cosa distinta de lo que dicen los elementos protagónicos de la fotografía. Es una manera, su manera, de hacer historia, de permitir que descifremos las huellas dejadas por los hombres. Una manera de transformar esos documentos en *monumentos*, aunque sean de los que se instalan en las rotondas de las periferias urbanas.[12]

Es cierto que en muchas de sus series entra en cuestión la veracidad de las fotografías, su vecindad con el simulacro. Un ejemplo: el fotógrafo Ángel Marcos instaló uno de esos neones que anuncian un *puticlub* de carretera en mitad de un pinar de Valladolid (la obra es la número 25 de su serie *Rastros*). El neón que anuncia el local, *Olimpo*, descontextualizado de su lugar original permite a Marcos ubicarlo en el territorio de lo surreal. Esa misma sensación de simulacro, de suplantación de la realidad, podemos tenerla con los neones similares que aparecen en las fotografías de Bernadó o, más similar todavía, con ese anuncio de *Tío Pepe* en mitad de un campo de girasoles en Conil de la Frontera y con uno de los toros de Osborne, ahora indultados, en lo alto de una pico rocoso. Como dice Juan Antonio Molina sobre la escritura de la historia a través de las fotografías:

> «Si vamos a aceptar el protagonismo de la imagen en la constitución del relato histórico, tenemos que aceptar también la relatividad del relato histórico. Y tenemos que aceptar que se está dando una relación dialéctica entre la necesidad de creer en la imagen y la poca credibilidad de la imagen».[13]

Los museos de cera antecedieron, como puesta en escena de indisimulados simulacros, a la representación de los protagonistas de la historia que ahora monopolizan las imágenes. Sus equivalentes contemporáneos son la evolución de los antiguos dioramas de animales salvajes en los museos de ciencias naturales, que ahora han modificado el escenario con sofisticadas técnicas de iluminación y animación digital. Los museos de cera no quisieron subirse a ese tren de la modernidad tecnológica y hace tiempo que se han convertido en anacrónicos, en una suerte de pleonasmo visual, por redundante, del anacronismo. Por eso Bernadó se sirve de ellos para subrayar como persisten en su inocente duplicado

12 Me he sentido avalado por la socarronería de Jordi Bernadó para utilizar a mi manera un párrafo extraordinario de Michel Foucault perteneciente a su ensayo *La arqueología del saber*. El original dice así: «Digamos, para ser breves, que la historia, en su forma tradicional, empezaba a "memorizar" los monumentos del pasado, a transformarlos en documentos y a hacer hablar esas huellas que, muchas veces no son verbales por si mismas, o que dicen en silencio otra cosa de lo que dicen; hoy en día, la historia es la que transforma los documentos en monumentos, y que, allí donde descifrábamos las huella dejadas por los hombres, allí donde intentábamos reconocer tal cual lo que habían sido, despliega una masa de elementos que debemos aislar, agrupar, hacer pertinentes, relacionarlos, reunirlos en conjuntos».

13 Molina, Juan Antonio, *Saltar al Vacío. La Fotografía en la era del deleite distraído*. México: zonezero.com

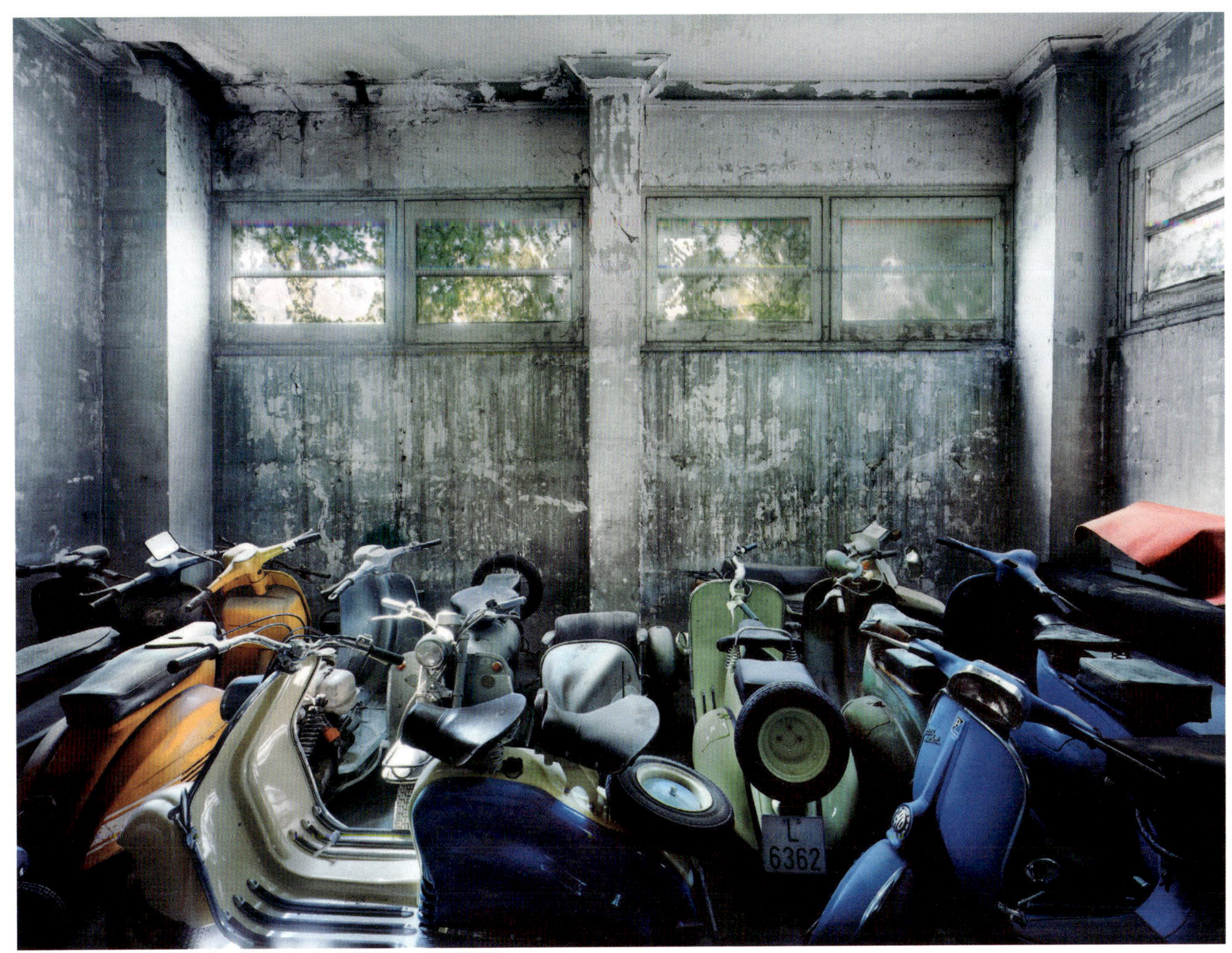

de la realidad y como se transforman sus salones en gabinetes de un coleccionista enloquecido.

Sirva de ejemplo la fotografía de una sala atiborrada de líderes mundiales en el Museo de Cera de Barcelona. La fotografía es una mera descripción, sin distorsión histriónica alguna, salvo el uso de un objetivo angular para poder incluir la mayor cantidad de personajes. Uno no sabe cómo enumerarlos sin redundar en los perversos emparejamientos que, aleatoriamente, se presentan ante nuestros ojos: Goebbels, Churchill, Hitler, Arafat, el mariscal Tito, Pujol, los reyes Juan Carlos y Sofía, Franco, Francesc Macià, Tarradellas, Lluís Companys, Fidel Castro, De Gaulle, Mao... todos ellos coronados por un fresco falso del pintor Ricardo Balaca (1844-1880) que reproduce el recibimiento de los Reyes Católicos a Colón en Barcelona –en abril de 1493– tras regresar del Nuevo Mundo. En él aparecen arrodillados dos indios, mujer y hombre, convenientemente semidesnudos –más ella que él, por supuesto–, que contrastan con los ricos atuendos del conquistador, los reyes y la corte. Se diría que es una fotografía transparente, en términos de descodificación del significado: lo que se ve es lo que hay. Esa es, básicamente, la propuesta de Bernadó: nos abre las puertas de la fotografía para que nos movamos en su interior y opinemos a nuestro libre albedrío. Pero podemos hacernos una pregunta y aplicarla a esta y a buena parte de las incluidas en su serie, ¿qué tipo de información obtendría un turista jubilado nacido, por ejemplo, en una pequeña aldea del interior de China?

Desde esa premisa es posible que nos demos cuenta del grado de atención que prestamos a los códigos insertados en las apariencias, a las connotaciones territoriales, culturales e incluso temporales. Así nos será más fácil adivinar la respuesta: la acumulación de datos *locales* apenas dejará información transparente a nuestro jubilado. Todo depende de otras preguntas que sirven para analizar dónde se generan las fotografías y cómo las recibimos: desde dónde miramos, hacia dónde miramos y cómo lo representamos.

Los locales siempre tenemos una especie de acceso privilegiado a la lectura de imágenes que navegan entre lugares comunes y estereotipos.

Colunga (WE 448.1)
Boñar (WE 147.1)

Peñaflor (WE 487.6)

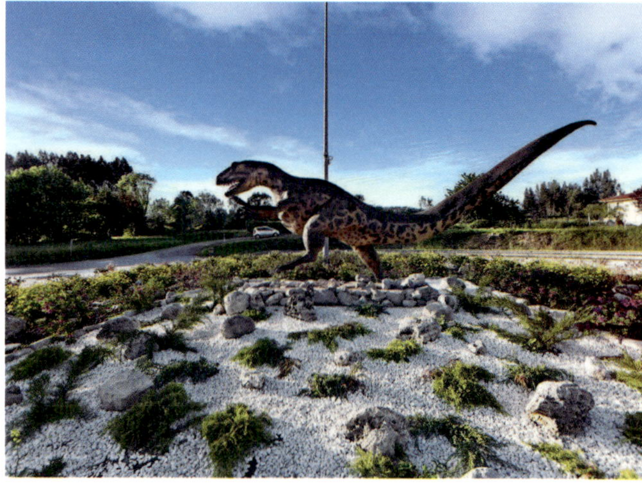

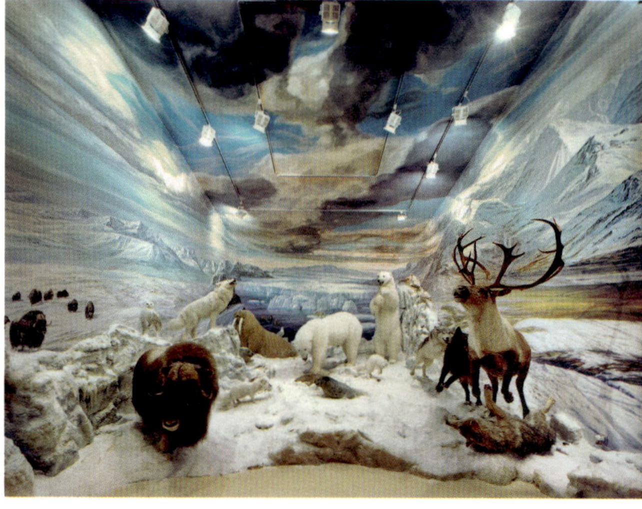

> «El estereotipo no permite –o es muy reacio a– lecturas alternativas a las establecidas, incluso si la percepción general o la experiencia no concuerdan con él. Por esta razón, en lugar de privilegiar una lectura denotativa, el estereotipo depende en gran medida de una lectura connotativa, tal como lo mostró Barthes en su análisis de los mitos y las mitologías, fenómenos que guardan una gran semejanza con el estereotipo».[14]

En la introducción a su serie *Welcome to Espaiñ*, que se incluye en su sitio web, se lee:

> «El objetivo no es glorificar España, tampoco envilecerla, sino desenmascarar aquello que podríamos llamar la vida secreta de los clichés. [...] Los estereotipos forman la base de este extraño viaje al corazón de la esencia española, guían al fotógrafo en su camino por la delgada línea entre la verdad y la mentira, entre la historia y la fantasía. Este es, ante todo, un repositorio de fantasías, una colección de deseos fragmentados, distorsionados y desubicados».

Bernadó recupera esa manera de reírnos de nosotros mismos que, en cierto modo, promovió Luis Carandell con su libro *Celtiberia Show*. Una recopilación de anuncios comerciales, avisos, carteles, notas y todo tipo de material escrito con voluntad de comunicar algo, que pertenecían a la sección que fue publicando semanalmente en la revista *Triunfo* desde 1968 y trazaban «sin mala intención, tampoco buena» el perfil de una parte de la población de la época que él mismo consideraba en extinción, dado «el avance de los tiempos».

Seguramente, fue Pedro Almodóvar quien primero se animó a normalizar esa España *paleta*, resemantizándola desde el pop y haciéndonosla más digerible. Una especie de catarsis muy poco aristotélica pero bastante eficaz. Almodóvar no ha sido el único que llevó al cine esa galería de personajes berlanguianos contemporáneos. Hace unos pocos años, Pablo Berger quiso hacer una película «con un Madrid de hiperrealismo exacerbado, como telón de fondo». Para rodar *Abracadabra* (2017) se documentó con recortes de fotos, viendo películas... y libros de fotografías; para Berger, la película «está marcada por *Vivan los novios*, de Juan de la Cruz Megías; por Jordi Bernadó y su libro *Welcome to Espaiñ*; por Ricardo Cases y su *Belleza de barrio*; por la obra de Martin Parr y la de Carlos Pérez Siquier»[15] (probablemente su serie en color *La playa* y su libro *Trampas para incautos*, aunque su obra ofrece una buena dosis de propuestas en esa dirección).

Con todo, en los barrios de trabajadores, en los pueblos absorbidos por la conurbación, en las ciudades de provincias, aún existe un espacio en el cual todavía podemos leer la identidad de los que los ocupan, las relaciones que mantienen y la historia que comparten. «El lugar –dice Marc Augé– es un espacio fuertemente simbolizado, es un universo de reconocimiento, donde cada uno conoce su sitio y el de los otros, es un conjunto de puntos de referencia espaciales y sociales:

14 Gustaffson, Jan, «1.11 El cronotopo cultural, el estereotipo y la frontera». *Cultura, lenguaje y representación*, n.º 1, pp. 137-147. Recuperado a partir de https://www.e-revistes.uji.es/index.php/clr/article/view/1269

15 Entrevista a Pablo Berger https://elpais.com/cultura/2017/07/31/actualidad/1501491333_523292.html

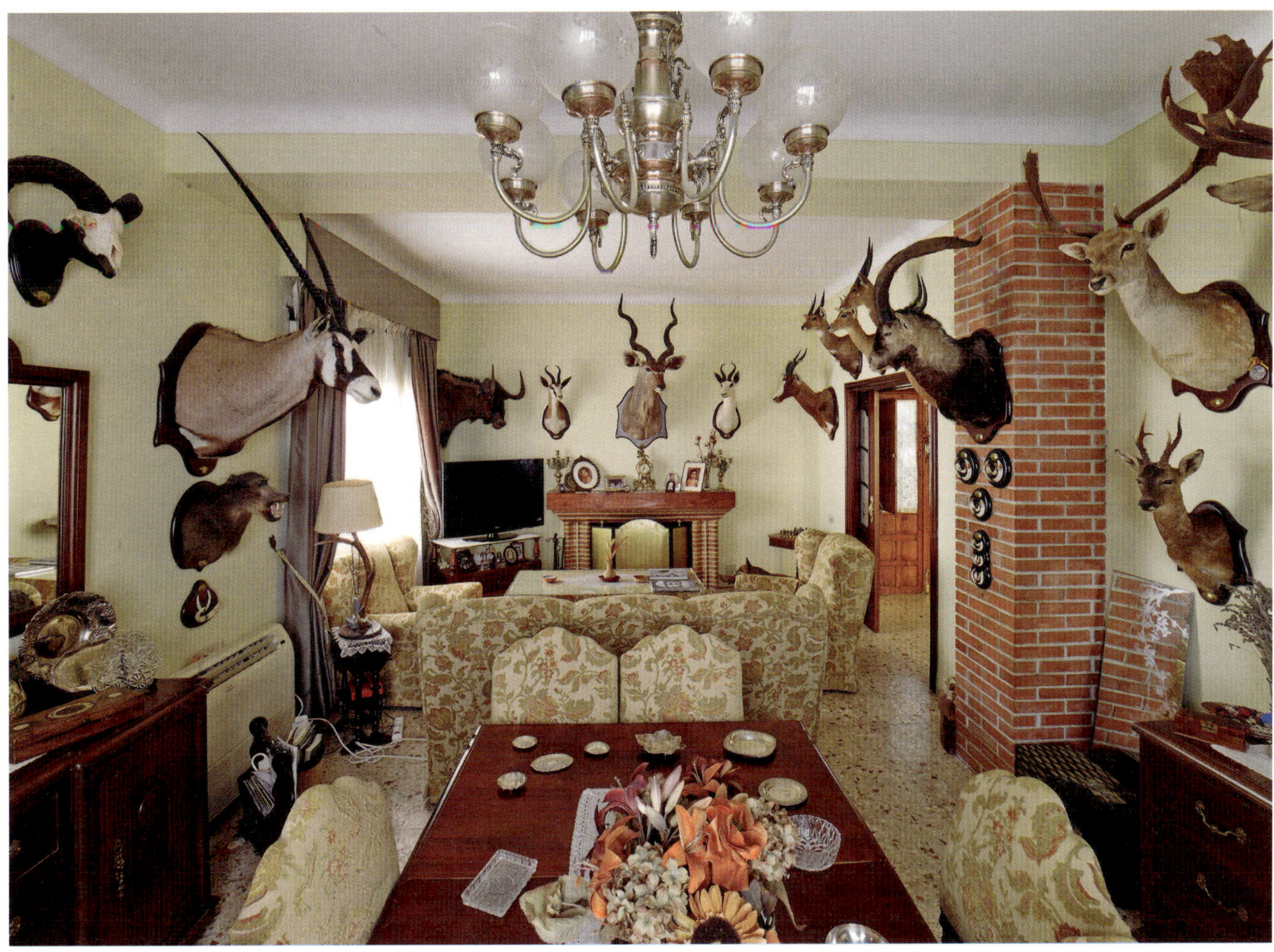

todos los que se reconocen en ellos tienen algo en común, comparten algo». Otra cosa es, con permiso de Augé, cómo los decoran, cómo los señalizan o cómo los urbanizan. Conforme la mirada de Bernadó se acerca a los lugares turísticos, la puesta en escena se va haciendo más universal, más intercambiable con los espacios de ocio de otros países. El turismo masivo, se he dicho infinidad de veces, ha difuminado las referencias espaciales, sociales e históricas y ha trastocado las coordenadas espacio-tiempo. Probablemente donde eso es más visible es en las playas y en los grandes parques temáticos. Ahí le sería más fácil al etnógrafo Lévi-Strauss aplicar su dogma, «estudiar a los humanos como si fuesen hormigas», diluyendo la posición jerárquica que pretenden ocupar los humanos, en tanto que consumidores superlativos, en la pirámide trófica de los seres vivos.

Desde Júpiter al Paraíso pasando por Palestina

Las paradojas que suministra la realidad constituyen uno de los elementos medulares de la obra de Jordi Bernadó, que instintivamente va a encontrarse con ellas. Esa fue la pulsión, el germen, del que es su viaje paradójico por excelencia *Writing West*. Con un mapa delante eligió una ciudad del este de Estados Unidos, Jupiter, como comienzo de una travesía que los llevaría, a él y a la escritora Laura Ferrero, a la costa oeste del país. Tomó como referencia cartográfica aquellos lugares cuya toponimia excitaba sus expectativas: Utopia, El Dorado, Happy, Hope, Odessa, Palestine, Tokyo, Athens, Lost Eden, Venus, Venice... Cruzar Estados Unidos de costa a costa es un viaje instalado en el imaginario norteamericano desde que los primeros colonos se aventuraron al oeste en busca de las tierras prometidas. En la historia de la literatura y de la fotografía, dos hitos refuerzan la fascinación por ese viaje iniciático: la novela *On the Road*, de Jack Kerouak, y el ensayo fotográfico *The Americans*, de Robert Frank, prologado por Kerouak e inspirado y apoyado por Walker Evans. Tras Frank, muchos fotógrafos estadounidenses han replicado ese recorrido por itinerarios diferentes, dando lugar a libros ahora referenciales: Lee Friedlander, *Monumentos* (1976); Stephen Shore, *Uncommon Places* (1982); Joel Sternfeld, *American Prospects* (1987) o, más recientemente, Alec Soth, *Sleeping by the Mississippi* (2004). Todos estos libros

Esperanza (US 299.2)t
Jupiter (US 326.2)t
Paradise (US 353.1)t
Paradise (US 355.3)t

El Dorado (US 294.3)

contienen, en diferentes grados de visibilidad, un poso autobiográfico. Ninguno muestra ironía alguna.

El trayecto de Bernadó comienza en Jupiter, lo que define inmediatamente el carácter excéntrico de su punto de vista. Lo que encuentra a lo largo del camino es una puesta en escena de los mitos, los estereotipos y la iconografía del país más representado del planeta. De nuevo los escenarios hablan de sus habitantes, de nuevo los carteles, las medianeras, las fugas de la perspectiva, la frontalidad de sus encuadres, los trampantojos visuales, operan en el espectador una especie de «voluntaria suspensión de la incredulidad». Esa que enunció Samuel Taylor Coleridge en 1817,[16] refirién-

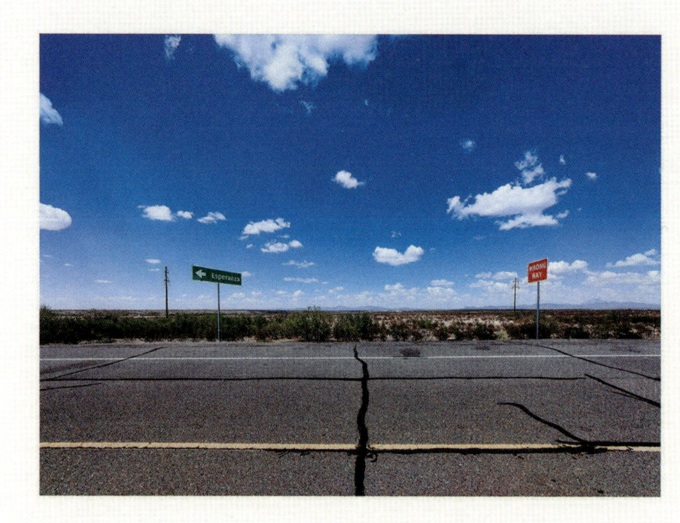

Esperanza, Texas

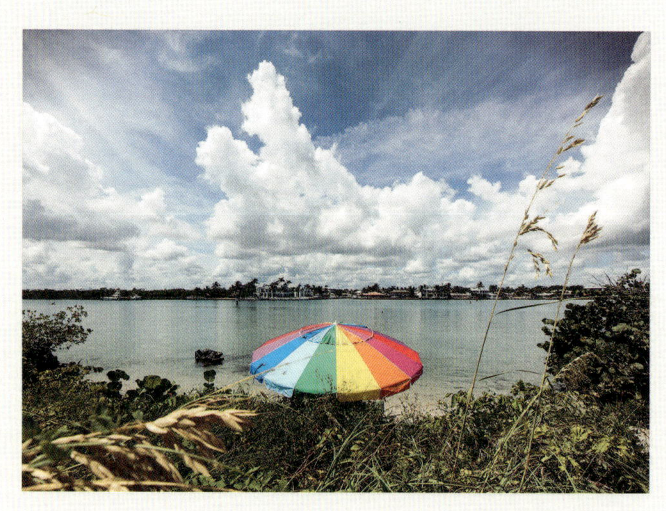

Jupiter, Florida

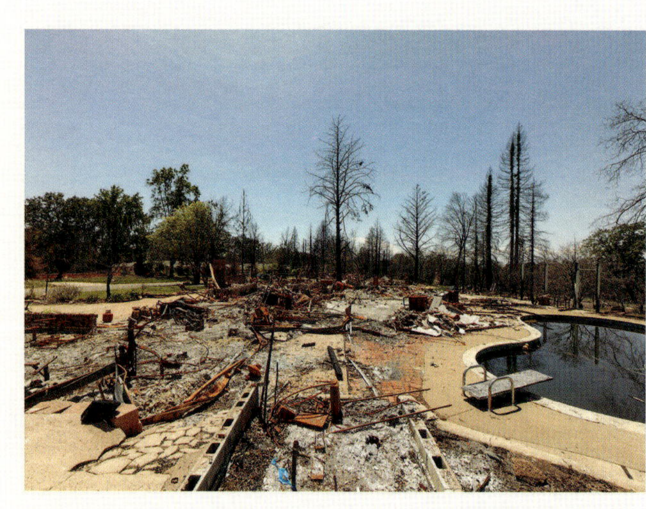

Paradise, California

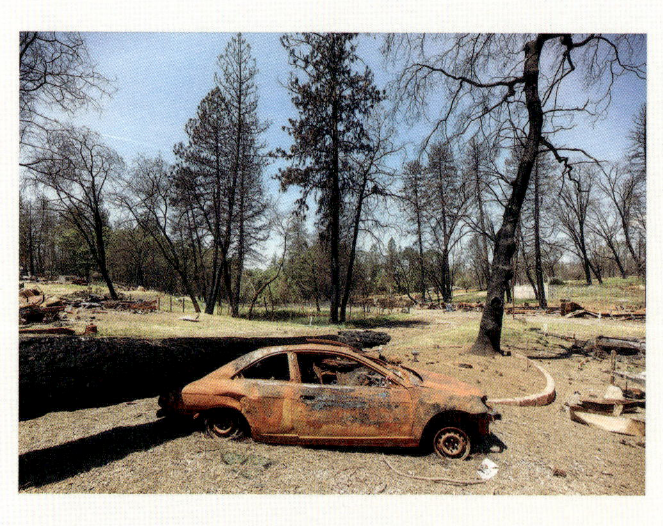

Paradise, California

16 «The willing suspension of disbelief for the moment, which constitutes poetic faith». Samuel Taylor Coleridge, *Biographia Literaria*, 1817.

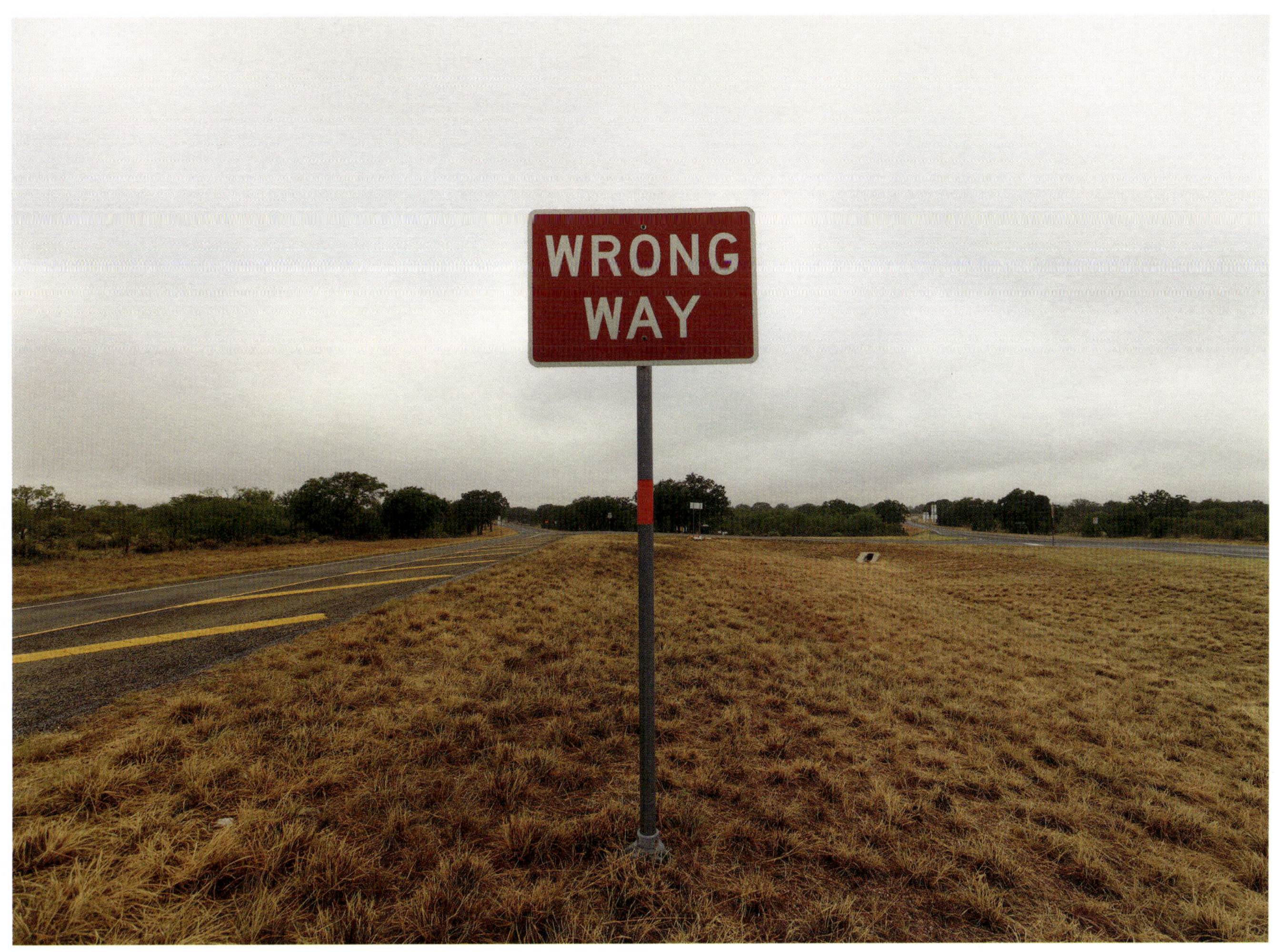

dose a la poesía, y que tantas veces se ha asociado al cine o a los fotomontajes de Jeff Wall.

El recorrido por esos lugares que encarnan los sueños minúsculos de sus pobladores está repleto de contradicciones, de ingenuos simulacros, de orgullosas exhibiciones de los valores heredados de los pioneros, ese estrato profundo que aún pervive en sus descendientes y que contiene la promesa luterana: «Dios ha puesto la tierra y todas sus riquezas a disposición del pueblo elegido». La paradoja final de ese viaje, la más trágica, estalla al llegar al paraíso –Paradise, California– un pueblo arrasado por un incendio forestal que dejó centenares de muertos y desaparecidos. Bernadó concluye su relato en un escenario patético solo habitado por los rastros icónicos de ese paraíso soñado, convertido ahora en infierno.

Microhistorias

Una fotógrafa me contó que durante mucho tiempo le obsesionó saber cómo era su padre, desparecido cuando ella tenía apenas dos años. De él solo conservaba una fotografía, tomada en la playa, donde aparecen su madre junto a una amiga y ella, apenas un bebé, sentada en la arena. Sobre su hombro se apoya cariñosamente el brazo de un hombre; el resto del cuerpo queda fuera de la fotografía. Reconstruyó la imagen de su padre a partir de ese brazo. Me contó como fue deduciendo su sensibilidad, su fuerza, la altura que debía tener y toda una serie de fantasías que podrían recordar a esa extraña percepción que experimentan quienes han perdido una extremidad: la sensación de que ese miembro extirpado todavía está, todavía lo sienten, todavía les duele. Ese constructo mental, creado a partir de una fotografía, la acompañó durante la infancia, al modo en que los niños juegan en secreto con un amigo invisible. Muchos años después, ya en la adolescencia, se animó a preguntarle a su madre, fingiendo un escaso interés, por ese brazo que aparecía en la foto. «Ah, sí, era el hermano de mi amiga, que también veraneaba en el mismo sitio que nosotras». A partir de ese momento decidió dedicarse a la fotografía. Más allá de la frustración, lo que le sedujo de esa experiencia fue la capacidad de una fotografía, una cualquiera, para construir historias cuya

Girona (WE 3.1)

Palma de Mallorca (MA 1.4)

Peralada (WE 819.4)

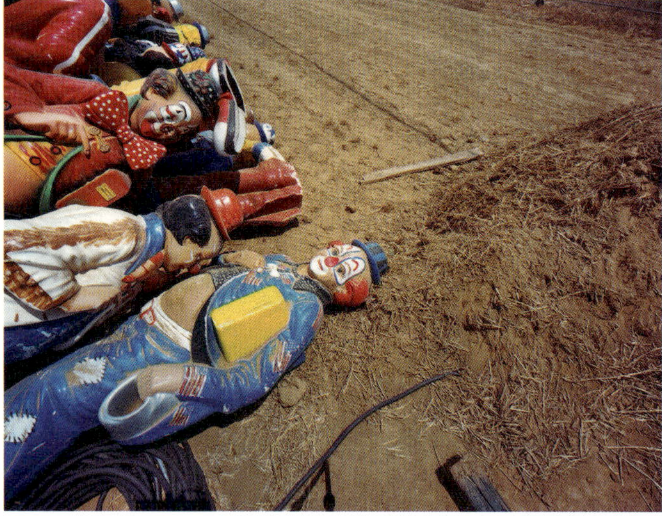

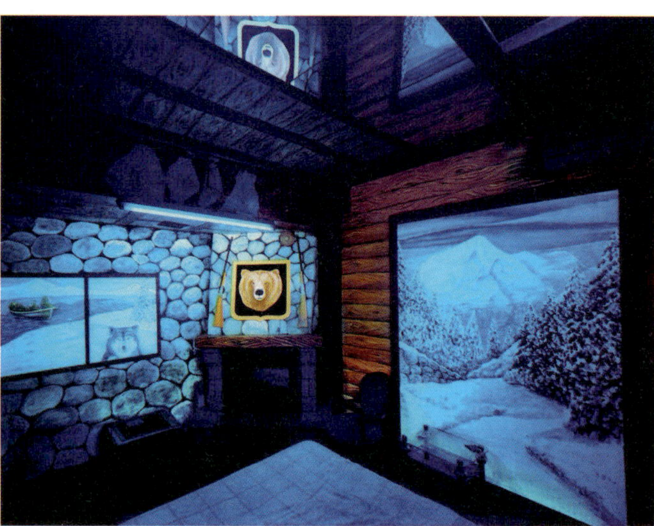

relación con la realidad podía ser únicamente tangencial, operativa.

Jordi Bernadó tiene una serie, *True Loving and Other Tales*, donde utiliza encuentros casuales entre nombres de lugares o lugares solitarios que ha encontrado y que tienen una historia detrás. Muchos están situados en lo que conocemos como la «América profunda». Son, en general, denominaciones que hacen homenaje a alguna ciudad europea o toman el nombre del primer propietario de ese pedazo de tierra; algunos de esos nombres son tan evocadores que uno cree adivinar una voluntad poética y se sorprende al saber que son solo un apellido. Más accidental todavía es la vecindad de dos de esas toponimias, como la que da título a la serie (*Amor verdadero* en castellano). No es accidental que Bernadó haya elegido ese título, porque el concepto de *verdadero* es también un vecino inestable muy próximo a todo su trabajo. La extrañeza en estos nombres de lugares la aporta el nombre del estado, que siempre va adjunto en las denominaciones toponímicas americanas. Una de las más famosas es la que dio lugar a la famosa película *Paris-Texas*, de Wim Wenders. Otra de las variantes que ofrece ese juego semántico con las palabras se refiere a la incongruencia entre los signos que se exhiben en la fotografía y la ciudad que los muestra. Una de las más conocidas es la de un enorme pie que calza una bota de patinaje sobre hielo apoyado en un campo de hierba. Al fondo se intuyen las carpas de un circo y, mirándola con atención, se adivina en la foto el anclaje en el suelo del pie monstruoso. El título reza *American Park, Girona*. El texto ancla el significado.

En buena parte del libro, Bernadó escribe los nombres de los lugares en la base de sus fotografías imitando la caligrafía inglesa que se utiliza para titular y datar los grabados conmemorativos. Lo hace como si pusiera la primera frase de un cuento y dejara en nuestras manos completarlo. Cuando ha considerado necesario fijar con más detalle algunas de las claves de la microhistoria que albergan, Adela García-Herrera desvela por escrito esos datos informativos en un librillo minúsculo, literalmente insertado en el tomo, mucho más grande, que contiene las fotografías. Esa separación física permite no interferir en lo que Umberto Eco llamaría una «lectura abierta» de las fotografías que tienen vocación de narradoras.

Como bien sabe Jordi Bernadó, mi preferida es la titulada *La California, Italia*. Le escuché la intrahistoria antes de ver la foto. En resumen, el cuento, datado en el siglo XIX, narra el viaje en barco de un grupo de emigrantes que partieron de Sicilia buscando una vida mejor en California. Nunca llegaron. El patrón los tuvo dando vueltas por el Mediterráneo durante semanas y los desembarcó de nuevo en la costa italiana tras asegurarles que habían llegado a su destino. Los sicilianos llamaron a ese lugar La California.

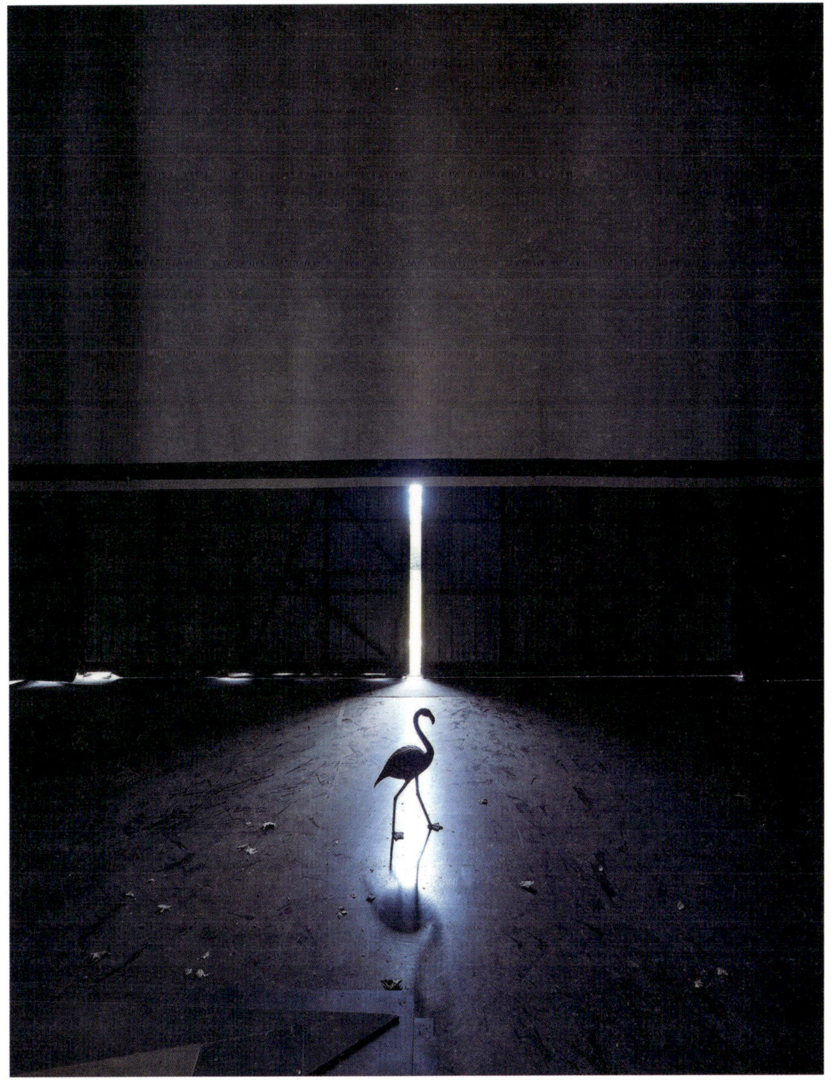

Nadie sabe el final de la historia, si descubrieron el engaño o murieron pensando que estaban en *L'America*. La foto de Bernadó es uno de sus contadísimos retratos. En ella aparece un hombre que, según el texto de García-Herrera, «es el único vestigio de aquel engaño». El personaje ha ido reuniendo objetos que contienen un halo simbólico de Estados Unidos; no corresponden necesariamente al suroeste americano, pero da un poco igual. Uno los ve y sabe inmediatamente que forman parte de la simbología americana, esa que todos hemos construido a partir de las películas de Hollywood.

En 1972, el fotógrafo norteamericano Bill Owens, publicó su libro *Suburbia*, un ensayo sociopolítico que retrata a los habitantes de la zona de la América interior donde nació y trabajó el autor. Llegó a vender 50.000 copias en tres ediciones. La personalidad de ese proyecto documental reside en los pies de foto, donde los protagonistas describen con ese ingenuo orgullo, tan americano, y en rigurosa primera persona del plural, la vida que han construido, la casa que habitan y las fantasías que en ella han depositado. El sarcástico anclaje semántico que aportan esos ingenuos –para nosotros– comentarios condiciona e induce la lectura de las fotografías.

Estos ejemplos de micronarraciones ilustran cómo la relación del texto con las fotografías puede, como en el caso de *La California*, invitar a que nos embarquemos en una historia, o a que durante el trayecto la vayamos construyendo nosotros mismos, mientras que en las de Bill Owens el texto tiene la voluntad de anclar el significado. Lo interesante es que la naturaleza *expedicionaria* de los significados que habitan las fotografías –como en el caso del brazo del padre– suele tomar rumbos alternativos, no necesariamente metafóricos, en función de la experiencia subjetiva del lector. Las fotografías y los significados transitan a menudo por senderos paralelos que, en un momento dado, se bifurcan y en otros se entrecruzan. Solo en algunas ocasiones se presenta al espectador

Alquézar/Zuheros. Miradas en la distancia. Festival Visiona, Huesca

la posibilidad de imantar lo que dicen las fotografías con sus propias interpretaciones.

Por eso hablábamos al principio de la imbricación del trabajo de Bernadó en el programa original de la fotografía, porque no solo repite el espíritu viajero de los pioneros para registrar el mundo y sus signos, sino que incluye los rasgos disidentes del positivismo decimonónico y subraya la débil relación de las imágenes con lo real. Por ese motivo hemos hablado también de quienes han sido sus compañeros de viaje, porque nadie navega ahora en solitario para descubrir mundos ignotos o puntos de vista disruptivos. La fotografía ya no es un invento cuyas características no somos capaces de nombrar porque aún no disponemos de las palabras adecuadas. Así pasó cuando el polímata John Herschel propuso a la Royal Society, el 20 de febrero de 1840, adoptar la denominación de *positivo* y *negativo* «para evitar los circunloquios», harto de describir farragosamente, cada vez, por qué la captura de una imagen aparecía en el papel con todos los tonos invertidos. En el siglo XXI no cabe el *adanismo* en casi ninguna faceta de la vida. Muchísimo menos aún en la creación artística, un fértil territorio para las etiquetas, las clasificaciones y las denominaciones. Me tranquiliza mucho trabajar con autores como Jordi Bernadó, que no aspiran a inaugurar una tendencia.

Otra fotografía de *True Loving* ilustra estas referencias, formales y conceptuales, de propuestas de representación anteriores a él. Se titula *Detroit, Michigan* y muestra una casa unifamiliar aislada en mitad de un paisaje artificialmente despoblado de naturaleza. De este arquetipo de casa-hogar, al que le falta la chimenea humeante, dice García-Herrera que parece estar posada sobre la parcela a riesgo de que «cualquier golpe de viento pueda hacerla desparecer». No anda descaminada, cada año los tornados que arrasan ciertas zonas del sur de Estados Unidos se llevan por delante muchas de estas construcciones prefabricadas. En mi opinión, esa fotografía lleva consigo, enmascarada, una agria reflexión sobre el concepto de *way of life* americano.

En realidad, ese carácter «prefabricado» es concomitante con el arquetipo de casa individual que la publicidad ha vendido en Occidente. El resultado es una «repetición monótona, una acumulación de elementos de catálogo que confiere a este prototipo hogareño un aspecto curiosamente falso, de decorado transitorio incompatible con la vida doméstica». Tal descripción me ha recordado un dato bastante ilustrativo al respecto: quienes sosteníamos que el libro más publicado de la historia es la Biblia estábamos equivocados. El más publicado es el catálogo de IKEA, que reproduce en sus páginas innumerables ambientes hogareños con objeto de ilustrar como quedan sus muebles en el hogar. No hay una sola foto que sea verdadera: todas son simulacros, escenifica-

17 Wulf, Andrea, «Poesía, Ciencia y naturaleza» en *La invención de la naturaleza. El nuevo mundo de Alexander von Humboldt*. Traducción de Mª Luisa Rodríguez Tapia. Barcelona: Penguin Random House Grupo Editorial S.A.U., 2016, pp. 309-310.

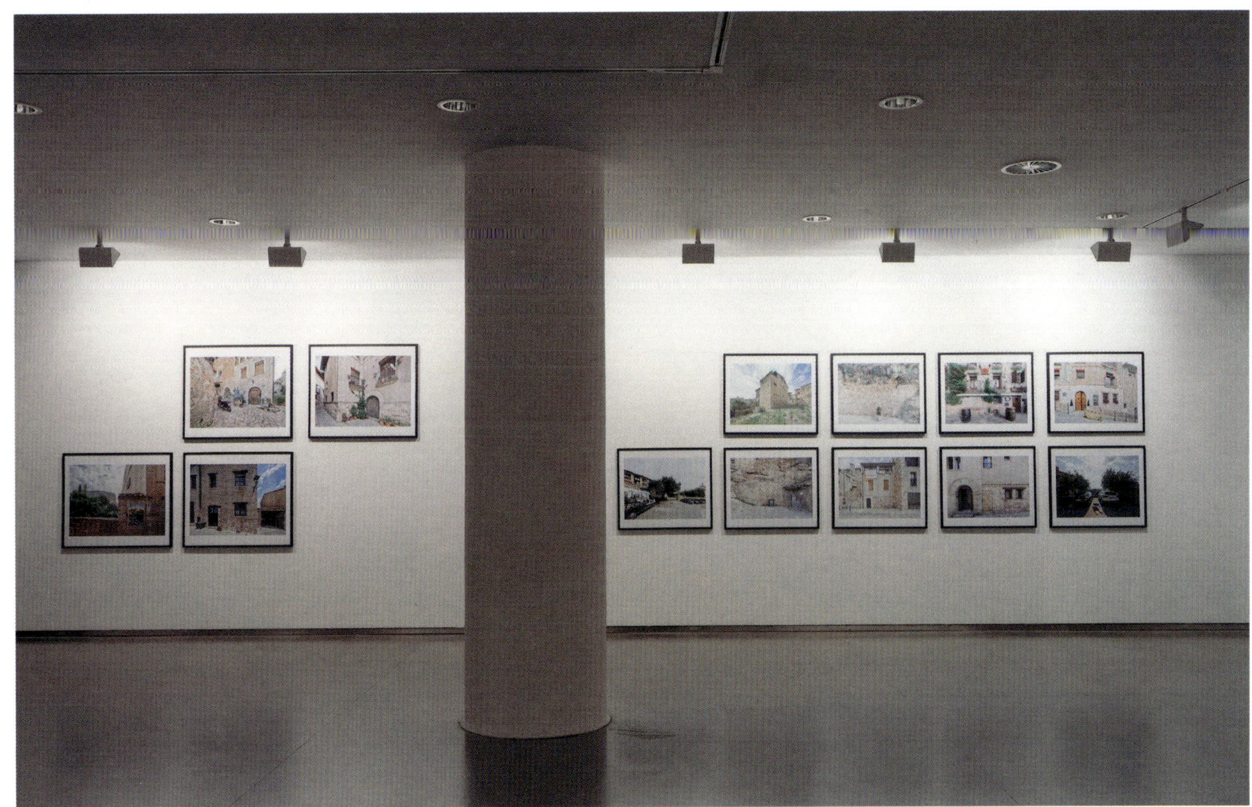

ciones temporales cuyo propósito es nutrir con imágenes el imaginario de hogar que creen tener los compradores. Poco a poco, los hogares reales, merced a la extraordinaria logística de distribución que tiene la marca, se van pareciendo cada vez más a los simulacros del catálogo e, irremisiblemente, han ido neutralizando el imaginario individual, cambiándolo por una individualidad de consumo. Lo que Augé llama la «no-lugarización» de la casa misma, del espacio privado por excelencia.

Lo paradójico, y en cierto modo comprensible, es que el aislamiento en casas unifamiliares ha calado profundamente en el imaginario de las sociedades escandinavas y ha terminado por convertirse en un problema de carácter social. En algunos casos, como en Finlandia, llega a un extremo casi patológico. Los propios finlandeses dicen que su ideal es tener una casa junto a un lago con el vecino más cercano viviendo a varios kilómetros. Un fotógrafo finlandés, Esko Männikkö, realizó un extraordinario trabajo a mediados de los años noventa –*Far North*– sobre este tema, registrando la vida de muchos hombres solteros que viven solos en mitad del campo macerándose lentamente en alcohol. A diferencia de los estadounidenses, ellos no exhiben simbología cristiana ni decoran sus fachadas con banderas nacionales como simbólica exaltación de su pertenencia y de su sagrada individualidad. La individualidad es un término muy inflado que, mediante la insistencia y la afirmación ideológica de la sociedad norteamericana, ha conseguido instalarse como sinónimo del concepto de libertad.

La fantasía de vivir en una casa de madera, aislado en la naturaleza, no es contemporánea. Pero hay soledades y soledades. Un ejemplo muy elocuente es el de Henri Thoreau, quien también se construyó una pequeña casa individual de madera, de 3 por 4,5 metros, en medio del bosque, junto al estanque Walden. Vivió en ella dos años, dos meses y dos días. Pero me temo que su decisión y su posicionamiento personal –«quería vivir deliberadamente, afrontar solo los hechos esenciales de la vida»– no tienen nada que ver ni con los solteros finlandeses, ni con los ardientes nacionalistas americanos. Ese tiempo sirvió a Thoreau para escribir uno de los textos sobre naturaleza más famosos de Estados Unidos –*Walden*–, que se publicó siete años después de dejar la cabaña en 1837.[17] A veces el presente, ese maravilloso simulacro que hemos ido pagando a plazos, no resiste la comparación con ciertos momentos del pasado. Algo estaremos haciendo mal. Y quien dice algo puede querer decir mucho.

¿De dónde proviene esa obsesión por la individualidad? Probablemente tenemos instalada en nuestro subconsciente la América de la posguerra mundial, con esos barrios llenos de casas unifamiliares clonadas, todas con su jardín y su

Present to Future, 2017

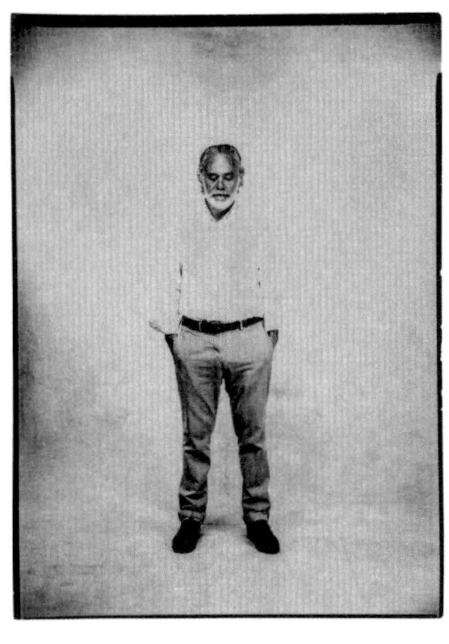
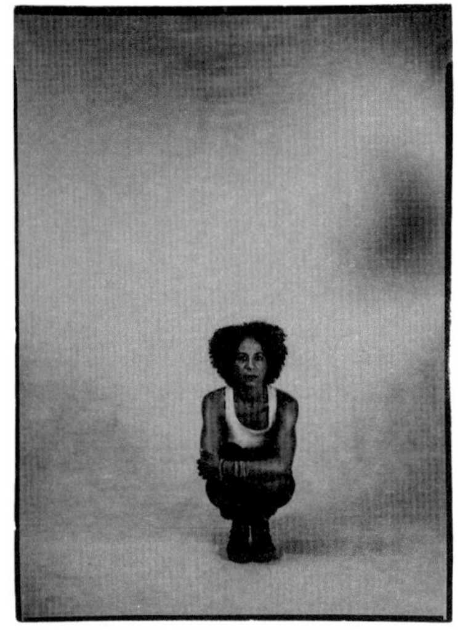
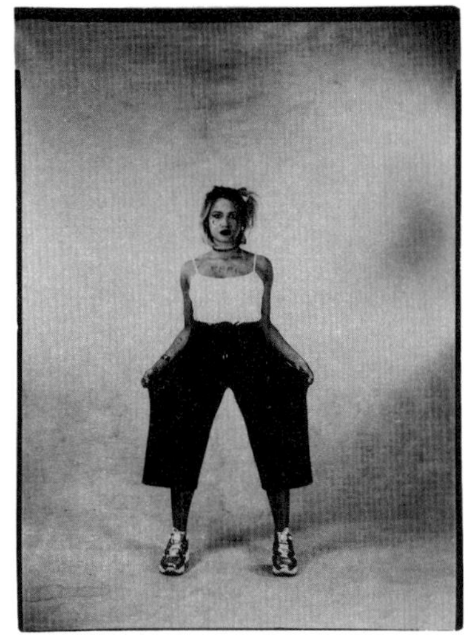
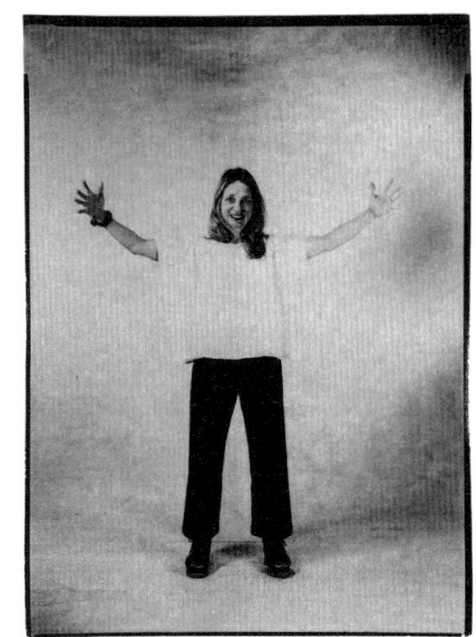
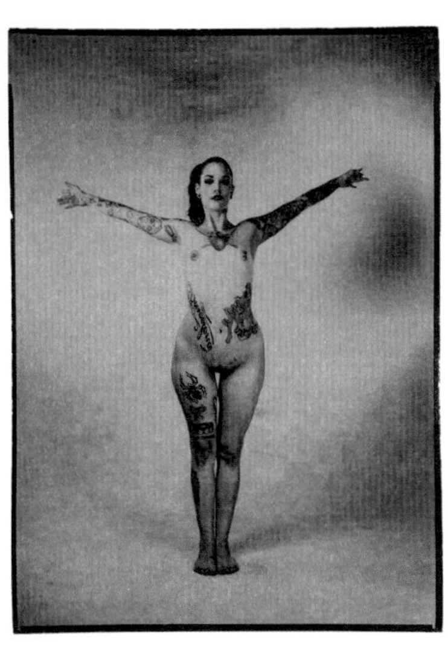
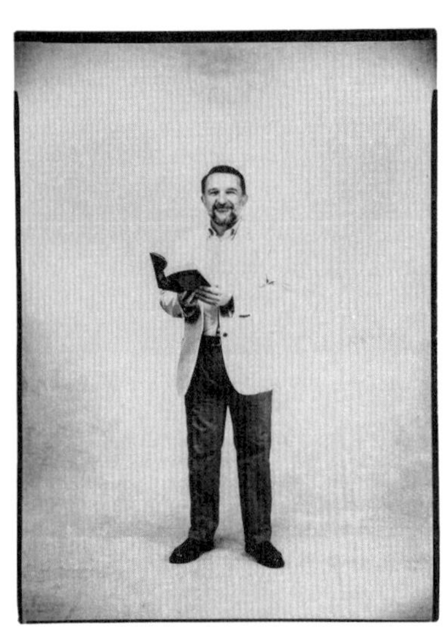
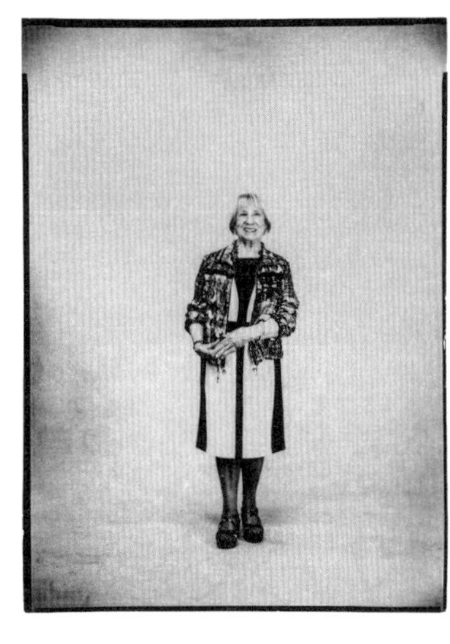
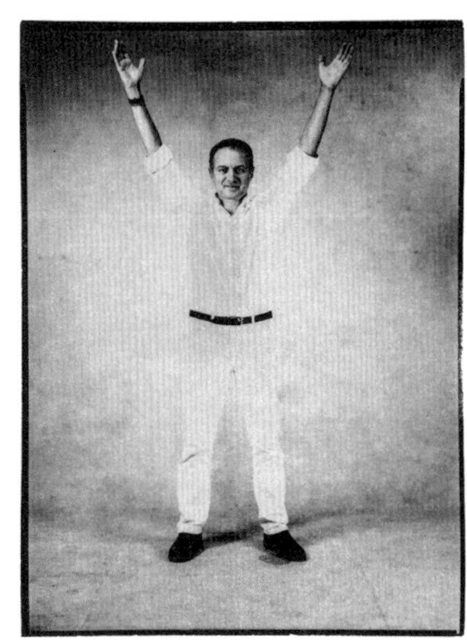
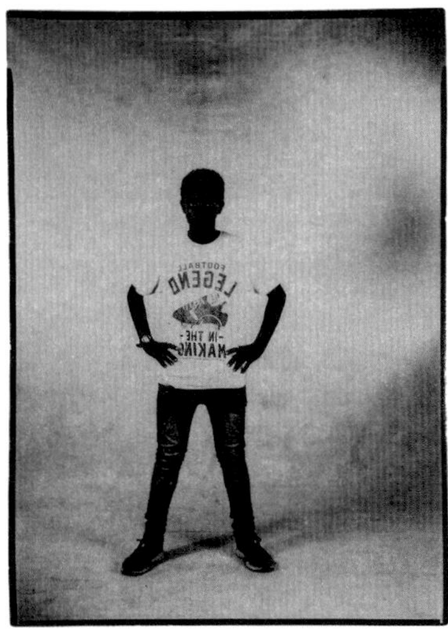
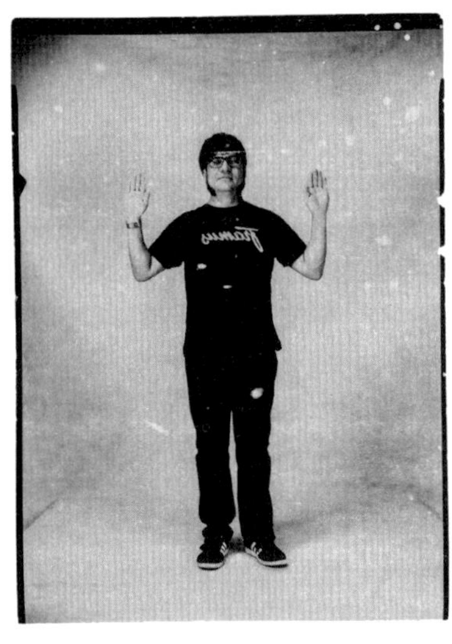
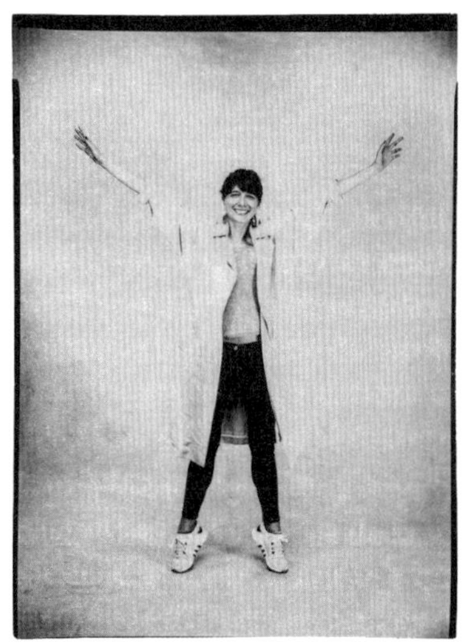
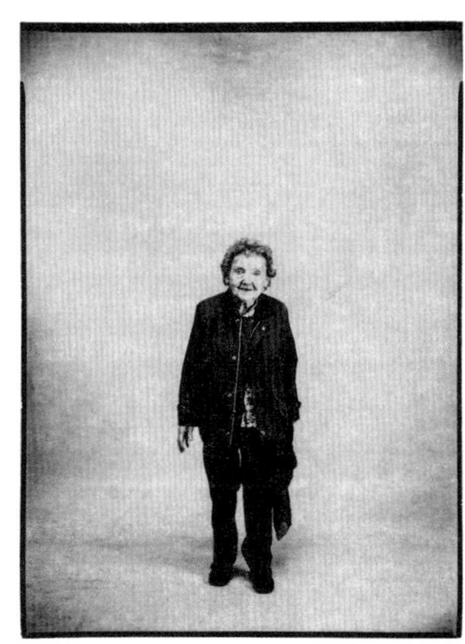

18 Bourriaud, Nicolas, *Estética relacional*. Buenos Aires: Adriana Hidalgo editora, 2013.

19 La frase original: «En la sociedad posmoderna lo único que se comparte es el espectáculo, ese juego en el que nadie juega y todos miran», fue incluida en Berger, John, *Algunos pasos hacia una pequeña teoría de lo visible*. Traducción de Nacho Fernández. Madrid: Árdora Ediciones, 1997, p. 37.

garaje. Tal vez el primer estrato referencial se encuentra en las películas estadounidenses de finales de los años cincuenta y fundamentalmente de la década de los años sesenta. Nuestros adosados hispanos replican tardíamente, como ha sido tradición en la posdictadura, ese icono de progreso y de bienestar norteamericano. En todos los casos, el telón de fondo es la obsesión por el consumo.

Sobre nuestra condición de consumidores, sobre esta niebla consumista que impregna y empapa a todas las sociedades de economía boyante, habla Nicolas Bourriaud, de manera más extensa, en su libro *Estética relacional*:

> «Las famosas autopistas de la comunicación, con sus peajes y sus áreas de descanso, amenazan con imponerse como único trayecto posible de un punto a otro del mundo humano [...] tienen como defecto transformar a sus usuarios en meros consumidores de kilómetros y de sus productos derivados. Frente a los medios electrónicos, los parques de diversión, los lugares de esparcimiento, la proliferación de formatos compatibles de sociabilidad, nos encontramos pobres y desprovistos, como rata de laboratorio condenada para siempre a un mismo recorrido, en su jaula, entre pedazos de queso. El sujeto ideal de la sociedad de figurantes estaría entonces reducido a la condición de mero consumidor de tiempo y de espacio. Porque lo que no se puede comercializar está destinado a desaparecer. Pronto las relaciones humanas no podrán existir fuera de estos espacios de comercio».[18]

«Hay cosas tan privadas, que solo se pueden decir en público»

Hay un aspecto, a mi juicio nuclear, en la obra de este constructor de imágenes que fue estudiante de arquitectura. Es el aspecto *relacional*, que aparece en varios proyectos concretos y permea el resto de su producción. Ahora que vivimos asomados a ese escenario virtual de las pantallas, donde, parafraseando a John Berger «lo único que se comparte es el espectáculo, ese juego en el que nadie juega y todos miran»,[19] la propuesta de Jordi Bernadó es invitarnos a jugar. Nos invita a ser protagonistas de nuestra propia representación. En los retratos de su serie *Present to Future*, cedernos la representación no es un acto menor, significa dar un paso atrás como autor, compartir el poder. Porque en ese juego de poder que es el retrato cede la hegemonía al retratado, que es el responsable de pensar cómo posar. En 2017, Jordi Bernadó y Santiago Garcés realizaron 372 retratos, cada uno a una única persona, en el transcurso de seis días. Así lo describe Amanda Mauri en la introducción del proyecto:

> «En su conjunto, las fotografías componen un extraño álbum familiar, un archivo casi espectral. Su estética evocadora es, en parte, fruto de una decisión técnica: las fotografías se realizaron con una cámara de placas en un único disparo sobre papel positivo. Es decir, no existen negativos, no se pueden reproducir. Cada retrato es único. Pero no es sólo eso, hay algo más. Antes de disparar, a los retratados se les recuerda la finitud de su vida: "En 200 años ya no estaremos aquí, nada de lo que somos existirá. Excepto, tal vez, esta fotografía". Y, con esa reflexión, se les planteaba una pregunta: "¿Qué querrías que vieran quienes encuentren tu retrato? ¿Qué querrías decirles?"».

Nada tan complejo como afrontar la posteridad a través de nuestro propio cuerpo, de la expresión de nuestra cara, de los gestos que coreografían nuestras extremidades. Saber que eso va quedar, nunca mejor dicho, inmortalizado para que otros lo vean en el futuro, al modo en que las sombras de los habitantes de Hiroshima quedaron fijadas en las paredes tras la explosión nuclear, adquiere un grado de dramatización superlativo. Olvidamos que el juego no pertenece exclusivamente al territorio de la infancia; tal vez por ello nos resulta complicado desatar la fantasía, actuar y soñar. Convendría escuchar a Píndaro cuando afirma: «El hombre es la sombra de un sueño». Una frase-imagen que empuja a pensar, que no cierra su significado, que propone, de nuevo, «una lectura abierta».

Una pregunta tan cotidiana como el «¿qué me pongo?», que nos hacemos todos los días, se convierte aquí en una aporía de carácter tan trascendental que algunos resuelven no ponerse nada, porque la ropa representa un signo temporal que aporta códigos perecederos. Mientras nosotros, los espectadores, vamos contemplando a todas esas personas valientes que han asumido el reto nos van sobrevolando preguntas en primera persona: ¿qué haría yo en esa sesión de retratos? ¿qué pose adoptaría? etcétera. Aquí es donde Jordi Bernadó propone un acto neto de empatía que desemboca en una reflexión sobre nosotros mismos: nos ponemos en el lugar del otro, incorporamos sus mismas reflexiones, sus mismas dudas y visualizamos en nuestra imaginación el resultado. Esta transposición del sujeto se repetirá en su serie *IDproject* a partir de una pregunta diferente.

Sus trabajos «relacionales» proponen un territorio de experimentación social, una alternativa a la uniformidad de los comportamientos contemplativos que siempre ha propuesto el arte. Y la fotografía es especialmente eficaz en este tipo de socializaciones.

En las sesiones, Jordi Bernadó habita la esencia relacional y empática de la fotografía: se convierte en mediador y opera simultáneamente como activador de lo sensible y como maestro de ceremonias que, como en el caso de la explicación de una foto a un grupo de gente con los ojos tapados, del que hablaremos a continuación, remeda a quienes exhibían inventos en las ferias del siglo XIX y de inicios del XX para convocar el asombro de los asistentes.

En el caso de *Present to Future*, se trata de una experiencia de intersubjetividad en la que el retratado lleva la iniciativa, es él o ella quien envía el mensaje. El acto de posar para un retrato ha ido rebajando con el paso de los años su importancia ritual. Durante las primeras décadas del siglo XX se iba al estudio de un fotógrafo para obtener uno de los pocos retratos que una persona se hacía a lo largo de la vida. La mayoría de las veces su función era regalarlo a una persona querida, a un miembro de la familia o a algún amigo, sabiendo que lo conservaría en un álbum que pasaría a manos de las siguientes generaciones. Esa conciencia de su futura función es la que se replica en este proyecto. Y, como hemos ido viendo a lo largo del texto, las derivas que provocará en quienes lo vean serán imprevisibles.

Hace más de diez años que Bernadó puso en marcha otra acción para *uso y disfrute* de los participantes, sin intención de obtener como resultado un objeto tangible. En esta ocasión lo hizo en colaboración con otro fotógrafo, Martí Llorens, en cuyo estudio tuvo lugar una de las experiencias. El otro escenario elegido fue la Reial Acadèmia de Ciències i Arts de Barcelona. Los asistentes eran convocados a acudir a las respectivas localizaciones, se les ponía un antifaz antes de entrar en la sala donde tendría lugar la experiencia –una especie de *wunderkammer* (la decimonónica cámara de las maravillas)–, y allí, absolutamente a oscuras, escuchaban a un invitado describirles una fotografía. Al finalizar la descripción de la fotografía se despojaban del antifaz con la sala todavía a oscuras, se abría una cortina y aparecía ante ellos la imagen que el invitado había descrito. Lo que veían ante ellos era la sala real. Pasado un tiempo, una vez los ojos se adaptaban a la luz, les mostraban la fotografía de la sala. La experiencia replicaba el funcionamiento de una cámara oscura con los participantes en el interior. Mientras escuchaban, se iban formando una imagen mental con los datos que les facilitaban y luego la contrastaban con la realidad y con su reproducción fotográfica. Lo primero que se generaba tras la experiencia era una conversación en la que cada uno explicaba lo que había imaginado y después los comentarios se extendían a lo largo de la tarde.

Al terminar la sesión de los retratos para el futuro se obtenía un objeto tangible, pero lo más importante que se compartía entre los participantes era la emoción que habían sentido al posar. En la sesión de los antifaces no había objeto, pero sí una experiencia kinésica parcialmente tangible o, mejor dicho, visualmente tangible. En ambos casos, la parte relacional no se circunscribía al momento de la toma o a la exhibición de «la realidad». Tenía lugar después, en las interacciones entre los participantes. Un espacio de relación que, en el caso de los retratos, se repitió en el marco de una exposición donde el tiempo, los años que habían pasado, generaba una conversación de otra naturaleza, siempre en el plano de intimidad que les había proporcionado la experiencia compartida.

Da la impresión de que los trabajos de Jordi Bernadó van a ir evolucionando en mayor medida hacia propuestas que tengan un perfil más vinculado a estos presupuestos relacionales, tanto con el público como con los espacios o los paisajes que vaya a fotografiar. El 26 de junio de 2022 reunió a 2.292 personas en el Gran Teatre del Liceu de Barcelona –tantas personas como butacas hay en el teatro– con el objetivo de componer una cartografía humana de la ciudad. Todos se sentaron y la única persona sobre el escenario fue él. El proyecto se llama *Me We* y, de nuevo, tiene la morfología de una celebración, esta vez de su ciudad de adscripción. Y de nuevo la puesta en escena de un ritual que relacione a las personas entre sí mediante un pensamiento común, la pertenencia, que en mi opinión es un concepto que tiene una sensibilidad más cercana a la vida y a la comunidad que la identidad. Los vínculos funcionan como el reflejo de asimiento de los bebés, por instinto. Se les pone un dedo en la palma de la mano y cierran el puño. Los vínculos relacionados con la pertenencia también se activan con un componente instintivo. Bernadó los fotografió y él mismo declaró que lo importante no sería la fotografía, sino el hecho en sí de reunir nacionalidades, edades, géneros, clases sociales y razas distintas. Sonará a estereotipo, pero creo que la acción generó una alegoría al *trencadís* de Gaudí. Tanto más hermoso cuantos más fragmentos disímiles contenga. Ya habíamos señalado que Jordi Bernadó es una persona cosmopolita y seguramente esta es una idea que tiene que ver con cómo ha ido viendo su ciudad, Barcelona, a lo lejos tantas veces.

IDproject es un ambicioso proyecto al servicio de personas que han tenido una importante relación con la sociedad. Bernadó hace copartícipes del mismo a los sujetos en la construcción conceptual de la imagen. Necesita su colaboración para que exista. Les pide algo muy íntimo: que elijan el lugar más importante para ellos. El fotógrafo pone en marcha toda una complicada logística para tomar en ese sitio una única fotografía con el sujeto presente, pero distante de la cámara y dando la espalda al fotógrafo. El resultado es un paisaje, un escenario habitado por una sola persona, irreconocible salvo que uno lea el texto que figura junto a la fotografía. Es un acto de fe que necesita la credulidad del espectador y la complicidad del sujeto retratado. En cierto sentido podría interpretarse como una ceremonia de pertenencia a un lugar simbólico. De nuevo, el ritual eleva la temperatura emocional del protagonista porque convoca en su memoria los momentos que solo él o ella han vivido ahí y la importancia superlativa que ha tenido, simbólicamente, en su vida. Los rituales, un elemento fundamental en el universo confuciano, tienen la capacidad de facilitar entre los asistentes el paso de lo real a lo simbólico. Un espacio de ficción que provoca en ellos los mismos sentimientos que si fuese real.

Cada persona, sin excepción, que ve y escucha el proceso de construcción de la imagen se hace inmediatamente la misma pregunta: ¿qué lugar elegiría yo?

Me contó Jordi Bernadó que uno de los participantes se había sentido demasiado expuesto al compartir una experiencia tan íntima. Lo de menos era saber quién, yo no se lo pregunté ni él me lo habría dicho. Lo importante para mí es que me hizo recordar la frase que titula este apartado y que no he conseguido saber quién la pronunció; nunca he necesitado apuntarla, hace años que la recuerdo palabra por palabra tratando de comprender esos términos tan aparentemente contradictorios. Creo que estas fotografías, donde Jordi Bernadó actúa como intermediario entre el sujeto y el público, me han dado la clave para descifrarla. Al verbalizar un sentimiento de tal dimensión emocional, la malla de interrelaciones que forma nuestra mente con nuestro cuerpo desata a su vez una catarata de emociones que no tiene equivalencia con lo que se siente simplemente al pensarlo. Hay cosas tan íntimas que solo se pueden decir en público.

Alejandro Castellote

Before the Landscape of Others

Alejandro Castellote,
curator and photography lecturer

Jordi Bernadó's photographic production can be divided into two creative "identities" which, when described, seem to suggest certain points in common. The first is essentially Western and has to do with the traveller's spirit, with the desire to understand other cultures and share what has been learned on returning. Bernadó is a cosmopolitan photographer, not because he has lived in many places, but because he is able to move through such places with the fluidity of one who no longer believes in borders. He is Western because the externalisation of his explorations in countries that are not his own shows him to possess an essentially European characteristic, one that was described by the Greek historian Herodotus four hundred years before Christ:

> "Every year we send ships at great cost and danger as far as Africa, to ask: 'Who are you? What are your laws like? What is your language like?' They never sent a ship to ask us!"[1]

The second "identity" appears when we examine his work. In it we find points of intersection that indicate a personality trait: curiosity. This curiosity manifests itself in the form of scrutiny, a gaze that is at times impertinent, mixed with great tenderness, as well as irony seasoned by sparks of sarcasm. However this may be, I believe that what really characterises his work as a whole is empathy, a quality that has grown and matured thanks to curiosity.

It is true that curiosity is a seemingly banal word – it is not overly euphonious and its pronunciation is not even proparoxytone – but it is powerfully all-encompassing in its interests. After all, curiosity leads to wonder, and that Aristotelian wonder is the catalyst for scientific research and thought. The same is true to a certain extent of humour, irony. These are "minor" concepts that have rarely occupied leading positions in the history of thought. However, humour and irony make it possible to parody one's own convictions, in other words, to think. And that would not seem to be a "minor" concern.

The journey, the drive to share, to tell stories and a deeply empathetic nature are all qualities deeply rooted in history, in the very beginnings of photography and in the relational spirit that has allowed this medium, almost two centuries later, to occupy a central position in society's communication systems. After a career spanning thirty years, we can conduct a meditative review of Bernadó's work in parallel with the history of the medium. In this review we will find certain elements that support, almost literally, the formal and conceptual structure of his work.

Photography has travelled through history, in this case the history of art, in second class, one might say. But its influence has not been minor. In fact, its appearance signified a mighty assault on the essence of Western art: mimesis. The association of "skill in execution" with "artistic quality" fell into sharp decline at that very moment and has still not recovered. One need only read artists and art experts from the 19th century to realise what a cataclysm this device wrought, an artefact capable of reproducing reality in its tiniest detail, effortlessly and with little fuss. It was a time bomb that now, looking back on its effects, few would dare to call negative.

Images within images

Kenneth Josephson is an American conceptual photographer who made a series titled *Images Within Images*. One of the photographs in the series shows a hand holding a postcard. Taken by Josephson in 1967, the shot is of Drottningholm Palace, one of the residences of the Swedish royal family on the Island of Lovön. In it, the palace overlooks a lake and the view is taken from a path flanked by statues that leads along the lakeside to the main palace gate. The postcard looks old. Josephson is in the same spot from which it was taken. He is holding the postcard in front of the camera in his left hand while using his right hand to take a photograph from the same spot in which the earlier shot was taken. He seems to compare the scene recorded in the past with the present state of affairs: the statues, for example, are now covered by wooden structures, suggesting that they are in the process of being cleaned or restored. Josephson includes the past in the present; he has two different times coincide within the photograph. We tend to think that the document he made is more real than the one on the postcard, because that earlier time no longer exists. By including an element alien to the rules of representation of the landscape – his hand – Josephson's image, that of the present, recreates his own gaze. Moreover, since the scene reproduces a subjective plane, we get the impression that we could change places with him and become the one holding the postcard.

This moment of intersubjectivity enables us to make an act of recognition. We put ourselves in his place. We try to understand what he means by this simple gesture. We think. And we formulate our own opinion of the scene. For an instant we overlap our subjectivity with his, and in doing so forget that we are, in reality, looking at two photographs. Through this visual paradox, Josephson plays with the way in which our perception manages how we understand images, with the powerful suggestion of reality they contain. "Photographs", says John Berger, "do not translate from appearances. They quote from them". And he adds that "the camera can bestow authenticity upon any set of appearances, however false". It is up to us to decode the other, unseen layers that guide us to understand the meaning of what we see, of what we read in them. In the early-20th century, Kodak's advertising slogan ran: "You press the button, we do the rest", But, a century later, nothing that has to do with images is as innocent as

Berlin (DE 24.6)

Berlin (DE 5.5)

Berlin (DE 11.6)

it was then. Let us say, for simplicity's sake, that, today, the camera shows the fragment and we do the rest.

This is what Jordi Bernadó offers to share with us through his photographs. He makes the transition from the *I* to the *we*. He is telling us that what matters is not what *he* thinks, but what *we* think. There is no hidden message that we need to guess. He bestows the power of interpretation on us.

Mark Klett, another American photographer, in this case from Arizona, achieves something similar to what Ken Josephson does in his work. In his photographs, Klett uses different ways to superimpose images of the past on to those of the present. He does this, in his own words, "to reflect on broader notions of culture, the passage of time, and the construction

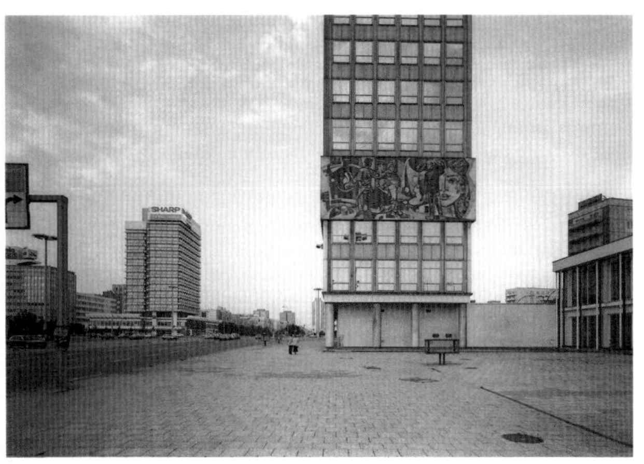

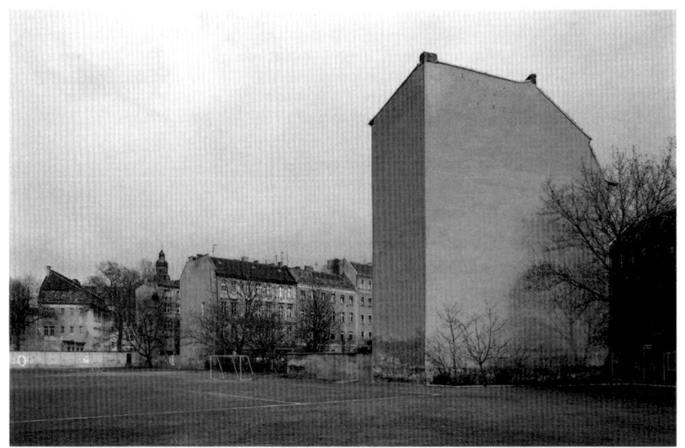

of perception". His most spectacular shots are those taken around the Grand Canyon in Colorado[2] and Yosemite National Park. In them, Klett uses photographs by the great American landscape photographers of the 19th and early-20th centuries: Timothy O'Sullivan, Eadweard Muybridge, William Bell and William Henry Holmes.

At first glance, Ken Josephson's visual paradoxes seem to have the charm of simplicity, of the easy identification of references, and this encourages us to read them with a kind of "distracted delight", as Barthes described it. The pleasure of identification continues to be one of the most evident pleasures in our relationship with photographs. And, as the Cuban curator and writer Juan Antonio Molina says, "it is perhaps one of the 'purest' pleasures, as it allows a more or less 'naïve' approach to the image, which can elude even the most radical conceptual pretensions". The aim of these three photographers, Bernadó, Josephson and Klett, is to encourage our own readings of an image that may even diverge from what is represented. There is only one problem in this, because, as Daniel Pennac says in his book *Reads Like a Novel*, "the verb 'to read' does not tolerate the imperative".

1 Steiner, George (2005). *La idea de Europa*. Madrid: ediciones Siruela, p. 68.

2 See his book *Reconstructing the View, The Grand Canyon Photographs of Mark Klett and Byron Wolfe*. Oakland, CA: University of California Press, 2012. http://www.markklettphotography.com/books-summary/2015/10/7/reconstructing-the-view-the-grand-canyon-photographs-of-mark-klett-and-byron-wolfe-university-of-california-press-2012

3 *La curaduría como (in)disciplina* [Curatorship as (in)discipline] is a text by Juan Antonio Molina for the course on the introduction to curatorial practice at the Image Centre in Mexico.

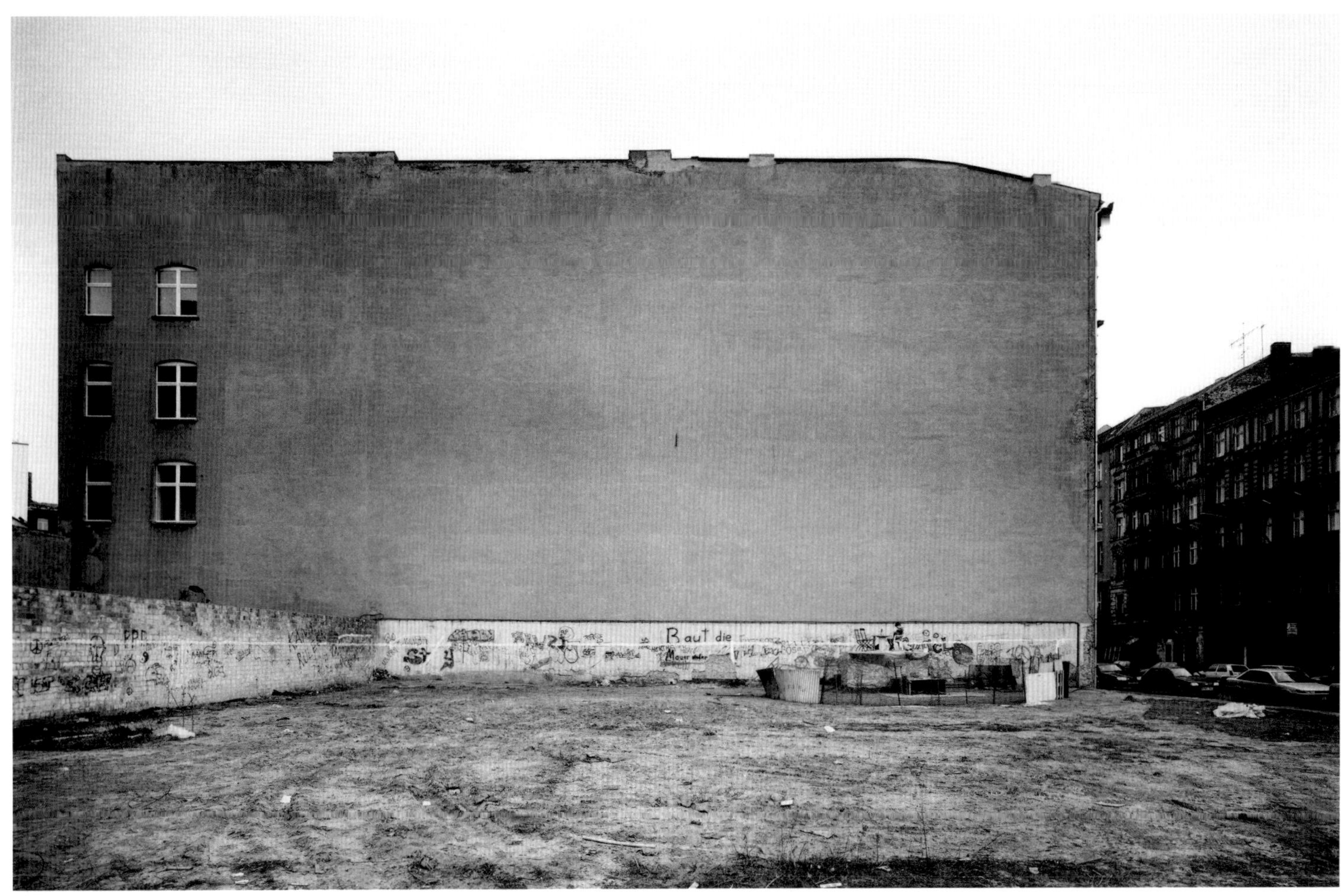

Jordi Bernadó's photographs also seem simple at first glance, but they include other non-visible images (mental images), semantic strata that guide the reading we make of them in multiple interpretative directions, which we will examine over the course of this text.

> "What we expect from a photograph is, firstly, that it gives us the pleasure of identification, secondly, that it moves us, suggesting new aspects of reality and, thirdly, that it convinces us that what is photographed is real. Hence the three main problems that every photographer still has to face: the problem of the image's legibility; the problem of its capacity for impact; and the problem of its verisimilitude."[3]

Berlin

In the early-1990s, after the collapse of the USSR, Berlin was restored as the capital of Germany. This period saw the launch of an ambitious urban planning project to shape the new morphology of what had been the German capital until the fall of Hitler. The construction of this new Berlin became a metaphor for the construction of a new Europe, the Europe that emerged on the fall of the infamous wall that had divided the city and the dismantling of the Iron Curtain. Germany was taking on a new challenge: it no longer sought to be merely the economic locomotive of Europe, it also wanted to be a cultural beacon for the old continent, that Trojan horse that had worked so well for France in previous centuries. The penetration of its culture, arts and collections into other countries was followed by the entry of its large enterprises. This has continued to occur right up to the present day. In the recent case of China, to give just one example, in the early twenty-first century, the first photography festivals were organised by the French and sponsored by large companies from different sectors of the French economy.

But let us continue with the case of Germany; imitating the French model, the German State mobilised all its institutions to achieve a presence in all areas of culture with the aim of leading the art scene. Museums quickly fell into step with this leadership drive by showing their art collections of German all over the world. Banks, especially Deutsche Bank, invested enormous amounts in expanding their art collections. In its UK offices alone, Deutsche Bank installed no fewer than 4,000 works from its holdings; in America it had nearly 7,000 works on display, all on paper or photographic support. One might well call this a neo-colonial strategy, but even so, it seems the least harmful of all strategies.

As regards photography, the so-called Düsseldorf School – the Bechers, Gurski, Höfer, Ruff, Struth and so on – became a leading reference point in contemporary art, exercising enormous influence over European photography. For almost two decades, every new series produced by members of this group, trained at the Kunstakademie in Düsseldorf, generated a host of imitators. At around this time, one Düsseldorf School member, Axel Hütte, began a series of colour photographs devoted to the construction of the new Berlin and, thanks to his great influence, dozens of European photographers joined in to illustrate this metaphor of the "new Europe under construction". At the same time, hundreds more devoted themselves to documenting "spaces of power", following the conceptual lines laid down in Candida Höfer's series of the same name.

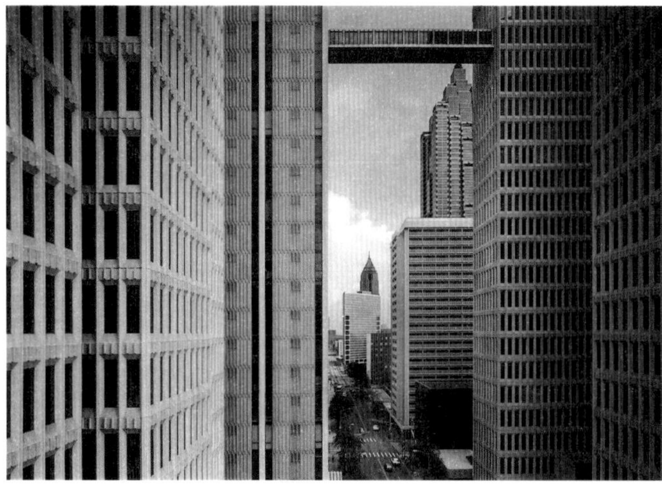

Jordi Bernadó, already at that time deeply engaged with architectural photography, published his first photographic essay in 1993, and his debut featured, precisely, images of the German capital. But he did not ape the rhetoric of Düsseldorf; he made the series in black and white, inspired, among others, by the Italian photographer Gabriele Basilico – greatly admired and influential in Spain – and John Davies, both of whom were already enjoying extraordinary prestige in European photography by then. In their work, both speak quietly of post-industrial cities, of their emptiness and of how we have altered nature. Looking at their photographs, one might say that, in the manner of a Fox Talbot, they let the city represent itself.

So far, so good. Bernadó documented the metamorphosis of Berlin without fuss, using a medium-format camera, in strict black and white, sheltered behind the screen of Renaissance perspective, with the streets empty so that the people would not distract our attention and paying homage, at times, to the panoramic views of the pioneering photographers of the 19th century. But he began to see strange things. A kind of urban entropy that revealed non-rational architectural collisions, temporary faults between adjoining buildings, meaningful voids and melancholic realities emerging from the interstices of the works. And that is where the party walls appeared. The useless face of housing blocks. A construction resource that acts as a separator between different buildings and is not usually present in works on architecture. These are huge empty walls that await, like allegorical cement Penelopes, the arrival of a building that will give meaning to their existence, to their discreet, invisible presence. Sometimes it does arrive but, we might say, it does not live up to what was needed of it. In this regenerated Berlin, the important role played by party walls is by no means anecdotal, as it visibly emphasises an

4 The project was inaugurated at the Palais de Tokyo in Paris, then the headquarters of the French National Centre of Photography, alongside the retrospective exhibition devoted to the Peruvian practitioner Martín Chambi, organised by the photography department of the Fine Art Circle in Madrid.

5 The exhibition *New Topographics: Photographs of a Man-Altered Landscape I*, curated by William Jenkins, from which this movement took its name, was jointly organised by the Center for Creative Photography of Tucson, Arizona, and the George Eastman House International Museum of Photography and Film of Rochester, New York, in 1975. The participants were Robert Adams, Lewis Baltz, Bernd and Hilla Becher, Joe Deal, Frank Gohlke, Nicholas Nixon, John Schott, Stephen Shore and Henry Wessel Jr.

6 Valtorta, Roberta, "Ripartire da zero" en *Tracce. Giampietro Agostini*. Milan: Baldini&Castoldi s.r.l., 1998, p. 7.

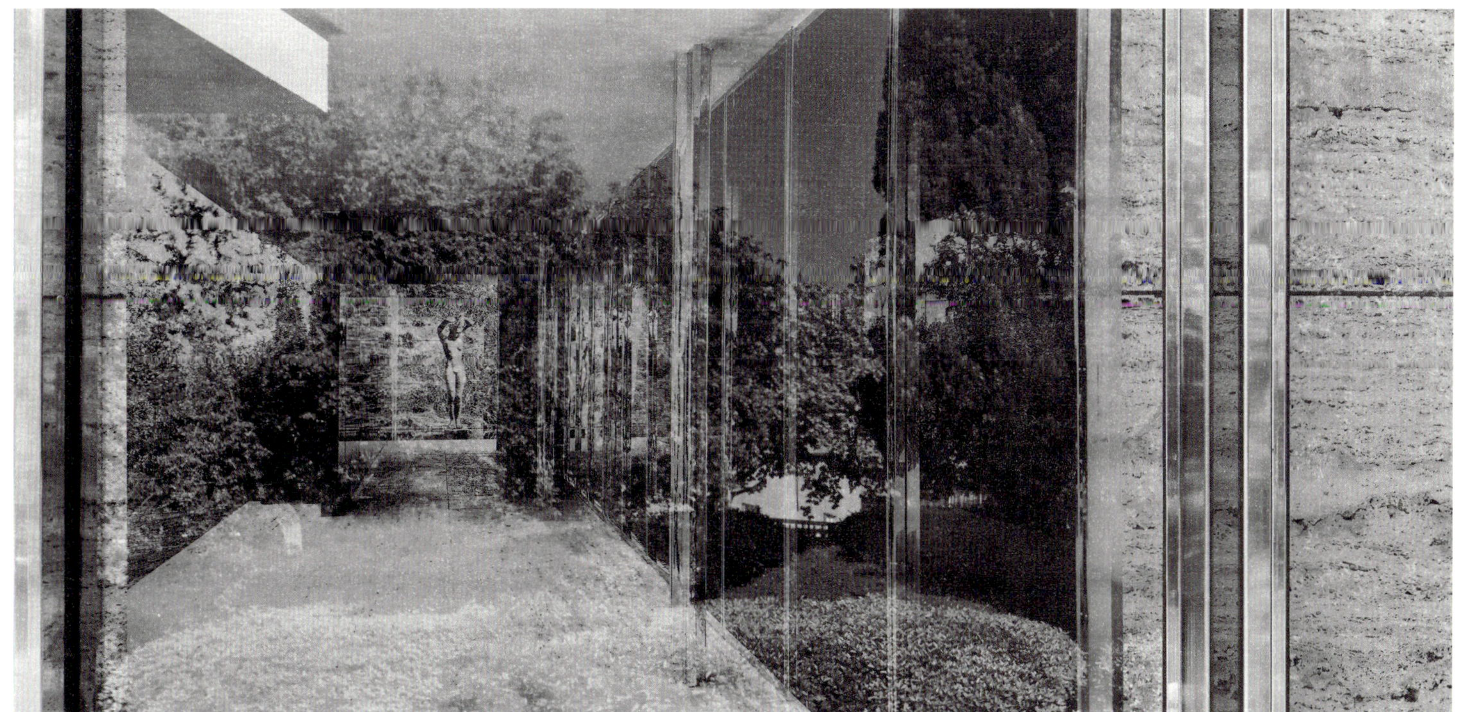

absence: it is a metaphor for the city that was divided for three decades.

Bernadó was not the first to let his gaze fall on party walls, making them the central elements of his images. In the Beirut Photographic Mission, launched in 1991 by the Lebanese writer Dominique Eddé, Robert Frank also includes party walls as yet another sign of the devastation left behind by the war. Besides Frank, Eddé also included works by Josef Koudelka, Raymond Depardon, René Burri and Fouad Elkoury.[4]

But if we look a little further back, the earliest photograph conserved – Nicéphore Niepce's heliograph on zinc – shows two party walls. In one of them there was a dovecote, which makes it not a typical party wall, but for our purposes here it is a wall without entity. A remnant of the building. The truth is that, like many photographs from that early period, the content of shots was practically accidental. What was really important was that the photograph should appear on the paper and not disappear after a few minutes. It was the German Albert Renger-Patzsch (1897-1966), a photographer in the *New Objectivity* movement, who became interested in singular industrial architecture and adjoining working-class neighbourhoods and who is a clear predecessor of Bernd and Hilla Becher. And, of course, the photographers in the now-famous exhibition *New Topographics* [5] also included party walls in their work devoted to the post-industrial landscape of the United States. The exhibition did not make much of an impact when it opened and those taking part never acted as a collective. However, in subsequent years their work set a trend that enjoyed considerable influence. In fact, I believe that Robert Adams and Lewis Baltz, who both contributed to *New Topographics*, have had the most visible effect on Bernadó's work. The bleak aesthetic of their photographs visually illustrated the beginning of the post-industrial era and the emptiness of the surrounding landscape.

This period of the conversion, and in some cases dismantling of the great heavy industries in the West formed part of the thematic repertoire of many artists for two decades. Indeed, the effects of this metamorphosis and its consequences continue to awaken interest even today. To cite Roberta Valtorta,

> "The complex transformation from the industrial to the post-industrial period, with all its strata and all its disharmonies and uncertainties, generated a landscape in which nature is nothing more than a distant, uncared-for background, often barely or not at all visible, something that hardly exists anymore".[6]

Valtorta was a historian of landscape photography who wrote at length about Gabriele Basilico and other members of what were called "photographers of the territory" in Italy, including Luigi Ghirri and Guido Guidi. In the nineteen-seventies, Ghirri was the first to use colour in his work as he examined, through photographic *trompe l'oeil* techniques, the unstable nature of our perception.

Venice (US 340.4)
Berlin (DE 68.4)c
Dallas (US 35.3)c

Flâneur 360. XV Spanish Biennial of Architecture and Urbanism. Mies van der Rohe & Lilly Reich Pavilion, Barcelona

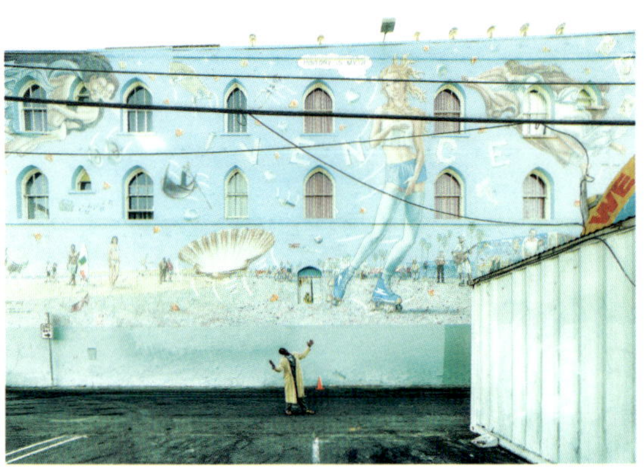

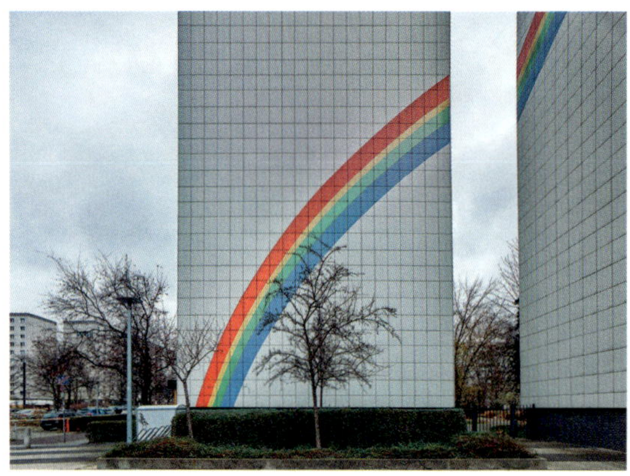

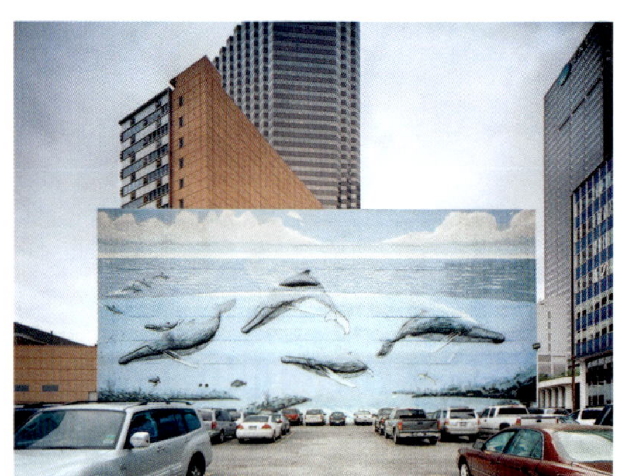

In the 1990s, Jordi Bernadó's work gradually moved away from black and white as the photographer began to embrace the rigorously contemporary sign that is colour. Through colour, the anomalies of natural, urban and peripheral landscapes become an exhaustive present that eschews melancholy. From this perspective, uncontaminated by romanticism, he casts his critical gaze, through twenty-seven countries, on the way in which Europe represents itself. This is a history of arrogance that is exhibited monumentally in palaces and in constant mentions of the canonical beauty of its architecture, which ennobles its religion and its political power, superbly colonial; it is a history that affirms and exalts the superiority of its arts and proudly displays the traces of the great human ideas that have emerged here, from Greece to the present day. The weight of all this is so great that it often causes the foundations that support the idea of Europe to crack. And this is where Bernadó's attentive gaze intervenes. The Nordic ice cracks, the crosses pile up and cease to allude to religion, becoming rather a metaphor for devastating wars. This decontextualisation of the repeated signs of Europe's grandeur creates a halo of irony that borders on the pathetic.

The constant vanishing points suggested by his lens insistently underline the echo of Renaissance perspectives. However, these vanishing points, heading for the horizon, do not announce a destination. In the background, when the parallel lines almost touch, there is nothing. Like a kind of personal grammar, these perspectives are repeated throughout Bernadó's practice. The coexistence of this aesthetic approach, with its distant metaphysical resonances and the overwhelming emptiness of certain scenes, imbues his work with a disturbing atmosphere.

The voice of party walls

Another feature of the landscape that is a key element in Bernadó's work are billboards. Both large and medium-sized

7 See Larry Schaaf, *William Henry Fox Talbot, In Focus*: Photographs from the J. Paul Getty Museum. Los Angeles: Getty Publications, 2002, p. 82. ©2002 J. Paul Getty Trust. To see and enlarge Talbot's photographs, see Schaaf's notes: https://artsandculture.google.com/asset/nelson-s-column-under-construction-in-trafalgar-square-london-william-henry-fox-talbot/0wG3PxyBjertZg

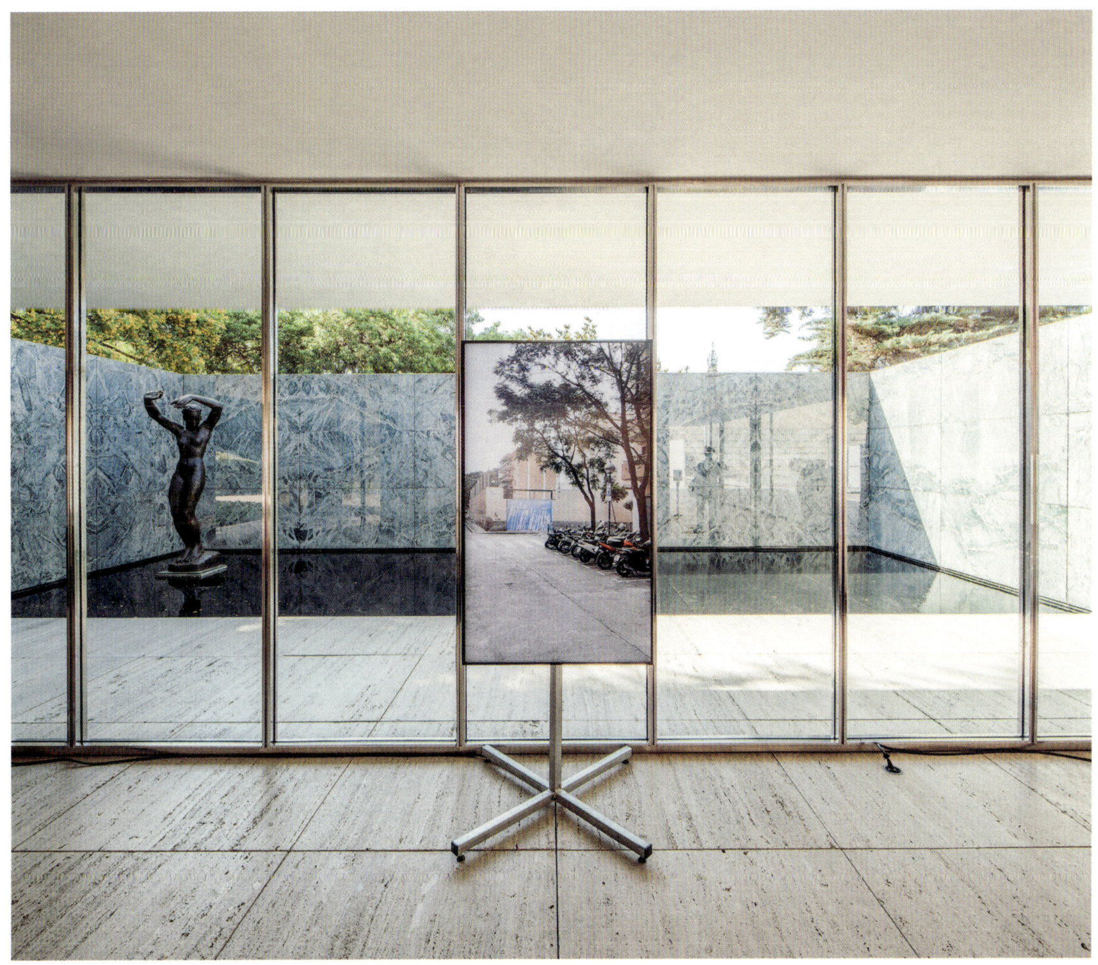

billboards. The semiotics that emerges from them in his photographs informs us of more than the literalness of what their advertising slogans say; their location in the urban environment, in the periphery, on roads and in that amorphous territory we call the rural environment, which is the periphery of itself, suggest a temporal reading of the image. While the morphology of these signs, their typography, the type of image used to illustrate them and, of course, the product that is advertised, portray the type of society that consumes them. This semiotic potential of billboards, added to the contextual information provided by the photograph, forms a kind of symbiotic structure that is enriched by the different signifying strata, generating one or several images within the photographs. Walker Evans was fascinated by this imagery, this set of signs that take on a different character with the passing of time and describe an iconography which contains many elements of identity. Evans was interested in the fronts, the shape of buildings, their party walls, the shop windows of tiny stores covered in signs, photographs and objects. Images within images.

The role of signs as semantic intermediaries is particularly visible in a historical photograph, William Henry Fox Talbot's *Nelson's Column under Construction in Trafalgar Square* (1844). In it, the wooden fencing around the works to install Nelson's Column is covered in placards of all kinds, just like all the fences in the world. Moreover, thanks to the mimetic precision of the photograph it is possible to read what these posters say, including train timetables and advertisements for the Theater Royal Lyceum. Needless to say, of course, there is also the usual warning beside the fence, a sign which reads: "No bills to be posted". Jordi Bernadó would love it, although I'm sure he is already aware of this work. I have heard that someone has even written an essay precisely on what all those placards that appear in the photograph say and mean.[7]

Time and again, photographs demonstrate that they have an extraordinary capacity to expand the meaning of what they show. They operate as short messages, they compress the narrative, but they also have the capacity to expand it in unsuspected ways: they act almost as hyperlinks. Their symbolic potential is capable of endowing an unlikely iconic personality with certain elements that appear in the image. Personally, I am convinced that Le Corbusier designed the distribution of the little windows on one of the Brutalist walls of the Chapel of Notre Dame du

Dubai (UAE 59.1)

Berlin (DE 65.1)

La revista Arquitectura: Cronista de Madrid. Colegio de Arquitectos de Madrid, Madrid

Haut (Ronchamp, France) based on *Madrid, 1933*, the famous photograph by Henri Cartier-Bresson in which a group of children – whom Lartigue would never have portrayed – hover around the photographer on different planes in the image. Serving as the backdrop, and occupying much of the photograph is – you guessed it – a party wall perforated at random by several small windows. This is, then, yet another example of the paradoxes that a photograph can suggest: the intervention of the tenants – illegal, needless to say – to let air into pantries or light into storage rooms, can inspire one of the most famous architects of the century. All this, of course, before the category of "starchitects" was invented.

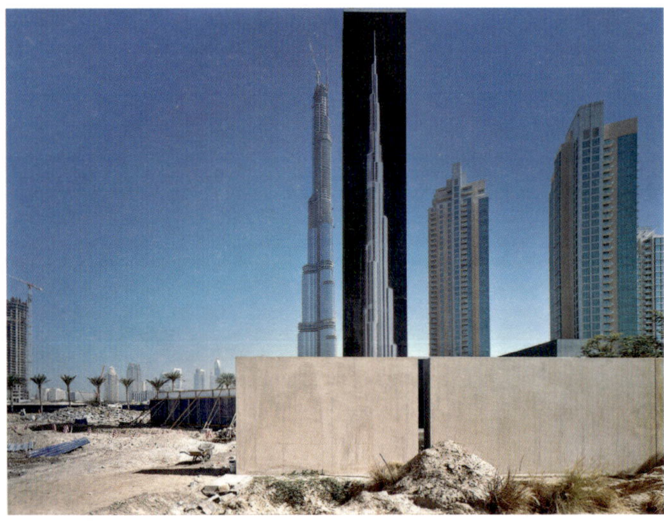

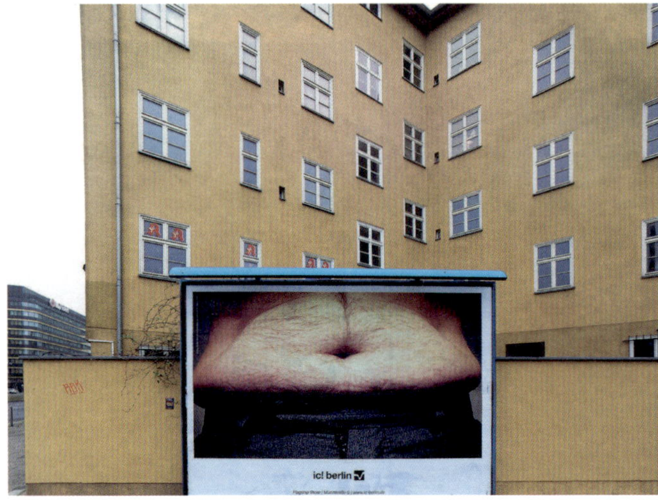

The capital from afar

It may be that Bernadó's gaze is subtly mediated by the fact that he was born in a provincial town, Lleida. So often, those born in smaller towns have to move to the capital, in this case Barcelona, in order to study and grow without limitations. They are aware that, to paraphrase ABBA, the capital always "takes it all". From afar, the appearances of the capital seem to indicate that all is carefully designed, 19th-century elegance, divine revolutions at fashionable discotheques and family mansions on the Empordà coast. But Bernadó knows that, if you get close up, there is another side of the coin where being from the Eixample neighbourhood is not the same as being from Barceloneta, where, until quite recently, when people went to the centre they would say "I'm going to Barcelona". There is always a hidden side to these asynchronies between centres and peripheries, the soul of the people who still survive in certain neighbourhoods always raises its head.

I want to believe that, when he photographs the world outside Barcelona, Jordi Bernadó, as a native of Lleida, knows that there is a parallel reality in the provinces. That he knows that those rooms for holding weddings and communions, drenched in what Juan Carlos Rego calls "decorative promiscuity", where there are gardens that unsuccessfully seek to retain Bofill's postmodern architecture and where the bride and groom are reserved three parking spaces, that these are places that delight the people who go to them with family and friends. If we think about it from a provincial perspective, which is not at all difficult for me as my father was from a village in deepest Guadalajara and I spent all my childhood summers there and know what they said about those of us who came from "the capital", we note that Bernadó's gaze, which we all label as sarcastic at first, is in fact infused with a layer of tenderness. A tenderness that does not prevent him from describing the incongruities, but hints at the understanding of a "local expatriate". And understanding forestalls merciless judgement.

8 Tunbjörk, Lars, *Landet Utom Sig: Bilder från Sverige* (Country Behind Itself: Pictures form Sweden). Stockholm: Journal, 1993.

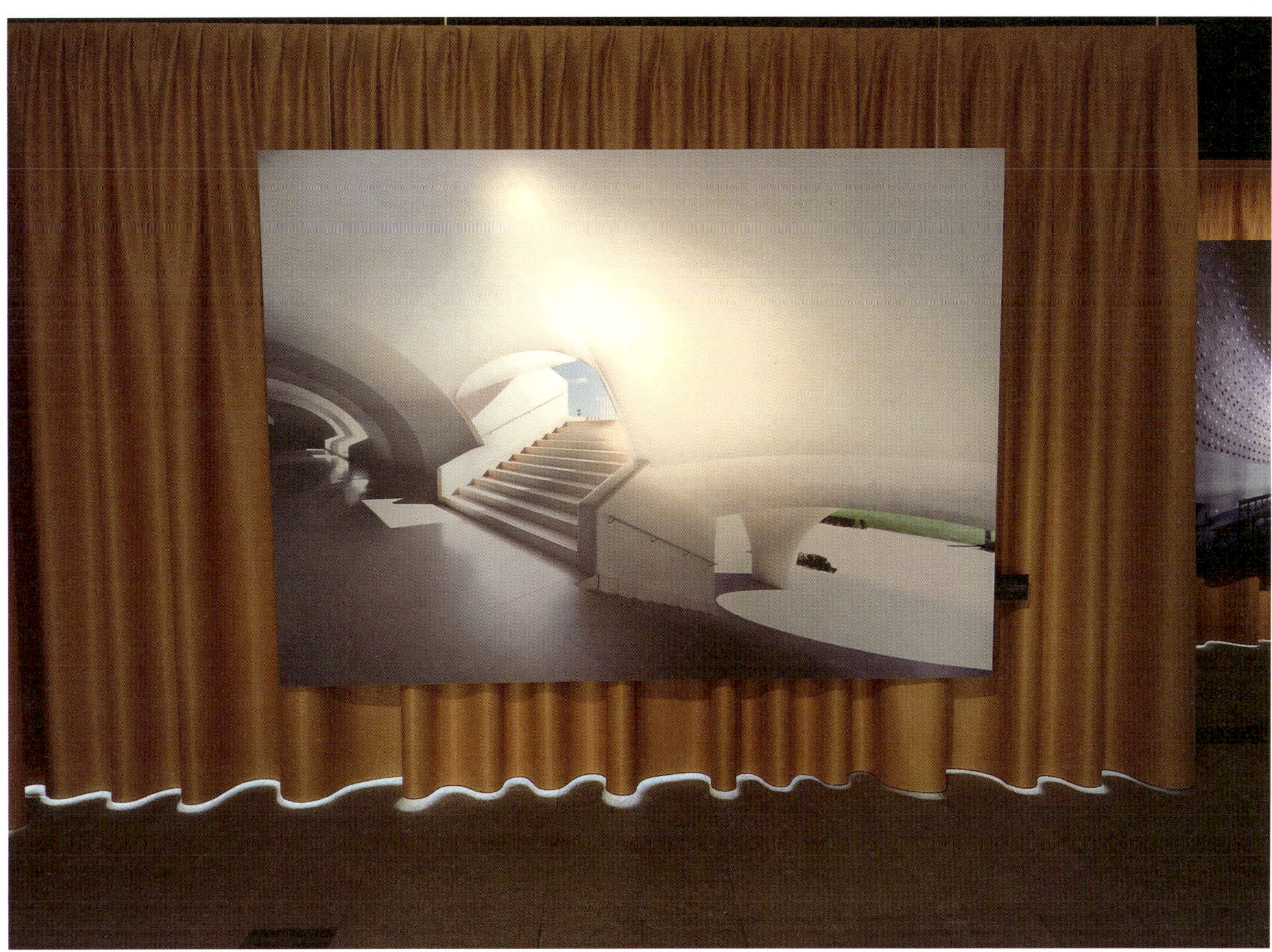

In Spain, the peers of Jordi Bernadó, those with whom he shares a bitter-sweet gaze on the *periphery* of modernity are, among others, Carlos Pérez Siquier, Txema Salvans, Juan de la Cruz Mejías and Ricardo Cases. Each has his own poetics. Without going into the different chronology of their work, they all opened the door to a critical, ironic and affectionate reflection on the Spanish middle classes, a gaze that is continued today by dozens of photographers all over the country. What distinguishes Bernadó and his peers is their sense of humour. As could not be otherwise in this globalised world, practitioners from different countries have also created their own critical social chronicles. Martin Parr is such, and he was also one of the first to introduce colour and fill-in flash to superimpose a hyper-real layer over his reportage photography. The essay that made his name, and earned him the eternal hatred of certain ideologically engaged colleagues, was published in his debut book – *The Last Resort* (1986) – and featured photographs taken in New Brighton, UK. Parr said at the time that, unlike the expeditionary photographers of the illustrated magazines of the mid-century who went to unknown countries, he went down to the corner shop to take pictures. Then he realised that the corner shops are more or less the same in all countries and devoted himself to capturing the attitudes and appearances of society all over the world. And he continues to do so with a very English irony that he also applies to himself without hesitation.

Lars Tunbjörk, an outstanding Swedish photographer, much less known than his work deserves, might well be considered a member of this group of street anthropologists. His book, *Landet Utom Sig: Bilder från Sverige*[8] (1993), on consumer society in Sweden in the early 1990s, superbly illustrates the materialist decadence of a seemingly enviable country. Tunbjörk examines the signs that characterise a deeply puritanical society, its appearances: gardens tended to the point of obsession; artificial lawns; spotless homes and cafés; a whole display of order and restraint even at leisure sites – except, of course, when alcohol takes over.

All these street anthropologists take as their own Robert Frank's axiom that meaningful photography is photography that can represent a reality based on scenes where nothing

Aguilas (BS 421.4)

Suite Iberia. Ciudadela, Pamplona

Linea de la Concepción (WE 466.2)

Cuarte de Huerva (BS 365.3)

Barcelona (BCN 4.1)c

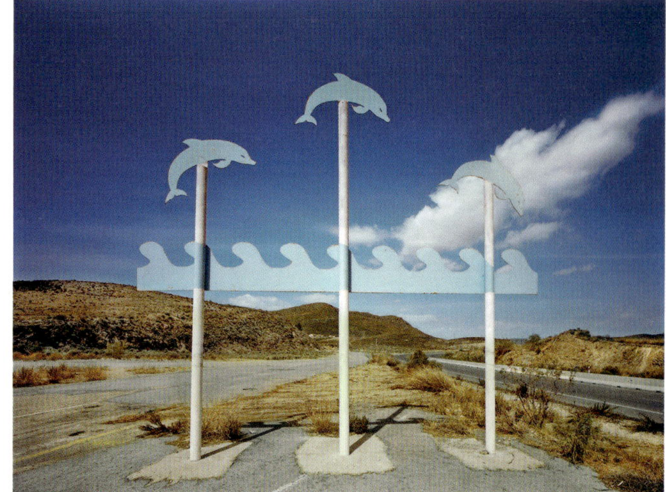

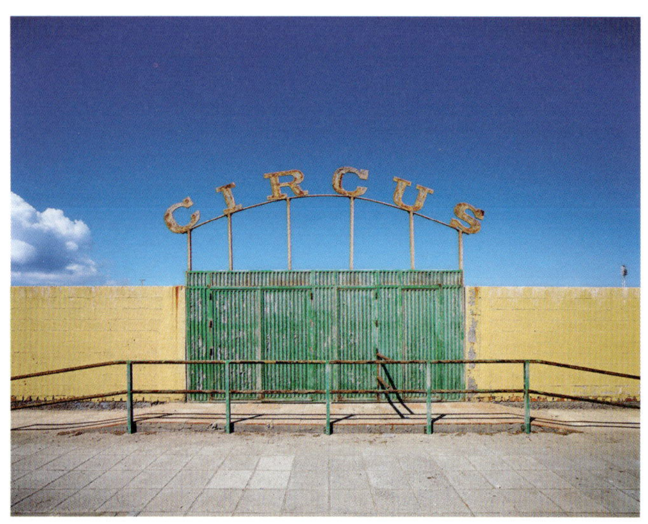

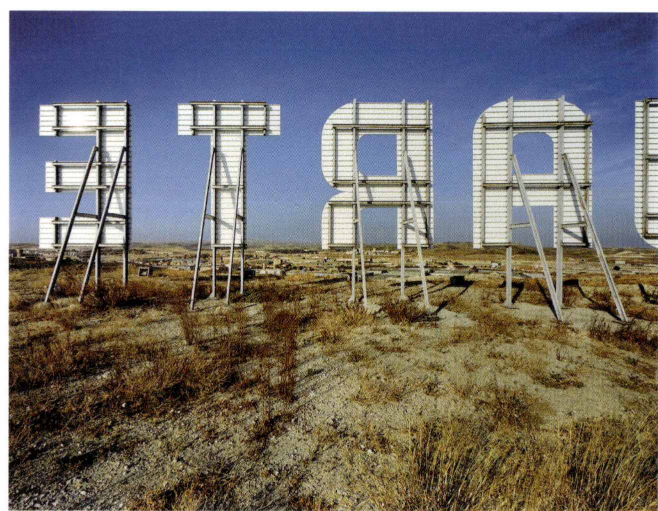

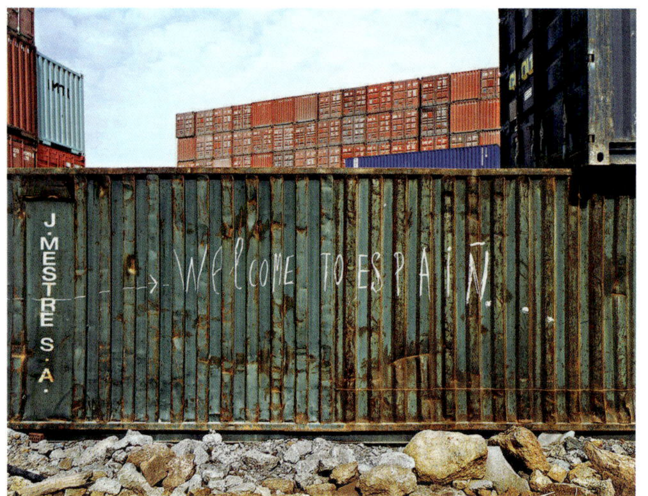

seems to be happening. What Frank called "in between" shots, those that happen before or after the event. All these practitioners acts as storytellers, though with nuances. None lose any sleep discussing the artistic status of photography. They think, like Plato, that more than arts there are ways of doing. Plato always turns up when photography is discussed, particularly his cave, which has more "visitors" than the Drach caves in Majorca. A stereotype. And they all love stereotypes because stereotypes are the epitome of this global society.

Welcome to Espaiñ

Bernadó's first action with regard to this series is to induce us, without asking us directly, to pronounce the title. So we will hear ourselves phonetising a way of speaking that later, halfway through the book, we will find written on a container. This form of pronunciation is used by people who, although we cannot see them, are in the photographs. Invisible people on to whom, as a result of inertia, we project a kind

9 Rancière, Jacques, *El reparto de lo sensible. Estética y política*. Santiago: LOM Ediciones, 2009, p. 10.

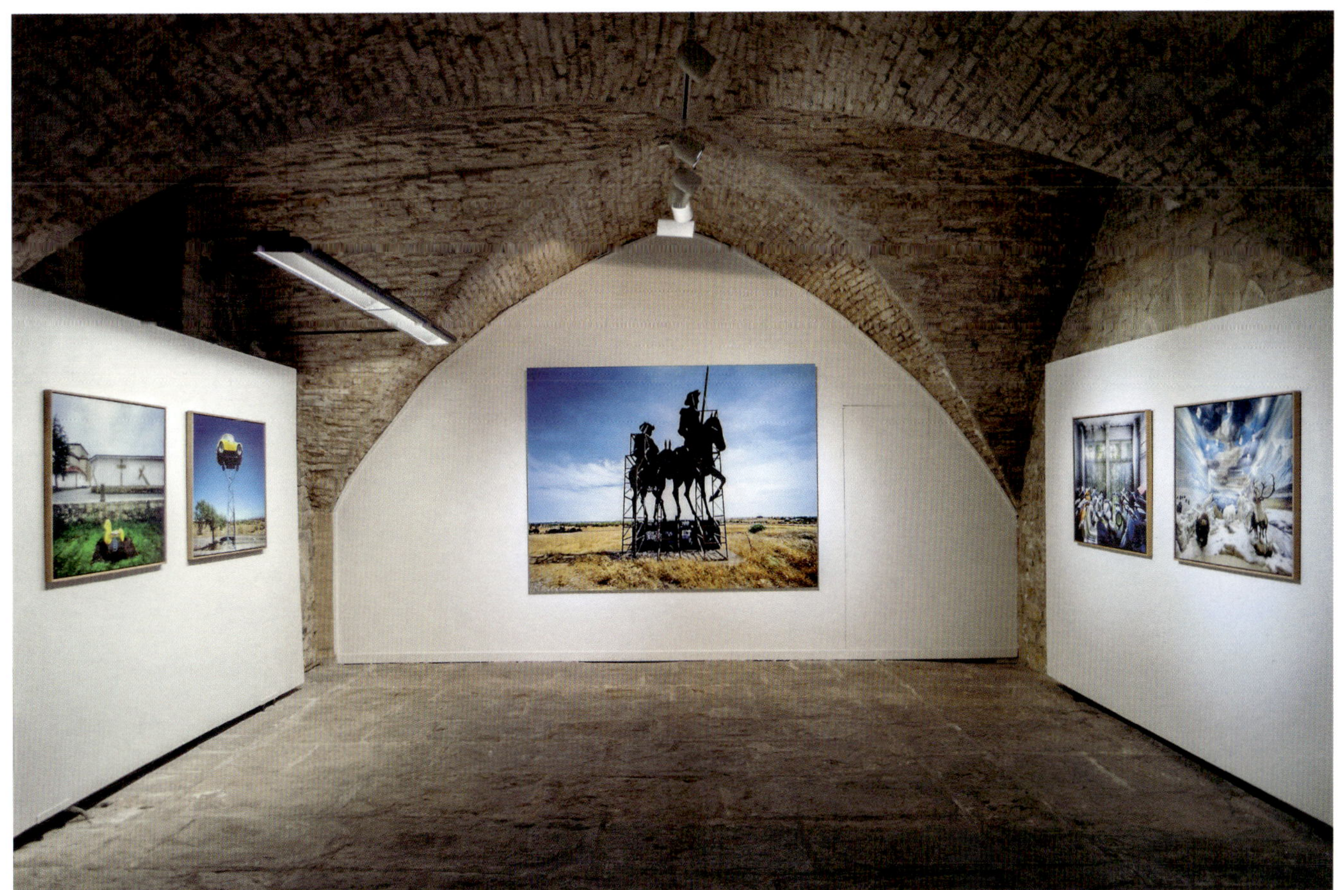

of covert classism that is awoken by the vulgar. A cultural classism. But also a lapse of our "rural unconscious". Bernadó could have taken *La España paleta* ("Bumpkin Spain") as his title. This would have been much more descriptive, but it is undoubtedly also much more derogatory: "Used to refer to people from villages and rural areas, corresponding to a stereotype of simplicity and lack of sophistication, with their own slang and customs", but even this definition from the RAE dictionary lends no dignity to the adjective. Moreover, in Catalonia, the term "paleta" refers to a bricklayer and we are not talking here about trades.

When the aspirational nature assumed to inhabit these communities on the periphery of urban modernity raises its head, it inevitably awakens the ruthless sarcasm of urbanites. Perhaps because we continue to be an aspirational society in certain respects. After all, what the Spain that emerged during the transition wanted was not to *be* but to *appear*: to appear like Europeans, for example. Perhaps we need to see this innocent surrealism in order to support our status of modernity, only gained recently. Just as we travel to undeveloped countries to confirm on our return that we live in the best of all worlds.

One might think that, due to proximity, to logistics, this series of photographs should have been his first book, but this is not the case. Bernadó had already produced works devoted to Berlin, Atlanta or Detroit, applying a similar visual rhetoric to both, like all the photographs he has taken in black and white. However, *Welcome* is photographed in colour throughout, and gives the impression that Bernadó waited before turning it into a book – and, of course, an exhibition – until his poetics had attained a more recognisable character, until it was more defined and refined. Perhaps he waited with the aim of honing the political qualities of the series, for "politics is about what we see and what we can say, about who has the competence to see and the quality to say".[9]

It is therefore pertinent to analyse first of all how he constructs his images. This is something which, surprisingly, had already been defined in his first colour series on the various cities around the world that Bernadó has made. His thematic repertoire has only been complemented by the addition of locations, idiomatic versions of his landscapes with and without figures, so to speak, of his scrutiny of the signs of contemporary society through the great cities and the great peripheries. One might say that curiosity has driven him to

Detroit (US 129.1) Detroit (US 197.1)

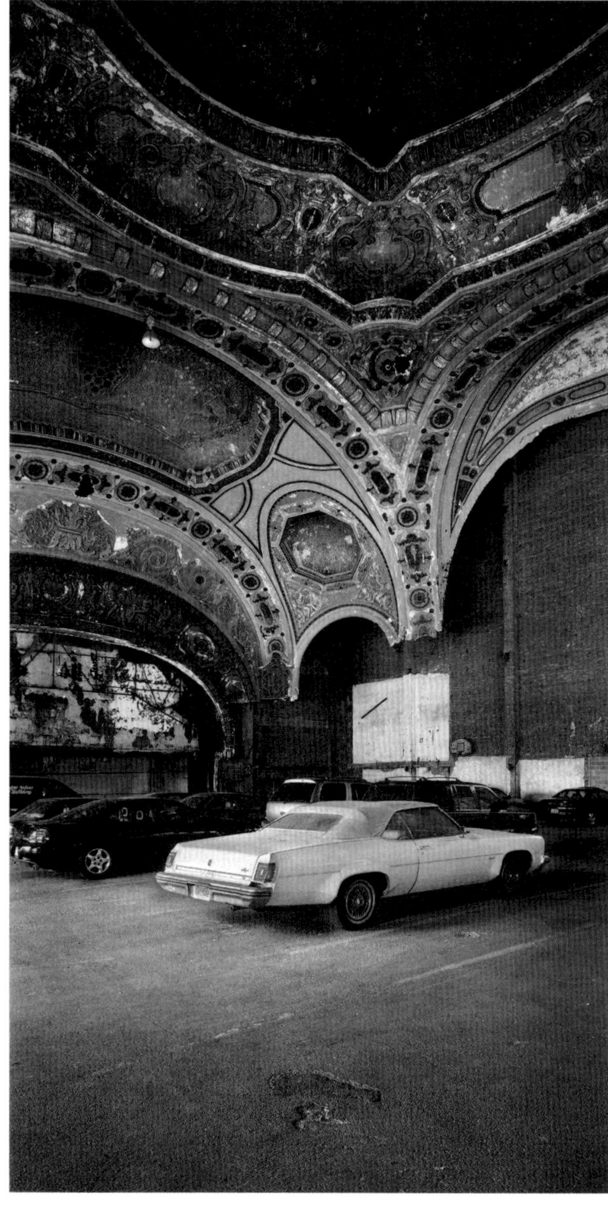

verify how societies represent themselves through their architecture, their advertising, their leisure spaces, their infrastructure. By imitating each other or attempting to acquire a unique personality. But there is no explicit wish to categorise societies. Bernadó suggests images to allow us to express our opinion about them. Of course, these are not "innocent" photographs. Bernadó knows what he is looking at, but it is another matter for him to tell us what he thinks of what he sees.

Quite another matter is his representation of original nature, if it is still possible to recognise it as such, and his contemporary views of the cities in their peculiar splendour. Here, Bernadó reduces the presence of discordant signs to the minimum. We find this austerity in most of the photographs in his book *Lucky Looks*, featuring shots from all over Spain, commissioned by Banc Sabadell. Here again, we see vanishing points going off towards infinity like those in his collection *Europa*, in this case evoking a different semantic stratum: the secular domestication of the landscape. It is true that *Lucky Looks* was a commission in which the sincere exaltation of beauty was the main concern, but even here Bernadó cannot resist slipping in a few photographs which suggest that the surreal landscape is just a stone's throw away from that part of the Spanish landscape which borders on the city.

Bernadó's travels

Nearly all the photographs in two of his books, *Good News* and *Very Very Bad News*, take the form of the landscape-without-subject, a visual metaphor for the contemporary city. Making people – who are always the object of our curiosity and who distract our attention – disappear focuses our attention on the backdrop and maintains the metonymic tone of the representation. Bernadó uses the panoramic format to represent grandeur, luxury in absurd proportions and stunning architecture because the spectacular nature of the scenes requires a similarly spectacular format. To Jordi Bernadó, who belongs to the generation who saw with their own eyes how cinema screens were widened by Cinemascope, panoramic colour photographs are synonymous with the visual spectacle. In my opinion, all this illustrates how episodes that have left their mark on our memory always turn up again in the most unlikely spaces.

Bernadó's operational resource is Renaissance perspective, which revives Aristotelian mimesis in art, the capacity to give life to the flat surface of images.[10] It maintains intact the potential to be credible and comprehensible to the human eye. In order to resolve reasonably the incongruity of what is in front of him, he uses right-angles, which, according to Euclidean geometry, are congruent, as well as the context provided by the landscape as an inhabited, altered setting. We should not forget that, from its beginnings, photography

10 "In the Renaissance, the reproduction of three-dimensional space was involved in the valorization of painting and the assertion of its ability to capture an act of living speech, the decisive moment of action and meaning... Classical poetics established a relationship of correspondence at a distance between speech and painting... which gave 'imitation' its own specific space". Rancière, *op. cit.*, p. 15.

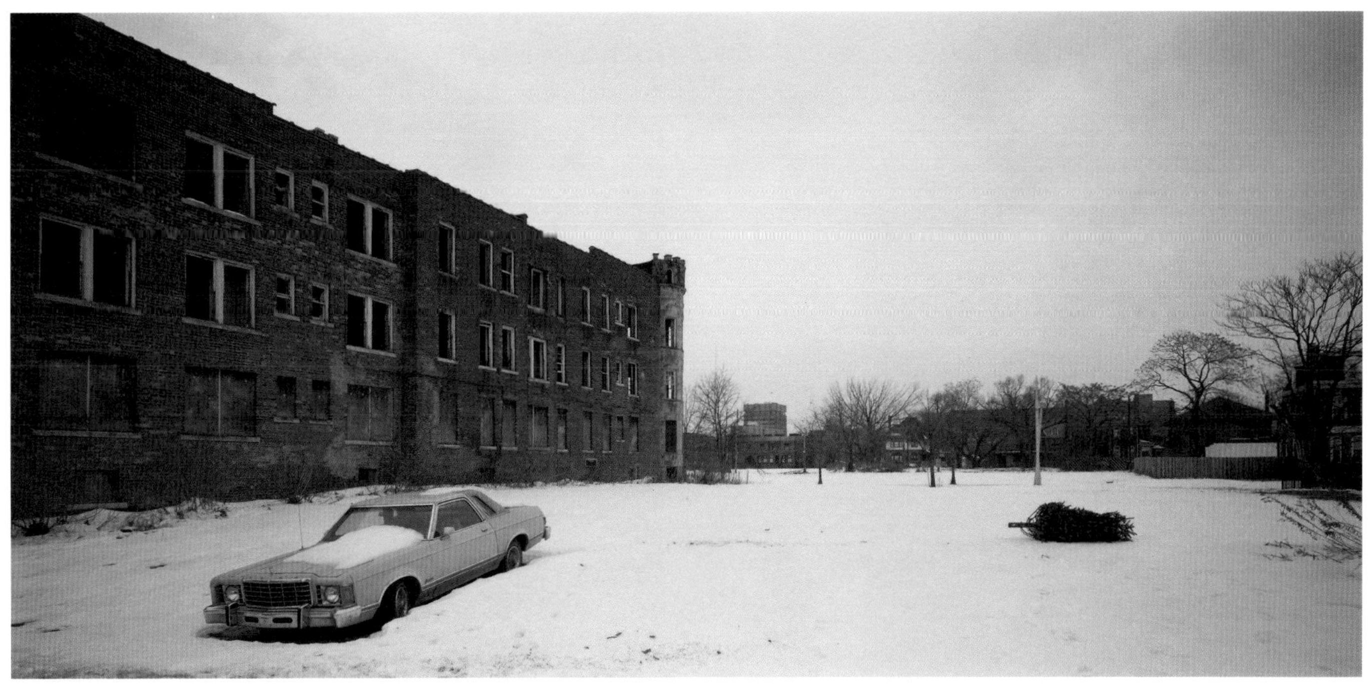

was exalted as ideal device for achieving perfect mimesis, and this bestows an essential advantage on the medium: Western civilisation as a whole has adopted this representation as the closest to reality. And, as the Eurocentrics that we are, we tend to extend what is true for us to the whole world. However, representations in classical Chinese painting, for example, are not based on conical perspective. Mimesis, as regards scale and accuracy, is not a priority for the Chinese, nor do they attach the same importance to it as we do. Rather, they internalise the symbolic properties of images and, indeed, the characters of Chinese writing evolved from images. This is why traditional Chinese painting often features calligraphic poems. In it, two types of images exist side-by-side, combining to enrich the polysemy of the painting.

The world, seen from afar

We should note from the first that that the presence of Latin American and African countries in these books is minimal. This, even though the material he uses in his work is found in abundance in those parts of the world, where reality becoming carnivalesque is a quotidian phenomenon. In *Very Very Bad News* there are four photographs of Belo Horizonte, Brazil and eleven of Cape Town, South Africa, which is not exactly a third-world city. This absence underlines the intention behind nearly all Bernadó's work: to hold up a mirror to us so that we see the hidden face of development and consumerism in the developed countries or, to put it without euphemisms, the richest countries on the planet.

Nonetheless, besides Mexico, Andean Argentina, Beirut, India and Azerbaijan, Jordi Bernadó has photographed the Danakil Desert in the Horn of Africa, and the most isolated lake in the world, near the Congo River. Moreover, with the writer Laura Ferrero, he embarked on a project – *Happiness: Ways of Living* – which is rather an investigation, a meditation, on that Aristotelian entelechy that we know as happiness and which, by inertia, we associate with a safe and comfortable environment. They visited places where happiness seems an unlikely feeling: Garbage City and the City of the Dead in Cairo; Makoko, a slum of stilt houses and precarious wooden constructions in Lagos, Nigeria; the Avenue of the Baobabs in Morondava, the epicentre of tourism in Madagascar; and the banks of the Buriganga River in Dhaka, Bangladesh, where workers dismantle large ships in extremely hazardous conditions. In all these countries, Bernadó's gaze eschews irony to focus on themes more closely linked to people's relationship with their environment and, by extension, nature.

In Tanzania recently, moreover, Bernadó completed a project that occurred to him almost by chance: he joined a safari in the Serengeti as just another tourist, taking photographs and noting the number of animals – including humans – that appeared in each scene. In the resulting series, what could be merely a replica of the photographic safaris that tourists go on in their four-wheel drives, armed with powerful telephoto lenses, becomes a paradox. Bernadó, the professional photographer, used his medium format camera (the one he always has with him, the only one he possesses), equipped

Lagos (NIG 10.1)

Singapur (SNG 15.4)

Hargeisa (SOM 19.3)

Welcome Utopia. Filter space, Hamburg

with a semi-angular lens. Through this lens, all the subjects in his scenes – lions, elephants, hippopotamuses, ladies and gentlemen of a certain age, Maasai people, guides, drivers and so on – become tiny, barely recognisable figures, while the scene itself acquires unsuspected importance. One of these photographs, showing the distant figure of an elephant silhouetted against the horizon, anticipates the type of framing that Bernadó later used in the *IDproject* series. In this shot, as we will understand later, the elephant seems to have chosen *its place in the world*.

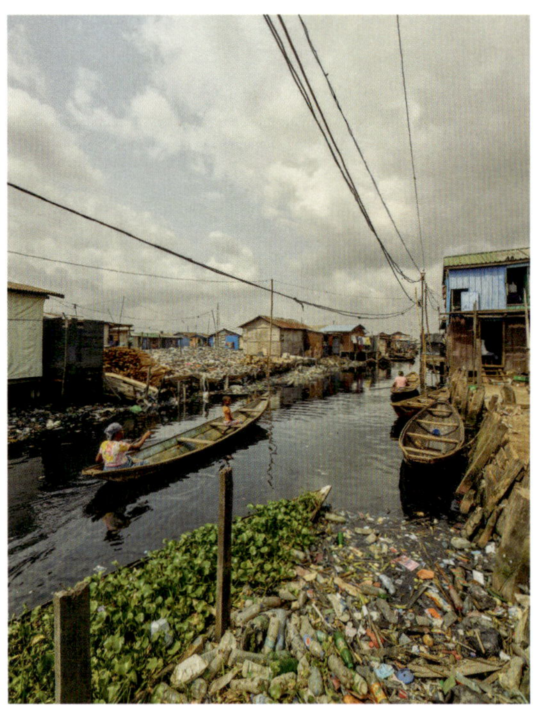

Time bombs

Photography always has been and continues to be a time bomb, and a cluster bomb at that, for it permeates countless categories of thought and science, of individual and tribal identity. For instance, when we close Jordi Bernadó's book *Welcome to Espaiñ*, we are likely to do so with the kind of dramatic, sonorous determination that only hardcover books permit. A kind of full stop. From that moment on, the photographs lose their individual importance, we stop smiling at their magnificent anecdotes, and what gains weight is the sediment left by the whole. That is how the time bomb goes off. We might say that these photographs of our country show, or obscenely exhibit, a kind of "remainder", as Schelling and

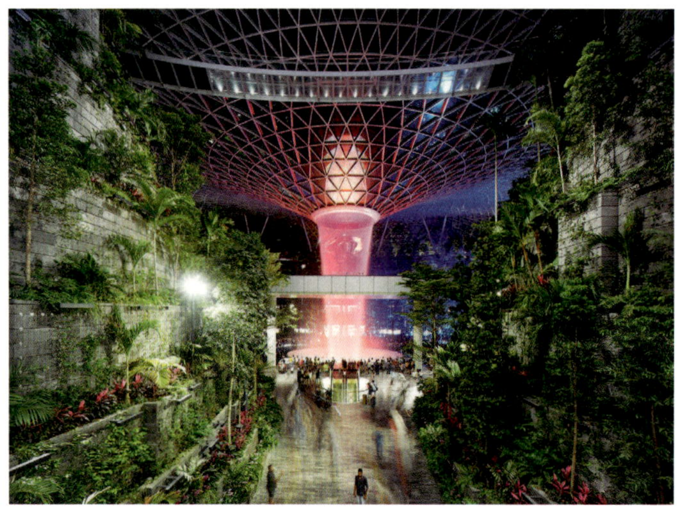

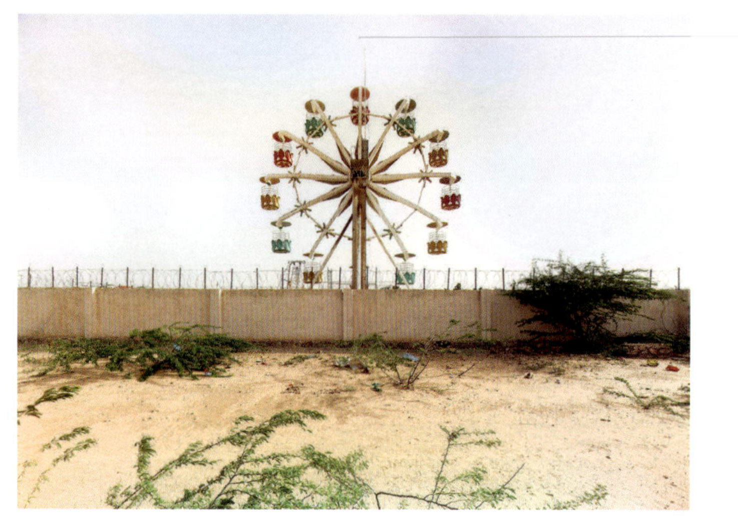

11 See my essay "España: fragmentos propios y ajenos de nuestro imaginario visual" in *España a través de la fotografía 1839-2010*. Madrid: Taurus, Fundación Mapfre, 2013, pp. 78-79.

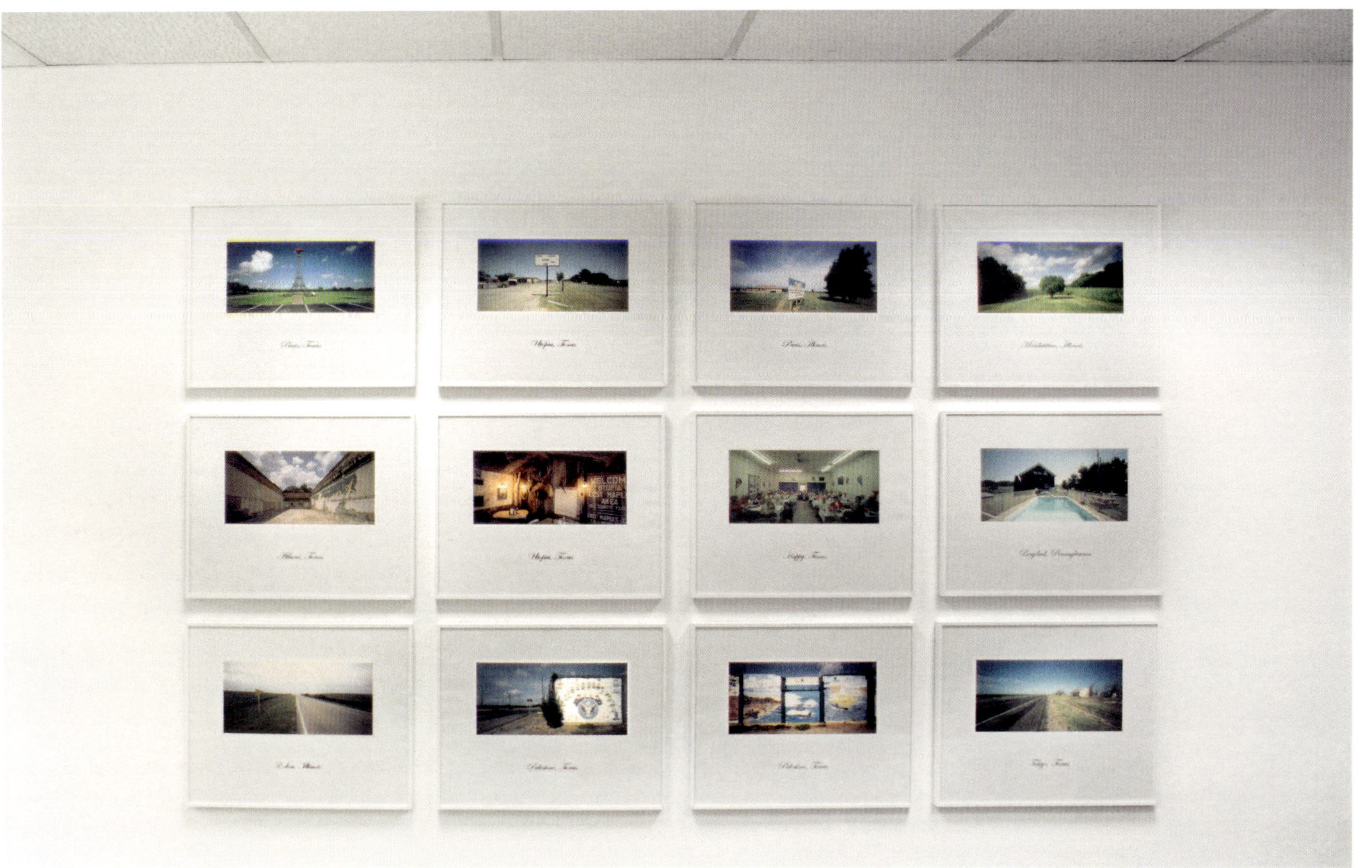

later Lacan would put it, something we do not want to name and which we find difficult to assimilate, but which we know exists. We know because those *others*, metonymically represented in Bernadó's photographs, are us, or, if it makes them feel easier, our brothers and sisters in law, which in this case is the same thing: they are part of the family. In metonymies there is always a relationship of contiguity, of proximity, of belonging to the same group, the same species. That is why this kind of visual *trompe l'oeil* causes uneasiness, because we recognise the signs and their temporality. We know that they do not belong to the last century, to the recent history of the transition; they were made in this century. They have passed through that historical moment in the early-90s when we were immersed in a collective fiction that presented us as belonging to the community of *countries that have always been rich*, advancing at top speed towards modernity and detaching ourselves, at last, from our ancestral backwardness with regard to Europe. A good metaphor for this anachronism are the dry farming lands converted into golf courses.[11] By the time the crises woke us up, the dinosaur of that antiquated, at times arrogant and often illiterate past was still there. It seems that this "remainder" is what we lack to mature as a society.

The individual memory needs to forget, it needs to make room for new things, to process them and be ready so that they can emerge in our minds in the form of an image when we conjure them up. However, I would not dare say the same about the collective oblivion of historical memory, but fear not, you are not condemned to have the famous phrase repeated to you. This necessary partial erasure of memories, this oblivion that always dogs the memory, does not take place thanks to the distance that we place between ourselves and something, or someone. In fact, some traces of memory are not even indelibly erased – even if we take a hammer to our hard drive – and in such cases a dormant trace remains, hibernating in a corner of the mind, ready to be activated unexpectedly by photographs: in family albums, in newspapers, postcards, iconic photographs of a historical moment, etc. These photographs very often act as switches that can summon, find and retrieve a memory.

The aim of these documents by Jordi Bernadó is to "memorise" the recent past, a past so recent that it is often still present. They seek to make those traces that at times are not verbal in themselves, speak. Even those that are based on texts – on the wall, on posters of all kinds – to make them say something other than what they say. To put it in semiotics: so that, as well

Conil de la Frontera (BS 384.2)
Madrid (WE 117.2)

Paris (FR 347.2)c

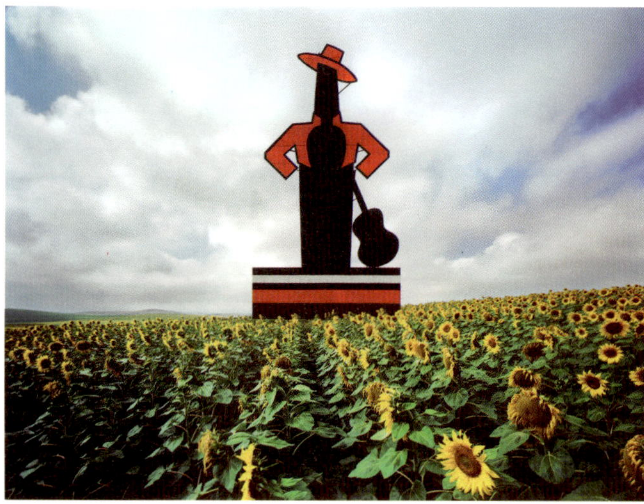

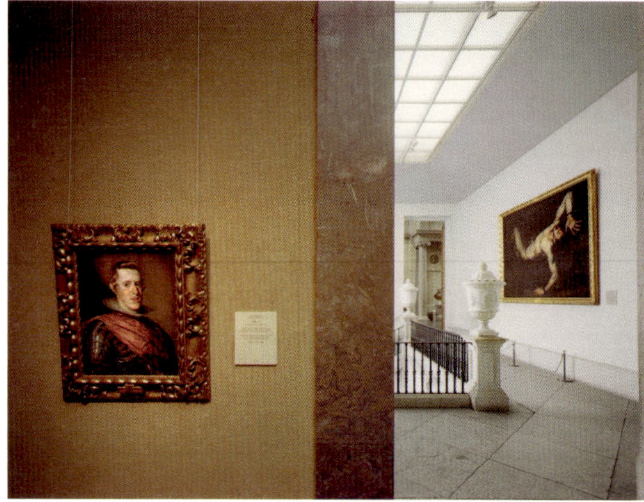

as denoting, they also connote. Bernadó is careful to reveal the place where they are taken. A place that also silently says something other than what the salient elements in the photograph actually say. This is a way, Bernadó's way of making history, of enabling us to decipher the traces left by men. A way of transforming these documents into *monuments*, even if they are the kind that are installed on roundabouts in the outskirts of cities and towns.[12]

It is true that in many of his series the veracity of the photographs, their proximity to the simulacrum, is called into question. An example: the photographer Ángel Marcos installed one of those neon signs used to advertise roadside brothels in the middle of a pine forest in Valladolid (the piece is number 25 in his series *Rastros* [Traces]). By decontextualising the neon sign that announces the premises, known as Olimpo, from its original site, Marcos can place it in the territory of the surreal. The same sensation of a simulacrum, of reality usurped, can be felt with regard to the similar neon signs that appear in Bernadó's photographs or, even more, the billboard for Tío Pepe sherry in the middle of a field of sunflowers in Conil de la Frontera and one of the Osborne brandy bulls, now saved from demolition, on top of a rocky peak. As Juan Antonio Molina says regarding the writing of history through photographs:

> "If we are going to accept the protagonism of the image in the constitution of the historical narrative, we must also accept the relativity of the historical narrative. And we must accept that there is a dialectical relationship between the need to believe in the image and the lack of credibility of the image."[13]

Wax museums were precursors in their presentation of undisguised simulacra, of the representation of key historical figures that now monopolise images. Their contemporary equivalents are the evolution of vintage dioramas of wild animals in natural science museums, whose settings have now been altered using sophisticated lighting techniques and digital animation. Wax museums refused to jump on the bandwagon of technological modernity and have long since become anachronistic, a sort of visual pleonasm, redundant as they are, of anachronism. That is why Bernadó uses them to underline how they persist in their innocent copying of reality and how their rooms are transformed into the cabinets of a made collector.

Let us take by way of example the photograph of a room full of world leaders in Barcelona Wax Museum. The photograph is a mere description, free from all histrionic distortion, except for the use of a wide-angle lens in order to include as many figures as possible. It is hard to even look at them without being waylaid by the perverse pairings that are randomly presented before our eyes: Goebbels, Churchill, Hitler, Arafat,

12 I feel that Jordi Bernadó's sardonic attitude to life permits me to adapt an extraordinary paragraph from Michel Foucault's essay *The Archaeology of Knowledge* to my own purposes. The original reads as follows: "To be brief, then, let us say that history, in its traditional form, undertook to 'memorize' the monuments of the past, transform them into documents, and lend speech to those traces which, in themselves, are often not verbal, or which say in silence something other than what they actually say; in our time, history is that which transforms documents into monuments. In that area where, in the past, history deciphered the traces left by men, it now deploys a mass of elements that have to be grouped, made relevant, placed in relation to one another to form totalities."

13 Molina, Juan Antonio, *Saltar al Vacío. La Fotografía en la era del deleite distraído.* México: zonezero.com

14 Gustaffson, Jan, "1.11 El cronotopo cultural, el estereotipo y la frontera" in *Cultura, lenguaje y representación*, no. 1, pp. 137-147. Retrieved from https://www.e-revistes.uji.es/index.php/clr/article/view/1269

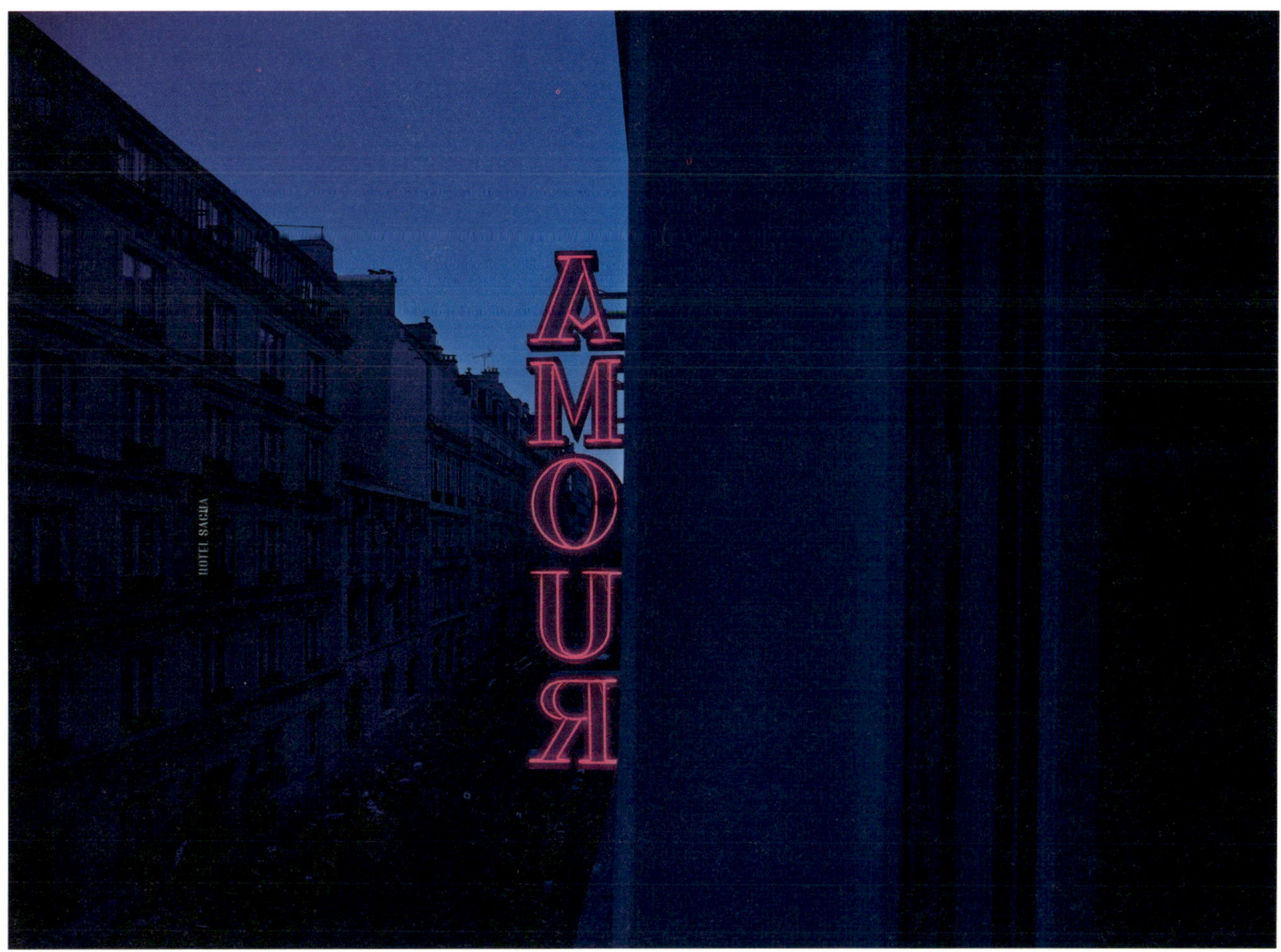

Tito, Jordi Pujol, King Juan Carlos and Queen Sofía, Franco, Francesc Macià, Tarradellas, Lluís Companys, Fidel Castro, De Gaulle, Mao... all crowned by a false fresco by the painter Ricardo Balaca (1844-1880) depicting the Catholic Monarchs receiving Christopher Columbus on his return from the New World in April 1493. The painting shows two Indians, a man and a woman, kneeling, conveniently half-naked – more her than him, of course – in contrast to the rich attire of the conqueror, the king and queen and the members of the court. One might say that this photograph is absolutely transparent, in terms of decoding meaning: what you see is what you get. And that is, basically, Bernadó's purpose: he opens the doors of the photograph so that we can move inside it and give our opinion freely. But we can ask ourselves a question and apply it to image and many of those included in the series: what kind of information would a retired tourist born, for example, in a small village in the interior of China, obtain from this?

This premise enables us to realise just how much attention we pay to codes inserted into appearances, to territorial, cultural and even temporal connotations. This makes it easier to guess the answer to our question: that the accumulation of local data will leave practically no transparent information for our pensioner. It all depends on other questions that enable us to analyse where photographs are generated and how we receive them: where we are looking from, where we are looking at and how we represent it.

Local people always have a kind of privileged access to the interpretation of images that navigate between commonplaces and stereotypes.

> "The stereotype does not permit – or is very reluctant to permit – alternative readings to those established, even if the general perception or experience does not agree with it. For this reason, instead of privileging a denotative reading, the stereotype relies heavily on a connotative reading, as Barthes showed in his analysis of myths and mythologies, phenomena that bear a strong resemblance to the stereotype."[14]

In his introduction to the series *Welcome to Espaiñ*, included on Bernadó's website, we can read:

> "The point is not to glorify Spain nor to decry it, but to unmask what we could call the secret life of clichés. That is, the way in which knowledge sediments to form

Boñar (WE 148.2)
Mexico (MX 119.2)

Dubai (UAE 1.1)

preconceived standards of beauty, of social status, of propriety, of tradition. All of these concepts are thrown into question through the artist's gaze."

Bernadó revives a way the Spanish have of laughing at themselves that Luis Carandell encouraged to a certain extent in his book *Celtiberia Show*. The book contains a compilation of marketing advertisements, notices, posters, notes and miscellaneous written material created to communicate something,

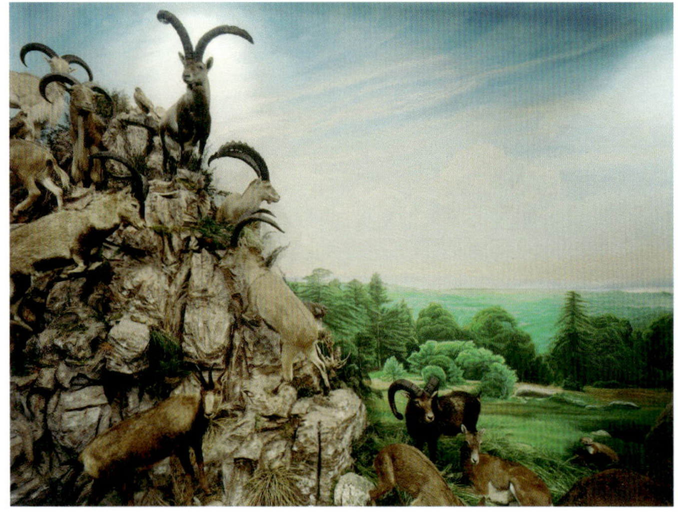

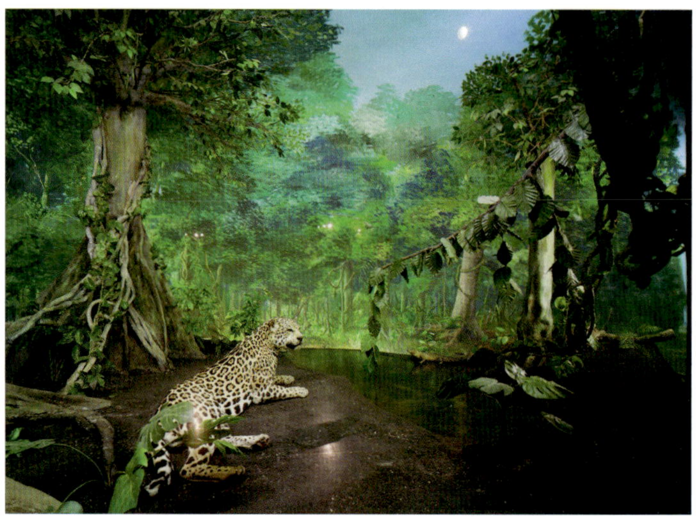

taken from the section Carandell had published weekly in the magazine *Triunfo* since 1968 and which portrayed, "without bad intentions, but not with good ones either", a part of the population of the time that he himself considered was becoming extinct, given the "march of time".

There can be no doubt that Pedro Almodóvar was the first to normalise that "paleta", or bumpkin, Spain re-semanticising it through pop and making it easier to assimilate. A kind of catharsis that was not very Aristotelian but was rather effective. But Almodóvar is not the only one to have put this gallery of contemporary characters like those from the films of Berlanga on the silver screen. A few years ago, Pablo Berger wanted to make a film featuring "a Madrid of exacerbated hyperrealism as a backdrop". While preparing to shoot *Abracadabra* (2017) he informed himself by viewing photo clippings, films... and reading photography books. Berger says that the resulting film is influenced by Juan de la Cruz Megías' book *Vivan los novios*; by Jordi Bernadó and his book *Welcome to Espaiñ*; by Ricardo Cases and his *Belleza de barrio*; and by the work of Martin Parr and Carlos Pérez Siquier[15] (probably the colour series *La playa* and the book *Trampas para incautos*, although much of Siquier's work takes very much this same direction).

Despite all this, in working-class neighbourhoods, in townships absorbed by conurbations, in provincial towns, there

15 Interview with Pablo Berger https://elpais.com/cultura/2017/07/31/actualidad/1501491333_523292.html

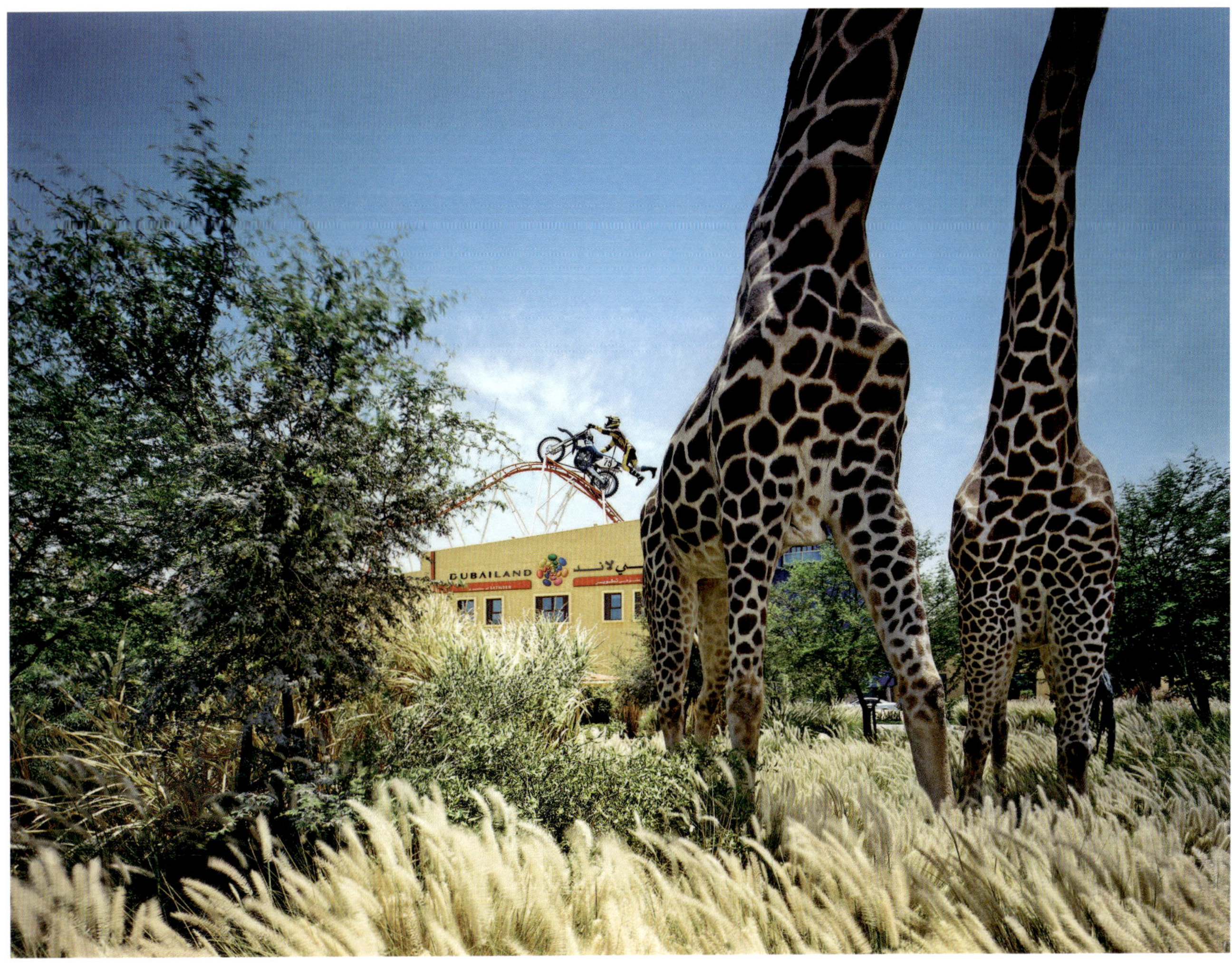

remain spaces where we can still read the identity of those who occupy it, the relationships they forge and the history they share. According to Marc Augé, locations are "a strongly symbolised space... a universe of recognition, where everyone knows their place and that of others, a set of spatial and social points of reference: all those who recognise themselves in them have something in common, they share something". Quite another matter, if Augé will allow, is how they are decorated, how they are signposted or urbanised. As Bernadó's gaze alights on tourist sites, the staging becomes more universal, more interchangeable with leisure spaces in other countries. Mass tourism, as I have said time and again, has blurred spatial, social and historical references and has disrupted space-time coordinates. This is probably most readily-seen on beaches and at large theme parks. In such spaces it would be easier for the ethnologist Lévi-Strauss to pursue his quest of "studying humans as if they were ants", questioning the hierarchical position that humans, as superlative consumers, claim to occupy in the trophic pyramid of living beings.

From Jupiter to Paradise via Palestine

One of the core elements in Jordi Bernadó's work are the paradoxes suggested by reality constitute, and which he instinctively seeks to find. This was the impulse, the germ, behind his paradoxical journey par excellence, which became *Writing West*. On a map, he chose Jupiter, a city in the eastern United States, as the start of a journey that would take him and the writer Laura Ferrero to the west coast of that country. As his cartographic reference points he took places whose name awakened his imagination: Utopia, El Dorado, Happy, Esperanza, Odessa, Palestine, Tokyo, Athens, Lost Eden, Venus, Venice... Crossing the United States from coast to coast is a journey that has been part of the American dream since the first settlers bravely went west in search of the promised land. In the history of literature and photography, two outstanding works fuel our fascination with this initiatory journey: Jack Kerouac's novel *On the Road* and Robert Frank's photographic essay *The Americans*, inspired and supported by Walker Evans and for which Kerouac wrote the introduction. After Frank, many American photographers imitated his journey, taking

Esperanza (US 299.3)t
Lost Eden (US 292.1)t
Paris (US 114.4)t
Venus (US 330.4)t

Reikiavik (IS 5.3)

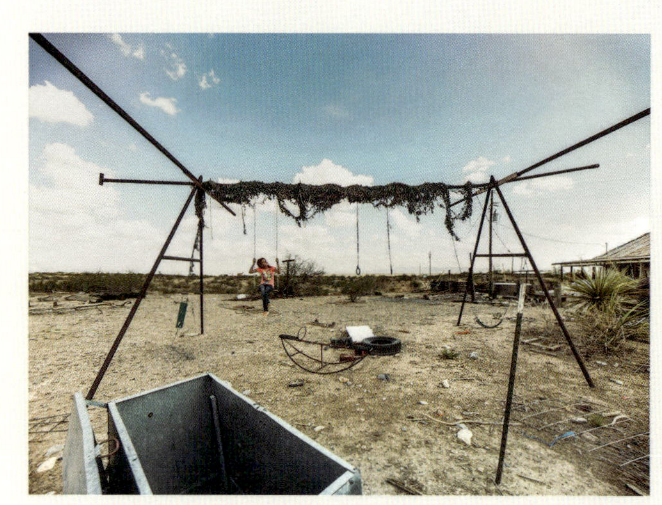

Esperanza, Texas

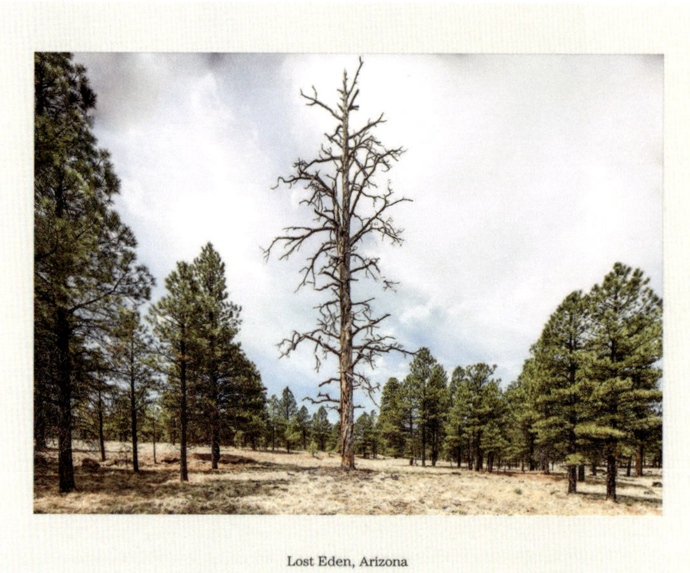

Lost Eden, Arizona

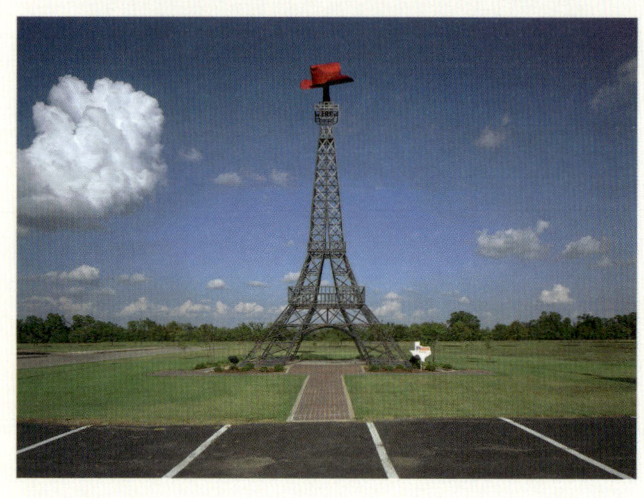

Paris, Texas

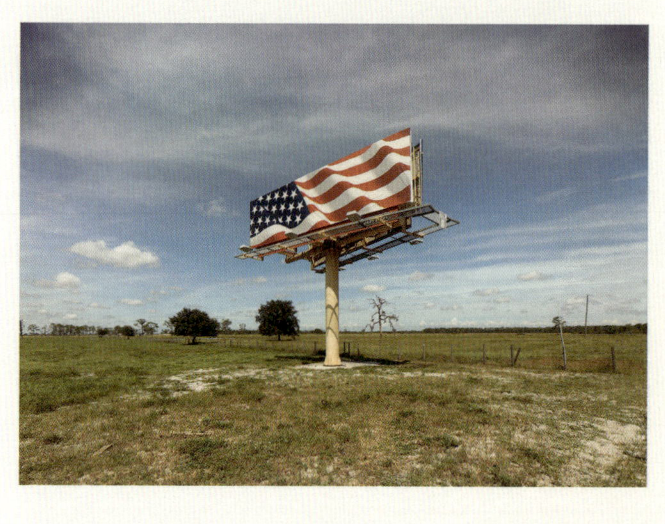

Paris, Texas

16 "The willing suspension of disbelief for the moment, which constitutes poetic faith." Samuel Taylor Coleridge, *Biographia Literaria*, 1817.

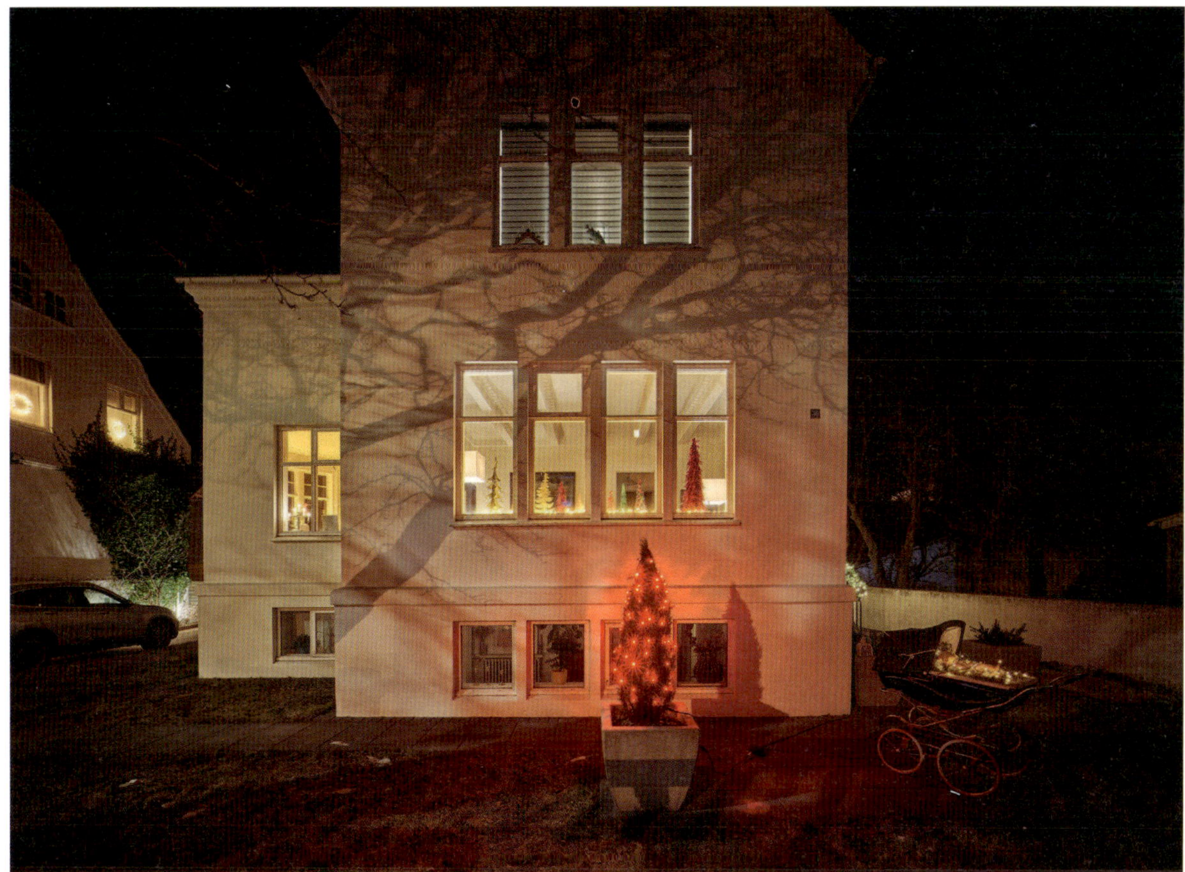

different routes and producing books that now form part of the canon: Lee Friedlander, with *The American Monument* (1976); Stephen Shore, with *Uncommon Places* (1982), Joel Sternfeld, with *American Prospects* (1987); or, more recently, Alec Soth, and his *Sleeping by the Mississippi* (2004). All these books contain, with varying degrees of visibility, autobiographical traces. None makes any play at all with irony.

That Bernadó's journey begins in Jupiter immediately defines the eccentric character of his perspective. What he finds along the way are reproductions of the myths, stereotypes and iconography of the country most represented on the planet. Once again, scenes speak of their inhabitants. Once again, posters, party walls, vanishing points, frontal frames, visual *trompe l'oeil* and so on work on the spectator a kind of "voluntary suspension of disbelief". The suspension of disbelief that Samuel Taylor Coleridge described in 1817,[16] speaking of poetry, and which has so often been linked to film, Jeff Wall's photomontages and so on.

His journey through these places that embody their inhabitants' modest dreams is full of contradictions, of naïve simulacra, of proud demonstrations of the values inherited from the pioneers, that deep stratum that still survives in their descendants and which contains the Lutheran promise: "God has placed the earth and all its riches at the disposal of his chosen people". The final paradox, and the most tragic, of this journey, is seen when Bernadó reaches paradise – Paradise, California – a town ravaged by a forest fire that left hundreds dead and missing. The photographer concludes his story in a pathetic setting inhabited only by the iconic traces of that dreamed-of paradise, now turned into hell.

Micro-narratives

A photographer once told me that she was obsessed with knowing what her father was like for a long time, as he had died when she was only two years old. She had only one photograph of him, taken on the beach, with her mother and a friend and her, just a baby, sitting on the sand. A man's arm rests lovingly on her shoulder; the rest of his body is outside the frame of the photograph. The photographer reconstructed her father's image from that arm. She told me how she imagined his sensitivity, his strength, how tall he must have been, and a whole series of fantasies perhaps reminiscent of that strange perception experienced by those who have lost a limb: the sensation that the amputated body part is still there, they

La California (IT 25.4)

Palma de Mallorca (MA 1.2)

Roma (IT 15.4)

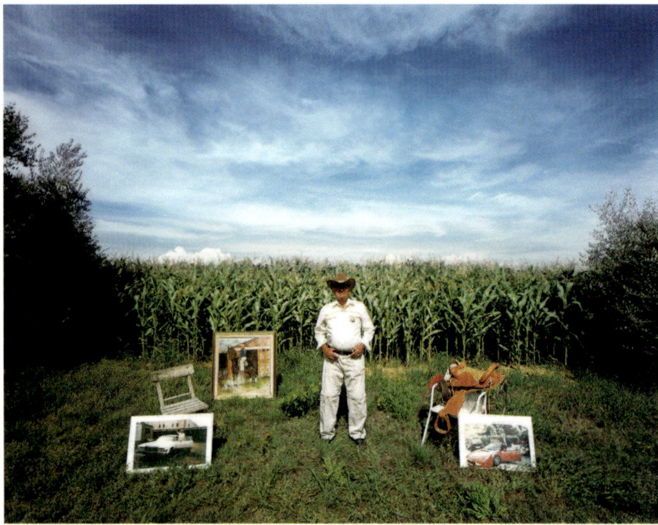

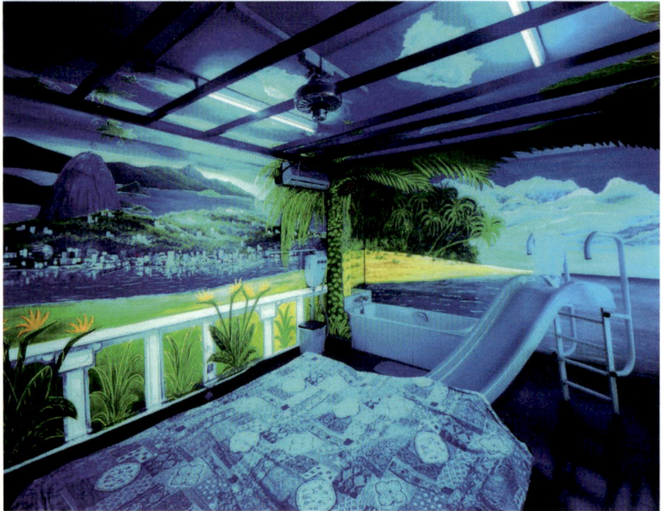

still feel it, it still hurts. She kept this mental construct, built up from a photograph, throughout her childhood, in the way children secretly play with an invisible friend. Many years later, as a teenager, she plucked up the courage to ask her mother, pretending to be off-hand, about the arm in the photo. "Ah, yes, it was my friend's brother, who also used to spend the summer in the same place as us". That was when she decided to take up photography. Apart from the frustration, what persuaded her based on that experience was the capacity of a photograph, any photograph, to construct stories whose relation to reality might be only tangential, operative.

In one of Jordi Bernadó's series, *True loving and Other Tales*, he explores chance encounters with the names of towns or solitary places with a story behind them. Many are located in what we call "deep America". Generally speaking, they are names that pay homage to some European city or to the original owner of the site. Some of these names are such evocative words that one might well guess at a poetic intention behind them, and is then surprised to learn that they are merely a surname. Even more random is the proximity of two of these toponyms, such as the one that gives the series its title (*Amor verdadero* – "true love" – in Spanish). Bernadó did not choose this title at random, though, because the concept of what is "true" is also an unreliable narrator that hovers around all his work. The strange quality of these place names is bestowed by the name of the state, which is always appended to American toponymic names. One of the most famous forms the title of Wim Wenders' well-known film *Paris, Texas*. Another variant in this wordplay concerns the incongruity between the signs displayed in the photograph and the location where they are found. One of the best known is that of an enormous foot in an ice-skating boot standing in a grassy field. In the background we can glimpse the tents of a circus and, on closer inspection, the point where the monstrous foot is anchored to the ground. The title reads *American Park, Girona*. The text anchors the meaning.

In much of the book, Bernadó writes the names of the places below his photographs, imitating the English style used to title and date commemorative engravings. He does this as if it were the first sentence of a story, leaving the reader to complete it. When she feels that it is necessary to provide greater details regarding the keys to the micro-narrative they contain, Adela García-Herrera writes this information in a tiny booklet, literally inserted into the much larger book containing the photographs. This physical separation ensures that the text does not interfere with what Umberto Eco would call an "open reading" of the photographs aimed at suggesting a narrative.

As Jordi Bernadó is well aware, my favourite shot is the one entitled *La California, Italy*. I heard his intrahistory before

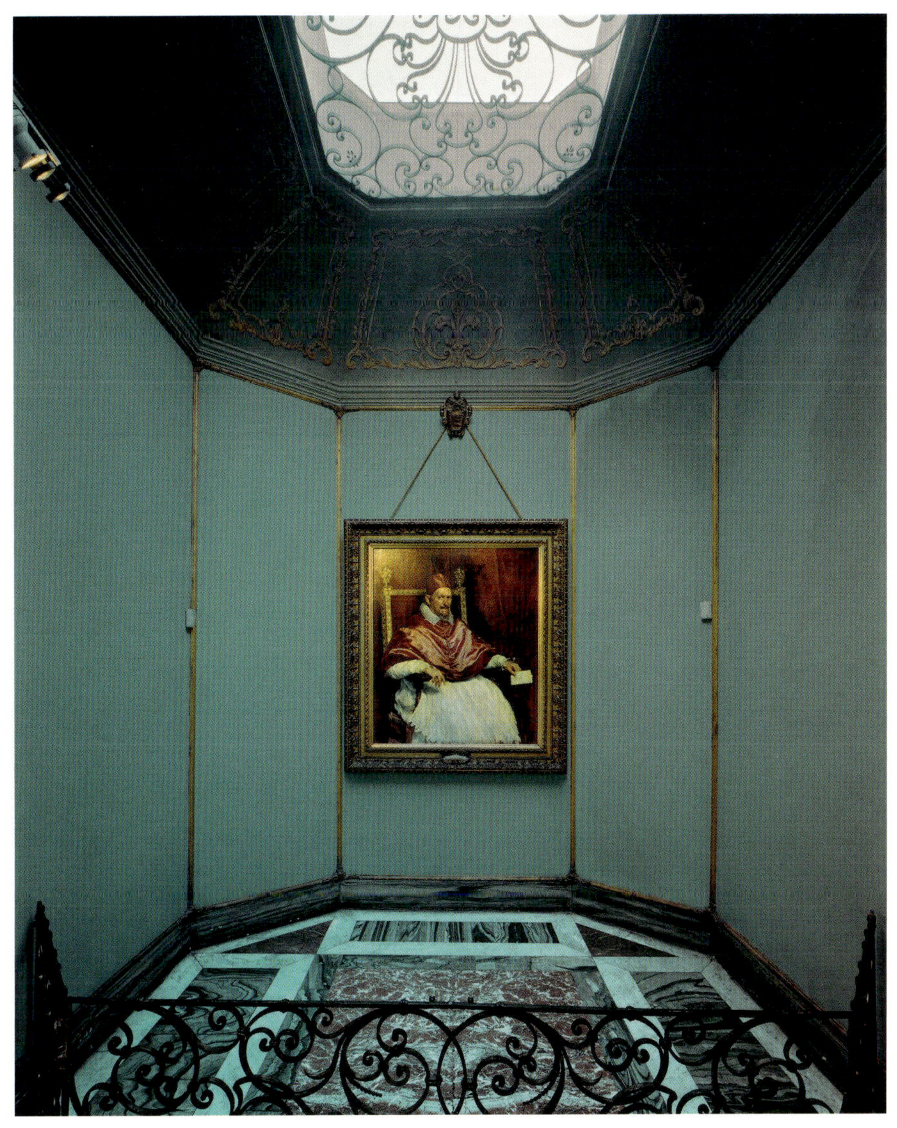

seeing the photo. To put it briefly, the story, which dates to the 19th century, recounts the boat journey of a group of emigrants who left Sicily in search of a better life in California. They never reached America. The skipper kept them sailing around the Mediterranean for weeks before landing back on the Italian coast, assuring them that they had arrived at their destination. The Sicilians called the place La California. No one knows how the story ends, whether they discovered the deception or died thinking they were in "L'America". Bernadó's photo is one of his very rare portraits. It shows a man who, according to García-Herrera's text, "is the only trace of that deception". His character has gathered together objects that symbolise the United States; they are not necessarily from the American Southwest, but that does not really matter. We see them and realise immediately that they are part of the American symbolism that we have all built up from watching Hollywood films.

In 1972, the American photographer Bill Owens published his book *Suburbia*, a socio-political essay portraying the inhabitants of the area of inner America where the author was born and worked. The book sold an impressive 50,000 copies in three editions. The personality of this documentary work resides in the captions, where the protagonists describe with that naïve pride, so American, and in rigorous first person plural, the life they have built, the house they live in and the dreams they have deposited in it. The sarcastic semantic anchorage provided by what we see as these naïve comments alters and guides our reading of the photographs themselves.

These examples of micro-narratives illustrate how the relationship between the text and the photograph can – as in the case of *La California* – California, invite us to explore a story or construct one for ourselves, whereas in Bill Owens' photographs the text is intended to anchor the meaning of the photographs. What is interesting is that the "expeditionary"

World Wide Works. 1993–2007. Centre d'Art La Panera, Lleida

nature of the meanings that inhabit the photographs (such as, for example, the case of the father's arm) often lead off in alternate directions that are not necessarily metaphorical, according to the subjective experience of the reader. The photographs and their meanings often take parallel paths that can suddenly fork, while others intersect. The viewer is only occasionally given the possibility of attaching their own interpretations to what the photographs say.

That is why we spoke at the beginning of the coincidences between Bernadó's work and the original mission of photography. This is because his practice not only echoes the urge to travel of the pioneers in the new medium in order to document the world and its signs, but also includes dissident features of 19th-century positivism and underlines the weak relationship between images and reality. Again, that is why we also talked about Bernadó's fellow travellers, because nowadays no one sails off alone to discover unknown worlds or disruptive points of view. Photography is no longer an invention whose characteristics we are unable to describe because we do not yet have the right words. This was, however, the case on 20 February 1840, when the polymath John Herschel proposed that the Royal Society should adopt the expressions "positive" and "negative". This was in order to "avoid circumlocutions", as he was tired of explaining, every time, in a rather long-winded manner, why an image captured appeared on the paper with all its tones inverted. In the 21st century, there is no place for Adamism in practically any facet of life. Even less so when it comes to artistic creation, which is fertile territory for labels, classifications and denominations. Personally, I find it most tranquillising to work with artists like Jordi Bernadó, who do not seek to start a trend.

Another photograph from *True Loving* illustrates these formal and conceptual references to earlier representational approaches. Entitled *Detroit, Michigan*, the shot shows an isolated house standing in a landscape artificially depopulated by nature. García-Herrera affirms of this archetypal home, which only lacks a smoking chimney, that "any gust of wind could blow it away" from the site it occupies so precariously. She is quite right: every year the tornadoes that sweep through certain areas of the southern United States reap destruction on many of these prefabricated constructions. In my opinion, this photograph suggests a bitter reflection on the concept of the "American way of life".

In fact, this "prefabricated" nature aligns perfectly with the archetype of the stand-alone house that has been so successfully marketed in the West. The result is a "monotonous repetition, an accumulation of catalogue elements that give this prototype home a strangely false appearance, with transitory decoration that is incompatible with domestic life". This description reminded me of a rather illustrative fact:

17 Wulf, Andrea, "Poesía, Ciencia y naturaleza" in *La invención de la naturaleza. El nuevo mundo de Alexander von Humboldt*. Translated by Mª Luisa Rodríguez Tapia. Barcelona: Penguin Random House Grupo Editorial S.A.U., 2016, pp. 309-310.

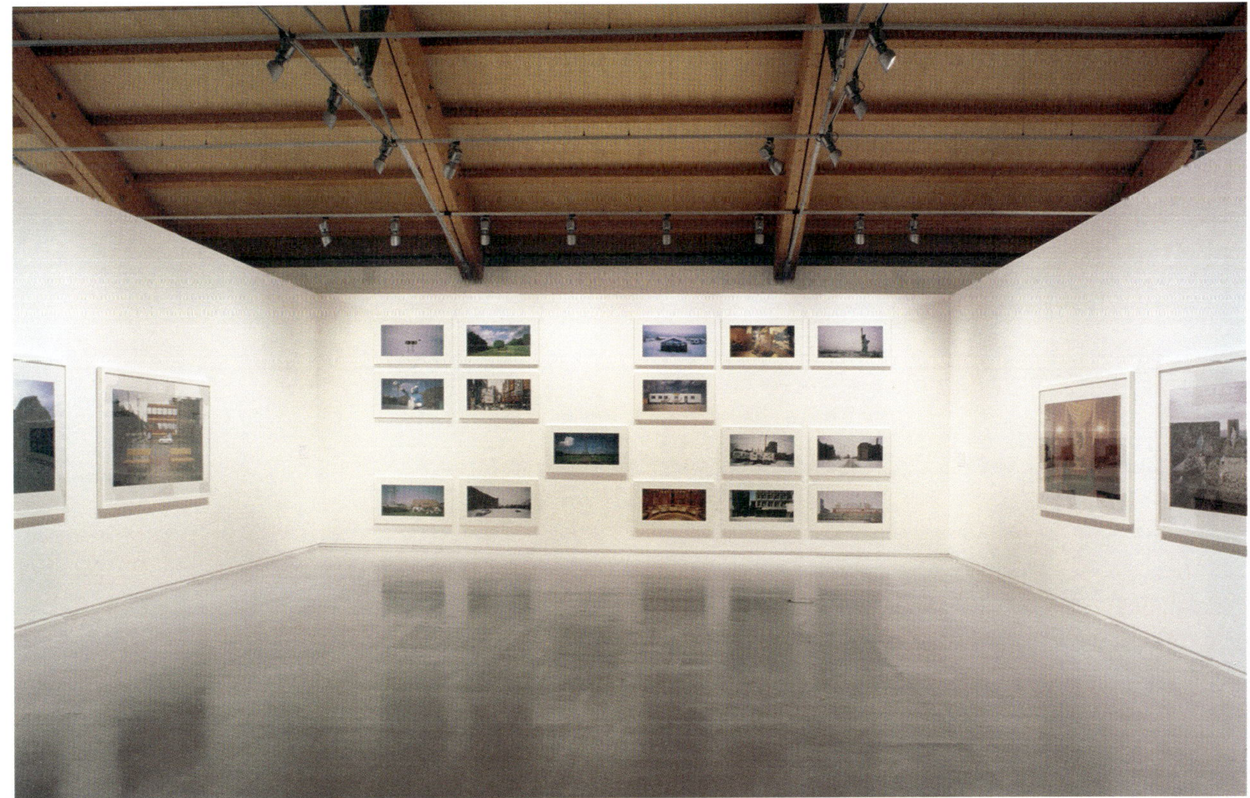

those who claimed that the most published book in history is *The Holy Bible* are wrong. The most published is the IKEA catalogue, whose pages feature countless home environments illustrating how the furniture will look in the home. There is not a single photo that is real: they are all simulacrums, temporary scenes, images intended to "sell" the imagery of the home that customers believe they possess. Little by little, thanks to IKEA's extraordinary distribution logistics, real homes are coming to resemble more and more simulacra found in the catalogue. This phenomenon also has the side-effect of neutralising more individual imagery, which is exchanged for an individuality of consumption. What Augé calls turning the house itself, the private space par excellence, into a "non-place".

What is paradoxical, as well as understandable to a certain extent, is that the isolation of stand-alone single-family houses has also become deeply embedded in the imaginations of Scandinavian societies to such an extent that it has become a social problem. In some cases, as in Finland, things can get almost pathological. The Finns themselves say that their ideal is to have a house by a lake with the nearest neighbour living several kilometres away. In the mid-1990s, a Finnish photographer, Esko Männikkö, produced *Far North*, an extraordinary work on this theme. In it, he documents the lives of single men who live alone in the middle of the countryside, slowly drinking themselves to death. Unlike their American counterparts, these Finns do not display Christian symbolism or decorate their homes with national flags to proclaim what they belong to or their sacred individuality. Individuality is a greatly inflated term that, thanks to the insistence and ideological assertion of American society, has come to be seen as synonymous with the idea of freedom.

The dream of living in an isolated wooden house in the heart of nature, is not contemporary. But there are solitudes and solitudes. A striking example is the case of Henri Thoreau, who also built himself a small wooden cabin, 3 by 4.5 metres, in the middle of the forest, beside Walden Pond. He lived there for two years, two months and two days. But I regret to say that his decision and his personal stance – "I wanted to live deliberately, to face only the essential facts of life" – have nothing to do with either Finnish bachelors or fanatical American nationalists. Thoreau used his time there to write one of America's most famous books on nature – *Walden* – which was published seven years after he left it in 1837.[17]
At times, the present, that marvellous simulacrum we pay for by instalments, does not bear comparison with certain moments from the past. We must be doing something wrong. And when I say "something" you can imagine that I may well mean "a lot".

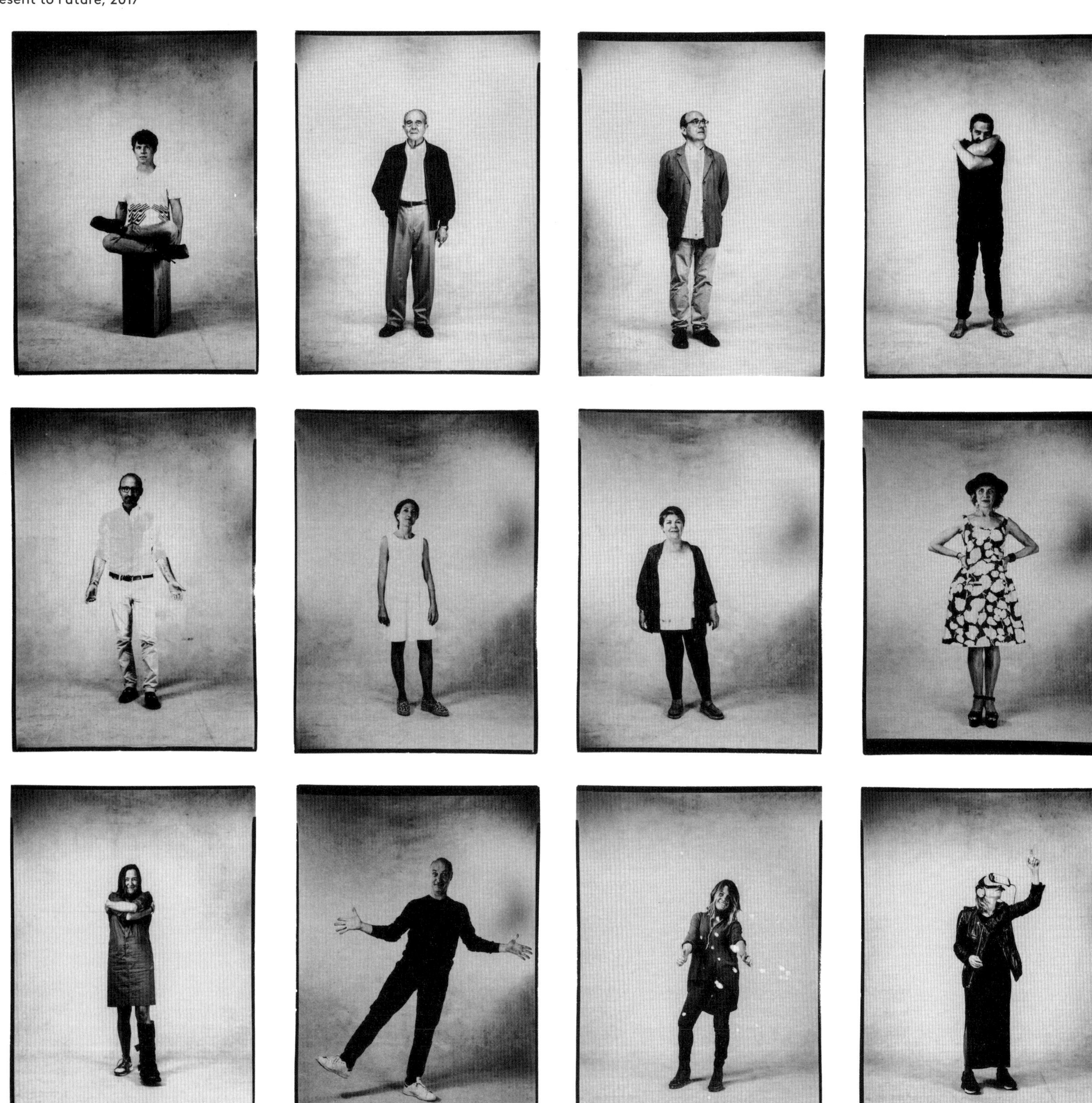

18 Bourriaud, Nicolas, *Estética relacional*. Buenos Aires: Adriana Hidalgo editora, 2013.

19 The original text, "In postmodern society, all that is left to share is the spectacle, the game that nobody plays and everybody can watch", was included in Berger, John, *Algunos pasos hacia una pequeña teoría de lo visible*. Spanish translation by Nacho Fernández. Madrid: Árdora Ediciones, 1997, p. 37.

Where does this obsession with individuality come from? We probably have post-war America ingrained in our subconscious, with those neighbourhoods full of "cloned" single-family houses, each with its garden and garage. Perhaps the first seeds were sown by the American films of the late 1950s and, particularly, the 1960s. True to tradition during the post-dictatorship period, Spain's terraced housing emerged late to imitate that icon of American progress and wellbeing. In all cases, though all this takes place against a backdrop of obsessive consumerism.

In his book *Relational Aesthetics*, Nicolas Bourriaud writes at greater length about our condition as consumers, about the consumerist fog that pervades and permeates all societies with burgeoning economies:

> "The much vaunted 'communication superhighways,' with their toll plazas and picnic areas, threaten to become the only possible thoroughfare from a point to another in the human world [...] They have the drawback of turning [their] users into consumers of miles and their by-products. We feel meagre and helpless when faced with the electronic media, theme parks, user-friendly spaces, and the spread of compatible forms of sociability, like the laboratory rat doomed to an inexorable itinerary in its cage, littered with chunks of cheese. The ideal subject of the society of extras is thus reduced to the condition of a consumer of time and space. For anything that cannot be marketed will inevitably vanish. Before long, it will not be possible to maintain relationships between people outside these trading areas."[18]

"Some things are so private that they can only be said in public"

There is one aspect, absolutely key in my opinion, of the work of this former architecture student now a builder of images. It is the relational aspect, which appears in several specific projects and permeates all the rest of his production. Now that we live in the virtual scenario of screens where, to paraphrase John Berger, "the only thing that is shared is the spectacle, that game in which nobody plays and everybody watches", Jordi Bernadó invites us to play. He invites us to become the protagonists of our own representation. In the portraits in the series *Present to Future*, allowing us to take over our own representation is no small matter; it entails him taking a step back as an artist, and sharing power. Because in that power game which is the portrait, he cedes hegemony to the subject, who is responsible for deciding how to pose. In 2017, Jordi Bernadó and Santiago Garcés created 372 portraits, each of a different individual, over the course of six days. In her introduction, Amanda Mauri describes the process as follows:

> "Taken together, the photographs make up a strange family album, an almost spectral archive. Their evocative aesthetic is partly the result of a technical decision: the photographs were taken using a plate camera in a single shot on positive paper. That is to say, there are no negatives; the photos cannot be reproduced. Each portrait is unique. But that is not all; there is more. Before the photo is taken, the sitters were reminded of the finite nature of their lives: 'In 200 years we will no longer be here, nothing of what we are will remain. Except, perhaps, this photograph.' And, on that thought, they were asked a question: 'What would you want those who find your portrait to see? What would you want to say to them?'"

There is nothing as complex as facing posterity through our own body, the expression on our face, the gestures that our limbs choreograph. Knowing that this will remain, in the most literal sense of the term, immortalised for others to see in the future, in the same way that the shadows of the inhabitants of Hiroshima remained on walls after the nuclear blast, now acquires a heightened degree of dramatisation. We forget that playing does not belong exclusively to the territory of childhood; perhaps that is why it is so difficult for us to unleash our fantasies, to act out and to dream. We should listen to Pindar when he said that man is a shadow of a dream, a statement, an image that drives us to think, whose meaning is not closed, and which proposes, once again, an "open reading".

Here, then, a common question like "what should I wear?", one we ask ourselves every day, becomes an aporia of such a transcendental nature that some decide not to wear anything, because clothes represent a temporary sign that transmits finite codes. As we, the spectators, view all these brave people who have taken on the challenge, we ask ourselves many questions: "What would *I* do in that portrait session?" "What pose would *I* adopt?", etc. On this point, Jordi Bernadó proposes an action of clear empathy that generates a meditation about ourselves: we put ourselves in the other person's place, we take as our own their thoughts, their doubts, and we visualise the result in our imagination. This transposition of the subject is also repeated in the *IDproject* series, though based on a different question.

Bernadó's "relational" works propose a territory of social experimentation, an alternative to the uniformity of contemplative behaviours that art has always suggested. And photography is particularly effective in this type of socialisation.

In the sessions, Jordi Bernadó inhabits the relational and empathetic essence of photography: he becomes a mediator and operates simultaneously as an activator of the sensitive and as a master of ceremonies who, as in the case of the description of a photograph to a group of blindfolded people, which we will discuss later, evokes characters who exhibited inventions at 19th and early 20th century fairs to the wonder of onlookers.

In the case of *Present to Future*, the project is an experiment in intersubjectivity in which the sitter takes the initiative, sends the message. The act of posing for a portrait has lost much of its ritual importance over the years. In the early-20th century, people went to a photographer's studio to sit for one of the few portraits that a person would have taken in the course of their life. These portraits were mostly intended as gifts for a loved one, a family member or a friend, knowing that they would keep it in an album that would be passed down through the generations. The *IDproject* replicates this awareness of the future function of portraits. And, as we have seen in this text, the reactions it will cause in those who see it are completely unpredictable.

Just over ten years ago, Bernadó launched another action for the use and enjoyment of participants, with no intention of obtaining a tangible object as a result. On this occasion, he did so in cooperation with another photographer, Martí Llorens, at whose studio one of the experiences took place. The other venue chosen was the Royal Academy of Science and Art of Barcelona. The participants were invited to one or the other site and asked to put on a mask before entering the room where the event was to take place – a kind of *Wunderkammer* or 19th-century chamber of wonders – and there, in total darkness, they listened to a guest invited to describe a photograph to them. At the end of the description of the photograph, they would take off their blindfolds while the room was still dark, a curtain would open and the image that the guest had described would appear before them. What they saw before them was the real room itself. After a while, once their eyes had adjusted to the light, they were shown the photograph of the room. The experience replicated the functioning of a camera obscura with the participants on the inside.
As they listened, they formed a mental image from the information they were given, and they then compared this image with reality and its photographic reproduction. The first thing the experience generated was a conversation in which everyone described what they had imagined, with the discussion carrying on into the evening.

At the end of the "portraits for the future" session, a tangible object was obtained, but the most important thing that was shared among the participants were the feelings they had had while posing. In the session with the masks, no objects were produced, but a partially tangible, or rather visually tangible, experience of kinesics was generated. In both cases, the relational part was not confined to the moment of the photo shoot or the presentation of "reality". Rather, this part took place afterwards, in the interactions between the participants. This was, then, a relational space in which, in the case of the portraits, the action was repeated within the framework of an exhibition where time, the years that had passed, was the subject of a conversation of a different nature, always in that intimate environment created by the shared experience.

One gets that impression that Jordi Bernadó's work will go on to evolve largely towards projects more closely linked to these relational issues, as regards both the public and the spaces or landscapes he photographs. On 26 June 2022, he brought together 2,292 people at the Gran Teatre del Liceu opera house in Barcelona – as many people as there are seats in the theatre – with the aim of composing a human cartography of the city. Everyone was seated and Bernadó was the only person on stage. The project is called *Me We* and, once again, it takes the form of a celebration, this time of his home city. And, again, it represents the staging of a ritual that relates people to each other through a common concept, belonging, something that I believe has a sensibility closer to life and community than identity. Bonds work like the grasping reflex of babies, by instinct. You put a finger in the palm of their hand and they close their fist. The bonds related to belonging are also activated by an instinctive component. Bernadó photographed them but he was the first to say that the important thing was not the photograph, but the fact of bringing together different nationalities, ages, genders, social classes and races. It may sound stereotypical, but I believe that the action did generate an allegory like Gaudí's *trencadís* mosaics. The more dissimilar the pieces these mosaics contain, the more beautiful they are. We have already noted that Jordi Bernadó is a cosmopolitan person and this project without doubt has to do with how he has viewed his city, Barcelona, from afar for so long.

IDproject is an ambitious project at the service of people who have played an important role in society. Bernadó makes his subjects participants, also, in the conceptual construction of the image. He needs their collaboration for the image to exist. He asks them to do something very intimate: to choose the place that is most important to them. He then sets up a complicated logistic process in order to take a single photograph in that place with the subject present, but distant from the camera and with their back to the photographer. The result is a landscape, a scene inhabited by a single person, impossible to recognise unless we read the text beside the photograph. It is an act of faith that requires the credulity of the viewer and the complicity of the subject portrayed. In a certain sense all this could be interpreted as a ceremony of belonging to a symbolic place. Once more, the ritual raises the emotional temperature of the protagonist because the process evokes in their memory moments that only they have experienced there, and the great importance it has had, symbolically, on their life. Rituals, a fundamental element in the Confucian universe, can facilitate the participants' passage from the real to the symbolic. A fictional space that awakens the same feelings in them as if it were real. Without exception, everyone who sees and learns about the process of constructing the image is sure, immediately, to the same question: what place would I choose?

Jordi Bernadó told me that one of the participants had felt too exposed by sharing such an intimate experience. What was least important was to know who had felt that way, and I didn't ask him, nor would he have told me. The important thing for me is that it reminded me of the phrase that gives this section its title and which I have never found out who first said it. I have never needed to write it down; for years I have remembered it word for word, trying to understand such apparently contradictory terms. I believe that these photographs, in which Jordi Bernadó acts as an intermediary between the subject and the public, have given me the key to decipher it. On verbalising such an emotional feeling, the web of interrelationships that our mind forms with our body in turn unleashes a flood of emotions that have no equivalent to what is felt simply by thinking about it. Some things are so intimate that they can only be said in public.

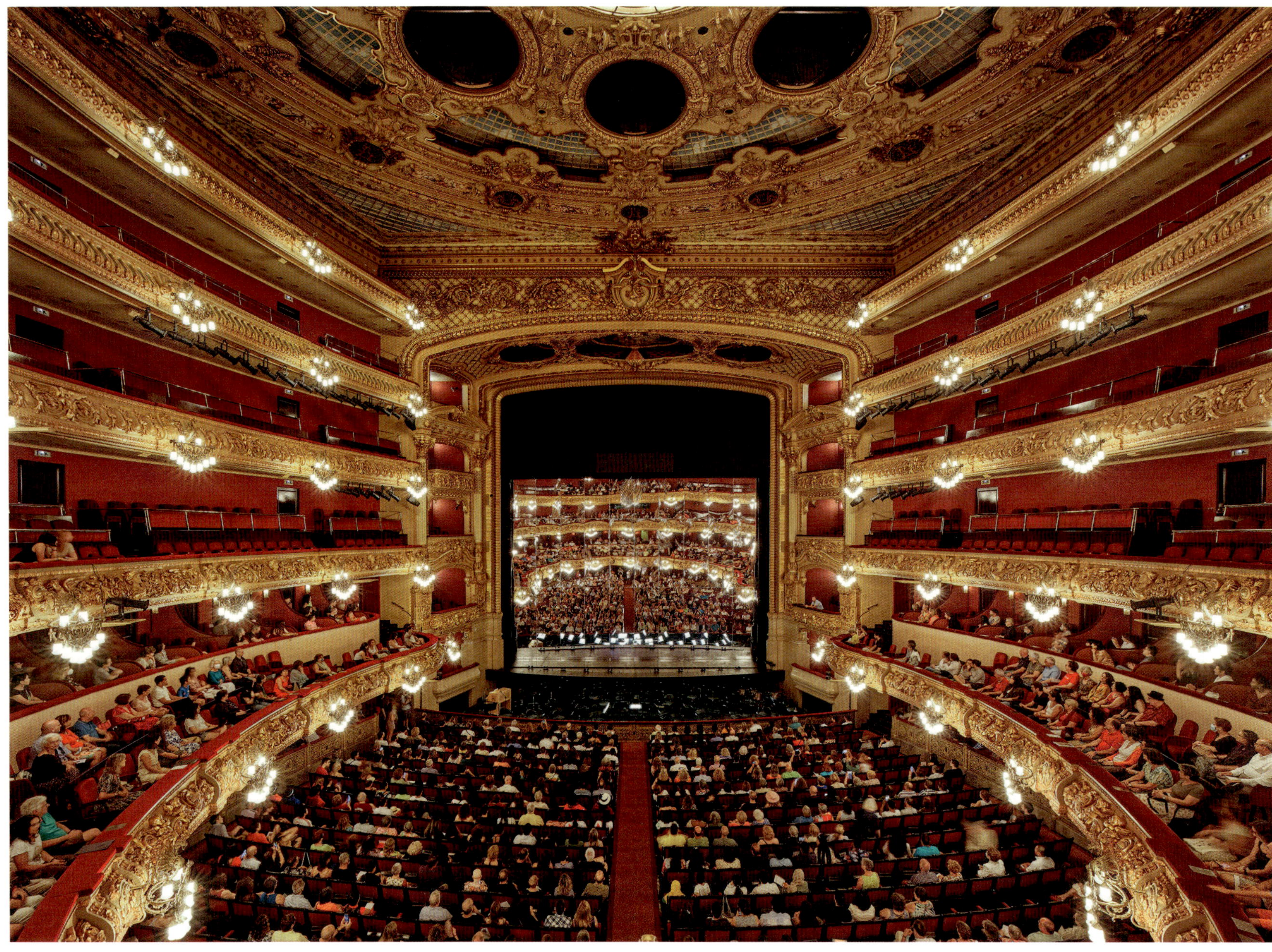

El Gran Teatre del Liceu, escenari del projecte *ME WE*, en què Bernadó va convocar a 2.000 persones per fer el retrat de la diversitat de Barcelona. 26 de juny de 2022, Barcelona.

El Gran Teatre del Liceu, escenario del proyecto *ME WE*, en el que Bernadó convocó a 2.000 personas para tomar un retrato de la diversidad de Barcelona. 26 de junio de 2022, Barcelona.

The Gran Teatre del Liceu, setting of the *ME WE* project, in which Bernadó summoned 2,000 people to take the portrait of the diversity of Barcelona. 26th of June 2022, Barcelona.

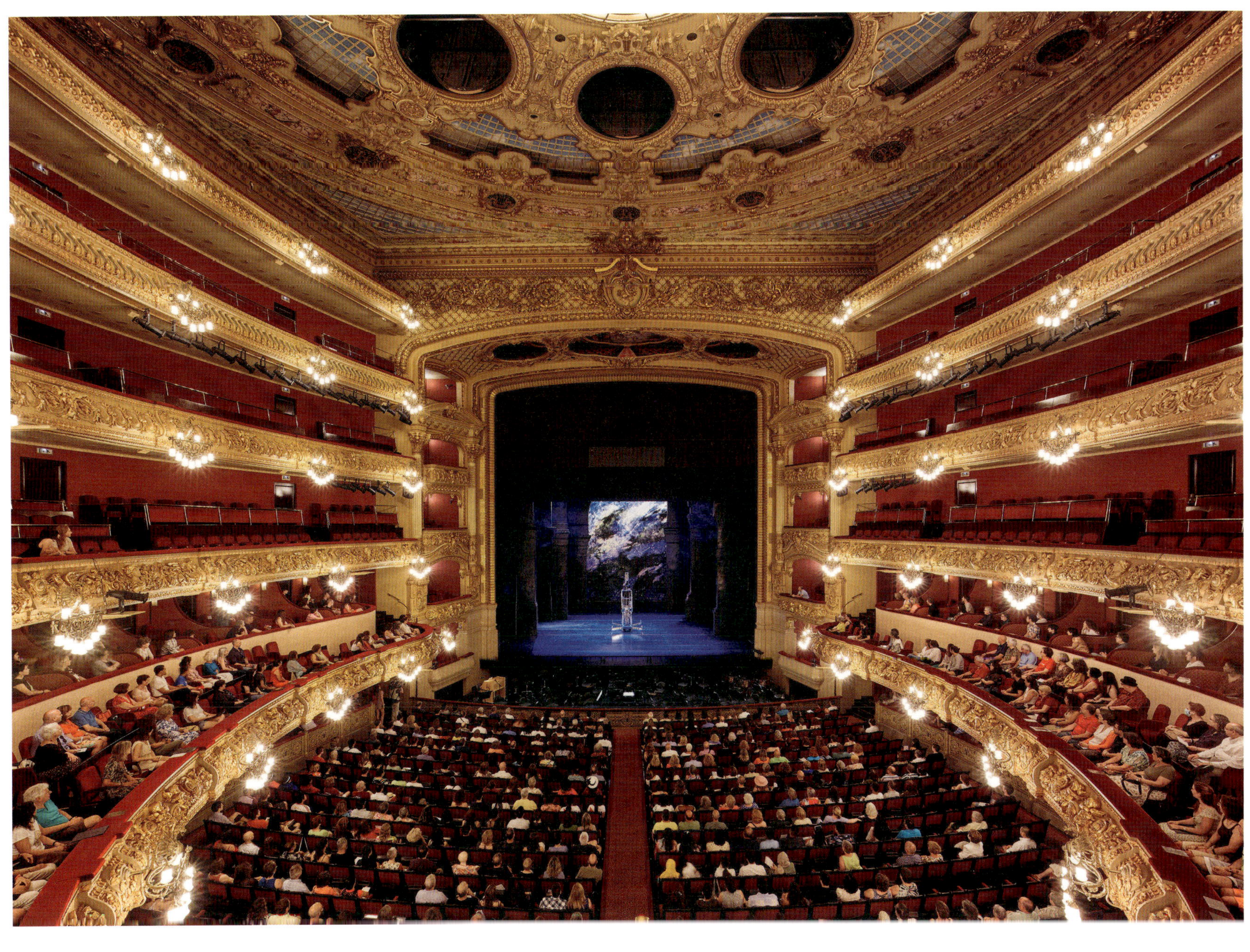

Amanda Mauri

La llum llunyana

Si el paradís és un lloc, on el trobem? Si és una idea, com expressar-la? Si és un record, què fer-ne de l'absència?

Un dels racons més remots del planeta ocupa la Sala Miralls del Gran Teatre del Liceu. La imatge mostra un paisatge colpidor: un gran llac perforant la vastitud de la selva enmig del no-res. Potser un paradís? Un retorn a l'omnipotència de la naturalesa? Un presagi? Una utopia? La fotografia penja del sostre, com un cel ras de plom cobrint l'espai. Just a sota, a terra, un mirall rodó. Per contemplar la imatge superior, cal fer un gest paradoxal: hem d'allunyar-nos per acostar-nos, mirar en direcció oposada, inclinar-nos sobre el precipici de la nostra consciència. A vegades, allò visible es manifesta en un desplaçament. I, també a vegades, necessitem mirar a través nostre per trobar una imatge del que desconeixem.

Amb *De profundis*, l'artista i fotògraf Jordi Bernadó planteja una reflexió sobre la distància i el reconeixement. Marcel Proust afirmava que l'únic paradís és aquell que hem perdut. Bernadó viatja a la recerca d'una imatge que mostri aquesta pèrdua, una imatge del lloc més fosc i desconegut que pot imaginar. Arriba al Lac Télé, República del Congo, un dels llacs més aïllats i enigmàtics del món. Gairebé no n'existeixen fotografies ni testimonis, el lloc està revestit d'una aura de misteri i auguri, carregat de llegendes, criatures fantàstiques i malediccions. La seva aigua, que des del cel ofereix un reflex nítid, és en realitat fosca, tenyida de minerals i residus.

De profundis és un descens a les aigües tèrboles de l'inconscient, als territoris remots d'un mateix, de la memòria i del desig. Aquí és on comença el paradís, en la nostra percepció. On acaba o fins a on arriba no es pot saber amb certesa: el seu horitzó muta, es desplaça. Cada vegada que creiem acostar-nos-hi, s'allunya.

De profundis és una narració visual a diverses veus. Els murmuris de l'abisme s'obren pas des de la fotografia, però les seves reverberacions són infinites. El reflex a terra, els miralls que decoren la sala, les mirades dels qui van a veure la peça. Aquesta multiplicació d'interpretacions i punts de vista és una línia important en el corpus artístic de Bernadó. La seva obra explora les relacions entre la identitat i l'espai, els límits de la realitat i les ambivalències de la representació. Conjuga sensibilitats estètiques i conceptuals amb una mirada alhora analítica i evocadora. Les seves fotografies són eloqüents, tot i que mai no diuen només el que semblen dir. A *De profundis*, el significat de la fotografia està travessat per una interrupció necessària: la de la mirada aliena. Bernadó ens mostra que no hi ha veritat sense percepció, ni imatge sense reflex, ni abisme sense proximitat.

Text escrit per a l'exposició individual de Jordi Bernadó, *De profundis*, que va tenir lloc del 16 al 31 de juliol de 2022 a la Sala Miralls del Gran Teatre del Liceu, Barcelona, emmarcada dins de la temporada 2021-2022, «El paradís».

Amanda Mauri, escriptora

La luz lejana

Si el paraíso es un lugar, ¿dónde está? Si es una idea, ¿cómo expresarla? Si es un recuerdo, ¿qué hacer con la ausencia?

Uno de los rincones más remotos del planeta ocupa la Sala Miralls del Gran Teatre del Liceu. La imagen muestra un paisaje sobrecogedor: un gran lago horadando la vastedad de la selva en medio de la nada. ¿Tal vez una suerte de paraíso? ¿Un retorno a la omnipotencia de la naturaleza? ¿Un presagio? ¿Una utopía? La fotografía cuelga del techo, como una bóveda de plomo que se cierne sobre el lugar. Justo debajo de esta, en el suelo, un espejo redondo. Para contemplar la imagen superior, hay que hacer un gesto paradójico: debemos alejarnos para acercarnos, mirar en dirección opuesta, asomarnos al precipicio de nuestra consciencia. A veces, lo visible se manifiesta en un desplazamiento. Y, también a veces, necesitamos mirar a través nuestro para encontrar una imagen de lo que desconocemos.

En *De profundis*, el artista y fotógrafo Jordi Bernadó plantea una reflexión sobre la distancia y el reconocimiento. Marcel Proust afirmaba que el único paraíso es aquel que hemos perdido. Bernadó viaja en busca de una imagen que muestre esa pérdida, una imagen del lugar más oscuro y desconocido al que alcanza su mirada. Llega al Lac Télé, República del Congo, uno de los lagos más aislados y enigmáticos del mundo. Apenas existen fotografías ni testimonios, el lugar está revestido de un aura de misterio y augurio, cargado de leyendas, criaturas fantásticas y maldiciones. Su agua, que desde el cielo ofrece un reflejo límpido, es en realidad oscura, teñida de minerales y residuos.

De profundis es un descenso a las turbias aguas del inconsciente, a los territorios remotos de uno mismo, de la memoria y del deseo. Aquí es donde empieza el paraíso, en nuestra percepción. Dónde acaba o hasta dónde llega no puede saberse con certeza: su horizonte muta, se desplaza. Cada vez que creemos acercarnos, se aleja.

De profundis es una narración visual contada a varias voces. Los susurros del abismo se abren paso desde la fotografía, pero sus reverberaciones son infinitas. El reflejo del suelo, los espejos que decoran la sala, las miradas de quienes acuden a ver la pieza. Esta multiplicación de interpretaciones y puntos de vista es una línea importante en el corpus artístico de Bernadó. Su obra explora las relaciones entre la identidad y el espacio, los límites de la realidad y las ambivalencias de la representación. Conjuga sensibilidades estéticas y conceptuales con una mirada a la vez analítica y evocadora. Sus fotografías son elocuentes, si bien nunca dicen sólo aquello que parecen decir. En *De profundis*, el significado de la fotografía está atravesado por una interrupción necesaria: la de la mirada ajena. Bernadó nos muestra que no hay verdad sin percepción, ni imagen sin reflejo, ni abismo sin proximidad.

Texto escrito para la exposición individual de Jordi Bernadó, *De profundis*, que tuvo lugar del 16 al 31 de julio de 2022 en la Sala Miralls del Gran Teatre del Liceu, Barcelona, enmarcada dentro de la temporada 2021-2022, «El paraíso».

Amanda Mauri, escritora

Faraway Light

If Paradise is a place, where is it? If it is an idea, how to express it? If it is a memory, what to do with its absence?

One of the most remote places on the planet can be found in the Sala Miralls of the Gran Teatre del Liceu. The image shows a breathtaking landscape: a large lake piercing through the vastness of the jungle, in the middle of nowhere. Is it perhaps a sort of Paradise? A return to the omnipotence of nature? An omen? A utopia? The photograph hangs from the ceiling, like an imaginary vault, dark grey, made of lead, looming over the place. Just below it, on the floor, a round mirror. A paradoxical move is needed in order to contemplate the image: we must move away to get closer, transpose our gaze, lean out and look down the abyss of our own consciousness. Sometimes the visible becomes present through displacement. And sometimes the unknown lies within ourselves: we may find it in our own reflection.

In *De profundis*, the artist and photographer Jordi Bernadó reflects on distance and recognition. Marcel Proust once wrote that Paradise is always a lost condition. Bernadó travels in search of an image of such a loss; an image of the darkest, less known place that his gaze can reach. He arrives at Lac Télé, in the Republic of Congo, one of the most isolated and enigmatic lakes in the world. There are hardly any photographs or testimonies, the place is shrouded in an aura of mysticism, laden with legends, fantastic creatures and mysterious curses. Its water, which from the sky offers a limpid reflection, is in fact dark, coloured with minerals and debris.

De profundis is a descent into the murky waters of the unconscious, into the remote territories of the Self, of memory and desire. That is where Paradise begins, in our perception. Where it ends or how far it reaches cannot be known with certainty: its horizon mutates, shifts. Every time we think we are approaching it, it moves away.

De profundis is a visual narrative spoken in several voices. The whispers of the abyss make its way out from the photograph, but their reverberations are infinite: the reflection on the floor, the mirrors that decorate the room, the gazes of those who come to see the piece. This multiplication of interpretations and points of view is an important line in Bernadó's artistic corpus. His work explores the relationships between identity and space, the limits of reality and the ambivalence of representation. He combines aesthetic and conceptual sensibilities with a gaze that is both analytical and evocative. His photographs are eloquent, although they never say only what they seem to say. In *De profundis*, the meaning of the photograph is traversed by a necessary interruption, that of the Other's gaze. Bernadó shows us that there is no truth without perception, no image without reflection, no abyss without proximity.

Text written for Jordi Bernadó's solo exhibition "De profundis", which took place from the 16th to 31st of July 2022, at the Sala Miralls of the Gran Teatre del Liceu, Barcelona, as part of the 2021-2022 season, "Paradise".

Amanda Mauri, writer

De profundis

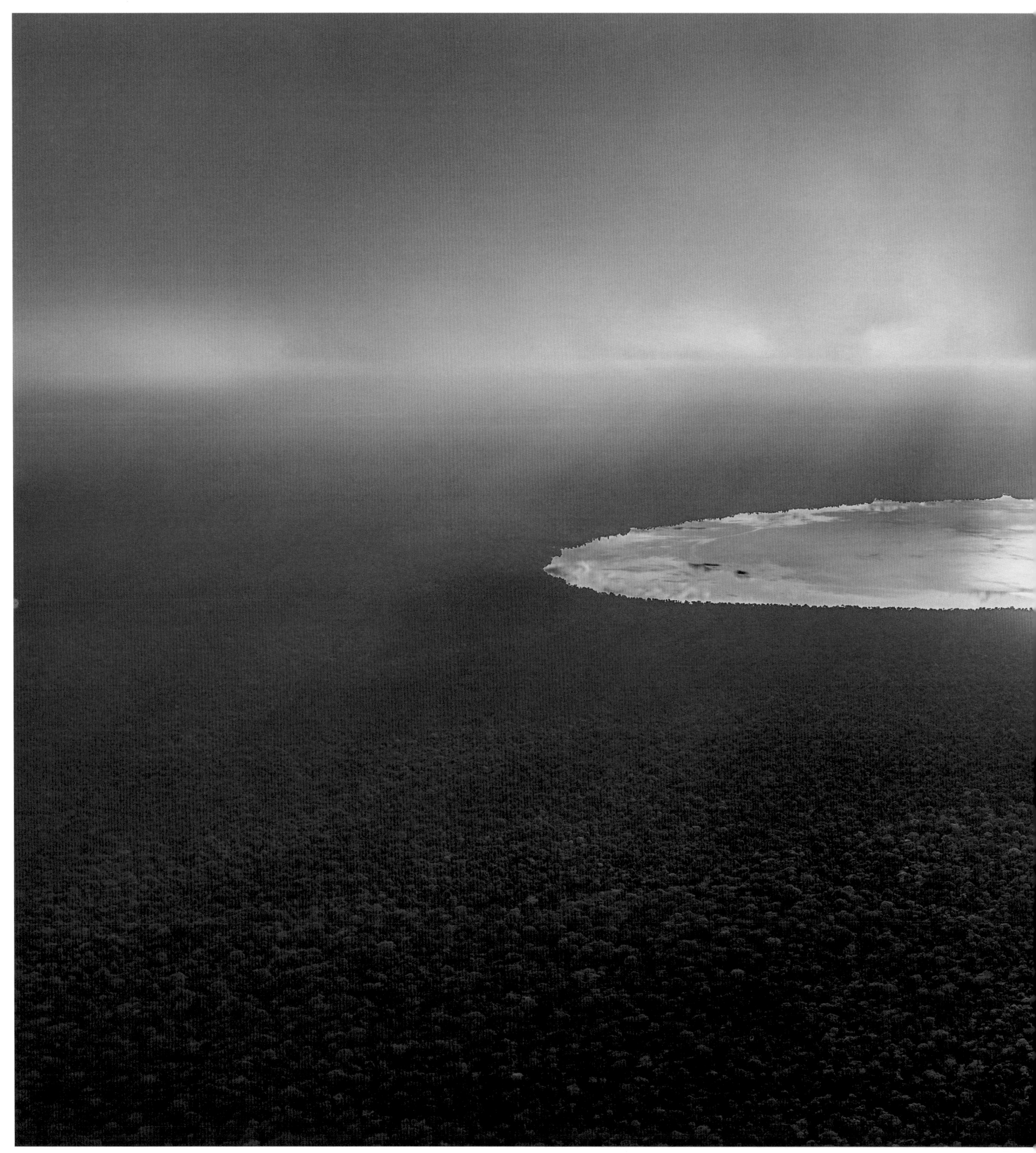

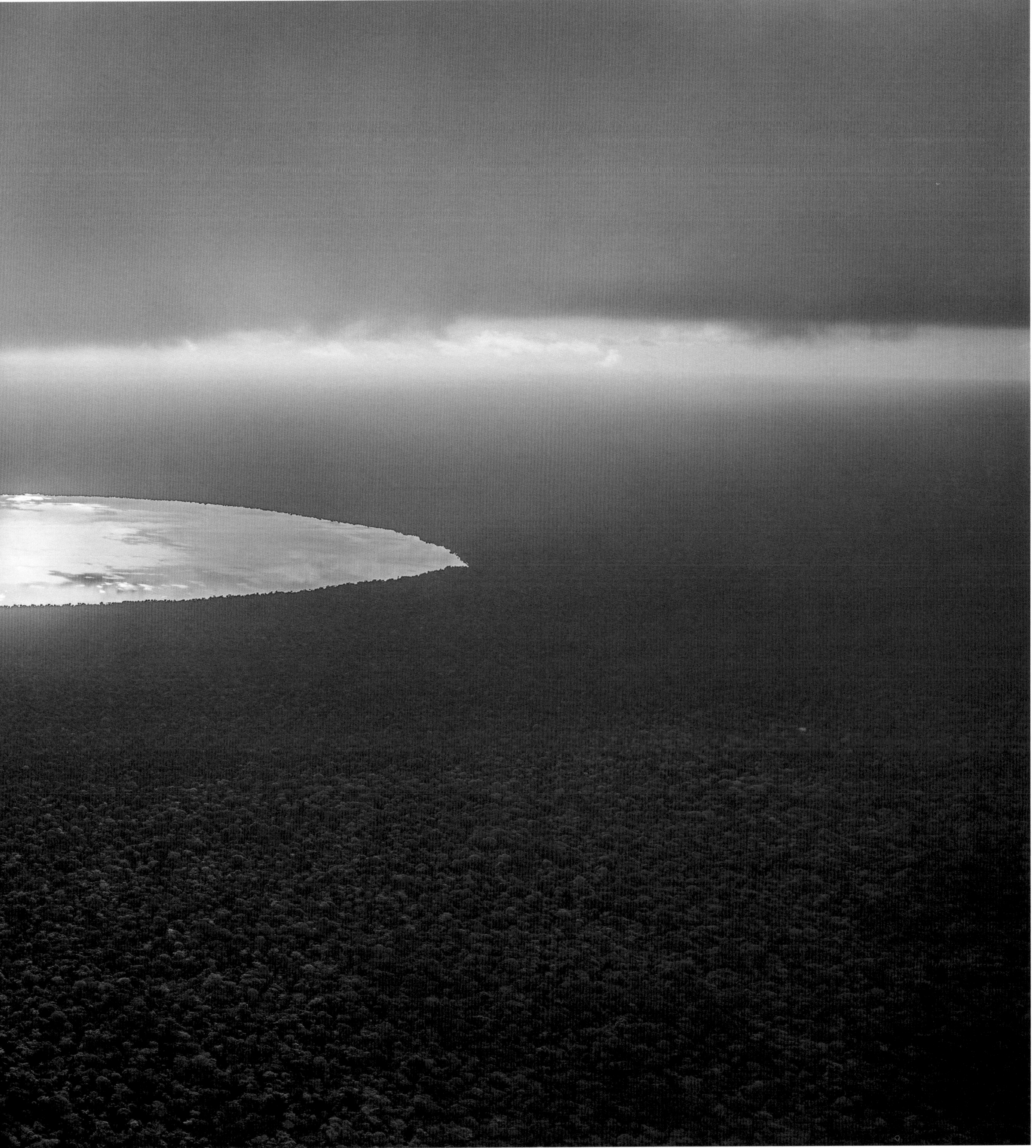

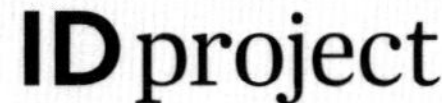
ID project

Laura Ferrero

Una teoria improvisada del retrat (i catorze semblances)

U

«Tot això va succeir, més o menys» és la primera frase d'*Escorxador-5*, de l'escriptor Kurt Vonnegut. La genialitat d'aquesta primera frase rau en aquests dos adverbis, el més i el menys, que apuntalen aquesta veritat fonamental: tot és una aproximació i ningú no ens menteix millor que qui ens promet la veritat. Preguntar, doncs, sobre la veracitat de les coses –d'un relat, d'un retrat, d'una fotografia– no és pertinent perquè en cap cas es pot oferir una resposta definitiva. No és possible saber amb certesa si tot va succeir exactament com es narra, com es mostra, perquè, es pot reduir la realitat a les seves coordenades i la seva història? No cal tenir en compte també tot el que s'ha projectat o imaginat sobre aquesta realitat?

Dos

En la tradició literària russa, no reconèixer algú és un senyal de bon averany. En el relat de *L'estudiant*, el més estimat pel seu propi autor, Anton Txékhov, s'explica una història aparentment senzilla. Ivan Velikopolski, estudiant de l'acadèmia eclesiàstica, fill d'un sagristà, tornava de caçar i es dirigia a casa seva per un sender prop d'un prat inundat. Era una freda nit de Divendres Sant i només a l'Horta de les vídues hi havia una foguera encesa

Laura Ferrero,
escriptora i periodista

i, al costat, la Vasilissa, la vídua més gran, escalfant-se les mans. En arribar aquí, l'estudiant es va aturar i li va fer un comentari sobre el fred. La Vasilissa, espantada, se'l va mirar uns instants sense reconèixer-lo: «No t'havia reconegut, Déu meu. Això vol dir que seràs ric». *L'estudiant*, relat triat pel crític i teòric literari Harold Bloom com un dels tres millors de Txékhov, és una porta entreoberta. El que passa a l'estudiant al llarg d'aquestes tres pàgines del relat, en les quals podríem dir que, efectivament, esdevé ric, es relaciona íntimament amb aquest bon averany sense el qual aquesta història no començaria. En el no reconeixement, en la no certesa, hi nien sempre la possibilitat i la pregunta.

Tres

Diuen que la cara és el mirall de l'ànima i, això no obstant, mai no ens hem mirat el rostre mentre dormim ni ens el mirarem a l'instant després de morir. No deixa de ser paradoxal, així doncs, que allò que creiem que ens representa més bé sigui una cosa que no aconseguim veure si no és amb ajuda d'altres coses alienes a nosaltres. Mitjançant un mirall, el paper mat d'una fotografia o el reflex esvaït d'un vidre davant el qual passem sense temps d'aturar-nos.

La llarga explicació

El nostre rostre, aquest que tenim velat la major part del temps, és comprès –amb els seus trets, estranyeses, arrugues, cicatrius– pels que ens miren, pels que ens acompanyen, i són ells, per exemple, els que en veure'l reproduït en forma de retrat, de fotografia, de dibuix, de relat, afirmen que és un bon retrat si es correspon amb el que creuen veure i el contrari si no s'hi correspon. I així, diem que un bon retrat és el que capta l'ànima, l'essència del personatge i aquí una hipòtesi una mica agosarada: que potser el retrat, en l'aproximació més tradicional, és un gènere inventat perquè ens reconeguin els altres, per a aquells que coneixen i memoritzen els nostres trets més representatius, les poses i els gestos més singulars. Però aturem-nos aquí perquè l'etimologia de la paraula «retrat» procedeix del llatí *portrahere* i significa exposar o revelar. I revelar és llevar el vel.

L'aproximació de l'artista Jordi Bernadó al gènere del retrat, l'*IDproject*, s'emmarca en l'estela d'aquest revelar, en el desig d'acostar-se al vel de la identitat des d'una altra premissa que no sigui la del reconeixement. Perquè potser, i això entronca amb una constant de la seva obra –sempre oberta al dubte, a llegir la lletra petita i no deixar-se endur pel que veiem–, en el no reconeixement hi ha, com en el relat de Txékhov, el senyal del bon averany, una porta oberta a la interpretació, al dubte, al més i al menys.

Els retrats que formen part d'aquest projecte –*sui generis*, irònics, radicals, agosarats– estan posats al servei d'aquesta gran pregunta per la identitat dels retratats als quals, en el moment que decideixen formar part del projecte, el fotògraf proposa dues condicions abans de disparar. En primer lloc, a tots els fa una pregunta aparentment senzilla: quin és el teu lloc al món? Bernadó es refereix als llocs que ens determinen al llarg de l'existència, que potser han estat definidors de la nostra identitat. Bernadó es desplaça fins a aquest punt geogràfic, sigui on sigui, perquè aquest lloc constitueix el marc del retrat, el marc de la identitat. La segona condició que planteja als retratats és que se situïn d'esquena a la càmera, amb la qual cosa estableix un pacte amb l'espectador, que no té altre remei que confiar en la paraula del fotògraf.

A l'*IDproject*, el lloc geogràfic adquireix un paper primordial i apunta a una hipòtesi: que som les nostres decisions, els llocs que habitem i que ens habiten. En l'elecció d'un lloc al món hi ha implícita una part de la nostra biografia, aquesta biografia que no apareix en un retrat entès de manera clàssica i que aquí està apuntada, assenyalada.

El que passa en les fotografies de l'*IDproject* és que cadascuna, cadascun d'aquests retrats plens de misteri, ironia i solemnitat, al·ludeix també a l'observador. Mirant-se als llocs de l'altre, l'espectador es planteja així mateix els seus, *quin lloc triaria, quin lloc és el meu lloc*, de manera que el reconeixement no és del que fotografia, sinó del que mira i el retrat esdevé llavors aquest mirall que ens observa. Perquè, pot ser un retrat el final d'una història i, alhora, els punts suspensius que inicien una altra història?

Quan la gent posa sempre hi ha la possibilitat que hi hagi un instant per a la veritat i, en aquest sentit, la veritat, tan fugissera, es mou en dues direccions, la que concerneix el retratat, una veritat velada, i la que ens concerneix a nosaltres que, emparats pels llocs dels altres, ens preguntem pel nostre lloc. La veracitat d'aquests retrats és la del més o menys, perquè la veritat sempre és plena de projecció i no es mou mai en una única direcció. Si el màxim que podem demanar a una fotografia, i a una història, és que mai s'acabi, aquest i no cap altre és el llegat de l'*IDproject*, un retrat que ens assenyala i esdevé una pregunta. Un retrat que sempre està començant.

Laura Ferrero

Una teoría improvisada del retrato (y catorce semblanzas)

Uno

«Todo esto sucedió, más o menos» es la primera frase de *Matadero cinco*, del escritor Kurt Vonnegut. La genialidad de esta primera frase radica en estos dos adverbios, el más y el menos, que apuntalan esa verdad fundamental: todo es una aproximación y nadie nos miente mejor que quien nos promete la verdad. Preguntar pues sobre la veracidad de las cosas –de un relato, de un retrato, de una fotografía– no es pertinente porque en ningún caso puede ofrecerse una respuesta definitiva. No resulta posible saber con certeza si todo sucedió exactamente como es narrado, mostrado, porque, ¿puede la realidad reducirse a sus coordenadas y su historia? ¿No hay que tener en cuenta también todo lo que se ha proyectado o imaginado sobre ella?

Dos

En la tradición literaria rusa, no reconocer a alguien es una señal de buen augurio. En el relato de *El estudiante*, el más querido por su propio autor, Antón Chéjov, se cuenta una historia aparentemente sencilla. Iván Velikopolski, estudiante de la academia eclesiástica, hijo de un sacristán, volvía de cazar y se dirigía a su casa por un sendero junto

Laura Ferrero,
escritora y periodista

a un prado anegado. Era una fría noche de Viernes Santo y solo en la Huerta de las viudas había una hoguera encendida y, junto a ella, Vasilisa, la viuda mayor, calentándose las manos. Al llegar hasta ahí, el estudiante se detuvo y le hizo un comentario sobre el frío. Vasilisa, sobresaltada, se volvió hacia él sin reconocerlo durante unos instantes: «No te había reconocido, Dios mío. Eso es que vas a ser rico». *El estudiante*, relato escogido por el crítico y teórico literario Harold Bloom como uno de los tres mejores de Chéjov, es una puerta entreabierta. Lo que le ocurre al estudiante a lo largo de estas tres páginas del relato, en las que podríamos decir que, efectivamente, se vuelve rico, se relaciona íntimamente con ese buen augurio sin el cual no empezaría esta historia. En el no reconocimiento, en la no certeza, anidan siempre la posibilidad y la pregunta.

Tres

Dicen que la cara es el espejo del alma y, sin embargo, nunca hemos mirado nuestro rostro mientras dormimos ni lo miraremos en el instante después de morir. No deja de ser paradójico entonces que aquello que creemos que mejor nos representa sea algo que no alcanzamos a ver si no es con la ayuda de lo otro, lo ajeno. Con mediación de un espejo, del papel mate de una fotografía, el reflejo desvaído de un cristal frente al que pasamos sin tiempo de detenernos.

La larga explicación

Nuestro rostro, este que se nos está velado la mayor parte del tiempo, es comprehendido –con sus rasgos, extrañezas, arrugas, cicatrices– por los que nos miran, por los que nos acompañan, y son ellos, por ejemplo, los que al verlo reproducido en forma de retrato, de fotografía, de dibujo, de relato, afirman que es un buen retrato si se corresponde con lo que creen ver y lo contrario si no se corresponde. Y así, de un buen retrato decimos que es el que capta el alma, la esencia del personaje y aquí una hipótesis un poco osada: que quizás el retrato en su aproximación más tradicional sea un género inventado para que nos reconozcan los demás, para aquellos que conocen y memorizan nuestros rasgos más representativos, las poses y gestos más singulares. Pero un alto aquí porque la etimología de la palabra «retrato» procede del latín *portrahere* y significaba exponer o revelar. Y revelar es quitar el velo.

El acercamiento del artista Jordi Bernadó al género del retrato, el *IDproject*, se enmarca en la estela de este revelar, en el deseo de acercarse al velo de la identidad desde otra premisa que no sea la del reconocimiento. Porque quizás, y esto entronca con una constante de su obra –siempre abierta a la duda, a leer la letra pequeña y no dejarse llevar por lo que vemos–, en el no reconocimiento haya, como en el relato de Chéjov, la señal del buen augurio, una puerta abierta a la interpretación, a la duda, al más y al menos.

Los retratos que forman parte de este proyecto –*sui generis*, irónicos, radicales, atrevidos– están puestos al servicio de esa gran pregunta por la identidad de los retratados a los que, en el momento en que deciden formar parte del proyecto, el fotógrafo propone dos condiciones previas al disparo. En primer lugar, a todos ellos les hace una pregunta aparentemente sencilla: ¿cuál es tu lugar en el mundo? Se refiere Bernadó a los lugares que nos determinan a lo largo de nuestra existencia, que quizás hayan sido definitorios de nuestra identidad. Hasta ese punto geográfico, sea el que sea, se desplaza Bernadó porque ese constituye el marco del retrato, el marco de la identidad. La segunda condición que les plantea a los retratados es que se sitúen de espaldas a la cámara y con ello establece un pacto con el espectador, al que no le queda más remedio que confiar en la palabra del fotógrafo.

En el *IDproject*, el lugar geográfico toma un papel primordial y apunta a una hipótesis: que somos nuestras decisiones, los lugares que habitamos y que nos habitan. En la elección de un lugar en el mundo está implícita parte de nuestra biografía, esa biografía que no aparece en un retrato entendido de modo clásico y que aquí permanece apuntada, señalada.

Lo que ocurre con las fotografías del *IDproject* es que cada una de ellas, cada uno de estos retratos llenos de misterio, ironía y solemnidad, alude también al observador. Mirándose en los lugares del otro, el espectador se plantea asimismo los suyos, *qué lugar escogería, qué lugar es mi lugar*, de manera que el reconocimiento no es del que fotografía, sino del que mira y el retrato se convierte entonces en ese espejo que nos observa. Porque, ¿puede un retrato ser el final de una historia y, a la vez, los puntos suspensivos que dan inicio a otra?

Cuando la gente posa siempre hay la posibilidad de que haya un instante para la verdad y, en este sentido, la verdad, tan huidiza, se mueve en dos direcciones, la que concierne al propio retratado, una verdad velada, y la que nos concierne a nosotros que, amparados por los lugares de los demás, nos preguntamos por el nuestro. La veracidad de estos retratos es la del más o menos, porque la verdad está siempre llena de proyección y nunca se mueve en una única dirección.
Si lo máximo que podemos pedirle a una fotografía, y a una historia, es que nunca se termine, este y no otro es el legado del *IDproject*: un retrato que nos señala y se convierte en pregunta. Un retrato que está siempre empezando.

Laura Ferrero

An Improvised Theory of the Portrait (and Fourteen Profiles)

One

"All this happened, more or less" is the first sentence of Kurt Vonnegut's novel *Slaughterhouse Five*. The genius of this opening statement lies in two adverbs, the "more" and the "less", which underpin a fundamental truth: that everything is an approximation and no one lies to us better than those who promise us the truth. Enquiring as to the veracity of things – a story, a portrait, a photograph – is, therefore, irrelevant, because in no case can a definitive answer be given. It is not possible to know for sure whether everything happened exactly as narrated or shown because, can reality be reduced to its coordinates and its history? And must we not also take into account everything projected or imagined about it?

Two

In the Russian literary tradition, not recognising someone is a good omen. Anton Chekhov's short story *The Student*, his own personal favourite, tells an apparently simple tale. Ivan Velikopolsky, a student at the Theological Academy, the son of a sacristan, is returning home after hunting, walking along a path by a water meadow. It is a cold Good Friday evening, and there was a fire burning only at the widows' garden, beside

Laura Ferrero,
writer and journalist

which Vasilisa, the older widow, was warming her hands. Approaching the camp fire the student stops and makes a remark about the cold. Startled, Vasilisa does not recognise the visitor at first. "I did not know you; God bless you", she says, "You'll be rich". *The Student*, which the literary critic and theorist Harold Bloom considered one of Chekhov's best three short stories, is a half-opened door. What occurs to the student over the course of three pages, and in which we might say that he does indeed become rich, is intimately related to that good omen, without which the narrative would have no starting point. In non-recognition, in non-certainty, possibility and the question always lie.

Three

They say that the face is the mirror of the soul, and yet we have never looked at our face as we sleep, nor will we see it the moment after we die. It is paradoxical, then, that what we believe best represents us is something we can only see with the help of something other, something that is not us. Through the mediation of a mirror, the matte paper of a photograph, a faint reflection in a window that we pass by without time to stop.

The long explanation

Our face, which is obscured from us most of the time, is encompassed – with its features, strange elements, wrinkles, scars and so on – by those who look at us, those who accompany us. And these are the people that, for example, on seeing it reproduced in the form of a portrait, a photograph, a drawing, a narrative, affirm that it is a good portrait if it corresponds to what they believe they see, or not, if it fails to correspond to their vision. Similarly, when discussing a good portrait we say that it is one that captures the soul, the essence of the model, and this leads us to a somewhat daring hypothesis: that, perhaps, in its more traditional approach, the portrait is a genre invented to enable others to recognise us, for those who know and memorise our most representative features, our most singular poses and gestures. But we should pause for thought here, because the etymology of the word "portrait" derives from the Latin "portrahere", meaning to expose or reveal. And to reveal is to remove the veil.

In his *IDproject*, the artist Jordi Bernadó's approach to the portrait genre pursues this object of revealing, this desire to contemplate the veil of identity from a different position from that of recognition. This is perhaps because – and this leads us to a constant in Bernadó's work, always open to doubt, to reading the small print, not believing all we see without question – there is in non-recognition, as in Chekhov's short story, a good omen, a door open to interpretation, to doubt, to more and to less.

The portraits – *sui generis*, ironic, radical, daring – that form part of this project are at the service of that great question regarding the identity of those portrayed. When they decide to participate in the project, the photographer proposes two conditions to these models prior to shooting. Firstly, he asks them all an apparently simple question: What is your place in the world? Here, Bernadó refers to the places that define us over the course of our lives, that have perhaps determined our very identity. Bernadó then travels to this geographical point, wherever it may be, because it will be the frame of his portrait, the frame of identity. The second condition he proposes to his models is that their backs should be turned to the camera. In this, he establishes a pact with the viewer, who has no choice but to trust the photographer's word.

In *IDproject*, geographical place plays a vital role and suggests a hypothesis: that we are our decisions, the places we inhabit and which inhabit us. Implicitly, part of our biography resides in the choice of a place in the world, the biography that does not appear in a classical portrait understood but which is indicated, signalled, in this project.

The fact is that each of the photographs in *IDproject*, these portraits with their great depths of mystery, irony and solemnity, also alludes to the spectator. Seeing themselves in the places of the other, the spectator also reflects on their own; *what place they would choose, what place is their place*. The result is that recognition is not of the one who photographs, but of the one who looks, and in this way the portrait becomes that mirror that observes us. Because, can a portrait be the end of a story and, at the same time, the ellipsis that marks the beginning of another?

When people pose there is always the possibility that there is a moment for the truth. Accordingly, truth, so elusive, moves in two directions: that which concerns the person portrayed, a veiled truth, and that which concerns we who, from the shelter of the places of others, wonder about our own. The veracity of these portraits is that of "more or less", because the truth is always steeped in projection and never moves in a single direction. If the most we can ask of a photograph, and of a story, is for it never to end, then this and none other is the legacy of *IDproject*: a portrait that signals us and turns into a question. A portrait that is always beginning.

JW, cofundador de la Wikipedia, que va tractar d'encerclar el buit que rau en tot allò que és important, va triar fer-se retratar a The London Library, a Londres.

JW, cofundador de la Wikipedia, que trató de cercar el vacío que anida en todo lo importante, escogió hacerse el retrato en The London Library, en Londres.

JW, co-founder of Wikipedia, who attempted to fence the void that resides in everything important, chose to have his portrait taken at The London Library in London.

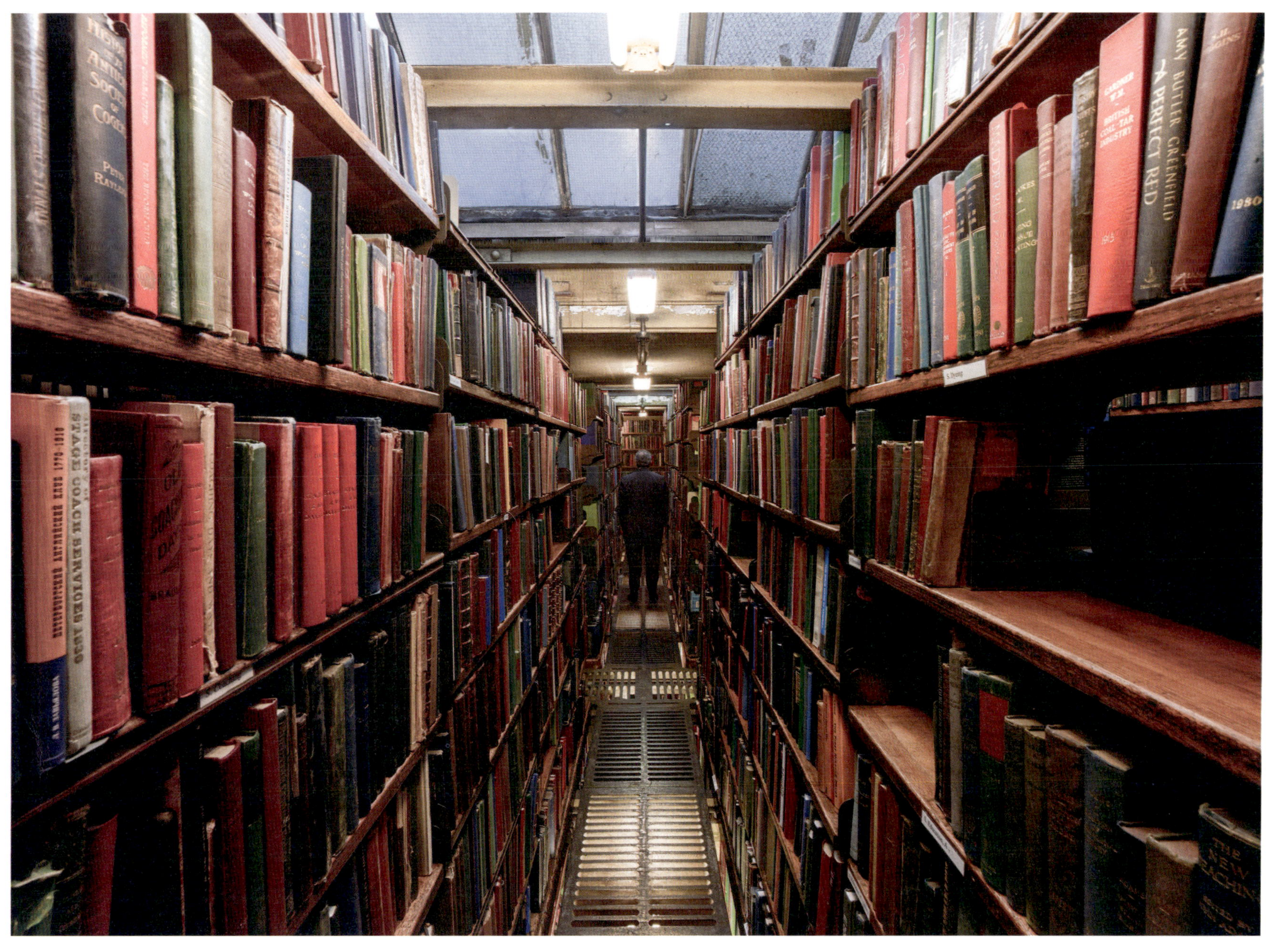
AMY BUTLER GREENFIELD
A PERFECT RED
BRITISH COAL TAR INDUSTRY

Jimmy Wales

Ningú no sap què és –quin estrany artefacte, construcció, cúmul de sabers– és una biblioteca. Tampoc on s'amaga el saber, ni s'ha pogut constatar si, como afirmava en el seu relat Jorge Luis Borges, «La Biblioteca és una esfera el centre just de la qual és qualsevol hexàgon, la circumferència de la qual és inaccessible». On es troba aquest centre just?

Potser hi ha un buit al centre de tot allò que és important, i alguns, potser fins i tot d'una manera una mica precoç, dediquen la vida a completar-lo. Aquest és el cas d'un nen al qual, als tres anys, li van regalar una enciclopèdia. Aquell obsequi innocent va sembrar la llavor d'una passió que va definir la seva vida: la passió pel saber. El nen, que podem imaginar espavilat, curiós, àvid de coneixement, passava molt de temps tafanejant entre les entrades d'aquell temple de saber fascinant. Al començament solia aturar-se en els mapes, les il·lustracions i les fines capes de cel·lofana que descobrien parts desconegudes del cos humà. Després, a mesura que van passar els anys, va aprendre a llegir i aquella fascinació inicial va ser truncada per la inquietud, perquè el nen –que hem imaginat espavilat, curiós, àvid de coneixement– es va adonar que en aquelles preuades pàgines no hi era *tot*: hi faltaven dades. De nou, el buit. Així, el nen va idear un sistema rudimentari per anar completant l'absència i tractava de buscar informació en altres llocs, en altres llibres, la contrastava i l'anava afegint mitjançant notes adhesives que esmenaven els errors de l'enciclopèdia.

No tenim manera d'esbrinar si el que desitjava amb aquell passatemps estrany era el mateix amb què va somiar el nen convertit en adult: un món on la gent tingués accés gratuït a la suma total de tots els coneixements possibles. Un món on fos possible aplegar tot el saber en un mateix lloc. I el lloc, per cert, va acabar batejant-se com Wikipedia i el nen, que ara ja és adult, Jimmy Wales, va fundar, juntament amb el filòsof Larry Sanger, l'enciclopèdia online més famosa, l'enciclopèdia de la qual es pot dir, sense por de la hipèrbole, que va canviar el món.

L'embrió de la Wikipedia va ser una web anomenada Nupedia, una enciclopèdia gratuïta que no va tirar endavant perquè el programa que feia servir era poc operatiu. Va ser el 2001 quan va aparèixer la tecnologia wiki, que permetia que tothom pogués escriure en un lloc i modificar-ne el contingut, la qual cosa va permetre que naixés la Wikipedia. I avui aquesta enciclopèdia lliure editada de manera col·laborativa té milions d'articles i usuaris arreu del món i és la vuitena web més visitada del planeta.

El destí de la Wikipedia semblava abocat al caos i, tanmateix, continuem aquí, a coll d'aquest gegant, com en aquella frase atribuïda a Bernat de Chartres que diu que «som com nans a coll de gegants. Hi podem veure més, i més lluny que ells, no per l'agudesa de la nostra vista ni per l'alçada del nostre cos, sinó perquè som alçats per la seva gran altura». Cadascú troba la seva manera d'enfrontar-se al buit. Afortunadament, Wales va donar forma a la seva en benefici nostre i potser per això avui sabem una mica més sobre el món i podem, fins i tot, ajudar a teixir totes aquestes xarxes que aconsegueixen que el saber sigui una mica més accessible.

Nadie sabe qué cosa es –qué extraño artefacto, construcción, cúmulo de saberes– una biblioteca. Tampoco dónde se esconde el saber, ni se ha podido constatar si, como afirmaba en su relato Jorge Luis Borges, «La Biblioteca es una esfera cuyo centro cabal es cualquier hexágono, cuya circunferencia es inaccesible». ¿Dónde se encuentra ese centro cabal?

Quizás exista un vacío en el centro de todo lo importante, y algunos, tal vez incluso de manera un tanto precoz, dediquen su vida a completarlo. Este es el caso de un niño al que, a los tres años, le regalaron una enciclopedia. Aquel obsequio inocente sembró la semilla de una pasión que definiría su vida: la pasión por el saber. El niño, al que podemos imaginar avispado, curioso, ávido de conocimiento, pasaba largo tiempo husmeando entre las entradas de aquel fascinante templo de saber. Al principio, solía detenerse en los mapas, ilustraciones y las finas capas de celofán que descubrían partes desconocidas del cuerpo humano. Luego, conforme pasaron los años, aprendió a leer y aquella fascinación inicial se vio truncada por la inquietud, porque el niño –que lo hemos imaginado avispado, curioso, ávido de conocimiento– se dio cuenta de que en aquellas preciadas páginas no estaba *todo*: ahí faltaban datos. De nuevo, el vacío. Así, el niño ideó un sistema rudimentario para ir completando la ausencia y trataba de buscar información en otros lados, en otros libros, la contrastaba y la iba añadiendo mediante notas adhesivas que subsanaban los errores de la enciclopedia.

No tenemos manera de averiguar si lo que deseaba con aquel pasatiempo extraño era lo mismo con lo que soñó el niño convertido en adulto: un mundo en el que la gente tuviera acceso gratuito a la suma total de todos los conocimientos posibles. Un mundo en el que fuera posible agrupar todo el saber en un mismo lugar. Y el lugar, por cierto, terminó bautizándose como Wikipedia y el niño, que ahora ya es adulto, Jimmy Wales, fundó, junto al filósofo Larry Sanger, la enciclopedia online más famosa, la enciclopedia de la que puede decirse, sin miedo a la hipérbole, que cambió el mundo.

El embrión de Wikipedia fue una web llamada Nupedia, una enciclopedia gratuita que no salió adelante porque el programa que usaba era poco operativo. Fue en 2001 cuando apareció la tecnología wiki, que permitía a cualquiera poder escribir en un sitio y modificar el contenido, lo que permitió que naciera la Wikipedia. Y hoy esta enciclopedia libre editada de forma colaborativa tiene millones de artículos y usuarios de todo el mundo y es la octava web más visitada del planeta.

El destino de Wikipedia parecía abocado al caos y, sin embargo, seguimos aquí, a hombros de este gigante, como en aquella frase atribuida a Bernardo de Chartres que dice que «somos como enanos a los hombros de gigantes. Podemos ver más, y más lejos que ellos, no por la agudeza de nuestra vista ni por la altura de nuestro cuerpo, sino porque somos levantados por su gran altura». Cada uno encuentra su manera de enfrentarse al vacío. Afortunadamente, Wales dio forma a la suya en beneficio nuestro y quizás por eso hoy sabemos un poco más acerca de nuestro mundo, podemos, incluso, ayudar a tejer todas estas redes que logran que el saber sea un poco más accesible.

Nobody knows what a library is, what strange artefact, construction, store of knowledge. Nor do we know where knowledge is hidden, nor has it been possible to confirm whether, as Jorge Luis Borges insists in his short story, "The Library is a sphere whose exact centre is any one of its hexagons and whose circumference is inaccessible". Where is this exact centre to be found?

Perhaps there exists a void at the centre of everything important, and some, perhaps even from rather an early age, devote their lives to filling it. This is the case of a child who, at the age of three, was given an encyclopaedia. That unassuming gift sowed the seeds of a passion that would define his life: a passion for knowledge. The child, who we can imagine as being acute, curious, avid for knowledge, spent a long time snooping around the entrances to that fascinating temple of knowledge. At first, he would linger over maps, illustrations and the thin layers of cellophane that revealed unknown parts of the human body. Then later, as the years passed, he learned to read and that initial fascination was interrupted by restlessness, because the child – who we have imagined as being acute, curious, avid for knowledge –realised that not *everything* was there in those esteemed pages: information was still lacking. Once more, the void. So the child devised a rudimentary system for filling in the gaps, and sought information elsewhere, in other books, checking it and adding it by means of sticky notes to correct the errors in the encyclopaedia.

We have no way of determining whether what he sought in that strange pastime was the same as what the child dreamed of when he became an adult: a world in which people had free access to the sum total of all possible knowledge. A world in which it was possible to bring together all knowledge in just one place. And that place, we might add, became known as Wikipedia and the boy, now an adult, Jimmy Wales, founded, in collaboration with the philosopher Larry Sanger, the world's most famous online encyclopaedia, the encyclopaedia that can be said, without fear of hyperbole, to have changed the world.

The embryo of Wikipedia was a website called Nupedia, a free encyclopaedia that failed because the software it used was not very operational. It was not until 2001 that wiki technology appeared, enabling anyone to write on a website or modify its content, a development which led to the birth of Wikipedia. Today, this free, collaboratively edited encyclopaedia has millions of articles and users from all over the world, and is the eighth most visited website on the planet.

Wikipedia's fate seemed to doom the site to chaos, and yet we are still here, standing on the shoulders of that giant, echoing the sentiment attributed to Bernard of Chartres that "we are like dwarfs on the shoulders of giants. We can see more, and further than they, not because of the sharpness of our eyesight or the height of our body, but because we are lifted by their great height". Each find their own way of facing the void. Happily, Wales shaped his own way, to our benefit, and because of that, perhaps, today, we know a little more about our world, and can even help to weave all those webs that help to make knowledge a little more accessible.

SH va triar fer-se retratar al Centre for Mathematical Sciences de Cambridge. Va ser la seva última fotografia en vida. Però, a la foto, tot bon observador s'adona d'una altra cosa. Poc abans de disparar la càmera, el cel encapotat es va obrir i va aparèixer, al marge esquerre de la fotografia, la Lluna. De manera que podríem dir que aquest és un retrat de SH mirant la Lluna.

SH escogió hacerse su retrato, que resultó ser su última fotografía en vida, en el Centre for Mathematical Sciences de Cambridge. Pero en la foto todo buen observador se dará cuenta de otra cosa. Poco antes de que tuviera lugar el disparo, el cielo encapotado se abrió y apareció, en el margen izquierdo de la fotografía, la Luna. De manera que podríamos decir que este es un retrato de SH mirando la Luna.

SH chose the Centre for Mathematical Sciences in Cambridge as the site of his portrait (which turned out to be the last photo taken of him in life). However, the careful observer will notice something else in the shot. Just before it was taken, the overcast sky opened up and the moon appeared in the left-hand corner of the frame. So we might say that this is a portrait of SH looking at the moon.

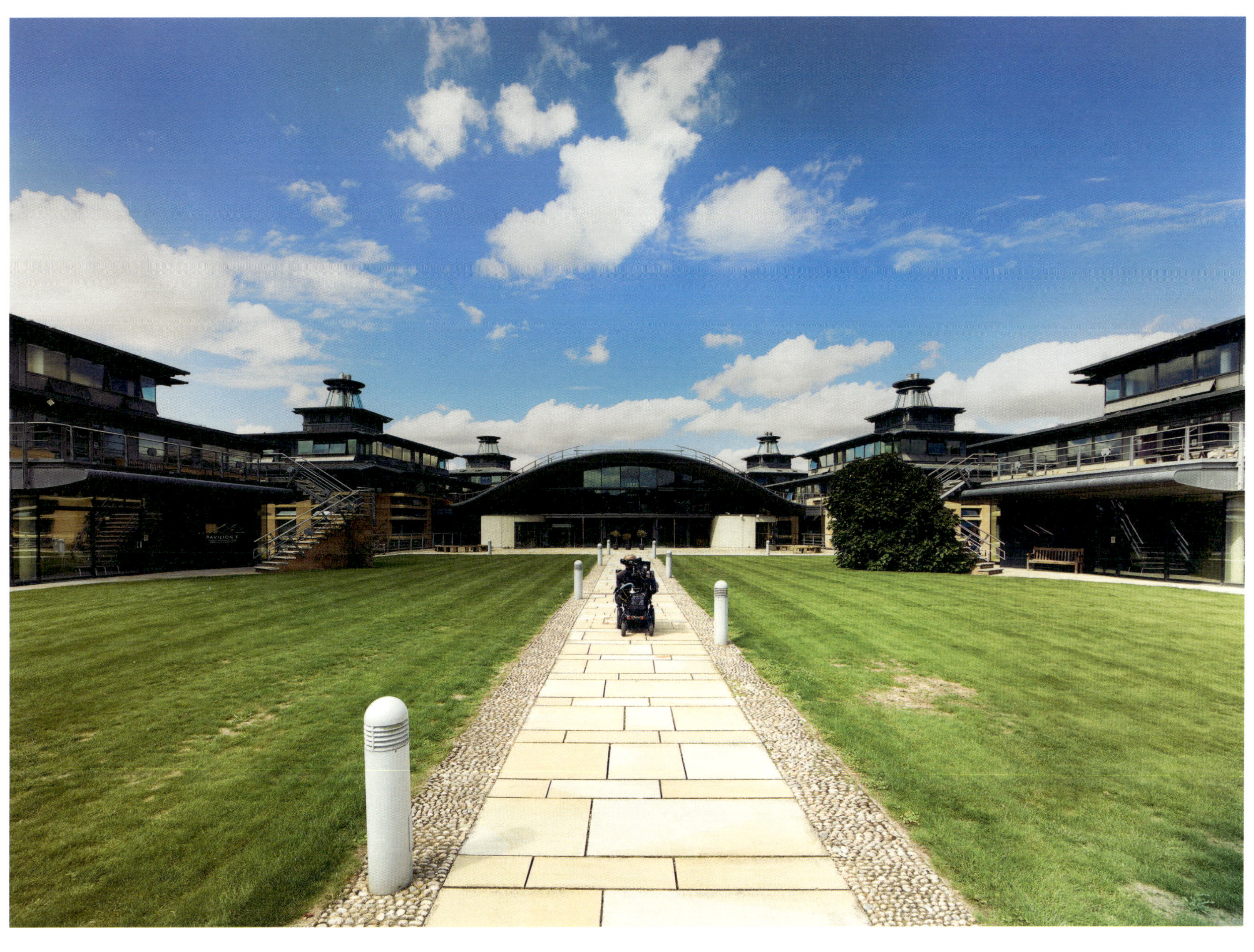

Stephen Hawking

Quan als 21 anys va ser diagnosticat d'esclerosi lateral amiotròfica (ELA), Stephen Hawking va afirmar que «La raça humana és tan insignificant en comparació amb l'Univers que estar discapacitat no té gaire importància còsmica». Els metges li van donar un any o dos de vida, com a màxim, i en va viure 55 més en una pròrroga, també còsmica, que el va convertir en astrofísic, cosmòleg, divulgador científic, icona de la cultura popular i un dels científics contemporanis més reconeguts.

Autor de la teoria del Big Bang i teòric dels forats negres, va posar edat a l'Univers: ni més ni menys que 13.700 milions d'anys i abans d'això no existia res perquè tampoc existia el temps.

El 1988, el seu llibre *Breu història del temps: del Big Bang als forats negres* va esdevenir un rècord mundial Guinness atès que es va mantenir durant quatre anys i mig a la llista de llibres més venuts del *Sunday Times*. Tot i així, com que el llibre versava sobre conceptes poc accessibles per als no científics, a Hawking li agradava fer broma dient que era el llibre menys llegit i més comprat de la història. És per això que el 2005 va publicar una versió més accessible de l'original anomenada *Brevíssima història del temps*.

No va guanyar mai el Nobel –com la majoria de nosaltres– i va escriure cinc llibres per a infants amb la seva filla Lucy en els quals un nen anomenat George aprèn coses sobre l'Univers i a viatjar-hi. Era britànic, però tenia accent americà. El sintetitzador de veu que li permetia parlar era un DECTalk DT C01, un vell equip de 1986 que no volia actualitzar perquè assegurava que era la veu que més li agradava i que amb aquesta veu –deia fent broma– tenia més èxit amb les dones. Sense ser actor, va sortir a la televisió i al cinema.

Si l'edat moderna va començar, simbòlicament, quan Petrarca va pujar al Mont Ventoux el 1336 i va veure el seu reflex interior a la terra que s'estenia sense límits davant seu, les recerques de Hawking, les seves exploracions i preguntes ens retornen als grecs i a la seva relació amb el cosmos, a Copèrnic i les esferes celestes, a Galileu fascinat amb el seu telescopi. Ens porten a tots els que, àvids de coneixement i saber, van reflexionar sobre el món mirant d'acostar-se a aquest misteri que el cel i el temps representen.

Cuando a los 21 años fue diagnosticado de esclerosis lateral amiotrófica (ELA), Stephen Hawking afirmó que «La raza humana es tan insignificante en comparación con el Universo que estar discapacitado no tiene mucha importancia cósmica». Los médicos le dieron un año o dos de vida, a lo sumo, y vivió 55 más en una prórroga, también cósmica, que lo convirtió en astrofísico, cosmólogo, divulgador científico, icono de la cultura popular y uno de los científicos contemporáneos más reconocidos.

Autor de la teoría del Big Bang y teórico de los agujeros negros, puso edad al Universo: nada más y nada menos que 13.700 millones de años y antes de eso no existía nada porque tampoco existía el tiempo.

En 1988, su libro *Breve historia del tiempo: del Big Bang a los agujeros negros* se convirtió en un récord mundial Guinness al permanecer en la lista de libros más vendidos del *Sunday Times* durante cuatro años y medio. Aún así, como el libro versaba sobre conceptos poco accesibles para los no científicos, a Hawking le gustaba bromear diciendo que era el libro menos leído y más comprado de la historia. Por eso, en 2005, publicó una versión más accesible del original llamada *Brevísima historia del tiempo*.

Nunca ganó el Nobel –como la mayoría de nosotros– y escribió cinco libros para niños con su hija Lucy en los que un niño llamado George aprende sobre el Universo al viajar por él. Era británico, pero tenía acento americano. El sintetizador de voz que le permitía hablar era un DECTalk DT C01, un viejo equipo de 1986 que no quería actualizar porque aseguraba que era la voz que más le gustaba y que con ella, bromeaba, tenía más éxito con las mujeres. Sin ser actor, salió en la televisión y el cine.

Si la Edad Moderna empezó, simbólicamente, cuando Petrarca ascendió al Mont Ventoux en 1336 y vio su reflejo interior en la tierra que se extendía sin límites frente a él, las investigaciones de Hawking, sus exploraciones y preguntas, nos llevan de vuelta a los griegos y a su relación con el cosmos, a Copérnico y las esferas celestes, a Galileo fascinado con su telescopio. Nos llevan a todos los que, ávidos de conocimiento y saber, le dieron una vuelta al mundo tratando de acercar ese misterio que el cielo y el tiempo representan.

When, at the age of 21, he was diagnosed with amyotrophic lateral sclerosis (ALS), Stephen Hawking said: "The human race is so puny compared to the universe that being disabled is not of much cosmic significance". The doctors gave him a year or two at most, but Hawking survived for another 55 in a reprieve – also cosmic – that enabled him to become an astrophysicist, cosmologist, science populariser, icon of popular culture and one of the best-known of all contemporary scientists.

Author of the Big Bang theory and theorist of black holes, Hawking gave the universe an age: no less than 13.7 billion years, before which nothing existed, since time did not exist either.

In 1988, his book *A Brief History of Time: From Big Bang to Black Holes* entered the Guinness book of records when it stayed on the Sunday Times bestseller list for four and a half years. Even so, as his book dealt with concepts that were not easily accessible to non-scientists, Hawking liked to joke that it was the least read and most bought book in history. That is why, in 2005, he published a more accessible version of his work, titled *A Briefer History of Time*.

He never won the Nobel Prize (like most of us) and he wrote five children's books with his daughter Lucy in which a boy called George learns about the universe as he travels in space.

Hawking was British, but he spoke with an American accent. The voice synthesiser that enabled him to speak was a DECTalk DT C01, an old device from 1986 that he didn't want to update because he claimed it was the voice he liked best and with it, he joked, he had most success with women. Although he was not an actor, he appeared regularly on television and in films.

If the Modern Age began, symbolically, in 1336, when Petrarch ascended Mont Ventoux and saw his inner reflection in the earth that stretched boundlessly before him, Hawking's investigations, his explorations and his questions take us back to the Greeks and their relationship with the Cosmos, to Copernicus and the celestial spheres, to Galileo, enthralled by his telescope, they take us back to all those who, thirsty for wisdom and knowledge, turned the world upside-down in their attempt to illuminate the mystery of time and the heavens.

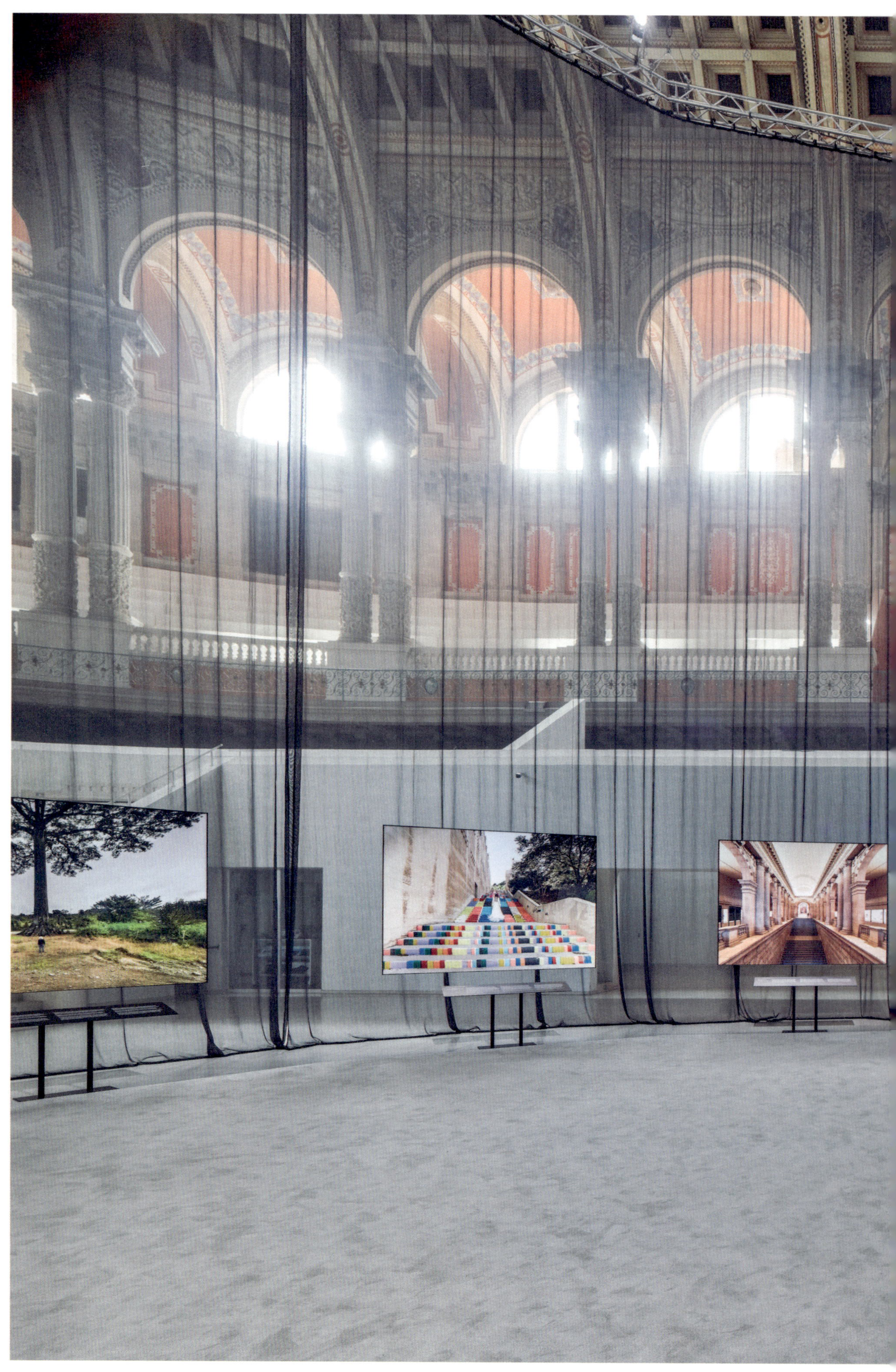

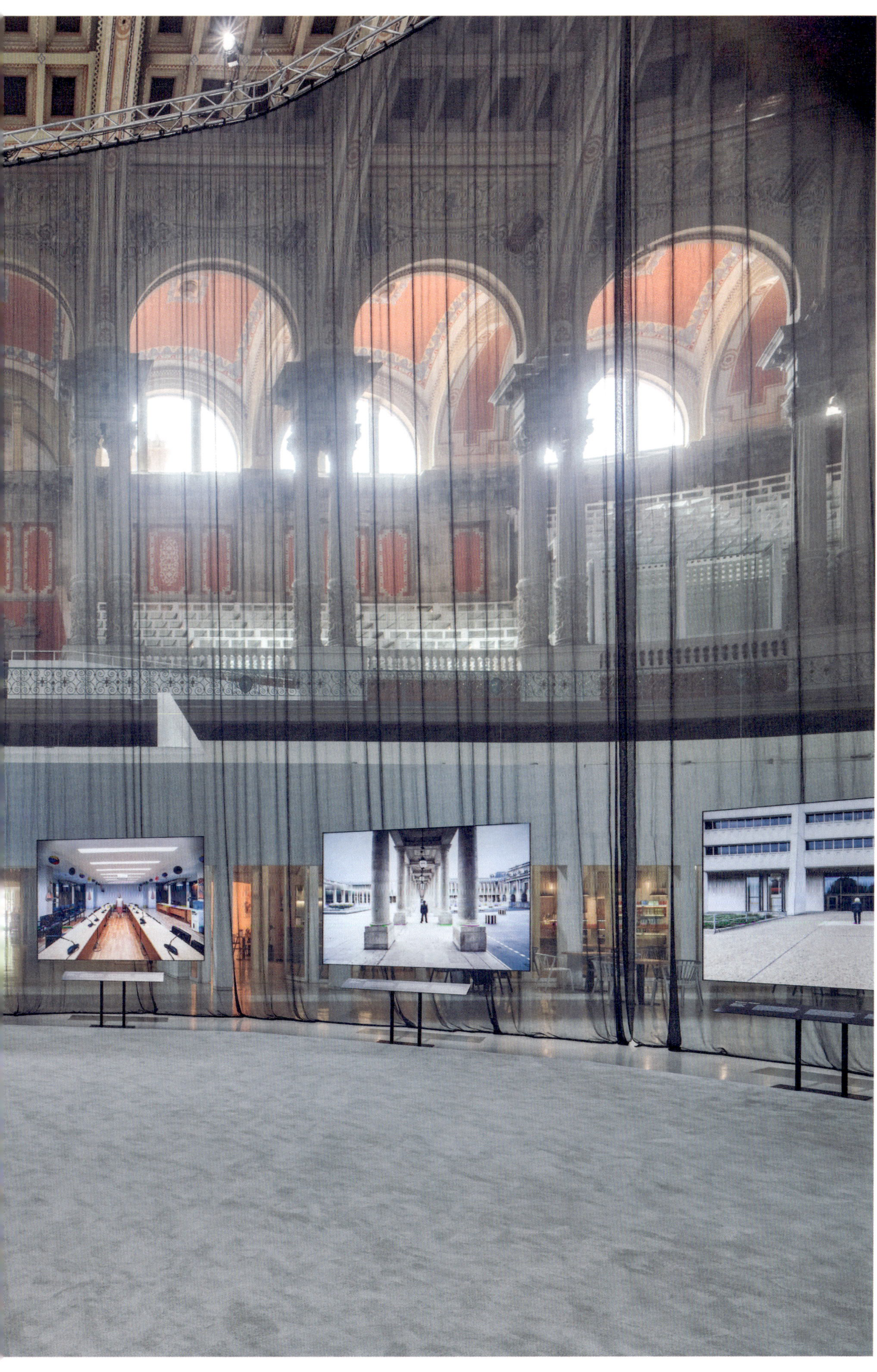

FA va triar fer-se el retrat a Cala Montjoi, Roses, des d'on, armat d'intuïció i perseverança, va revolucionar la cuina mundial des de elBulli.

FA escogió hacerse el retrato en la Cala Montjoi, Roses, desde donde, armado de intuición y perseverancia, revolucionó la cocina mundial desde elBulli.

FA chose to be portrayed at Cala Montjoi, the cove in Roses where, armed with intuition and perseverance, he revolutionised world cuisine at elBulli.

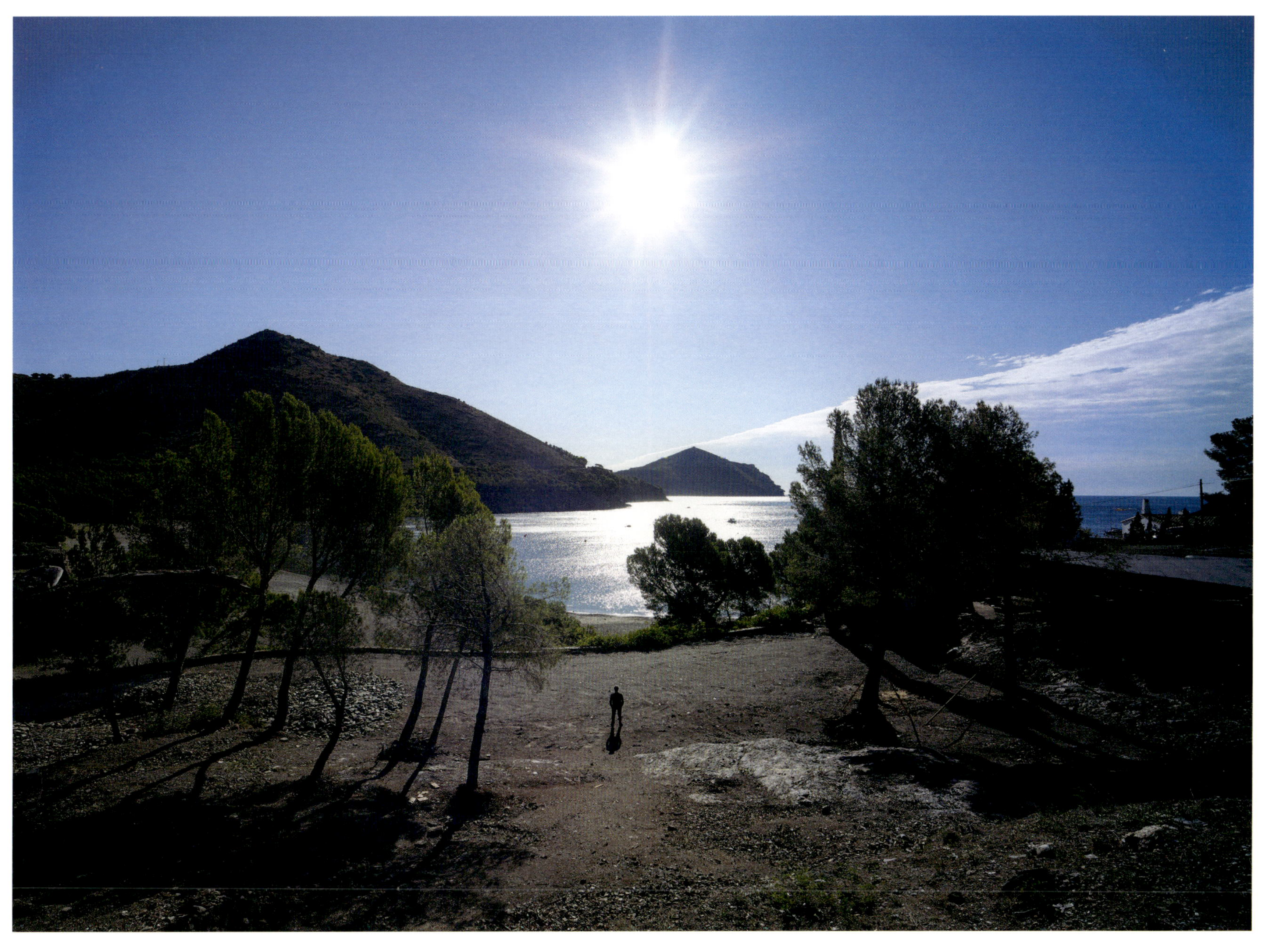

Ferran Adrià

Si et mous no surts bé a la foto, solen dir a manera de consell els que tracten de retratar-nos. Si et mous hi surts borrós, o mogut, i pot ser que els altres no et reconeguin *del tot* perquè estem acostumats a veure el món de manera estàtica –les categories, les paraules, les definicions, els retrats. Però Ferran Adrià es mou molt, per la qual cosa aquest retrat i aquest text estan en moviment, ho han d'estar per força.

Imaginem-nos aquí que aquesta fotografia comprèn el nen que neix entre fàbriques tèxtils a l'Hospitalet i que entén la forma i el límit de la seva cartografia personal a base de no donar per descomptat allò que té, qüestionant el camí que transita fins a convertir-lo sempre en una altra cosa, en un pas més.

Continuem imaginant-nos que aquesta foto, entre totes les seves capes, conté al noi que no va trepitjar la universitat i, armat d'intuïció, va revolucionar la cuina mundial des de elBulli, un restaurant situat en una cala de Girona. Després de ser elegit durant cinc anys el millor del planeta, al cim de l'èxit, va canviar de rumb fins a convertir-lo en un laboratori d'idees rupturista on intenta respondre aquesta gran pregunta de què és cuinar.

Atès que és tan important saber el que som com el que no som, podríem dir que Ferran Adrià no és un cuiner, ni un xef. Aquestes no són les etiquetes que s'acosten a descriure'l, només en són algunes, però són borroses.

Ferran Adrià no té cotxe, però es mou contínuament i intenta desxifrar l'univers, especialment el seu, gargotejant notes que improvisa en llibretes, tovallons de paper, bosses. Allò que té a l'abast. Brett Littman, que va ser director del Drawing Center de Nova York, on Adrià va exposar esquemes que sintetitzaven el seu saber culinari, explica que el va descobrir dibuixant repetidament en un tovalló tres paraules: «Why? Why? Why?». La pregunta i el moviment, no hi ha cap metáfora millor per acostar-nos a Adrià.

En un article de l'historiador i escriptor britànic Tony Judt titulat «In love with trains», aquest explicava que de nen s'havia estressat molt amb les imposicions del verb «ésser» –*being*–, que comportaven una multitud de càrregues. Ésser –diu– sempre li va resultar estressant: fos allà on fos, sempre hi havia alguna cosa per fer, algú a qui complaure, un deure que calia complir. Per contra, «convertir-se» –*becoming*–, va ser un alleujament.

A Ferran Adrià potser li passa el mateix, malgrat que ell no té cotxe ni condueix, és des d'aquesta conquesta, entenent conquesta com el repte d'anar sent qui és, com s'acosta a la veritat. El moviment és el que li dona les claus per ser, per anar travessant els anys.

Si te mueves mucho no sales bien en la foto, suelen decir a modo de consejo los que tratan de hacernos un retrato. Si te mueves sales borroso, o movido, y puede ser que los demás no te reconozcan *del todo* porque estamos acostumbrados a lo estático como forma de entender el mundo –las categorías, las palabras, las definiciones, los retratos. Pero Ferran Adrià se mueve mucho, por lo que este retrato y este texto están en movimiento, por fuerza tienen que estarlo.

Imaginemos aquí que esta fotografía comprende al niño que nace entre fábricas textiles en L'Hospitalet y que entiende la forma y el límite de su cartografía personal a base de no dar por sentado lo que tiene, cuestionando el camino que transita hasta convertirlo siempre en otra cosa, en un paso más.

Sigamos imaginando que esta foto, entre todas sus capas, contiene al chico que no pisó la universidad y, armado de intuición, revolucionó la cocina mundial desde elBulli, un restaurante en una cala de Girona. Elegido durante cinco años el mejor del planeta, en la cima del éxito cambió de rumbo hasta convertirlo en un rupturista laboratorio de ideas en el que intenta responder a esa gran pregunta de qué es cocinar.

Siendo tan importante saber lo que somos como lo que no somos, así podríamos decir que Ferran Adrià no es un cocinero, ni un chef. Esas no son las etiquetas que se acercan a describirlo, son solo algunas de ellas, pero son borrosas.

Ferran Adrià no tiene coche, pero se mueve continuamente e intenta descifrar el universo, especialmente el suyo propio, garabateando notas que improvisa en libretas, servilletas de papel, bolsas. Lo que tenga a mano. Cuenta Brett Littman, el que fue director del Drawing Center de Nueva York, donde Adrià expuso gráficos que sintetizaban su saber culinario, que lo descubrió dibujando repetidamente en una servilleta tres palabras: «¿Why? ¿Why? ¿Why?». La pregunta y el movimiento, qué mejor metáfora para acercarnos a Adrià.

En un artículo del historiador y escritor británico Tony Judt titulado «In love with trains», este contaba que de niño se había estresado mucho por las imposiciones del verbo «ser» –*being*–, que entrañaban multitud de cargas. Ser –cuenta– siempre le resultó estresante: dondequiera que estuviera, había algo que hacer, alguien a quien complacer, un deber que cumplir. Por el contrario, «convertirse» –*becoming*–, fue un alivio.

A Ferran Adrià quizás le ocurra lo mismo, a pesar de que él no tiene coche ni conduce, es desde esa conquista, entendida conquista como el reto de ir siendo quien es, como se acerca a la verdad. Es el movimiento el que le da las claves para ser, para ir atravesando los años.

If you move too much, you won't look good in the photo, as those trying to take our portrait will often say by way of advice. If you move, your picture will be blurred or out of focus, and others may not *quite* recognise, because we are used to the stationary as a way of understanding the world – categories, words, definitions, portraits. But Ferran Adrià moves a lot and that is why this portrait and this text are in motion – that is the way it has to be!

Let us imagine now that this photograph contains the child born among the textile factories in L'Hospitalet and who understands the form and boundaries of his personal cartography based on not taking what he has got for granted, questioning the path he follows until it always becomes something else, one step beyond.

Now let us continue to imagine that this photo, in all its layers, contains the boy who never went to university but, armed by his own intuition, revolutionised world cuisine from elBulli, the restaurant in a cove in Girona. Voted the best on the planet for five consecutive years, at the height of success he changed course to turn elBulli into an ideas lab focused on rupture, where he seeks to answer the great question of what it is to cook.

It is as important to know what we are as what we are not, so we might well say that Ferran Adrià is not a cook, nor a chef, these are not labels that fully describe him; they are just some of them, but they are blurred.

Ferran Adrià does not own a car, but he is constantly on the move, trying to decipher the universe, particularly his own, scribbling down ideas into notebooks, on paper serviettes, on bags, whatever comes to hand. Brett Littman, former director of the Drawing Center in New York, where Adrià showed illustrations summarising his culinary knowledge, says that he kept writing three words on a napkin: "Why. Why. Why?" The question and the movement, what better metaphor for understanding him?

The British historian and writer Tony Judt confessed in an article titled "In Love with Trains" that as a child *being* had always felt stressful to him: "where I was there was something to do, someone to please, a duty to completed." *Becoming*, on the other hand, was relief.

Perhaps the same thing is true of Ferran Adrià, even though he neither owns a car nor drives: it is through this conquest, understood as the challenge of being what one is, that he finds truth. It is movement that gives him the keys to be, to journey through the years.

RQ va triar fer-se el retrat en un lloc sense el qual no s'entendrien ni ella ni la seva lluita. Per això és aquí, a Salinas Grandes, Jujuy, Argentina.

RQ escogió hacerse su retrato en un lugar sin el que ella no se entendería, ni ella ni su lucha, por ello aquí está, en Salinas Grandes, Jujuy, Argentina.

RQ chose to have her portrait taken in a place without which we could understand neither herself nor her struggle, which is why she is in Salinas Grandes, Jujuy, Argentina.

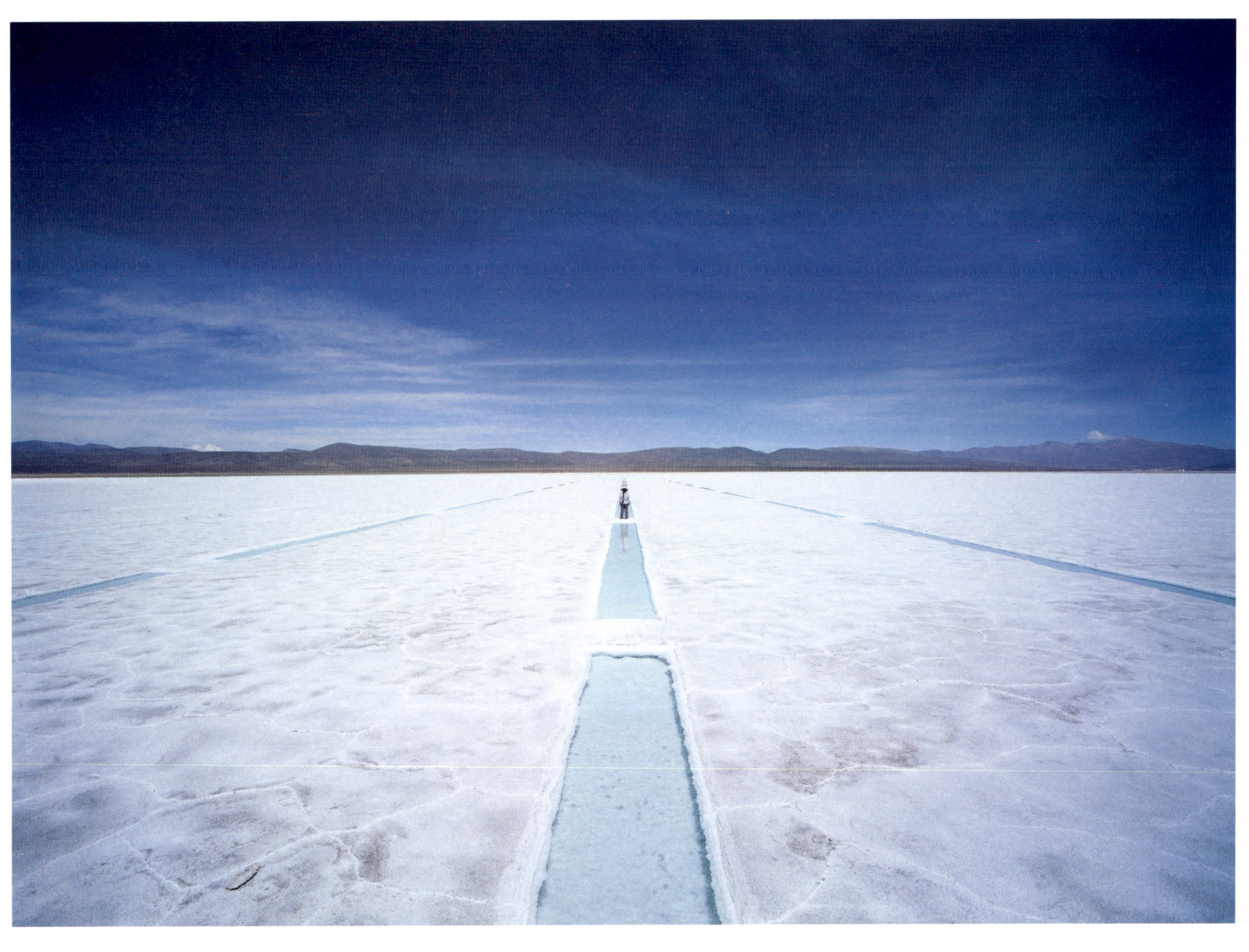

Rosario Quispe

En els somnis comencen les responsabilitats. Això cantava Lou Reed i Delmore Schwartz ho va explicar en el relat homònim. Moltes de les realitats comencen aquí, en els somnis. I el de Rosario Quispe era el de molts de nosaltres: «Somiàvem amb un futur millor», diu aquesta dona que va passar la infància amb els avis a Puesto del Marqués, a la Puna argentina, molt a prop de la frontera amb Bolívia, i d'ells va aprendre els valors que guien la seva vida avui: «Si no els tenim, filla, –recorda que li repetien– si els perdem, no tindrem res de res».

Quan es va casar, es va traslladar a un poble proper, Abra Pampa, i el 1995, quan va tancar la mina on treballava el seu marit, la família de Rosario Quispe es va quedar sense mitjans per subsistir. Uns mesos després va morir la seva mare i de la traumàtica experiència de no tenir ni ambulàncies per portar-la a l'hospital –Jujuy és a 220 quilòmetres d'aquí– va sorgir una resolució que no l'ha abandonat fins avui: la ferma decisió de treballar per desenvolupar la seva regió. Va ser aquest mateix any, 1995, quan va fundar a Abra Pampa, Jujuy, l'Associació Warmi Sayajsunqo (que en quítxua significa «dona perseverant») per defensar les comunitats de la zona i que no haguessin de marxar lluny per subsistir. Per poder fer de la Puna un lloc habitable en el futur.

Perseverar significa mantenir-se ferm i constant en una manera de ser o d'actuar, significa assenyalar allò a què és impossible renunciar. Les warmi de Quispe van néixer el 1995 com un grup de teixidores. Un grup reduït de dones es va començar a reunir en una habitació de casa de la Rosario. Hi duien els fills petits perquè no tenien amb qui deixar-los i aquí, entre aquestes quatre parets, mentre teixien, compartien el temps i la vida, les alegries i estranyeses, però també aquell somni que començava i acabava en un futur millor. Va ser molt important per a elles sentir que no estaven soles. Al cap d'uns mesos ja eren 320 sòcies i avui l'associació està integrada per més de 3.000 famílies, habitants de la Puna i les valls interandines i conformada per les 90 comunitats originàries.

Avui, Warmi Sayajsunqo i la Rosario són els referents socials del canvi a Jujuy i es preparen per tirar endavant nous reptes i impulsar l'ocupació de qualitat a la seva comunitat. Aquesta emprenedora social, nominada al Premi Nobel de la Pau el 2005, ha organitzat un sistema de crèdits perquè les comunitats aïllades puguin sobreviure sense haver d'emigrar forçadament a les ciutats per guanyar-se la vida i també ha fundat la primera universitat de la Puna.

Als somnis comencen les responsabilitats i Rosario Quispe, envoltada de dones amb les quals teixia els complexos fils d'un tapís, de la seva realitat, construeix oportunitats. Què més es pot dir d'algú! Que tenia un somni i ara camina sobre aquest somni.

En los sueños empiezan las responsabilidades. Lo cantaba Lou Reed y lo explicó Delmore Schwartz en el relato homónimo. Muchas de las realidades empiezan ahí, en los sueños. Y el de Rosario Quispe era el de muchos de nosotros: «Soñábamos con un futuro mejor», cuenta esta mujer que pasó su infancia con sus abuelos en Puesto del Marqués, en la Puna argentina, muy cerca de la frontera con Bolivia, y de ellos aprendió los valores que guían su vida hoy: «Si no tenemos eso, hija, –recuerda que le repetían– si los perdemos, no tendremos ni para comer».

Cuando se casó, se mudó a un pueblo cercano, Abra Pampa, y en 1995, cuando cerró la mina en la que trabajaba su marido, la familia de Rosario Quispe se quedó sin medios para subsistir. Meses después murió su madre y de la traumática experiencia de no tener ni ambulancias para llevarla al hospital –Jujuy está a 220 kilómetros de ahí– surgió una resolución que no la ha abandonado hasta el día de hoy: la firme decisión de trabajar para desarrollar su región. Fue ese mismo año, en 1995, cuando fundó, en Abra Pampa, Jujuy, la Asociación Warmi Sayajsunqo (que en quechua significa «mujer perseverante») para defender a las comunidades de la zona y que no tuvieran que marcharse lejos para subsistir. Para poder hacer de la Puna un lugar habitable en el futuro.

Perseverar significa mantenerse firme y constante en una manera de ser o de obrar, significa señalar aquello a lo que es imposible renunciar. Las warmi de Quispe nacieron en 1995 como un grupo de tejedoras. Un reducido grupo de mujeres empezó a reunirse en una habitación de casa de Rosario. Llevaban a sus hijos pequeños porque no tenían con quien dejarlos y ahí, entre esas cuatro paredes, mientras tejían, compartían el tiempo y la vida, sus alegrías y extrañezas, pero también aquel sueño que empezaba y terminaba en un futuro mejor. Fue muy importante sentir eso: que no estaban solas. Al cabo de unos meses ya eran 320 socias y hoy la asociación está integrada por más de 3.000 familias, habitantes de la Puna y los valles interandinos y conformada por las 90 comunidades originarias.

Hoy, Warmi Sayajsunqo y Rosario son los referentes sociales del cambio en Jujuy y se preparan para sacar adelante nuevos desafíos e impulsar el empleo de calidad en su comunidad. Esta emprendedora social, nominada al Premio Nobel de la Paz en 2005, ha organizado un sistema de créditos para que las comunidades aisladas puedan sobrevivir sin tener que emigrar forzadamente a las ciudades en busca de sustento y ha fundado también la primera universidad de la Puna.

En los sueños empiezan las responsabilidades y Rosario Quispe, rodeada de mujeres con las que tejía los complejos hilos de un tapiz, de su realidad, construye oportunidades. ¡Qué más puede decirse de alguien! Que tenía un sueño y ahora camina sobre él.

In dreams begin responsibilities. Lou Reed sang it and Delmore Schwartz took it as his theme in a short story of the same title. Many realities begin there, in dreams. And Rosario Quispe's dream is one many of us share: "We dreamed of a better future", says this woman who was brought up by her grandparents in Puesto del Marqués, in the Argentine Puna, very close to the border with Bolivia. From them, Rosario learned the values that guide her life today: "If we don't have them, child," she remembers them saying again and again, "if we lose them, we won't even have anything to eat".

On marrying, she moved to a nearby town, Abra Pampa, but in 1995, when the mine where her husband worked closed, Rosario Quispe's family was left with no means of subsistence. Her mother died a few months later, and the traumatic experience of there not even being an ambulance to take her to hospital – Jujuy is 220 kilometres away – led Rosario to a resolution that she continues to pursue to this day: the firm decision to work for the development of her region. That same year, 1995, she founded the Warmi Sayajsunqo Association (in Quechua, "Warmi Sayajsunqo" means "persevering women") in Abra Pampa, Jujuy, to support local communities so that they would not have to move far away just to subsist. To make the Puna a habitable place in the future.

To persevere is to remain strong and constant in a way of being or working, to identify what is impossible to renounce. Rosario Quispe's *Warmi* women started out in 1995 as a group of weavers. A small group of women began to meet at her house. They brought their young children with them because they had no one to look after them, and there, within those four walls, as they weaved, they shared their time and their lives, what made them happy and what they missed, but also a dream that began and ended in a better future. It was very important to feel that they were not alone. After just a few months the Association already had 320 members, and today it represents more than 3,000 families from 90 indigenous communities, inhabitants of the Puna and the inter-Andean valleys.

Today, Warmi Sayajsungo and Rosario, key drivers of social change in Jujuy, continue to work to meet new challenges and promote quality employment in their community. This social entrepreneur, nominated for the Nobel Peace Prize in 2005, organised a credit system to enable isolated communities to survive without having to migrate to the cities in search of a livelihood and also founded the first university in the Puna.

In dreams begin responsibilities. Rosario Quispe, surrounded by women with whom she wove the complex threads of a tapestry, of their reality, builds opportunities. What more can we say of anyone? That she had a dream and that the dream is coming true.

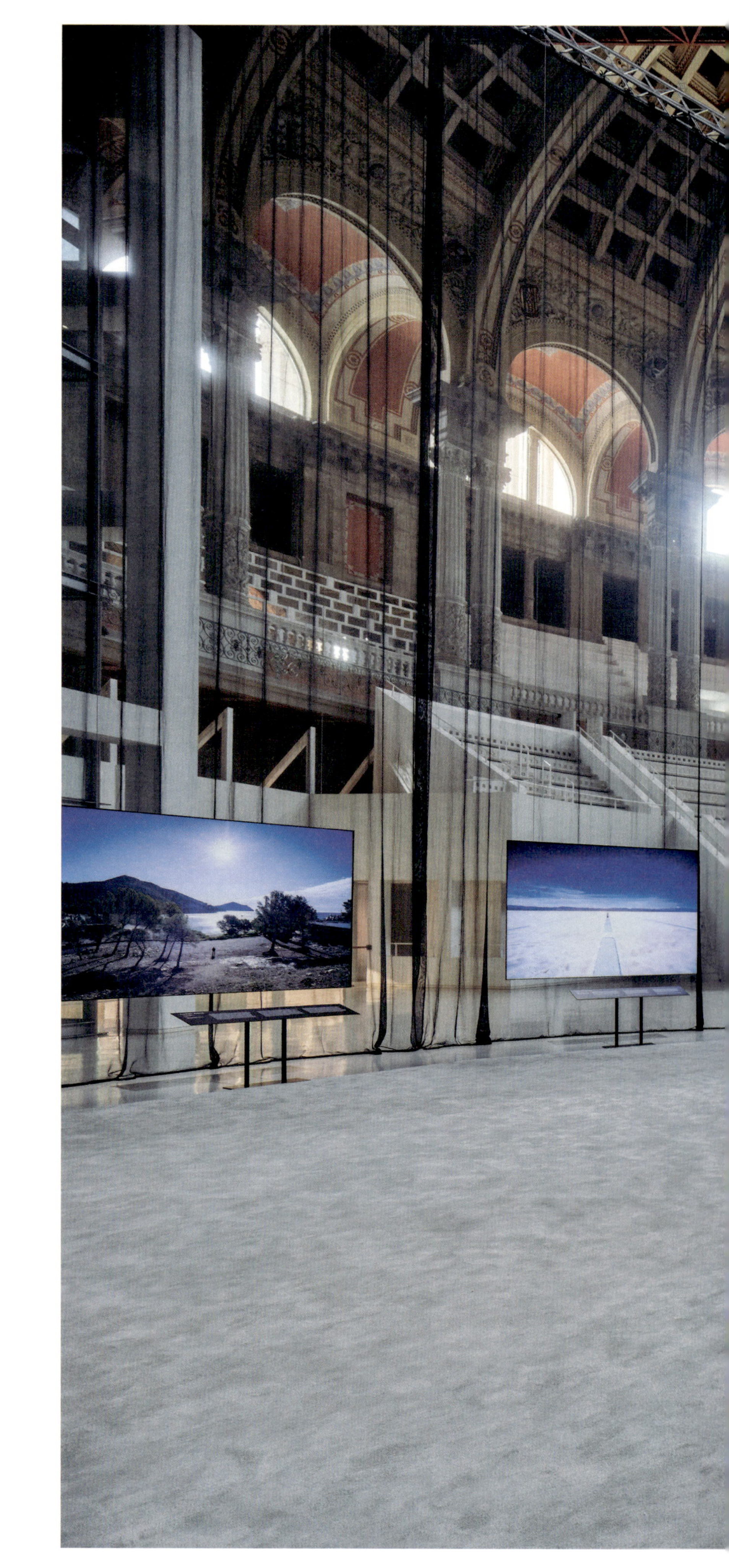

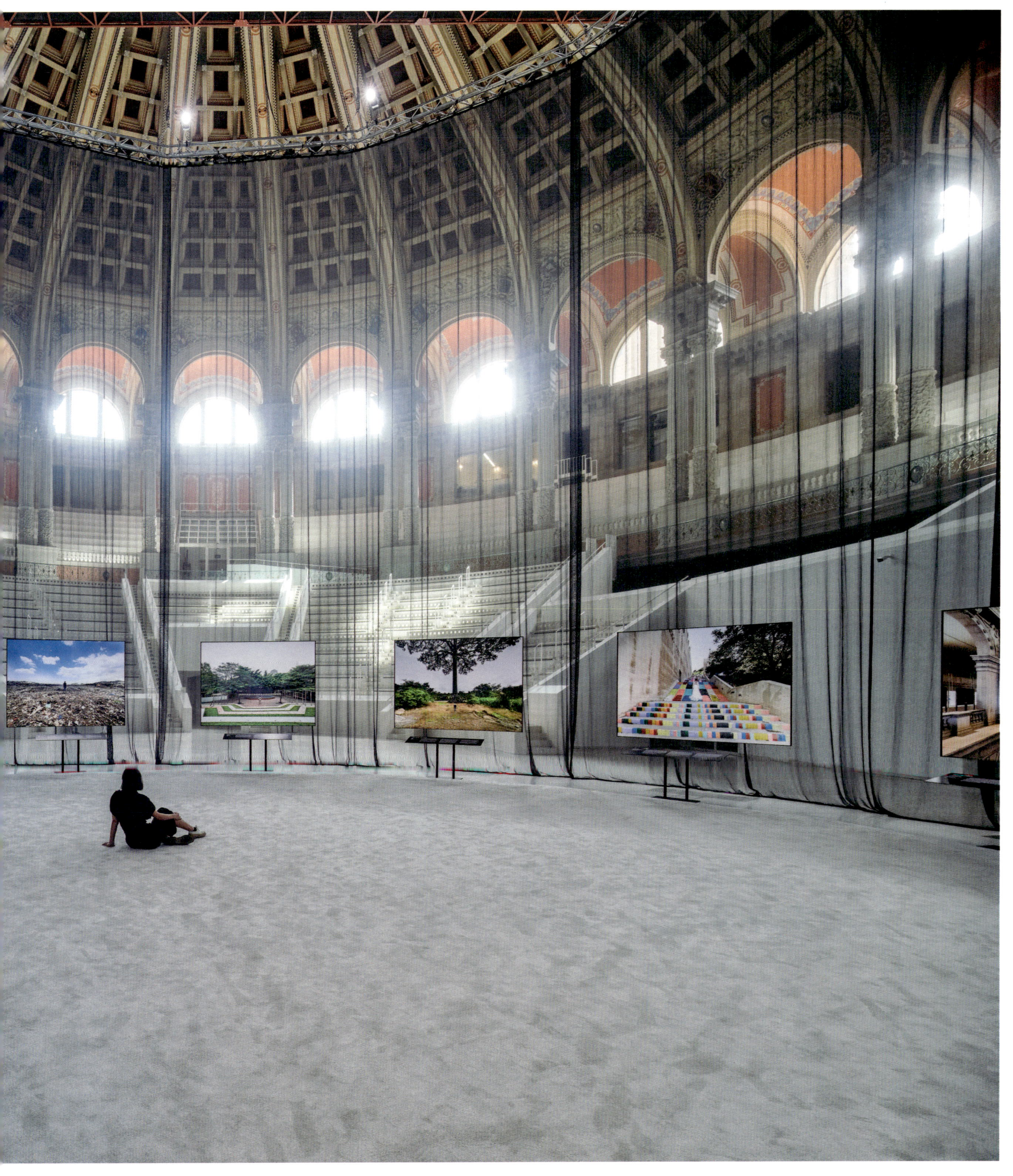

PO va decidir ser retratat a Akamasoa, als afores d'Antananarivo, Madagascar.

PO decidió ser retratado en Akamasoa, a las afueras de Antananarivo, Madagascar.

PO decided to be portrayed in Akamasoa, in the outskirts of Antananarivo, Madagascar.

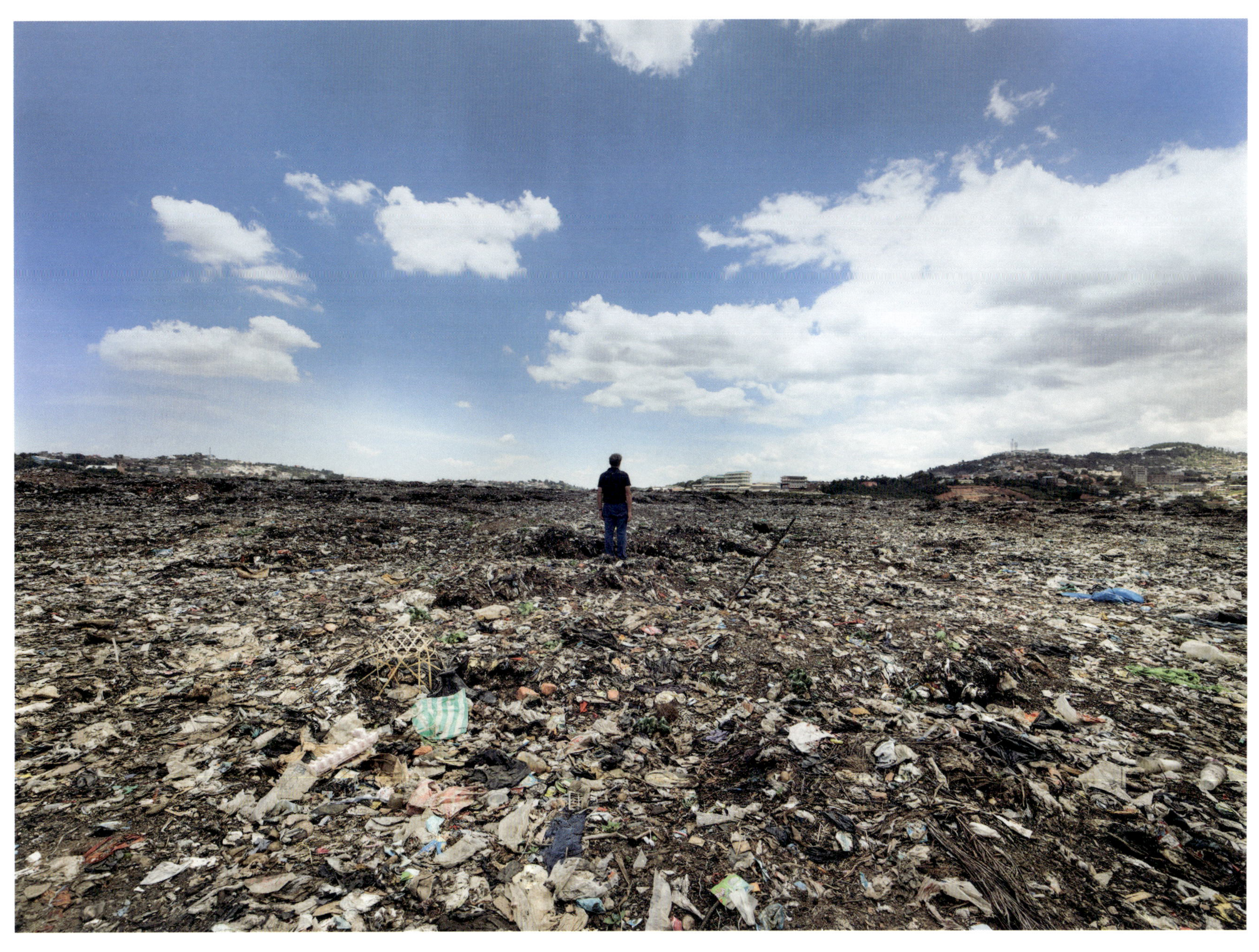

Pedro Opeka

Ningú pensaria que una ciutat pot ser també un abocador. I tanmateix, d'aquest lloc, d'un abocador dels afores d'Antananarivo –i a l'abocador hi havia restes de menjar, envasos de plàstic, deixalles electròniques, pneumàtics, ferros rovellats, roba inservible i estripada– Pedro Opeka en va saber intuir les formes, extreure-les del buit i de l'aire com si fos un terrissaire expert, i d'aquí va néixer, de la runa, una ciutat anomenada Akamasoa, que en malgaix, la llengua de Madagascar, significa bon amic.

El sacerdot argentí i missioner catòlic Pedro Opeka va arribar fa més de 50 anys a Madagascar i va quedar «mut», segons explica, davant de tanta pobresa, especialment en veure milers de famílies vivint en un abocador gegant a les afores d'Antananarivo. Gràcies a l'esforç d'aquest incansable missioner, i al de tots els que formen part d'Akamasoa, un projecte faraònic, molts dels nens que ell va conèixer entre les escombraries s'han convertit en professors, metges o arquitectes. Anys després, milers de cases, escoles, petites empreses i fins i tot un hospital s'alcen on abans només hi havia escombraries i deixalles.

En un dels relats del llibre *Manual per a dones de fer feines*, l'escriptora Lucia Berlin aconsegueix que un personatge digui: «Ell era com l'abocador de Berkeley» i que aquesta frase ens transmeti que un abocador pot ser una cosa bona, lluminosa, tot i que això contravingui la major part d'idees que tenim respecte als abocadors. Potser ignorem els fils secrets que uneixen Lucia Berlin amb Pedro Opeka, potser simplement no n'hi ha, o potser el que els uneix és intuir que en un abocador hi pot haver oportunitats, esperança.

Opeka va convertir un lloc d'exclusió, patiment i mort en un lloc on hi ha esperança, on els infants han recuperat la dignitat i recorden que la pobresa no és un destí ineludible. Per aquesta incansable missió va ser nominat al Premi Nobel de la Pau. I també perquè les seves accions es dediquen a explicar contínuament el significat de la paraula empatia, el significat de la paraula amic.

Nadie pensaría que una ciudad puede ser también un basurero. Y sin embargo, de él, de un basurero de las afueras de Antananarivo –y en el basurero había restos de comida, envases de plástico, desechos electrónicos, neumáticos, hierros oxidados, ropas inservibles y ajadas– Pedro Opeka supo intuir las formas, extraerlas del vacío y el aire como si fuera un dotado alfarero, y de ahí nació, de los escombros, una ciudad llamada Akamasoa, que en malgache, la lengua de Madagascar, significa buen amigo.

El sacerdote argentino y misionero católico Pedro Opeka llegó hace más de 50 años a Madagascar y se quedó «mudo», relata él, ante tanta pobreza, en especial al ver a miles de familias viviendo en un gigantesco vertedero a las afueras de Antananarivo. Gracias al esfuerzo de este incansable misionero, y al de todos los que forman parte de Akamasoa, este proyecto faraónico, muchos de los niños que él conoció entre la basura se han convertido en profesores, médicos, arquitectos. Años después, miles de casas, escuelas, pequeñas empresas y hasta un hospital se levantan donde antes solo había basura y desperdicios.

En uno de los relatos del libro *Manual para mujeres de la limpieza*, la escritora Lucia Berlin logra que un personaje diga: «Él era como el vertedero de Berkeley» y que esa frase nos transmita que un vertedero puede ser algo bueno, luminoso, aunque eso contravenga la mayor parte de ideas que tenemos respecto a los basureros. Quizás ignoremos los hilos secretos que unen a Lucia Berlin con Pedro Opeka, quizás simplemente no existan, o tal vez lo que los une es la intuición de que en un vertedero puede anidar la oportunidad, la esperanza.

Opeka convirtió un lugar de exclusión, sufrimiento y muerte en un lugar donde existe la esperanza, en el que los niños han recuperado su dignidad y recuerdan que la pobreza no es un destino ineludible. Por esta incansable misión fue nominado al Premio Nobel de la Paz. Y también porque continuamente sus acciones se dedican a explicar qué significa la palabra empatía, qué significa la palabra amigo.

No one would think that a city could also be a rubbish dump. And yet, from it, from a rubbish dump in the outskirts of Antanarivo – and in that rubbish dump were food waste, plastic containers, electronic waste, tyres, rusty iron, useless, worn-out clothes – Pedro Opeka was able to see shapes, to extract them from the void and the air like a skilled potter. And from all this waste and rubble emerged a city called Akamasoa, which in Malagasy, the language of Madagascar, means "good friend".

The Argentinian Catholic priest and missionary Pedro Opeka arrived in Madagascar more than 50 years ago and was "struck dumb", he says, by the poverty he saw, especially the thousands of families who lived in a huge rubbish dump on the outskirts of Antananarivo. Thanks to the efforts of this tireless missionary, and of all those who form part of the Pharaonic project that is Akamasoa, many of the children he encountered among the rubbish have since become teachers, doctors and architects. Years later, thousands of houses, schools, small businesses and even a hospital stand where once there was only rubbish and waste.

In one of her short stories in *A Manual for Cleaning Women*, the writer Lucia Berlin has her narrator say of one character that "He was like the Berkeley dump", transmitting the idea that a rubbish dump can be something good, filled with light, even if such a possibility contradicts most of our ideas about such sites. Perhaps we are unaware of the secret thread that links Lucia Berlin to Pedro Opeka, perhaps these links simply do not exist, or perhaps what links them is the feeling that a dump can also be home to opportunity, to hope.

Opeka turned a place of exclusion, suffering and death into a place where hope exists, where children have regained their dignity and are reassured that poverty is not an inescapable fate. For this tireless mission he was nominated for the Nobel Peace Prize. Also because all his actions are constantly devoted to explaining what the word empathy means, what the word friend means.

CNA va triar fer-se el retrat al Freedom Park de Lagos, la ciutat on viu. Abans, aquest parc era una antiga presó, Her Majesty's Broad Street Prison. Ara és el record viu del que no pot tornar a ser.

CNA escogió hacerse el retrato en el Freedom Park de Lagos, la ciudad donde vive. Antes, este parque era una antigua cárcel, Her Majesty's Broad Street Prison. Ahora es el recuerdo vivo de lo que no puede volver a ser.

CNA chose to have her portrait taken in Freedom Park in Lagos, the city where she lives. The park once housed a prison, Her Majesty's Broad Street Prison. It is now a constant reminder of what must never happen again.

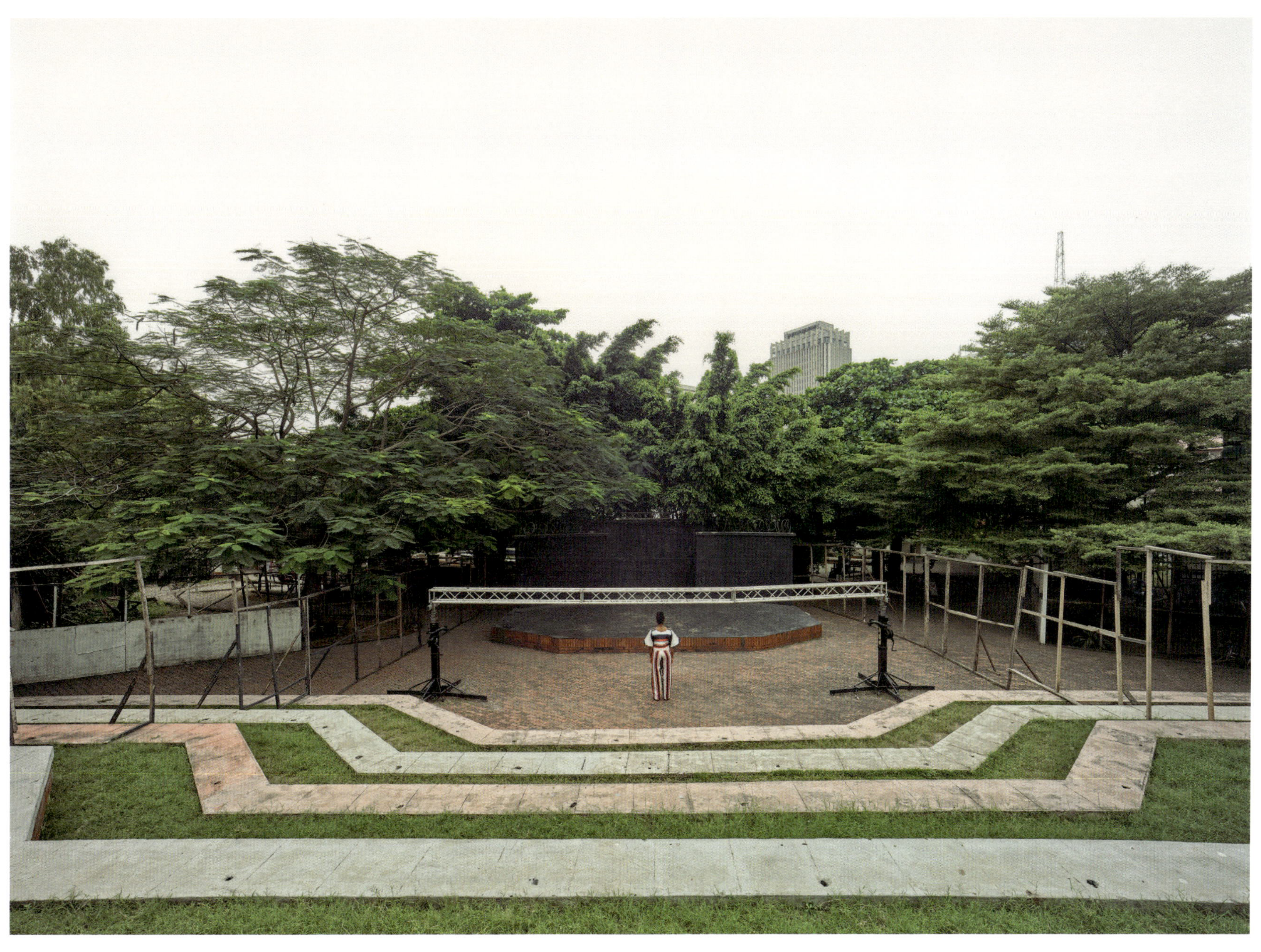

Chimamanda Ngozi Adichie

Chimamanda Ngozi Adichie va començar a escriure molt aviat: als set anys ja es va veure amb cor de fer els primers relats. Però encara va ser més precoç amb la lectura i, amb només quatre anys, devorava llibres, la major part dels quals procedents del Regne Unit o els Estats Units. A través de les seves pàgines s'endinsava en mons exòtics radicalment allunyats de Nsukka, la ciutat del nord de Nigèria on vivia amb la seva família. Casualment, o no, vivien a la mateixa casa on, anys enrere, havia viscut el seu admirat escriptor i Premi Nobel de Literatura Chinua Achebe.

Però tornem a les pàgines que encisaven aquesta lectora precoç, en què nens i nenes pigats feien ninots de neu i menjaven pomes, mentre la xerrameca dels adults versava inevitablement sobre l'arribada del bon temps. Aquests infants que ella llegia i formaven part de la seva imaginació van ser els que després van habitar aquestes primeres històries que va escriure, de manera que els seus personatges, d'ulls blaus insondables, vivien pendents de les galetetes del te i de les inclemències del temps als escarpats penya-segats de Cornualla.

Tanmateix, a Nsukka la temperatura mitjana anual és de 25 graus i de pomes o galetetes del te, ni rastre. De la qual cosa podem inferir que, malgrat viure a l'antiga casa de Chinua Achebe, abans de descobrir la literatura nigeriana Chimamanda pensava que la literatura havia d'habitar per força en un altre lloc, a les antípodes del seu país natal.

Es va enfrontar, des de molt aviat, a la incommensurable força de la història única, a la manca de referents.

Aquest és el tema que vertebra una *TED talk* que va aparèixer el 2009, que actualment acumula més de dotze milions de visionaments i vertebra gran part d'un pensament. Chimamanda Ngozi Adichie hi revela una història plena de perills: la d'aquesta veritat única amb la qual categoritzem i empresonem el món.

Chimamanda Ngozi Adichie va deixar Nigèria als 19 anys per anar a estudiar als Estats Units. Va ser aquí, amb la perspectiva que ofereix la distància, com va trobar la seva veu. Va anar lluny i va tornar a casa seva per escriure des de l'origen. Feminisme, immigració, sexisme, aquests són, entre altres, els temes que apareixen a les seves obres: *La flor púrpura*, la seva primera novel·la, *Mig sol groc*, el títol del qual fa referència al disseny de la bandera de l'efímera nació de Biafra, el sorprenent llibre de relats *Algo alredor de tu cuello* i *Americanah*. Aquests darrers anys, ja convertida en una icona del feminisme modern, ha publicat assajos com *Tothom hauria de ser feminista* i *Estimada Ijeawele. Manifest feminista en quinze consells*.

L'obra de Chimamanda Ngozi Adichie posa una veritat incòmoda sobre la taula: el problema dels estereotips no és només que siguin falsos sinó que són incomplets i, desgraciadament, són aquestes creences mutilades les que continuen governant el relat que tracem del món i, el que és encara pitjor, el món mateix.

Chimamanda Ngozi Adichie empezó muy pronto a escribir: a los siete ya se atrevía con sus primeros relatos. Pero aún más precoz fue con la lectura y, con tan solo cuatro años, devoraba libros que, en su mayoría, procedían del Reino Unido o Estados Unidos. A través de sus páginas se adentraba en mundos exóticos radicalmente alejados de Nsukka, aquella ciudad del norte de Nigeria en la que vivía con su familia. Casualmente, o no, vivían en la misma casa en la que, años atrás, había habitado su admirado escritor y Premio Nobel de Literatura Chinua Achebe.

Pero volvamos a las páginas que subyugaban a esa precoz lectora. En ellas, niños y niñas pecosos hacían muñecos de nieve y comían manzanas, mientras que la cháchara de los adultos versaba inevitablemente sobre la llegada del buen tiempo. Esos niños a los que ella leía y formaban parte de su imaginación fueron los que luego habitaron esas primeras historias que escribió, de manera que sus personajes, de insondables ojos azules, vivían pendientes de las galletitas del té y de las inclemencias del tiempo en los escarpados acantilados de Cornualles.

Sin embargo, en Nsukka la temperatura media anual es de 25 grados y de manzanas o galletitas del té, ni rastro. De lo que podemos inferir que, a pesar de vivir en la antigua casa de Chinua Achebe, antes de descubrir la literatura nigeriana, Chimamanda pensaba que la literatura debía de habitar por fuerza en otra parte, en las antípodas de su país natal.

Se enfrentó, desde muy pronto, a la inconmensurable fuerza de la historia única, a la falta de referentes.

Ese es el tema que vertebra una *TED talk* que apareció en 2009, que en la actualidad acumula más de doce millones de visionados y vertebra gran parte de un pensamiento. En ella, Chimamanda Ngozi Adichie revela una historia llena de peligros: la de esa verdad única con la que categorizamos y encarcelamos el mundo.

Chimamanda Ngozi Adichie dejó Nigeria a los 19 años para irse a estudiar a Estados Unidos. Fue ahí, con la perspectiva que ofrece la distancia, como encontró su voz. Fue lejos y regresó a su casa para escribir desde el origen. Feminismo, inmigración, sexismo, estos son, entre otros, los temas que aparecen en sus obras: *La flor púrpura*, su primera novela, *Medio sol amarillo*, cuyo título hace referencia al diseño de la bandera de la efímera nación de Biafra, su asombroso libro de relatos *Algo alrededor de tu cuello* y *Americanah*. Estos últimos años, ya convertida en un icono del feminismo moderno, ha publicado ensayos como *Todos deberíamos ser feministas* y *Querida Ijeawele. Cómo educar en el feminismo*.

La obra de Chimamanda Ngozi Adichie pone una verdad incómoda sobre la mesa: el problema de los estereotipos no es únicamente que sean falsos sino que son incompletos y, desgraciadamente, son esas creencias mutiladas las que siguen gobernando el relato que trazamos del mundo y, lo que es peor, el mundo.

Chimamanda Ngozi Adichie began to write at a very early age: she wrote her first stories when she was just seven years old. But she was even more precocious when it came to reading and, at the age of four was already devouring books, most of which came from the United Kingdom or the United States. Through their pages, she entered exotic worlds radically different from Nsukka, the city in northern Nigeria where she lived with her family. Whether or not this was coincidence, they resided at the same house where, years before, Chinua Achebe, the writer and Nobel Prize winner she so greatly admired, had lived.

But let us return to the pages that captivated this precocious reader. In them, freckly boys and girls made snowmen and ate apples, while the adults' chatter revolved inevitably around when the good weather was coming. Those children she read about and populated her imagination later came to inhabit the first stories she wrote. Accordingly, her characters, with their deep blue eyes, were concerned only about tea biscuits and the rough weather on the steep cliffs of Cornwall.

In Nsukka, however, the mean annual temperature is 25 degrees and there are no apples or tea biscuits to be had for love nor money. From all this we can infer that, despite living in Chinua Achebe's old house, before discovering Nigerian books, Chimamanda thought that literature must live elsewhere, in the antipodes of her own native country.

Soon, though she was confronted by the tremendous force of the single story, of the lack of varied points of reference.

This is the theme of a TED Talk that she gave in 2009, and has now had more than twelve million views. The talk reveals much of her thinking. In her TED Talk, Chimamanda Ngozi Adichie reveals a story full of dangers: that of the single truth we used to categorise and imprison the world.

Chimamanda Ngozi Adichie left Nigeria at the age of 19 to study in the United States. It was there, with the perspective offered by distance, that she found her voice. She went far away and returned home to write from her origins. Feminism, immigration, sexism; these are, among others, the themes that appear in her works: *Purple Hibiscus*, her first novel; *Half a Yellow Sun*, whose title refers to the design of the flag of the ephemeral nation of Biafra; *The Thing Around Your Neck*, her extraordinary book of short stories; and *Americanah*. In recent years, now an icon of modern feminism, she has published essays such as *We Should All Be Feminists* and *Dear Ijeawele, or A Feminist Manifesto In Fifteen Suggestions*.

In her work, Chimamanda Ngozi Adichie places an uncomfortable truth on the table: the problem with stereotypes is not only that they are false but that they are incomplete and, unfortunately, these half-truths continue to govern the narrative that we form of the world and, what is worse, the world itself.

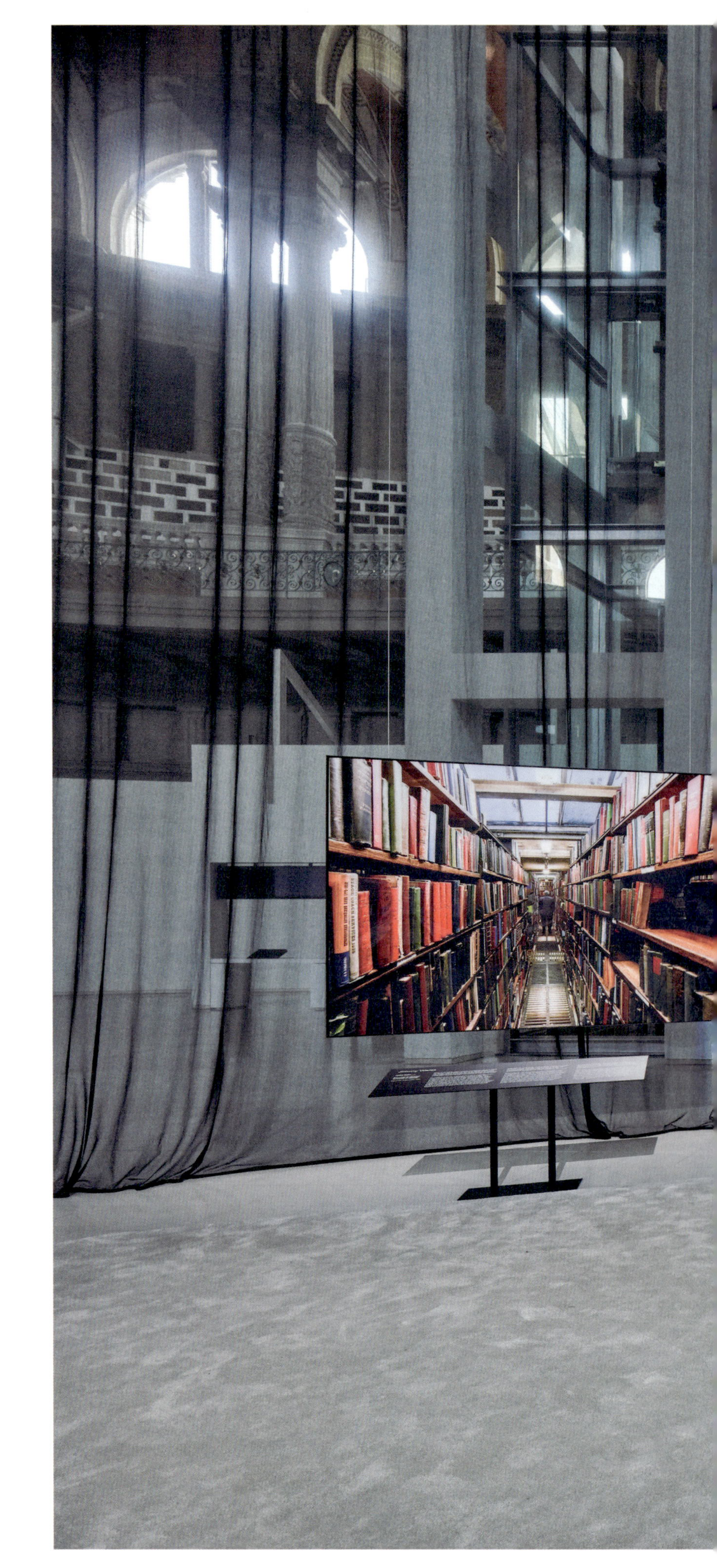

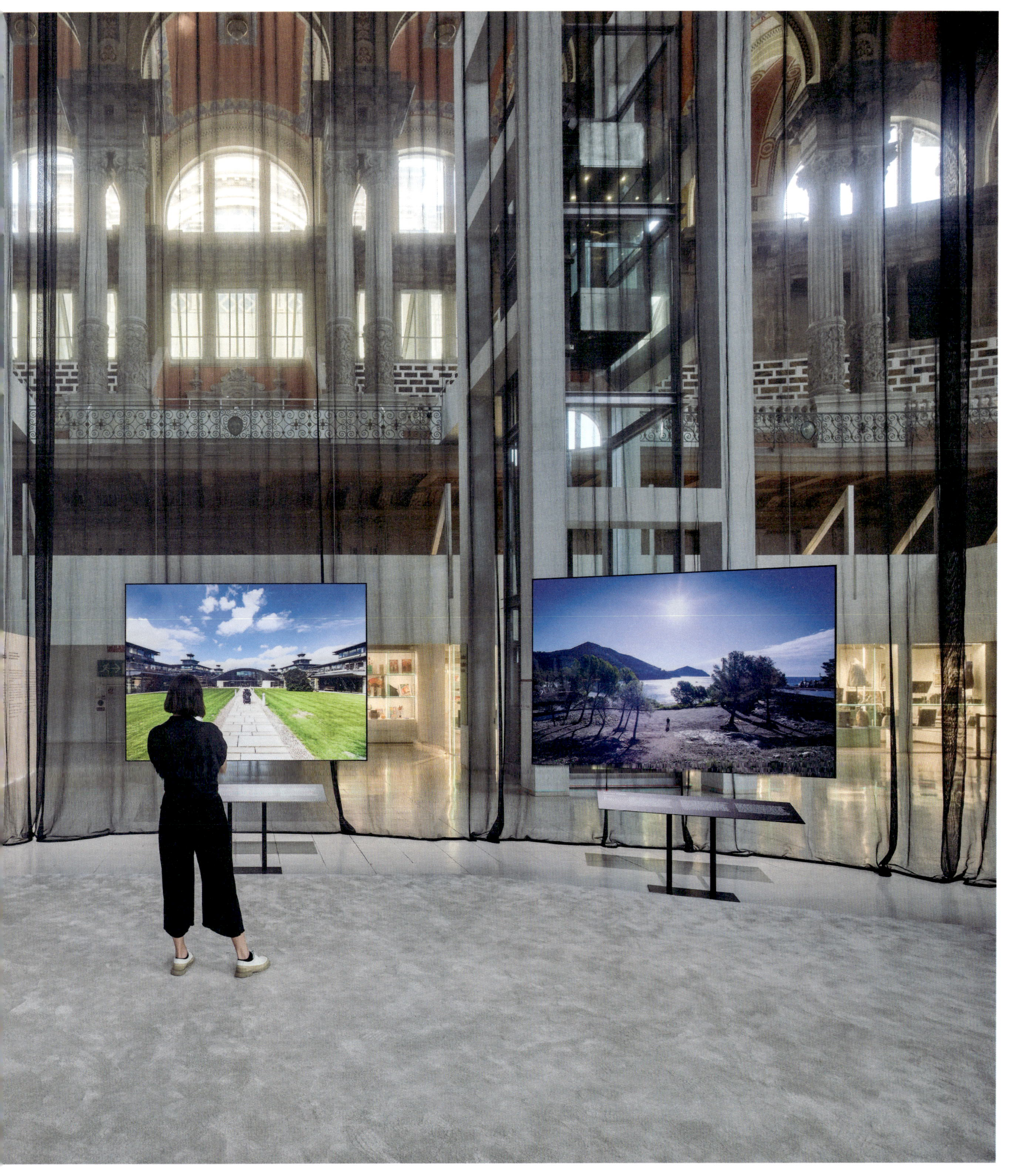

GCD va triar fer-se retratar davant de l'arbre de La Ceiba, a Sabalito, Costa Rica, país al qual està estretament vinculada. Els habitants del poble de Sabalito diuen que aquest arbre simbolitza tot allò que la natura brinda a la humanitat, que és un portal que mira cap al passat i l'enllaça amb el present i el futur. Potser un arbre, aquest arbre, qualsevol arbre, pot despertar en nosaltres la més profunda comprensió de fins a quin punt depenem íntimament de la natura.

GCD escogió hacerse el retrato frente al árbol de La Ceiba, en Sabalito, Costa Rica, país con el que mantiene un estrecho vínculo. Los habitantes del pueblo de Sabalito dicen que este árbol simboliza todo lo que la naturaleza brinda a la humanidad, que es un portal que mira hacia el pasado y lo enlaza con el presente y el futuro. Quizás un árbol, este árbol, cualquier árbol, pueda despertar en nosotros la más profunda comprensión de cuán íntimamente dependemos de la naturaleza.

GCD chose to have her portrait taken standing before "La Ceiba", a unique tree in the village of Sabalito, Costa Rica, a country with which she has close ties. The people of Sabalito say that this tree symbolises all that nature provides for humanity, that it is a portal that looks into the past and links it to the present and the future. A tree, this tree, any tree, can perhaps awaken in us the deepest understanding of how intimately we depend on nature.

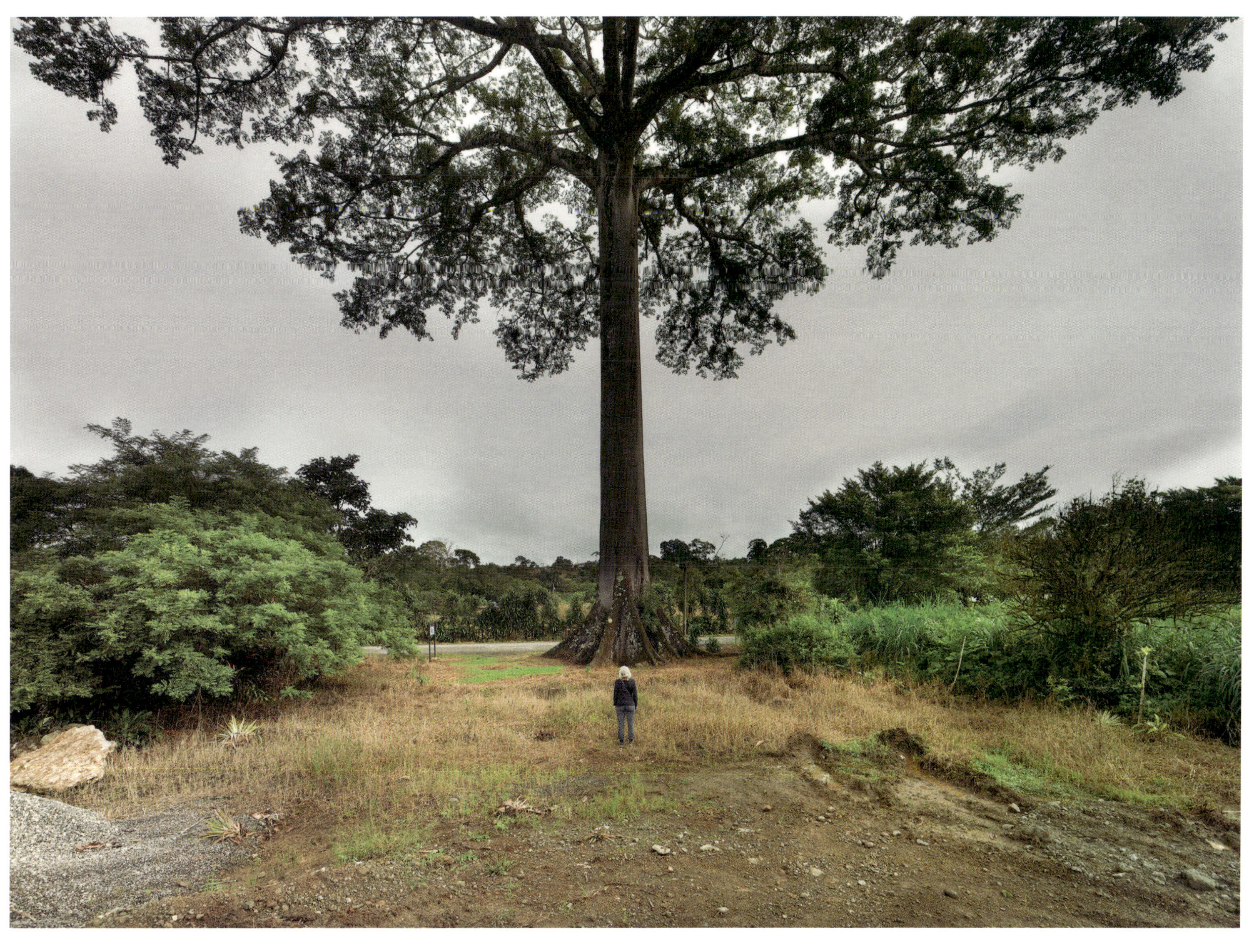

Gretchen Cara Daily

La biòloga nord-americana Gretchen Cara Daily explica que, anys enrere, treballant a Costa Rica, país al qual està estretament vinculada, solia fer un experiment. Quan es feia de nit portava els seus convidats selva endins i allà, envoltats de la més completa foscor, encenia unes llanternes especials de llum ultraviolada per tal d'atreure tota mena d'insectes. A l'acte, acudien cap a la llum centenars de criatures de diferents formes, colors impossibles i procedències indeterminades. Bocabadats, els convidats gaudien d'aquell espectacle que ara ja no produeix el mateix efecte. Tot i que Gretchen Cara Daily continua portant a terme el mateix experiment, acudeixen a la llum poquíssims insectes: només els més petits. I el canvi no és degut a timidesa, cautela o mandra de les noves generacions d'insectes, no. Es deu a la pèrdua de biodiversitat.

Les principals recerques de Gretchen Cara Daily, biòloga, biogeògrafa i professora de Ciències Ambientals del Departament de Biologia de la Universitat de Stanford, on dirigeix el Centre de Biologia de la Conservació, inclouen biogeografia, biologia de la conservació i ecologia. Justament, el seu ecologisme li va valer ser distingida amb el Premi Fronteres del Coneixement de la Fundació BBVA en la categoria d'Ecologia i Biologia de la Conservació, premi que va compartir amb la també ecòloga Georgina Mace. El seu ecologisme visionari la va dur a predir i avançar-se a les catàstrofes que ara malmeten el planeta i es fonamenta en una cosa aparentment senzilla: valorar la natura. Malgrat que és cert que ens trobem davant una emergència climàtica total, la seva actitud vital, arrelada en un optimisme que rebutja de ple la dada alarmista, és al servei de desenvolupar eines indispensables per aplicar polítiques que combaten la pèrdua d'espècies basant-se en el coneixement científic. L'estat del planeta és tràgic, però el temps de lamentar-se i de l'alarmisme s'acaba: ara som en el moment de l'acció.

Gretchen Cara Daily és l'exemple viu d'una nova actitud que assumeix que la preocupació és només un primer pas. Que ara toca moure fitxa, actuar. Que vivim en un temps en què podem fer les coses d'una manera diferent. La seva posició encarna l'esperança davant de l'alarma i això sí que és visionari.

La bióloga estadounidense Gretchen Cara Daily cuenta que, años atrás, trabajando en Costa Rica, país al que la une un estrecho vínculo, solía hacer un experimento. Cuando caía la noche llevaba a sus invitados selva adentro y ahí, rodeados de la más completa oscuridad, encendía unas lámparas especiales con luz ultravioleta a fin de atraer a todo tipo de insectos. Al instante, acudían hacia la luz cientos de criaturas de distintas formas, colores imposibles e indeterminadas procedencias. Boquiabiertos, los invitados disfrutaban de aquel espectáculo que ahora ya no surte el mismo efecto. A pesar de que Gretchen Cara Daily sigue realizando el mismo experimento, acuden a la luz poquísimos insectos: sólo los más pequeños. Y el cambio no es debido a timidez, recato o pereza de las nuevas generaciones de insectos, no. Se debe a la pérdida de biodiversidad.

Las principales investigaciones de Gretchen Cara Daily, bióloga, biogeógrafa y profesora de Ciencias Ambientales del Departamento de Biología de la Universidad de Stanford, donde dirige el Centro de Biología de la Conservación, incluyen biogeografía, biología de la conservación y ecología. Justamente, su ecologismo le valió ser distinguida con el Premio Fronteras del Conocimiento de la Fundación BBVA en la categoría de Ecología y Biología de la Conservación, premio que compartió con la también ecóloga Georgina Mace. Su ecologismo visionario la llevó a predecir y adelantarse a las catástrofes que ahora dañan al planeta y se fundamenta en algo aparentemente sencillo: valorar la naturaleza. A pesar de que es cierto que estamos ante una emergencia climática total, su actitud vital, enraizada en un optimismo que rechaza de pleno el dato alarmista, está al servicio de desarrollar herramientas indispensables para aplicar políticas que combaten la pérdida de especies basándose en el conocimiento científico. El estado del planeta es trágico, pero el tiempo de lamentarse y del alarmismo se acaba: ahora estamos en el momento de la acción.

Gretchen Cara Daily es el vivo ejemplo de una nueva actitud que asume que la preocupación es solo un primer paso. Que ahora toca mover ficha, ocuparse. Que estamos en un tiempo en el que podemos hacer las cosas de una manera diferente. Su posición encarna la esperanza frente a la alarma y eso sí que es visionario.

The American biologist Gretchen Cara Daily says that, years ago, while working in Costa Rica, a country with which she has close ties, she used to do an experiment. When night fell, she would take her guests into the jungle and there, in complete darkness, she turned on special lamps that gave off ultraviolet light to attract insects of all kinds. Immediately, hundreds of creatures of different shapes, impossible colours and indeterminate origins would flock around this light. Open-mouthed, her guests enjoyed a show that no longer reaches such heights of success. Although Gretchen continues to perform the same experiment, very few insects come to the light: only the smallest ones. And the change is not due to shyness, modesty or laziness among the new generations of insects. Not at all. It is due to the loss of biodiversity.

The main research fields of Gretchen Cara Daily, a biologist, biogeographer and professor of Environmental Science in the Department of Biology at Stanford University, where she is also Director of the Center for Conservation Biology, include biogeography, conservation biology and ecology. Her environmental activism earned her the BBVA Foundation Frontiers of Knowledge Award in the category of Ecology and Conservation Biology, which she shared with fellow ecologist Georgina Mace. Her visionary ecologism led her to predict and anticipate the disasters that are currently damaging our planet and is based on something apparently simple: appreciating nature. Although it is true that we face a total climate emergency, she has placed her energetic mindset, rooted in an optimism that completely rejects alarmist assumptions, at the service of developing key tools to implement policies that combat species loss based on scientific knowledge. The state of the planet is tragic, but the time for lamentation and alarmism is over: now is the time for action.

Gretchen Cara Daily is a living example of a new attitude that sees concern as only the first step. That now it is the time to move, to get into action. That we are at a point when we can do things differently. Her position champions hope in the face of alarm, and that is visionary.

NA, vestida de núvia en representació de la infància perduda, va triar fer-se el retrat a Amman, Jordània, ciutat que la va acollir després d'haver de fugir del Iemen.

NA, vestida de novia en representación de la infancia perdida, escogió hacerse el retrato en Amman, Jordania, ciudad que la acogió después de tener que huir de Yemen.

Dressed as a bride to represent lost childhood, NA chose to have her portrait taken in Amman, Jordan, the city where she found shelter after being forced to flee from Yemen.

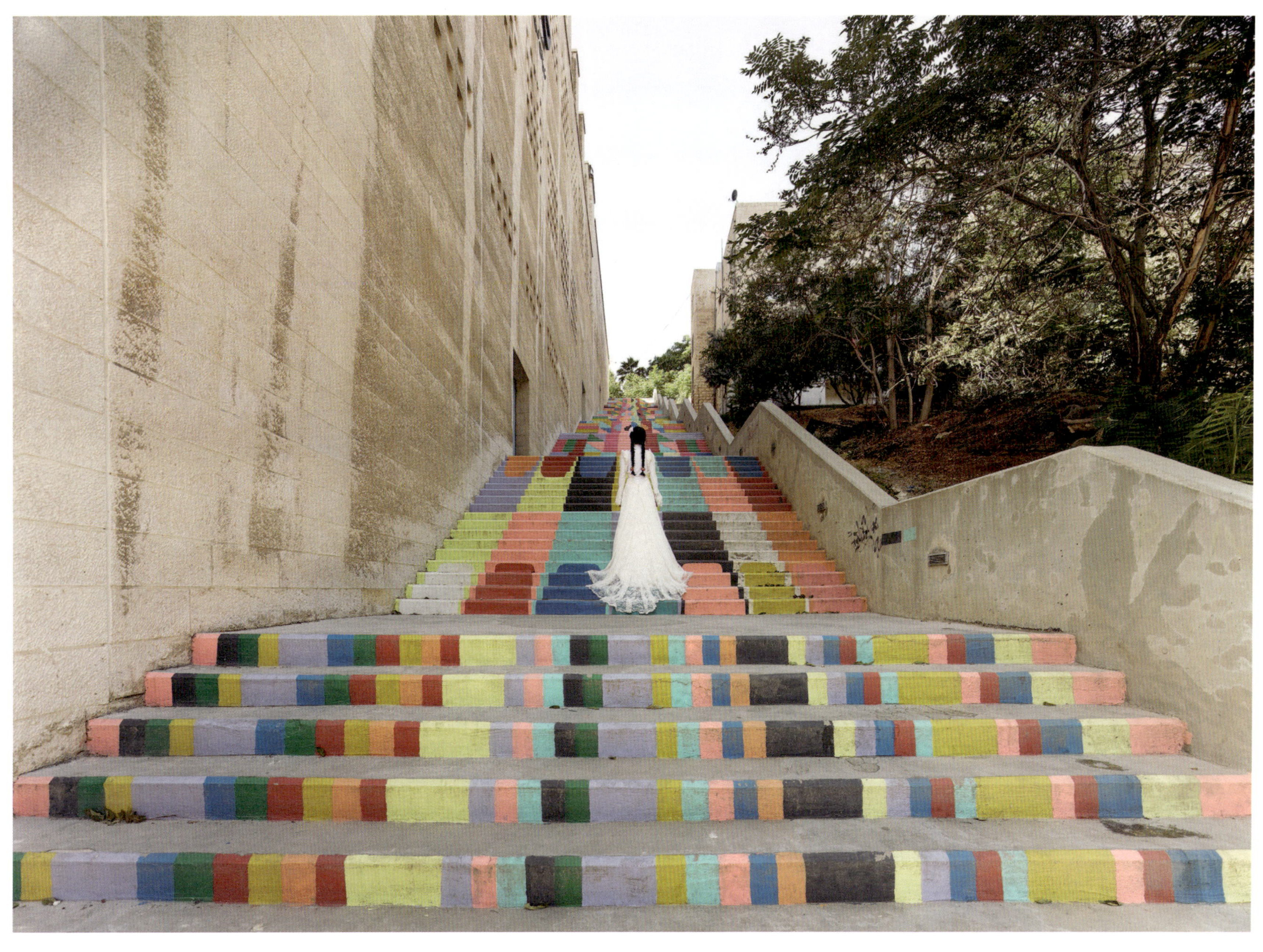

Nada al-Ahdal

Quan va fer deu anys, els pares de Nada al-Ahdal, iemenita nascuda el 2003, van intentar casar-la amb un familiar que vivia a l'estranger. El preu de la transacció va ser fixat en 2.000 dòlars, però no es va portar a terme gràcies a la intermediació del seu oncle, Abdel Salam al-Ahdal. El 2013, amb només deu anys, Nada va publicar un vídeo de dos minuts i mig a YouTube en el qual, des del seient d'un cotxe, denunciava el que havia passat: que els seus pares havien intentat casar-la per diners. Sabia què era el matrimoni infantil i les conseqüències que produïa atès que la seva tia, obligada a casar-se als 14 anys, s'havia suïcidat per fugir del seu violent marit. Així, al llarg d'aquests dos minuts i mig parlava de la por, de la por davant el futur que l'esperava si els seus pares aconseguien el seu propòsit i la casaven en un segon intent. Feia esment de la infància, els somnis trencats, l'educació. Preferia morir abans que ser venuda a un home més gran que ella. El vídeo es va fer viral i va ser un crit d'atenció sobre el matrimoni infantil, fortament arrelat en les tradicions i els costums de tants països del món.

El matrimoni infantil, definit com una unió formal o informal abans dels 18 anys, és una crua realitat per a nens i nenes, si bé a aquestes les afecta de manera desproporcionada. Les xifres parlen per si soles per entendre la dimensió del problema: cada dos segons una nena contreu matrimoni forçat. S'estima que cada any, 12 milions de nenes arreu del món, o el que és el mateix, 34.500 al dia, es casen sense haver fet els 18 anys.

Nada al-Ahdal va fugir de la seva família i del seu país d'origen després de denunciar la realitat a què són sotmeses milers de nenes. Es va enfrontar a diversos mitjans de comunicació iemenites que posaven en dubte la seva història i l'acusaven de falsejar els fets. Però la història de Nada va commoure organitzacions i mitjans internacionals i actualment viu a Londres, des d'on, convertida en activista, lluita a través de la seva pròpia fundació per convèncer el món que el matrimoni infantil no és un problema familiar sinó global. Lluita, prenent com a exemple la seva pròpia vida, per salvar milers de nenes iemenites d'un destí que les aboca al matrimoni precoç. Per retornar-los la infància, els somnis. En definitiva: perquè ningú els robi el futur.

A Nada al-Ahdal, yemení nacida en 2003, cuando cumplió diez años sus padres intentaron casarla con un familiar que vivía en el extranjero. El precio de la transacción fue fijado en 2.000 dólares, pero no se realizó gracias a la intermediación de su tío, Abdel Salam al-Ahdal. En 2013, con tal solo diez años, Nada publicó un vídeo de dos minutos y medio en YouTube en el que, desde el asiento de un coche, denunciaba lo ocurrido: que sus padres la habían intentado casar por dinero. Sabía lo que era el matrimonio infantil por sus consecuencias: su tía, obligada a casarse a los 14, se había suicidado escapando de su violento marido. De manera que a lo largo de esos dos minutos y medio hablaba del miedo, del miedo al futuro que le esperaba si sus padres conseguían su propósito y la casaban en un segundo intento. Mencionaba la infancia, los sueños rotos, la educación. Prefería morir antes que ser vendida a un hombre mayor que ella. El vídeo se hizo viral y fue una llamada de atención sobre el matrimonio infantil, fuertemente arraigado en las tradiciones y costumbres de tantos países del mundo.

El matrimonio infantil, definido como una unión formal o informal antes de los 18 años, es una cruda realidad para niños y niñas, aunque a estas últimas las afecta de manera desproporcionada. Las cifras hablan por sí solas para entender la dimensión del problema: cada dos segundos una niña contrae matrimonio forzado. Se estima que cada año, 12 millones de niñas en todo el mundo, o lo que es lo mismo, 34.500 al día, se casan sin haber cumplido los 18 años.

Nada al-Ahdal huyó de su familia y de su país de origen después de denunciar la realidad a la que son sometidas miles de niñas. Se enfrentó a varios medios de comunicación yemeníes que ponían en entredicho su historia y la acusaban de falsear los hechos. Pero la historia de Nada conmocionó a organizaciones y medios internacionales y, en la actualidad, vive en Londres y desde ahí, convertida en activista, lucha a través de su propia fundación para convencer al mundo de que el matrimonio infantil no es un problema familiar sino global. Lucha, tomando como ejemplo su propia vida, para salvar a miles de niñas yemeníes de un destino que las aboca al matrimonio precoz. Para devolverles la infancia, los sueños. En definitiva: para que nadie les robe el futuro.

Nada al-Ahdal was born in Yemen in 2003. When she was ten, her parents tried to marry her off to a relative who lived abroad. The price of this transaction was set at 2,000 dollars, but it never came to fruition thanks to the intervention of Nada's uncle, Abdel Salam al-Ahdal. In 2013, at the age of just ten years, Nada posted a two-and-a-half minute video on YouTube in which, from the seat of a car, she denounced what was happening: that her parents were trying to marry her off for money. She knew what child marriage was like, having witnessed the consequences: her aunt, forced to marry at 14, had committed suicide trying to get away from her violent husband. So, in those two and a half minutes, Nada spoke of her fear, fear for the future that awaited her if her parents were successful in their purpose and married her off at this second attempt. She talked about childhood, broken dreams, education. She said she would rather die than be sold to a man older than her. The video went viral and was a wake-up call about child marriage, which is deeply rooted in the traditions and customs of many countries around the world.

Child marriage, defined as a formal or informal union before the age of 18, is a terrible reality for many boys and girls, although girls are disproportionately affected. To understand the scale of the problem, the numbers speak for themselves: a girl is forcibly married every two seconds. Each year, an estimated 12 million girls worldwide – 34,500 a day – are married before the age of 18.

Nada al-Ahdal fled her family and her country of origin after exposing the reality to which thousands of girls are subjected. She confronted several Yemeni media that questioned her story and accused her of misrepresenting the facts. But Nada's story shocked international organisations and media, and she now lives in London, where she has become an activist and fights through her own foundation to convince the world that child marriage is not a family issue but a global problem. Using her own life as an example, she fights to save thousands of Yemeni girls from a fate that condemns them to early marriage. To give them back their childhood, their dreams. In short: so that no one can steal their future.

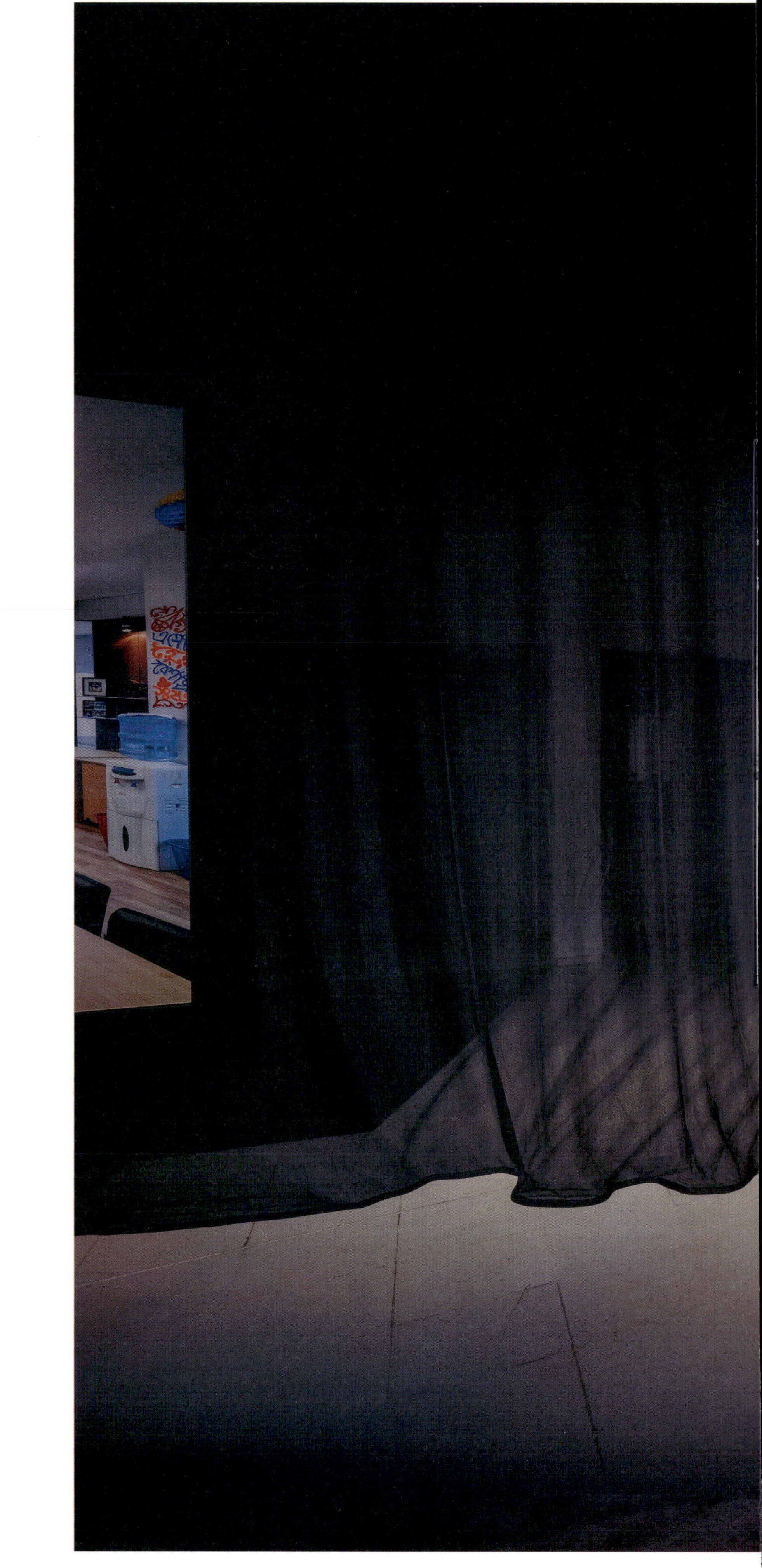

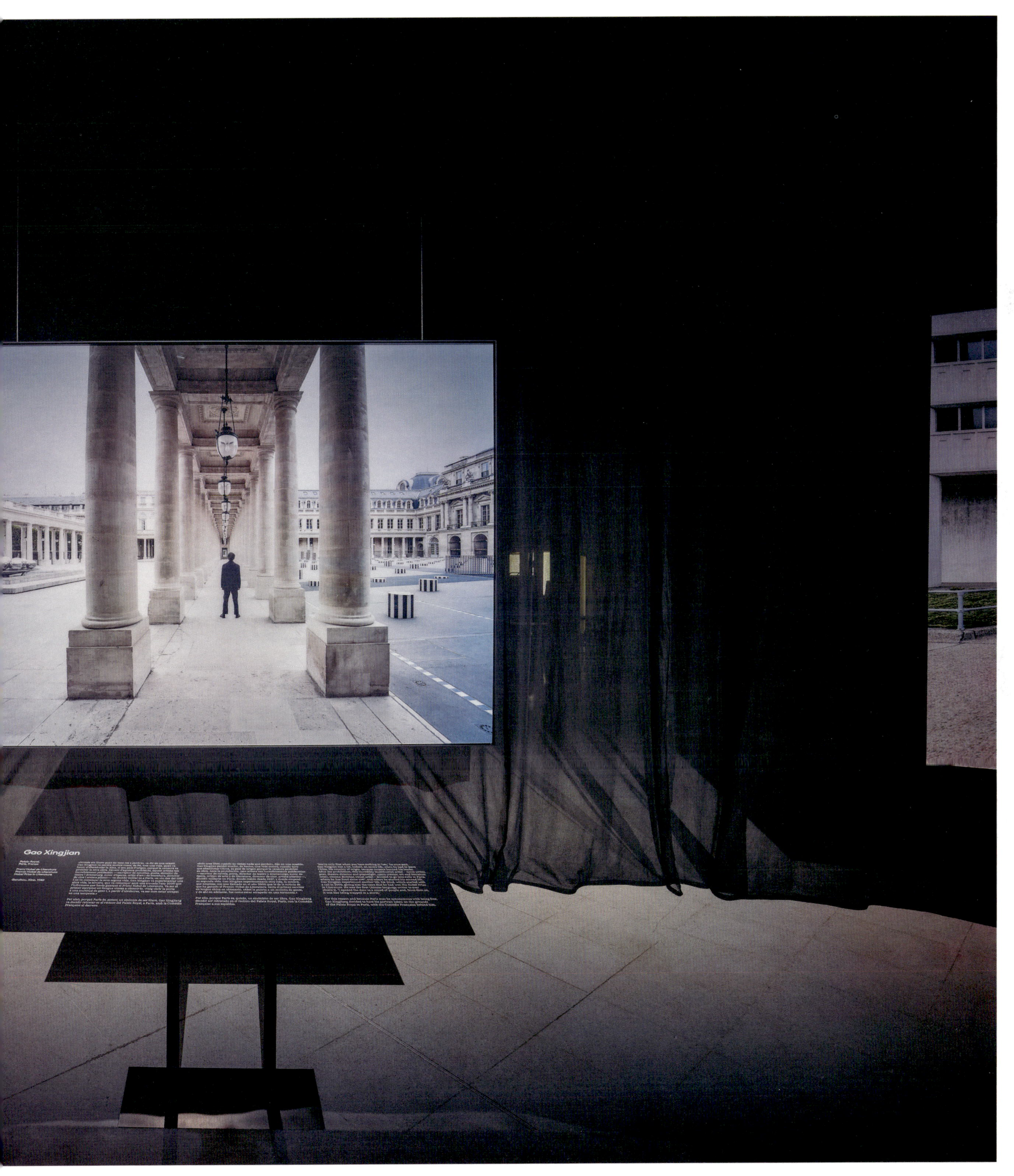
Gao Xingjian

Davant la pregunta «Quin és el teu lloc al món?», WA va dubtar entre París i Nova York. Va ser aquesta última ciutat, tanmateix, la que va acabar per decantar la balança on es pesaven la seva passió per Europa i la inclinació per la que és, dient-ho de manera grandiloqüent, la ciutat de la seva vida: Nova York. Entre tota la ciutat, WA va decidir fer-se la foto al Metropolitan Museum i l'atzar va voler que finalment el racó fos aquest, davant *El triomf de Màrius*, un llenç de Giovanni Battista Tiepolo. Aquest quadre pertany a una sèrie de deu llenços pintats per decorar la sala principal de Ca' Dolfin, un palau de Venècia. Si l'espectador s'hi fixa, a l'esquerra de la tela hi apareix un autoretrat de Tiepolo que, orgullós de la seva gesta, va decidir incloure's en el quadre. Així que, d'alguna manera, aquest és un retrat amb un autoretrat de fons.

Ante la pregunta «¿Cuál es tu lugar en el mundo?», WA dudó entre París y Nueva York. Fue esta última, sin embargo, la que terminó por decantar esta balanza en la que pesaban su pasión por Europa y su apego por la que es, llamándolo de forma grandilocuente, la ciudad de su vida: Nueva York. De entre toda la ciudad, WA decidió hacerse la foto en el Metropolitan Museum y el azar quiso que el rincón finalmente fuera este, frente a *El triunfo de Marius*, un lienzo de Giovanni Battista Tiepolo. Este cuadro pertenece a una serie de diez lienzos pintados para decorar la sala principal de Ca' Dolfin, un palacio de Venecia. Si el espectador se fija, a la izquierda del lienzo aparece un autorretrato de Tiepolo que, orgulloso de su gesta, decidió incluirse en el cuadro. Así que en cierto modo este es un retrato con un autorretrato de fondo.

Asked "What is your place in the world?", WA found it difficult to decide between Paris and New York. Finally, however, the balance was tipped for the latter in this battle for his affections between his passion for Europe and his love for what is, to put it rather grandiloquently, the city of his life: New York. From the whole city, WA decided to have his photo taken at the Metropolitan Museum and, as chance would have it, the spot where he finally chose to stand was before *The Triumph of Marius*, a painting by Giovanni Battista Tiepolo. The work belongs to a series of ten pieces painted to decorate the main room in Ca' Dolfin, a palace in Venice. The observant spectator will note that, proud of his achievement, Tiepolo included his self-portrait along the left-hand side of the canvas. So, in a sense, this is a portrait with a self-portrait in the background.

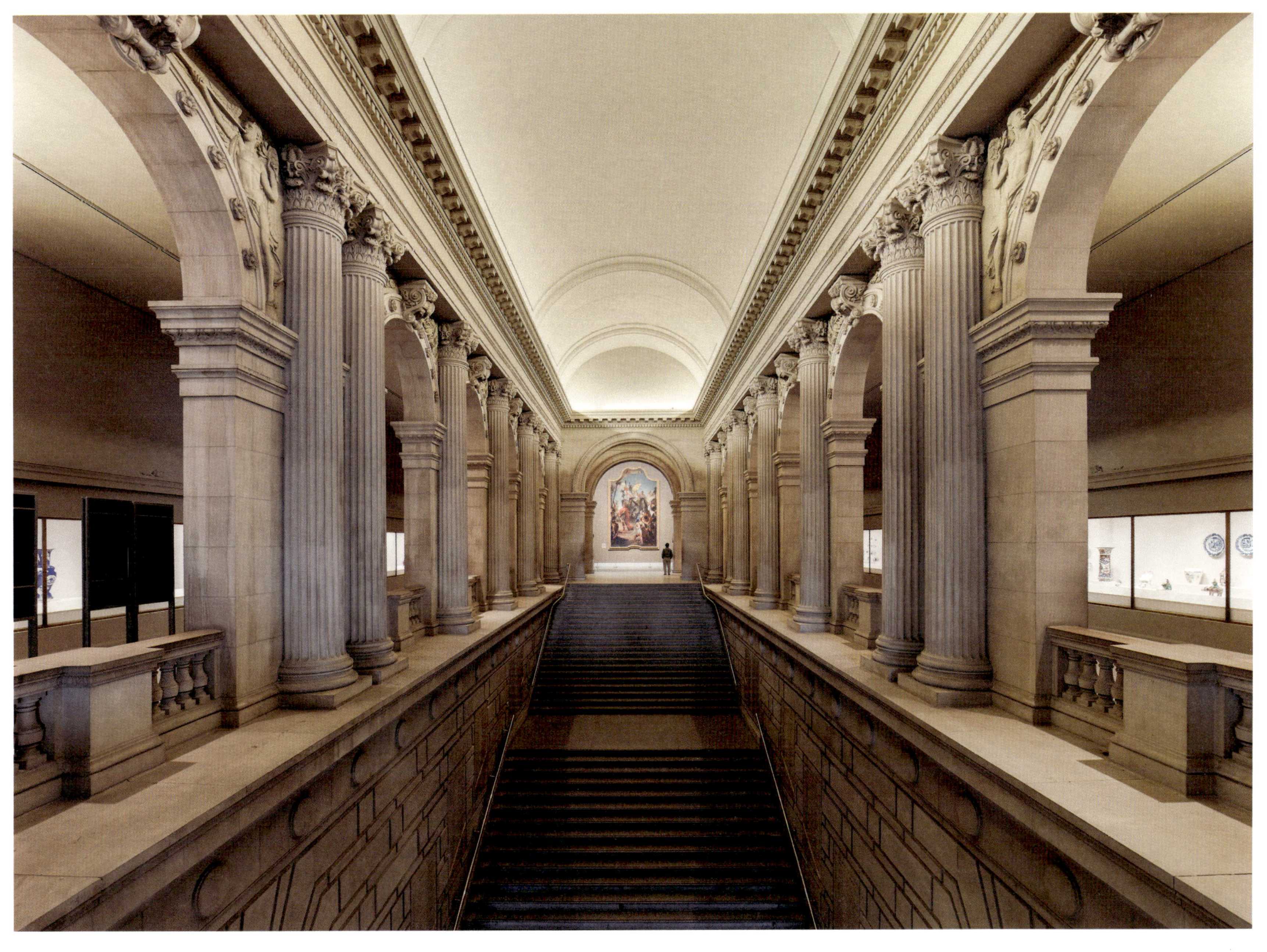

Woody Allen

En tot espectacle de màgia conviuen en l'espectador dos desitjos antagònics. D'una banda, l'anhel natural de descobrir el truc, d'estar atent als detalls per desemmascarar el frau i, de l'altre, el desig contrari, que consisteix que no hi hagi truc, que existeixi aquest ordre paral·lel a la vida, la màgia, on les coses s'esdevenen d'una altra manera.

Aquí parlem de màgia perquè, en certa manera, aquest home, que abans es deia Allan Stewart i admirava tant el clarinetista Woody Herman que va manllevar el seu nom artístic, és un prestidigitador. Un mag.

Donarem altres pistes: a més de tocar el clarinet va passar 37 anys psicoanalitzant-se. És director de cinema, artista, músic, guionista. Però a hores d'ara continua sense tenir ordinador i treballa amb una vella màquina d'escriure que li va costar 40 dòlars.

Com que és extremadament crític amb ell mateix i per aquesta raó no deixaria mai de fer-hi canvis, no veu les seves pel·lícules una vegada les acaba. I fa bé perquè si comencés ara trigaria una bona estona a repassar la seva prolífica carrera: 53 pel·lícules.

Carismàtic, neuròtic, enginyós, controvertit, genial, maniàtic, Woody Allen és autor de títols com *Annie Hall*, *Hannah i les seves germanes*, *La rosa porpra del Caire*, *Manhattan* o *Match point*.

Alguns dels seus diàlegs han esdevingut part de l'imaginari col·lectiu, d'altres s'imprimeixen en samarretes o adornen tasses d'esmorzar: «El cervell? És el meu segon òrgan favorit» o «Una relació és com un tauró, s'ha de moure cap endavant o es mor. I el que tenim entre les mans és un tauró mort».

Difícil quedar-se amb una frase d'aquest home que ens ha regalat pel·lícules que en realitat són aquesta altra cosa, trucs de màgia amb els quals ha radiografiat els nostres temps i les nostres inseguretats i ens ha ofert escenes i situacions plenes d'enginy sobre el sexe, la vida, la mort i els fracassos amorosos o el sentit de la vida. És difícil quedar-se amb una frase seva, però és clar, no podem deixar d'esmentar aquest acudit d'*Annie Hall*: «Hi ha un vell acudit: dues dones grans es troben en un hotel d'alta muntanya i l'una diu, "Vaja, aquí el menjar és realment terrible!", i l'altra li respon: "I a més a més les racions són molt petites!". Perquè bàsicament així és com em sembla la vida, plena de solitud, histèria, patiment, tristesa i, això no obstant, s'acaba massa de pressa».

En todo espectáculo de magia conviven en el espectador dos deseos antagónicos. Por un lado, el natural anhelo de descubrir el truco, de estar atento a los detalles para desenmascarar el fraude y, por otro, el deseo contrario, que se cifra en que no haya truco, que exista ese orden paralelo a la vida, la magia, donde las cosas suceden de otro modo.

Hablamos aquí de magia porque, en cierta manera, este hombre, que antes se llamaba Allan Stewart y admiraba tanto al clarinetista Woody Herman que tomó prestado su nombre artístico, es un prestidigitador. Un mago.

Por dar otras pistas, además de tocar el clarinete pasó 37 años psicoanalizándose. Es director de cine, artista, músico, guionista. Pero en la actualidad sigue sin tener ordenador y trabaja con una vieja máquina de escribir que le costó 40 dólares.

Como es extremadamente crítico consigo mismo y por esa razón nunca dejaría de cambiar cosas, no ve sus películas una vez las termina. Y hace bien porque si empezara ahora le llevaría un buen rato repasar su prolífica carrera: 53 películas.

Carismático, neurótico, ingenioso, controvertido, genial, maniático, Woody Allen tiene en su haber títulos como *Annie Hall*, *Hannah y sus hermanas*, *La rosa púrpura del Cairo*, *Manhattan* o *Match Point*.

Algunos de sus diálogos se han convertido en parte de nuestro imaginario colectivo, otros se imprimen en camisetas o adornan tazas de desayuno: «¿El cerebro? Es mi segundo órgano favorito» o «Una relación es como un tiburón, tiene que moverse hacia delante o muere. Y lo que tenemos entre manos es un tiburón muerto».

Difícil quedarse con una frase de este hombre que nos ha regalado películas que en realidad son esa otra cosa, trucos de magia con los que ha radiografiado nuestros tiempos e inseguridades y nos ha ofrecido escenas y situaciones llenas de ingenio sobre el sexo, la vida, la muerte y los fracasos amorosos o el sentido de la vida. Difícil quedarse con una frase, pero claro, cómo no mencionar ese chiste de *Annie Hall*: «Hay un viejo chiste: dos mujeres mayores están en un hotel de alta montaña y una comenta, "¡Vaya, aquí la comida es realmente terrible!", y contesta la otra: "¡Y además las raciones son muy pequeñas!". Pues básicamente así es como me parece la vida, llena de soledad, histeria, sufrimiento, tristeza y, sin embargo, se acaba demasiado deprisa».

At every magic show, the spectator battles with two opposing wishes. On the one hand, the natural desire to discover the trick, to watch the details carefully in order to unmask the deceit; and, on the other, the opposing desire, for there to be no trick, for that parallel order to life, magic, where things happen in a different way, to really exist.

We speak here of magic because, in a way, this man, formerly known as Allan Stewart who admired the clarinettist Woody Herman so much that he borrowed the musician's stage name, is a conjurer. A magician.

If we need more clues, besides playing the clarinet, he spent 37 years in psychoanalysis. He is a film director, artist, musician, scriptwriter. But even today he still doesn't own a computer, and writes on an old typewriter that cost him 40 dollars.

He is extremely self-critical and left to himself would never stop changing things, which is why he doesn't watch his films once they are finished. Good thing too, because if he started now it would take him a long time to go through his prolific production: 53 films.

Charismatic, neurotic, obsessive, witty, controversial, brilliant, Woody Allen has gifted us such classic movies as *Annie Hall*, *Hannah and Her Sisters*, *The Purple Rose of Cairo*, *Manhattan* and *Match Point*.

Some of his dialogues have become part of our collective imagination. They are printed on T-shirts and adorn breakfast mugs: "The brain? It's my second favourite organ"; "A relationship is like a shark, it has to move forward or it dies. And what we have in our hands is a dead shark."

It is really hard to choose just one line by this man who has given us films that are really something else – magic tricks in which he holds up a mirror to our times and our insecurities. He has created brilliant scenes and situations revolving around sex, life, death, break-ups, the meaning of life and so on. It is difficult to choose one moment but, of course, how could we fail to mention this line from *Annie Hall*: "There's an old joke... two elderly women are at a Catskill mountain resort, and one of 'em says, 'Boy, the food at this place is really terrible.' The other one says, 'Yeah, I know; and such small portions.' Well, that's essentially how I feel about life – full of loneliness, and misery, and suffering, and unhappiness, and it's all over much too quickly."

MY va triar el Yunus Center, la planta 16 del Banc Grameen, a Daca, Bangladesh. El retrat va tenir lloc a la sala de reunions i abans de la foto, Yunus només va demanar poder descalçar-se.

MY escogió el Yunus Center, la planta 16 del Banco Grameen, en Daca, Bangladesh. El retrato tuvo lugar en la sala de reuniones y antes del disparo Yunus solo pidió poder descalzarse.

MY chose the Yunus Centre, on the 16th floor of the Grameen Bank in Dhaka, Bangladesh as the site of his portrait. The sitting took place in the meeting room and before the shot Yunus asked only to take off his shoes.

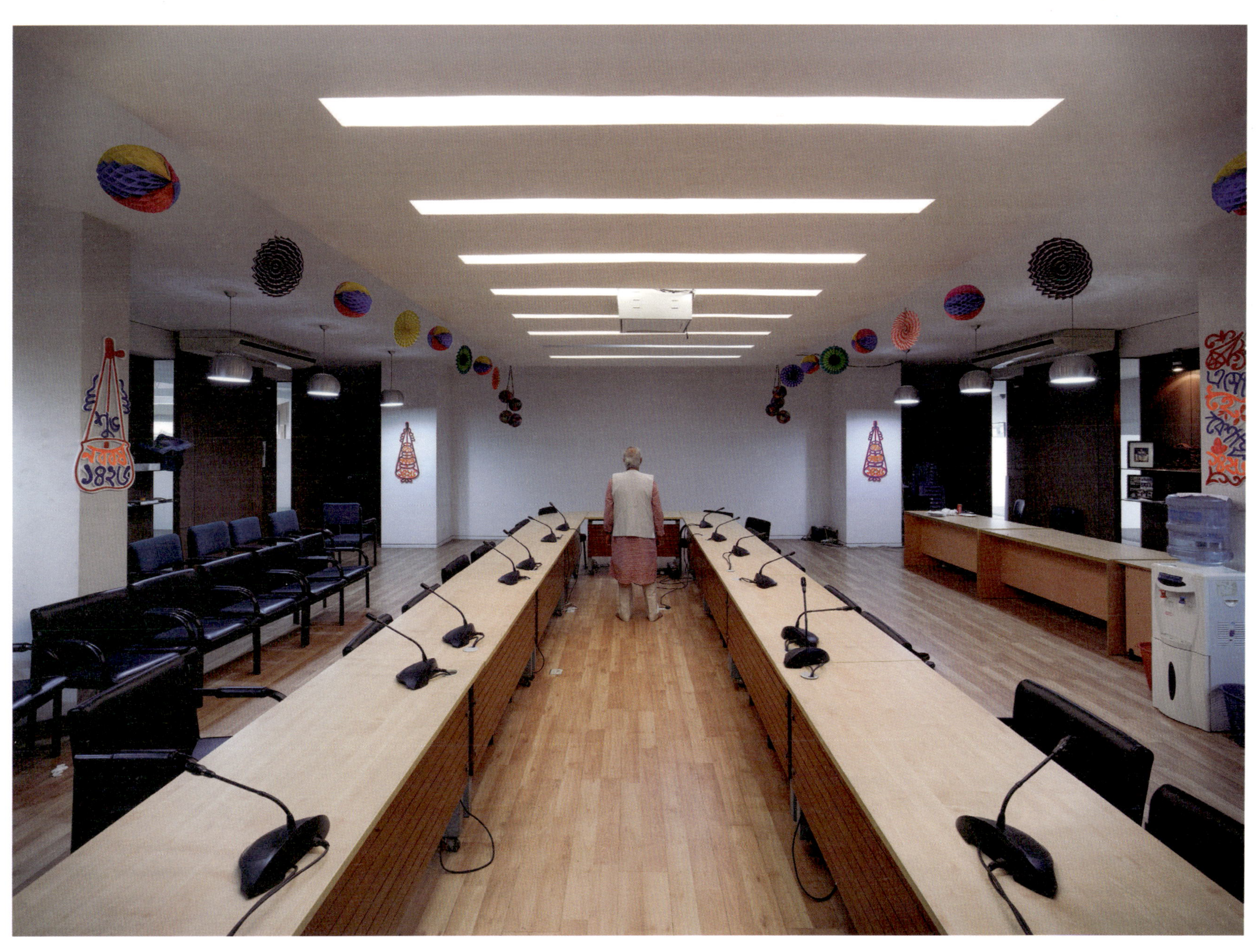

Muhammad Yunus

Muhammad Yunus va néixer el 1940 en un país el nom del qual ja no existeix, el Pakistan Oriental, encara sota sobirania britànica, i va passar la infància a la ciutat portuària de Chittagong, avui convertida en un important port marítim on cada any més de mig centenar de vaixells de càrrega són desballestats fins a morir davant de la costa. És graduat en Ciències Econòmiques i va deixar el seu país per a anar als Estats Units gràcies a una beca Fulbright. De tornada, el 1971, després de la guerra d'alliberament que li va atorgar el seu nom actual, Bangladesh, es va bolcar en un problema que mai havia deixat d'inquietar-lo: la ferocitat de la pobresa que assolava el seu país.

L'any 1976, en una visita a un poblet, Jobra, va parlar amb artesans i petits empresaris que li van fer saber les enormes dificultats que tenien per tirar endavant perquè cap banc, atesa la falta de garanties de devolució, confiava en ells a l'hora de prestar-los diners. Yunus va constatar l'obvietat: els organismes financers no s'atrevien a concedir crèdits, encara que es tractés de quantitats irrisòries, sense garanties. De manera que ell mateix es va convertir en banc, en prestador, i pel seu compte i risc va deixar 27 dòlars a 42 famílies del petit poblet de Jobra. Sense saber-ho, acabava de crear un concepte revolucionari: els microcrèdits. Perquè aquestes 42 famílies li van retornar els diners i ho van fer quan tocava. Armat d'aquesta evidència, va tornar a diferents bancs de Daca i Chittagong que, de nou, van mirar cap a una altra banda. No li quedava cap altra opció que crear ell mateix el banc.

Guiat per dues premisses, la primera, que el crèdit és un dret humà i, la segona, que els pobres mateixos són els que saben com millorar la seva situació, Muhammad Yunus va fundar el Banc Grameen, que en bengalí significa «el banc dels pobles» i que es va posar en marxa el 1983. Actualment, el banc funciona amb més de 22.000 empleats que treballen als carrers de gairebé 38.000 dels 68.000 llogarets i pobles de Bangladesh i concedeix préstecs a 2,3 milions de persones, el 94% de les quals són dones.

Conegut com el banquer dels pobres, Muhammad Yunus ha estat guardonat per la seva tasca en nombroses ocasions. De fet, l'octubre de 2006, Yunus i el Banc Grameen van ser guardonats amb el Premi Nobel de la Pau per la seva lluita en pro d'una economia justa per a les classes més desfavorides.

Muhammad Yunus nació en 1940 en un país cuyo nombre ya no existe, Pakistán Oriental, aún bajo soberanía británica, y pasó su infancia en la ciudad portuaria de Chittagong, hoy convertida en un importante puerto marítimo donde cada año más de medio centenar de cargueros son despiezados hasta morir frente a la costa. Graduado en Ciencias Económicas, dejó su país para irse a Estados Unidos gracias a una beca Fulbright y, de vuelta, en 1971, después de la guerra de liberación que ya le otorgó su nombre actual, Bangladesh, se volcó en un problema que nunca había dejado de inquietarlo: la ferocidad de esa pobreza que asolaba su país.

Corría el año 1976 cuando, en una visita a la aldea de Jobra, estuvo hablando con artesanos y pequeños empresarios que le hicieron partícipe de las enormes dificultades que tenían para salir adelante: ningún banco, dada la falta de garantías de devolución, confiaba en ellos a la hora de prestarles dinero. Yunus constató la obviedad: los organismos financieros no se atrevían a conceder créditos, aunque se tratara de cantidades irrisorias, sin garantías. De manera que él mismo se convirtió en banco, en prestamista, y a su cuenta y riesgo dejó 27 dólares a 42 familias de la aldea de Jobra. Sin saberlo, acababa de alumbrar un concepto revolucionario: los microcréditos. Porque esas 42 familias le devolvieron el dinero y lo hicieron a tiempo. Armado de esa evidencia, volvió a distintos bancos de Daca y Chittagong que, de nuevo, miraron hacia otro lado. No le quedaba otra opción que crear él mismo el banco.

Guiado por dos premisas, la primera, que el crédito es un derecho humano, y la segunda, que los propios pobres son los que saben cómo mejorar su situación, Muhammad Yunus fundó el Banco Grameen, que en bengalí significa «el banco de los pueblos» y que se puso en funcionamiento el 1983. En la actualidad, el banco funciona con más de 22.000 empleados que trabajan en las calles de casi 38.000 de las 68.000 aldeas y pueblos de Bangladesh y concede préstamos a 2,3 millones de personas de los que el 94% son mujeres.

Conocido como el banquero de los pobres, Muhammad Yunus ha sido galardonado por su labor en numerosas ocasiones. De hecho, en octubre de 2006, Yunus y el Banco Grameen fueron galardonados con el Premio Nobel de la Paz por su lucha en pro de una economía justa para las clases más desfavorecidas.

Muhammad Yunus was born in 1940 in a country or province whose name no longer exists, East Bengal, then still under British sovereignty. He spent his childhood in the port city of Chittagong, now a major seaport where every year fifty cargo ships and more are dismantled, finding their last resting place off the coast. After graduating in Economics, Muhammad left his country for the United States on a Fulbright scholarship. On his return in 1971, after the war of liberation that saw his homeland take on its current name, Bangladesh, he turned his attention to a problem that had never ceased to trouble him: the ferocious poverty that devastated his country.

It was in 1976 that, on a visit to the village of Jobra, he began talking to craftspeople and small business leaders who told him of the enormous difficulties they had to make ends meet: due to the lack of repayment guarantees, no bank would trust them with a loan. It was then that Yunus understood the obvious: financial institutions did not dare to grant loans, even for small amounts, without guarantees. So he became a banker, a money lender, himself, and at his own risk lent 27 dollars to 42 families in the village of Jobra. Without realising it, he had just given birth to a revolutionary concept: microcredits. Because those 42 families paid him back, and they paid him back on time. Armed with this evidence, he went back to several banks in Dhaka and Chittagong, which again turned down his approaches. He had no choice but to set up a bank himself.

Guided by two premises – firstly, that credit is a human right; and secondly, that the poor are those who best know how to improve their situation – Muhammad Yunus founded the Grameen Bank, which means "the people's bank" in Bengali, launching in 1983. Today, the bank has more than 22,000 employees working on the streets of nearly 38,000 of the 68,000 towns and villages in Bangladesh, granting loans to 2.3 million people, 94% of whom are women.

Known as the banker to the poor, Muhammad Yunus has received numerous awards for his work. Indeed, in October 2006, Yunus and the Grameen Bank were awarded the Nobel Peace Prize for their efforts to provide a fair economic playing ground for the least favoured.

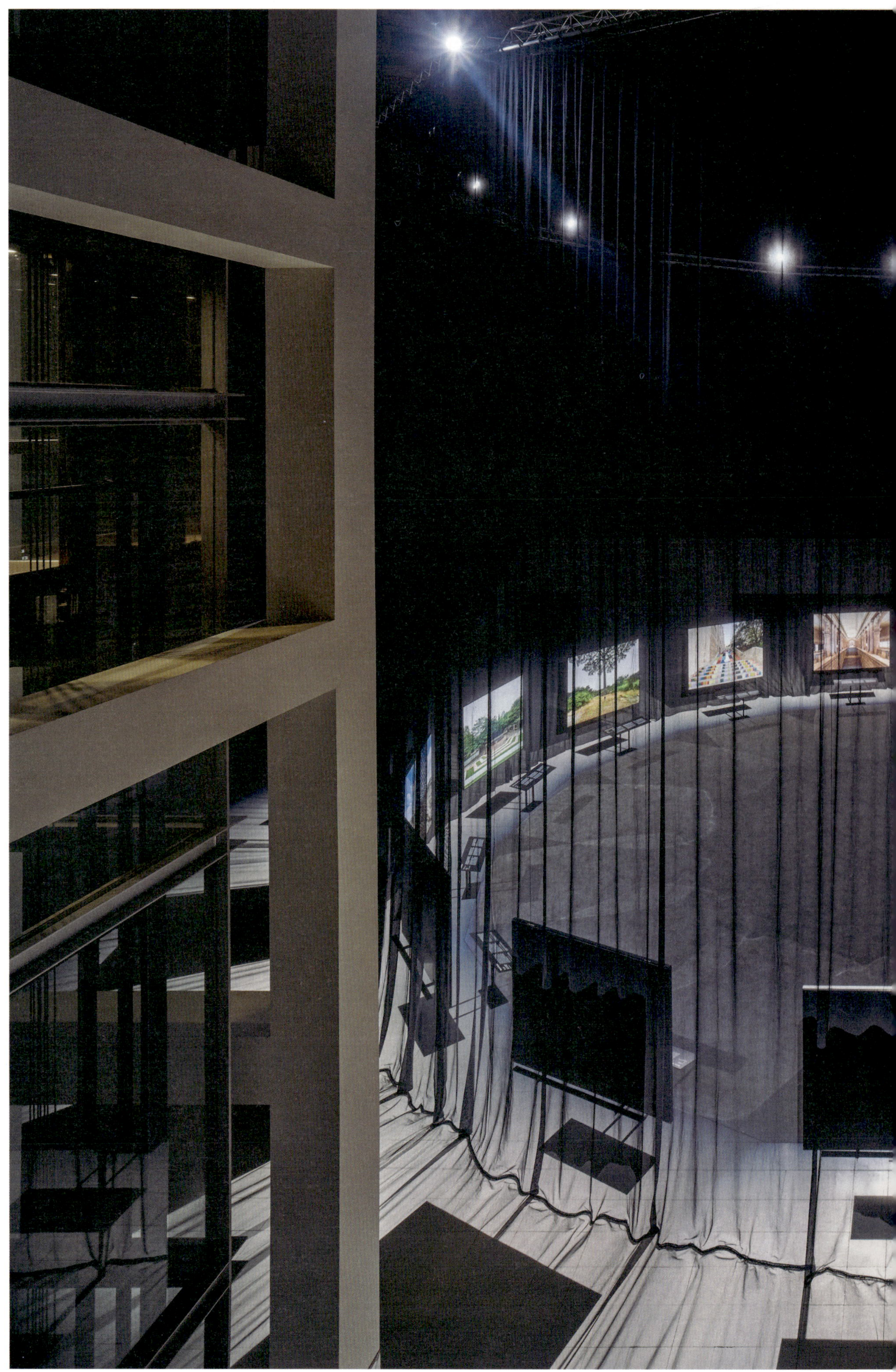

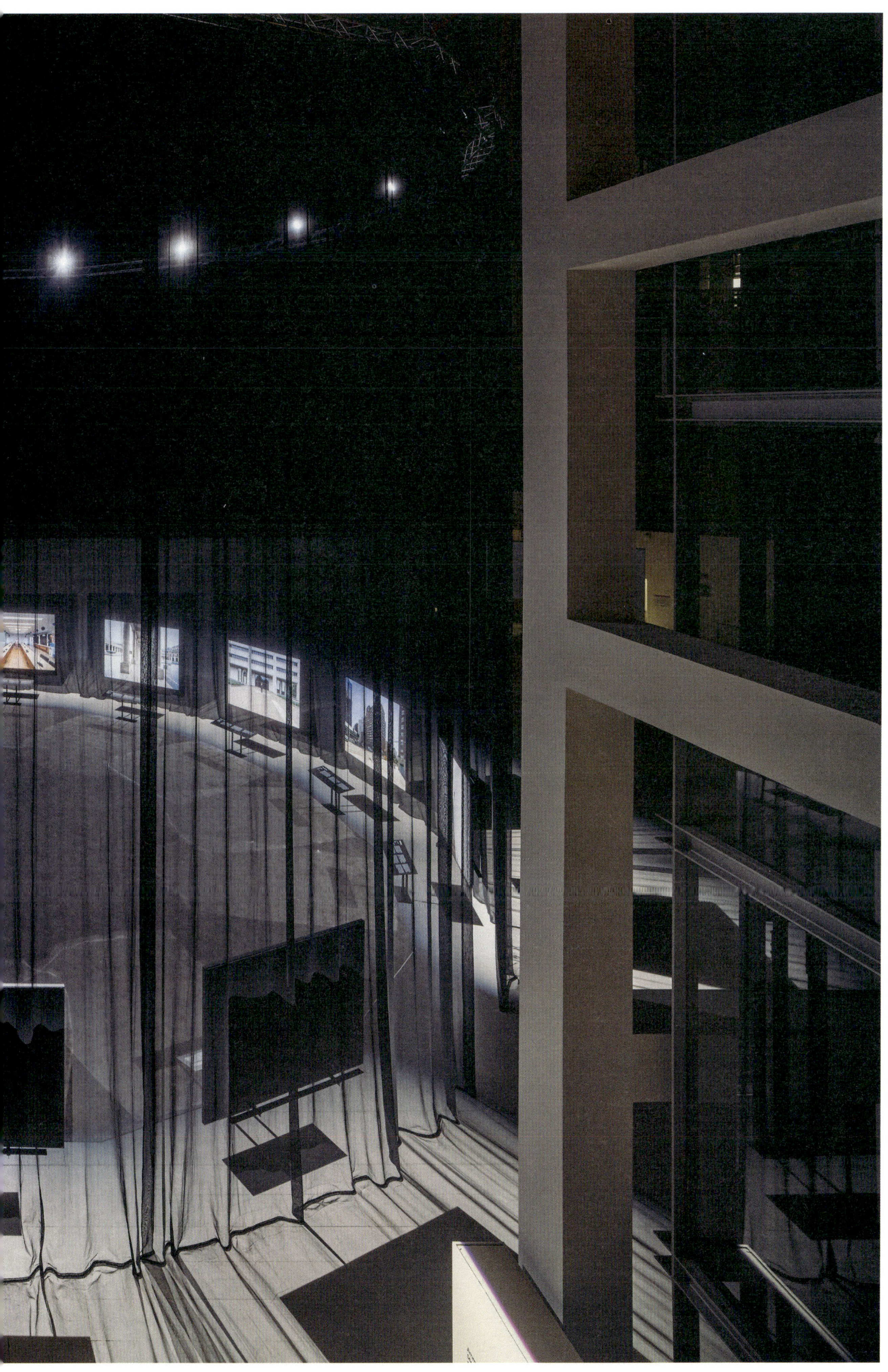

París és sinònim de llibertat per a GX. Potser per això va decidir fer-se el retrat al recinte del Palais Royal, amb la Comédie Française al darrere.

París es sinónimo de libertad para GX. Quizás por ello decidió hacerse el retrato en el recinto del Palais Royal, con la Comédie Française a sus espaldas.

To GX, Paris is synonymous with freedom. Perhaps that is why he decided to have his portrait taken in the grounds of the Palais Royal, with the Comédie Française behind him.

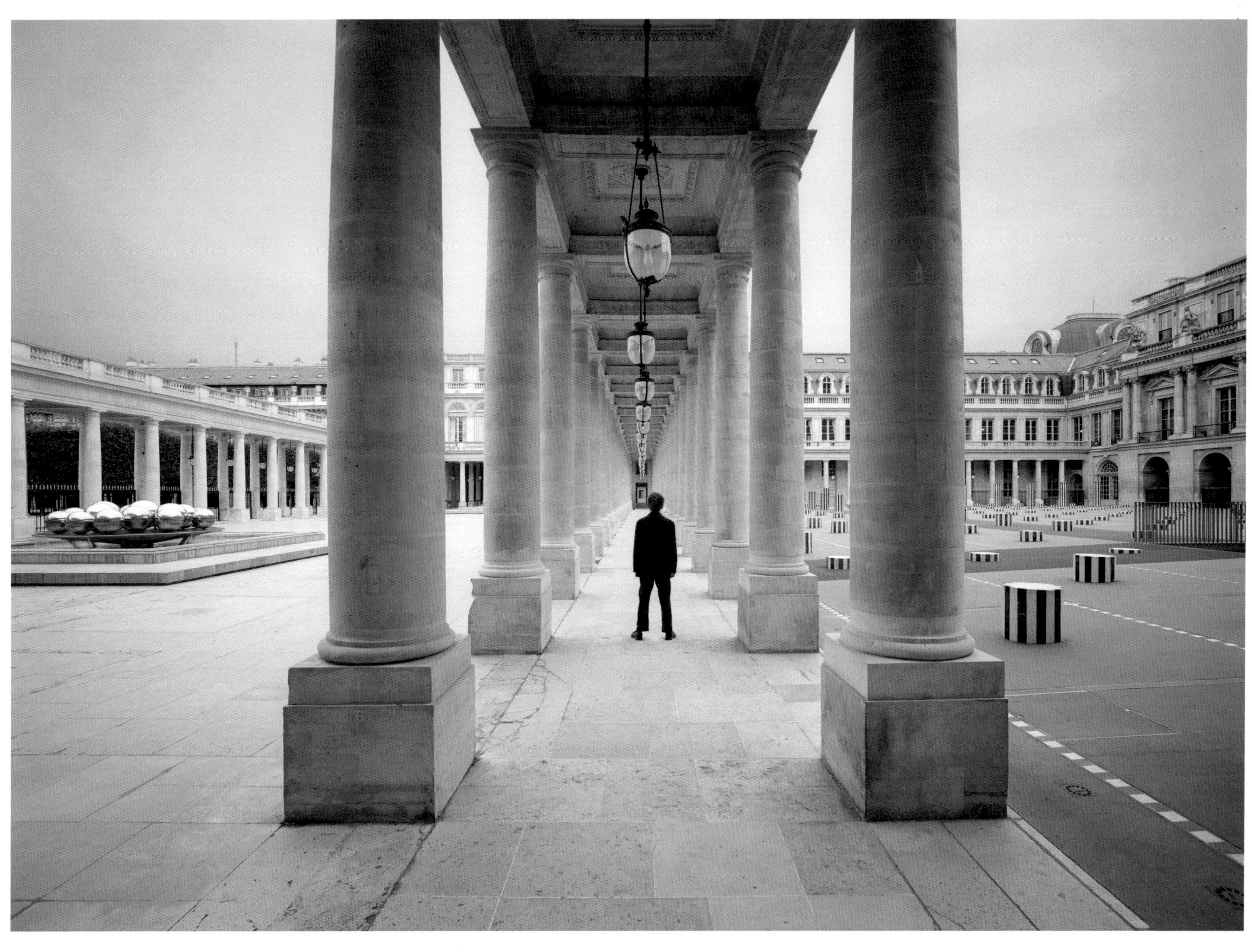

Gao Xingjian

Gao Xingjian és un home de moltes vides. La primera va començar, com la de tothom, quan va néixer, el 1940, a la ciutat de Gangzhou. La convulsa Xina que el va veure néixer va ser el detonant perquè hagués d'abandonar aquesta primera vida, però anem a pams. Després d'estudiar francès a Pequín, va treballar com a traductor i guionista. Però l'estrena de les seves primeres obres de teatre va fer saltar l'alarma entre les autoritats xineses, que el van acusar de contaminació cultural. Sense donar-se per vençut, Xingjian va començar a escriure en secret en aquella època que va batejar com «el terror vermell». Però el 1986, la seva obra va ser definitivament prohibida a la Xina.

Davant la prohibició, aquest artista tan increïblement polifacètic –escriptor de novel·la, poeta, director de teatre i dramaturg, autor d'òpera, crític d'art i literatura, director de cinema, artista plàstic–, va decidir exiliar-se a París, on viu des de 1987 i on va començar la seva segona vida. Per a Gao Xingjian, França –París, especialment– és sinònim de llibertat, la llibertat que va obtenir en sacrifici d'aquella primera vida que va deixar enrere.

Elaborar el dolor i el patiment, sublimar-lo per convertir-lo en bellesa és potser la màxima que podria definir la seva obra, que transforma el dolor en una cosa intel·ligible i l'eleva a la categoria d'art: «No vaig deixar d'escriure mai, ni tan sols en els moments més difícils de la meva vida. Escric per a mi, per alleujar-me el patiment». A més a més, acostuma a dir que les seves pintures comencen allà on les seves paraules no arriben.

Gao Xingjian va experimentar una altra vida, la tercera, que comença amb una trucada, l'any 2000, que li donà la notícia que havia guanyat el Premi Nobel de Literatura. Era el primer escriptor en llengua xinesa que l'obtenia. «Vaig obrir la porta a un munt de gent i des d'aleshores va ser com estar atrapat en una tempesta». Aquest savi humil, poc amic de les multituds, va arribar fins i tot a perdre la salut després de veure's desbordat per una agenda que semblava no tenir fi. Començava, com dèiem, la seva tercera vida, la d'ara.

«Només ets lliure quan no hi tens res a perdre», va dir en una ocasió. Ell va perdre moltes coses, de fet, una vida sencera. A canvi, a aquest espectador escèptic i lúcid que no té la pretensió d'explicar el món però ho fa, se li'n van atorgar dues més i les que encara han de venir.

Gao Xingjian es un hombre de muchas vidas. La primera de ellas empieza, como la de todos, con su nacimiento, en 1940, en la ciudad de Gangzhou. La convulsa China que lo vio nacer fue el detonante de que tuviera que abandonar esa primera vida, pero vayamos por partes. Tras estudiar francés en Pekín, trabajó como traductor y guionista. El estreno de sus primeras obras de teatro hizo saltar la alarma entre las autoridades chinas, que lo acusaron de contaminación cultural. Sin darse por vencido, Xingjian empezó a escribir en secreto en esta época que bautizaría como «el terror rojo». Sin embargo, en 1986, su obra fue definitivamente prohibida en su país.

Ante la prohibición, este artista tan increíblemente polifacético –escritor de novela, poeta, director de teatro y dramaturgo, autor de ópera, crítico de arte y literatura, director de cine, artista plástico–, decidió exiliarse en París, donde reside desde 1987 y donde empezó su segunda vida. Para Gao Xingjian, Francia –París especialmente– es sinónimo de libertad, la libertad que obtuvo en sacrificio de aquella primera vida que dejó atrás.

Elaborar el dolor y el sufrimiento, sublimarlo para convertirlo en belleza es quizás la máxima que podría definir su obra, que transforma el dolor en algo inteligible y lo eleva a la categoría de arte: «Nunca dejé de escribir, incluso en los momentos más difíciles de mi vida. Escribo para mí, para aliviar mi sufrimiento». Además, acostumbra a decir que sus pinturas empiezan donde sus palabras no llegan.

Gao Xingjian experimentó otra vida, la tercera, que empieza con una llamada en el año 2000 que le da la noticia de que ha ganado el Premio Nobel de Literatura. Fue el primer escritor en lengua china en obtenerlo. «Abrí la puerta a un montón de gente y de ahí en adelante fue como estar atrapado en una tormenta». Este sabio humilde, poco amigo de las multitudes, llegó incluso a caer enfermo después de verse desbordado por una agenda que parecía no tener fin. Empezaba, como decíamos, su tercera vida, la de ahora.

«Solo eres libre cuando no tienes nada que perder», dijo en una ocasión. Él perdió mucho, de hecho, una vida entera. A cambio, a este espectador escéptico y lúcido que no tiene pretensión de explicar el mundo pero lo hace, se le otorgaron dos más y las que quedan aún por venir.

Gao Xingjian is a man of many lives. The first of them began, like everyone's, with his birth, in 1940, in the city of Gangzhou. The turmoil in the China of his birth forced him to leave that first life, but let's take it one step at a time. After studying French in Beijing, he worked as a translator and scriptwriter. The presentation of his first plays set off alarm bells among the Chinese authorities, who accused him of cultural contamination. Undeterred, Xingjian began to write in secret during what he called a period of "red terror". However, his work was finally banned in his country in in 1986.

In response to the ban, this incredibly multi-faceted artist – novelist, poet, theatre director and playwright, opera creator, art and literature critic, film director, visual artist – Gao Xingjian decided to go into exile in Paris, where he has lived since 1987 and where his second life began. For Gao Xingjian, France – and Paris particularly – is synonymous with freedom, the freedom he gained by sacrificing that first life he left behind.

Working with hurt and suffering, sublimating it and turning it into beauty is perhaps the best way of describing his work, which transforms pain into something intelligible, elevating it to the category of art: "I never stopped writing, even in the most difficult moments of my life. I write for myself, to alleviate my suffering." He also says that his paintings begin where his words cannot reach.

Gao Xingjian began another life, his third, when he received a phone call in 2000 telling him that he had won the Nobel Prize in Literature. He was the first Chinese-language writer to receive the award. "I opened the door to a whole bunch of people, and from then on, it was like being caught up in a storm." This wise but humble man, rather allergic to crowds, even fell ill after being overwhelmed by a seemingly endless agenda of events. As we said, this was the start of his third life, the present one.

"You are only free when you have nothing to lose," he once said. He lost a lot, in fact, a whole life. In exchange, this sceptical, lucid spectator who says he does not attempt to explain the world but does so nevertheless, was granted two more, not to mention those yet to come.

SP va decidir ser retratat a l'entrada de l'edifici William James, de la Universitat de Harvard, on imparteix classes i porta a terme part de les seves recerques.

SP decidió ser retratado en la entrada del edificio William James, de la Universidad de Harvard, donde imparte clases y realiza parte de sus investigaciones.

SP chose to be photographed at the entrance to the William James Building at Harvard University, where he teaches and pursues part of his research work.

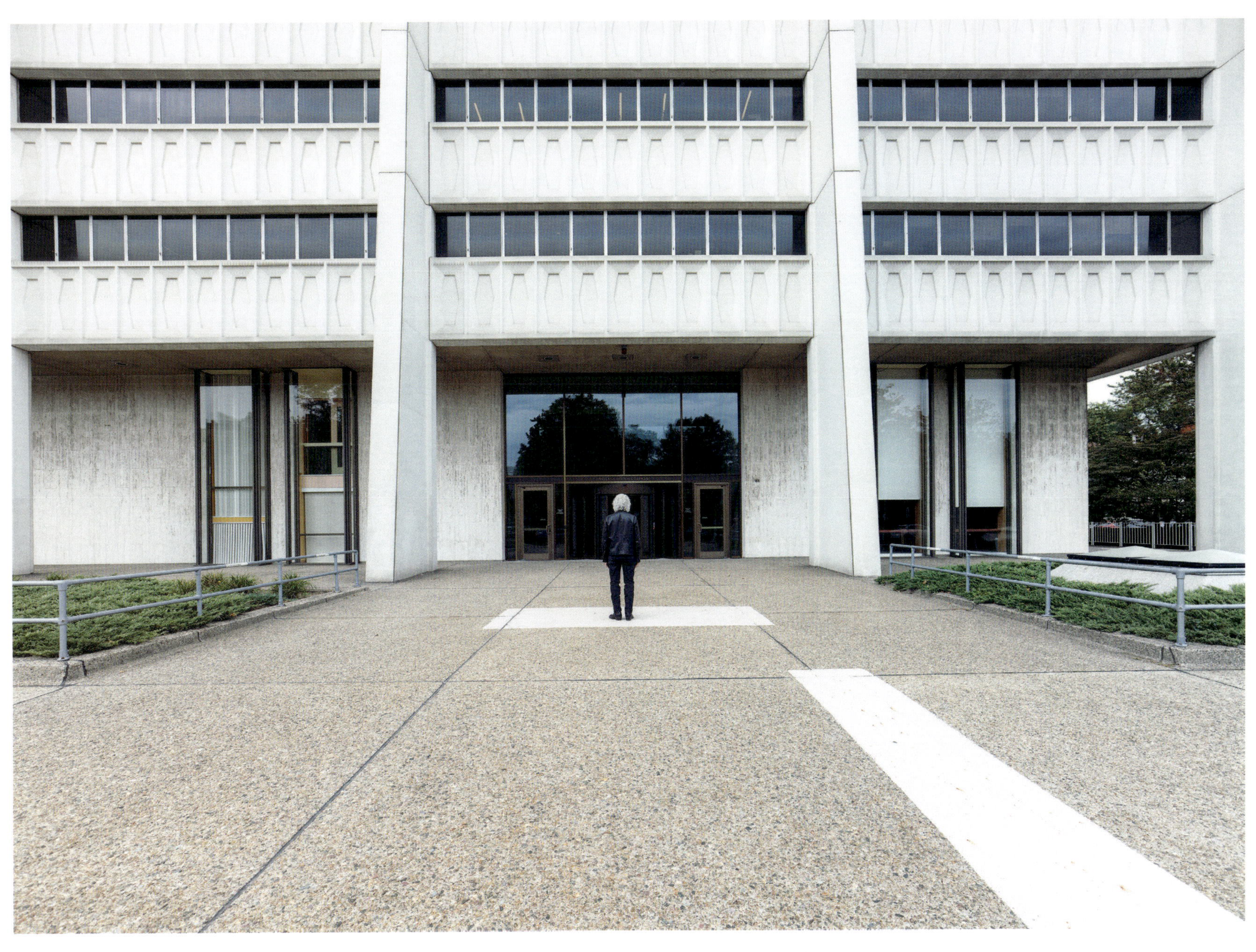

Steven Pinker

Hi ha una dita segons la qual per ser feliç cal tenir bona salut i mala memòria.

Perquè 2016 va ser declarat el pitjor any de la història fins que 2017 va reclamar aquest títol. I va passar el mateix amb 2018. I ves-hi sumant. Per no parlar de 2020.

En definitiva, el món està perdent el nord.

I vivim en el pitjor dels mons possibles.

I hi ha mil raons per a ser pessimistes.

I no ens en sortim.

(Val la pena recordar, a més, que el l'home és un llop per a l'home).

I, si no és el canvi climàtic, seran els robots.

O les pandèmies.

O les injustícies.

No podem negar que l'alarmisme té adeptes, sempre n'ha tingut, però res no és tan responsable de la nostàlgia com la mala memòria. Ho diu Steven Pinker, un dels pensadors més influents del món, especialista en el binomi ment-llenguatge, que es dedica, entre altres qüestions, a refutar la idea que el món està perdent el nord i carrega contra els apòstols de l'apocalipsi.

Contra la nostàlgia, Pinker proposa dades. Contra la dada concreta i alarmista, ell proposa tendències. Si mesurem la trajectòria del benestar al llarg del temps fent servir un criteri constant, si comparem les dades més recents del present amb les mateixes mesurades fa trenta anys, les dades acaben amb la nostàlgia. Estem molt millor que els nostres avantpassats i Pinker no s'empara en cap fe cega ni en les falses promeses de mites buits. El progrés no és una qüestió subjectiva: es pot mesurar. Existeix.

Home de ciència i de pensament, a aquest canadenc que ara és catedràtic de Harvard Déu no li ha servit mai ni tan sols com a hipòtesi. Per això es va lliurar a la ciència des de la qual defensa els ideals de la raó. Considera que la ciència i l'humanisme són més necessaris ara que mai, per la qual cosa un dels objectius de la seva carrera ha estat defensar-los, sobretot en un moment com l'actual en què es poden ensorrar. És considerat un dels psicòlegs cognitius més brillants del planeta i els seus treballs acadèmics, centrats en el binomi llenguatge-ment, i les seves obres de divulgació, com *The Blank Slate. The Modern Denial of Human Nature* i *The Better Angels of Our Nature*, han estat tan innovadors que alguns, sense dubtar, parlen d'ell com d'un avançat de la filosofia del futur.

Sovint, potser maliciosament, se li atorga l'etiqueta d'optimista. Com si l'optimisme fos una font de descrèdit. Tot i que Pinker no s'ha pronunciat sobre això –i sospitem que a ell les etiquetes li importen més aviat poc–, prefereix definir-se com a possibilista seriós.

Hay un dicho que cuenta que para ser feliz hay que tener buena salud y mala memoria.

Porque 2016 fue declarado el peor año de la historia hasta que 2017 reclamó ese título. Y ocurrió lo mismo con 2018. Y suma y sigue. Por no hablar de 2020.

En definitiva, el mundo está perdiendo el norte.

Y vivimos en el peor de los mundos posibles.

Y hay mil razones para ser pesimistas.

Y no levantamos cabeza.

(Merece la pena recordar, además, que el hombre es un lobo para el hombre).

Y si no es el cambio climático serán los robots.

O las pandemias.

O las injusticias.

No podemos negar que el alarmismo tiene sus adeptos, siempre los ha tenido, pero nada es tan responsable de la nostalgia como la mala memoria. Lo dice Steven Pinker, uno de los pensadores más influyentes del mundo, especialista en el binomio mente-lenguaje, que se dedica, entre otros menesteres, a refutar la idea de que el mundo está perdiendo el norte y carga contra los apósteles del apocalipsis.

Contra la nostalgia, Pinker propone datos. Contra el dato concreto y alarmista, él propone tendencias. Si medimos la trayectoria del bienestar a lo largo del tiempo usando un criterio constante, si comparamos los datos más recientes del presente con los mismos medidos de hace treinta años, los datos acaban con la nostalgia. Estamos mucho mejor que nuestros antepasados y Pinker no se ampara en ninguna fe ciega ni en las falsas promesas de mitos huecos. El progreso no es una cuestión subjetiva: puede medirse. Existe.

Hombre de ciencia y de pensamiento, a este canadiense que es ahora catedrático de Harvard Dios no le sirvió nunca ni como hipótesis. Por eso se volcó en la ciencia desde la que defiende los ideales de la razón. Considera que ciencia y humanismo son ahora más necesarios que nunca y por ello uno de los empeños en los que ha basado su carrera es defenderlos, sobre todo en un momento como el actual en el que pueden venirse abajo. Considerado uno de los psicólogos cognitivos más brillantes del planeta, sus trabajos académicos, centrados en el binomio lenguaje-mente, y sus obras de divulgación, como *La tabla rasa* y *Los ángeles que llevamos dentro*, han sido tan rompedores que algunos no dudan en hablar de él como de un adelantado de la filosofía del futuro.

A menudo, quizás maliciosamente, se le otorga la etiqueta de optimista. Como si el optimismo fuera una fuente de descrédito. Aunque Pinker no se ha pronunciado respecto a ello –y sospechamos que a él le importan más bien poco las etiquetas–, él prefiere definirse como posibilista serio.

There is a saying that goes that to be happy you have to have good health and a bad memory.

Because 2016 was declared the worst year in history until 2017 took that title. And the same occurred in 2018. And so it goes on and on. Not to mention 2020.

In short, the world is losing its way.

And we live in the worst of all possible worlds.

And there are a thousand reasons to be pessimistic.

And we cannot get back on our feet.

(We should remember, too, that man is a wolf to man).

And if it is not climate change, it will be robots.

Or pandemics.

Or injustices.

We cannot deny that alarmism has its disciples, it always has, but nothing causes nostalgia like a bad memory. So says Steven Pinker, one of the world's most influential thinkers, an expert in how the mind creates language. Among other things, Pinker is dedicated to refuting the idea that the world is losing its way and combatting the negativity of the apostles of the apocalypse.

Against nostalgia, Pinker proposes data. Against concrete, alarmist data, he proposes trends. If we measure the trajectory of well-being over time using a constant criterion, if we compare the most recent data on the present with the same stats from thirty years ago, data vanquishes nostalgia. Pinker does not rely on blind faith or the false promises of hollow myths to show that we are much better off than our ancestors. Progress is not a subjective issue: it can be measured. It exists.

A man of science and a thinker, this Canadian, now a professor at Harvard, has never found God useful, even as a hypothesis. That is why he turned to science, using it to defend the ideals of reason. Pinker believes that science and humanism are more necessary than ever and that is why he has made such efforts over the course of his career to champion them, especially at a time like the present when they could fall into disuse. Considered one of the most brilliant cognitive psychologists in the world, his academic works, which focus on language and cognition, and his popular works, such as *The Blank Slate* and *The Better Angels of Our Nature*, are so groundbreaking that some do not hesitate to speak of him as one who is ushering in the philosophy of the future.

Often, perhaps maliciously, he is labelled as an optimist. As if optimism were a source of discredit. Although Pinker has never come out either way on this point – and we suspect that he cares little about labels – he prefers to define himself as a serious possibilist.

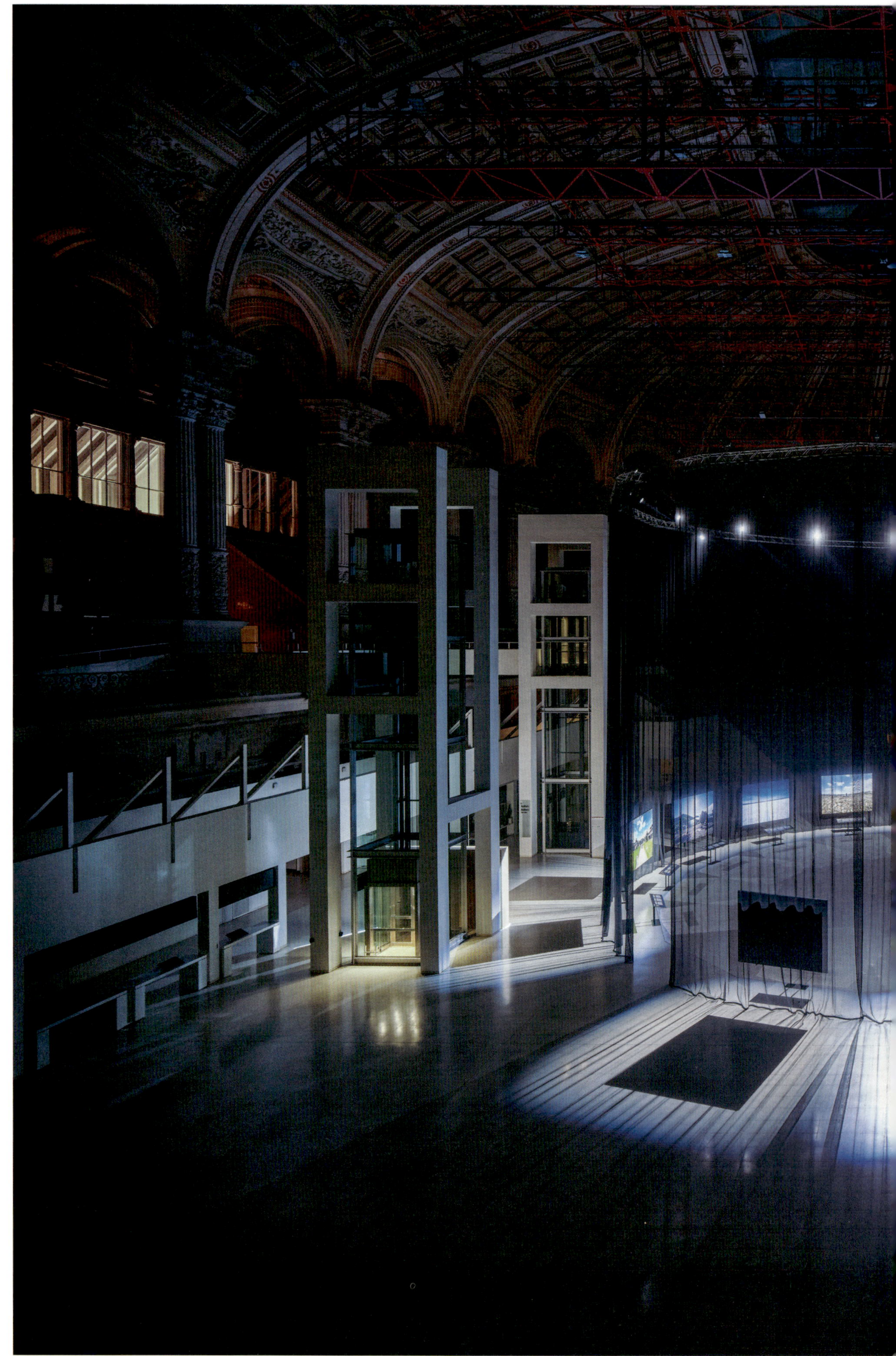

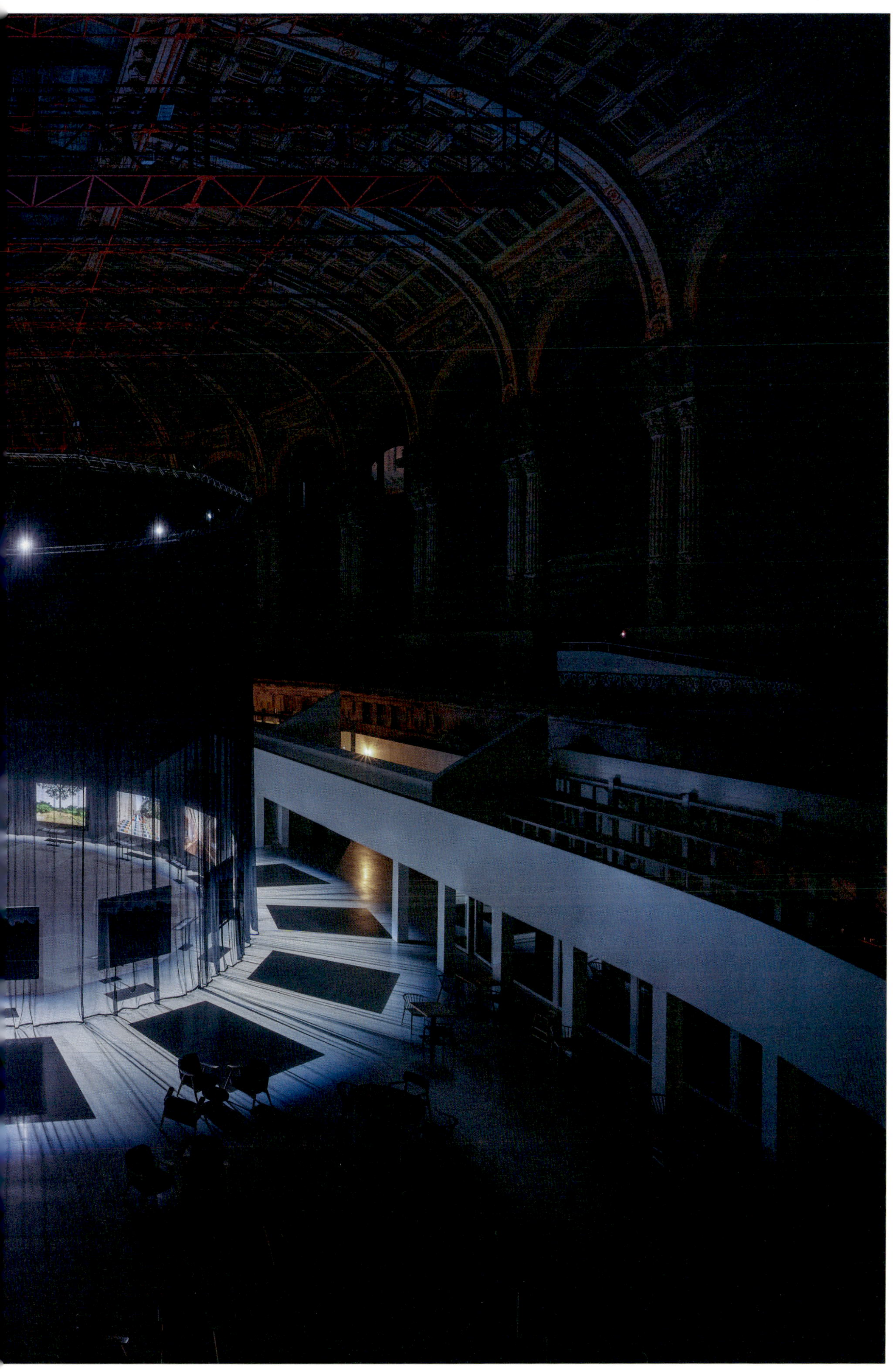

VG va decidir que el seu retrat es fes davant de casa seva, on viu i escriu –potser és el mateix– i ho fa sempre pendent, des de la finestra, d'aquesta ciutat de la qual està enamorada, Nova York.

VG decidió que su retrato fuera frente a su casa, donde vive y escribe –acaso sea lo mismo– y lo hace siempre pendiente, desde la ventana, de esa ciudad de la que está enamorada, Nueva York.

VG chose to have her portrait taken outside the house where she lives and writes – though perhaps they are one and the same thing – all the while looking out of the window at the city she loves, New York.

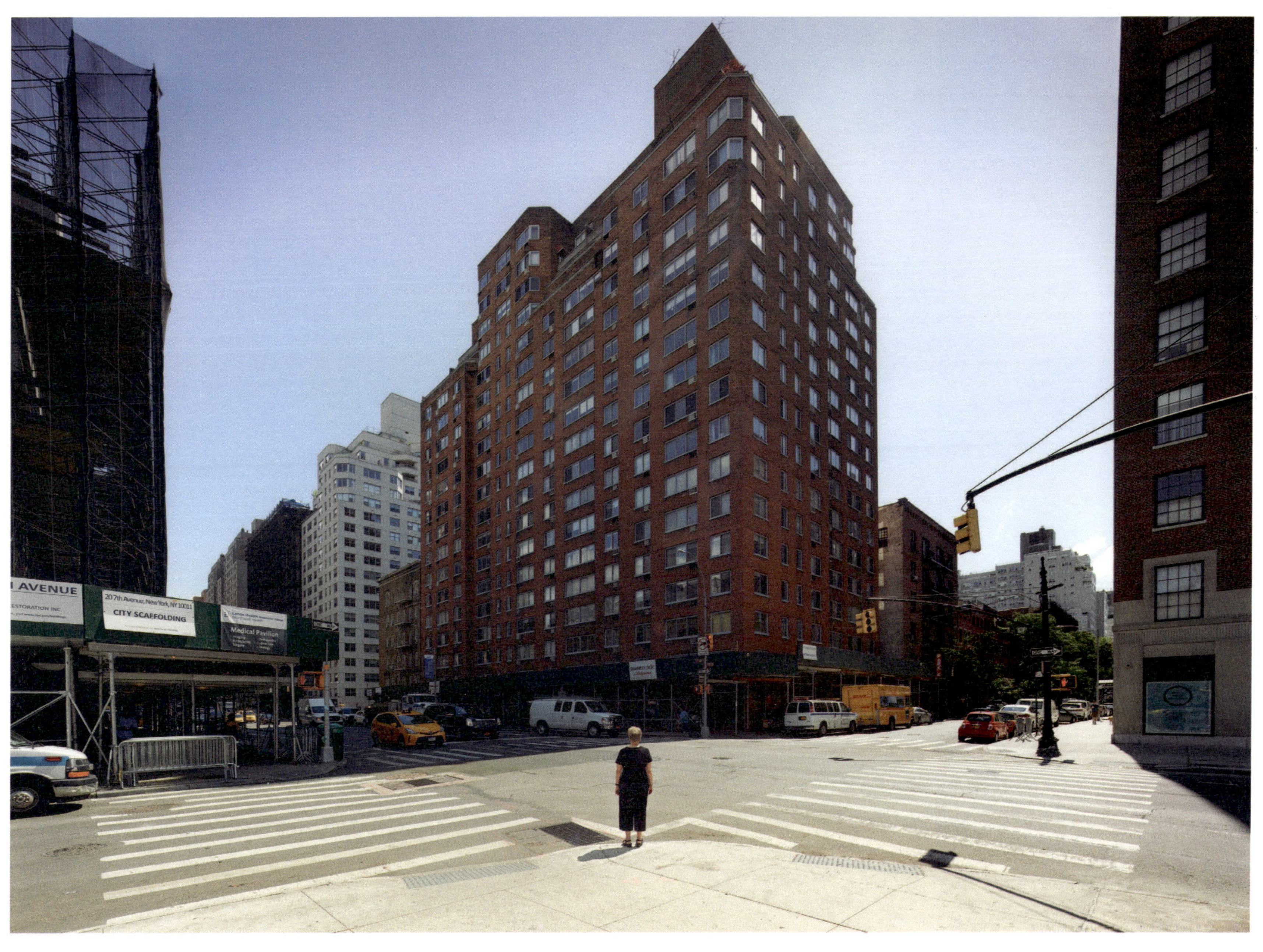
AVENUE
ESTORATION INC.
20 7th Avenue, New York, NY 10011
CITY SCAFFOLDING
Medical Pavilion

Vivian Gornick

L'any 1943, en una petita escola del Bronx, a Nova York, una nena de vuit anys rep un regal. La nena es diu Vivian Gornick i la professora, assenyalant-la entre els seus companys, exclama: «Aquesta nena serà escriptora».

De tornada a casa, s'ho repeteix dins seu una vegada i l'altra i alguns regals són profètics, arriben just en el moment adequat i obren camí a una manera de viure. És per això que, quan la nena arriba al modest bloc d'apartaments que habitarà fins als vint-i-un anys –una casa on Marx, el socialisme i la classe obrera internacional eren articles de fe–, ho comunica a la seva mare, que la mira seriosament i la renya: «No oblidis mai d'on véns».

«D'on véns» és una expressió comuna i potser no és la resposta que aquesta nena desitjava, perquè es tracta més aviat d'un advertiment que apunta cap a les arrels i la llar. Sigui com sigui, en el cas de Vivian Gornick són aquestes dues forces –la promesa de ser escriptora i l'advertiment de no allunyar-se massa de les arrels– les que conformen la seva particular visió del món.

Periodista, escriptora i activista feminista nord-americana, considerada una de les millors memorialistes dels darrers cinquanta anys, Gornick és, per damunt de qualsevol altra cosa, una observadora nata de la realitat. És a allò que és quotidià, allà on ha transitat una vegada i una altra, on torna per, des de la distància, ser capaç de desembolicar la troca del que ens passa inadvertit a causa de la proximitat.

Si la gran il·lusió de la nostra cultura és que som el que confessem ser, l'obra de Gornick traspua justament això: autenticitat. Si un escriptor és algú que sent veus a través de les veus i amb aquestes veus va traçant el mapa de la seva vida, Gornick ho fa sovint mentre passeja per aquesta ciutat seva, Nova York. I les veus que recull i que recorren la seva obra s'aturen en allò que és més important per a ella, les afeccions i els vincles, l'amor en totes les formes i contradiccions que ens condiciona i persegueix des del mateix moment que algú, tant és que sigui el 1943 o el 2022, ens fa el regal de donar-nos una pista sobre allò que marcarà les nostres vides.

Corre el año 1943 y, en una pequeña escuela del Bronx, en Nueva York, a una niña de ocho años le hacen un regalo. La niña se llama Vivian Gornick y la profesora, señalándola entre sus compañeros, exclama: «Esta niña va a ser escritora».

De vuelta a casa, se lo repite para sus adentros una y otra vez y algunos regalos son proféticos, llegan justo en el momento adecuado y encienden la luz a un modo de vivir. Por eso, cuando la niña llega al modesto bloque de apartamentos que habitará hasta los veintiún años –una casa donde Marx, el socialismo y la clase obrera internacional eran artículos de fe–, se lo comunica a su madre, que la mira con seriedad y la reprende: «Nunca olvides de dónde vienes».

«De dónde vienes» es una expresión común y quizás no es la respuesta que esa niña deseaba, porque se trata más bien de una advertencia que apunta hacia las raíces y el hogar. Sea como fuere, en el caso de Vivian Gornick son estas dos fuerzas –la promesa de ser escritora y la advertencia de no alejarse demasiado de las raíces– las que hilan su particular visión del mundo.

Periodista, escritora y activista feminista estadounidense, considerada una de las mejores memorialistas de los últimos cincuenta años, Gornick es, sobre cualquier otra cosa, una observadora nata de la realidad. Es a lo cotidiano, a lo transitado una y otra vez, a donde regresa para, desde la distancia, ser capaz de desentrañar la madeja de aquello que se nos pasa por alto debido a la cercanía.

Si la gran ilusión de nuestra cultura es que somos lo que confesamos ser, la obra de Gornick rezuma justamente eso: autenticidad. Si un escritor es alguien que oye voces a través de las voces y con ellas va trazando el mapa de su vida, Gornick lo hace a menudo mientras pasea por esta ciudad suya, Nueva York. Y las voces que recoge y recorren su obra se detienen en eso que es más importante para ella, los apegos y los vínculos, el amor en todas sus formas y contradicciones que nos condiciona y persigue desde el preciso momento en que alguien, ya sea en 1943 o en 2022, nos hace el regalo de darnos una pista sobre eso que marcará nuestras vidas.

The year is 1943 and, in a small school in the Bronx, New York, an eight-year-old girl receives a gift. The girl's name is Vivian Gornick and the teacher exclaims to the whole class that "This girl is going to be a writer".

On her way home, she repeats this to herself over and over again, and some gifts are prophetic, coming at just the right time and illuminating the path to a new life. So, when the girl arrives at the modest apartment block where she will live until she is twenty-one – in a home where Marx, socialism and the international working class are articles of faith – she tells her mother, who looks at her keenly and scolds her: "Never forget where you come from".

"Where you come from" is a common expression and was perhaps not the reply the girl wanted, as it is more of a warning, reminding one of one's roots, one's home. In Vivian Gornick's case, however, it was these two forces – the promise of becoming a writer and the warning not to stray too far from her roots – that together wove her personal vision of the world.

An American journalist, writer and feminist activist, considered one of the finest memoirists of the last fifty years, Gornick is, above all else, a born observer of reality. She constantly returns to the everyday, to the path taken over and over again, and, from the perspective given by distance, unravels the kernel of what may be overlooked due to proximity.

If the great illusion of our culture is that we are what we confess ourselves to be, Gornick's work is steeped in that very quality: authenticity. If a writer is someone who hears voices through voices and uses them to trace out the map of their life, Gornick often does this as she walks through her city, New York. And the voices she gathers and which form the thread of her work focus on what is most important to her: ties and bonds, love in all its forms and contradictions, which moulds and haunts us from the very moment that someone, whether in 1943 or in 2022, makes us the gift of giving us a clue about what will come to mark our lives.

RB va triar fer-se el retrat a la porteria dels apartaments de Brooklyn on havia viscut durant la seva infància, uns apartaments als quals no havia tornat fins al dia del retrat. A més de com a «caçador de dictadors», RB també és conegut per ser l'home de la bufanda vermella. Fixeu-vos que, es trobi en la situació que es trobi, sempre la porta al coll. En aquest retrat també. Només és qüestió de mirar detingudament, d'acostar-s'hi una mica més i –com passa amb la majoria de coses de la vida– de sobte apareix.

RB escogió hacerse el retrato en la portería de los apartamentos de Brooklyn en los que había vivido a lo largo de su infancia, unos apartamentos a los que no había vuelto hasta el día del retrato. Además de como «cazador de dictadores», a RB se lo conoce también por ser el hombre de la bufanda roja. No importa en qué situación se encuentre que, fíjense, siempre la lleva al cuello. En este retrato también. Solo es cuestión de mirar detenidamente, de acercarse un poco más y –como ocurre con la mayoría de cosas de la vida– de repente aparece.

RB chose to have his portrait taken at the entrance to the Brooklyn apartment block where he lived throughout his childhood, and where he had not returned until the day of the shoot. As well as a "dictator hunter", RB is also known as the man with the red scarf. No matter what situation he finds himself in, he always wears one around his neck. In this portrait too. It's just a matter of looking closely, of getting a little closer, and – as with most things in life – it suddenly appears.

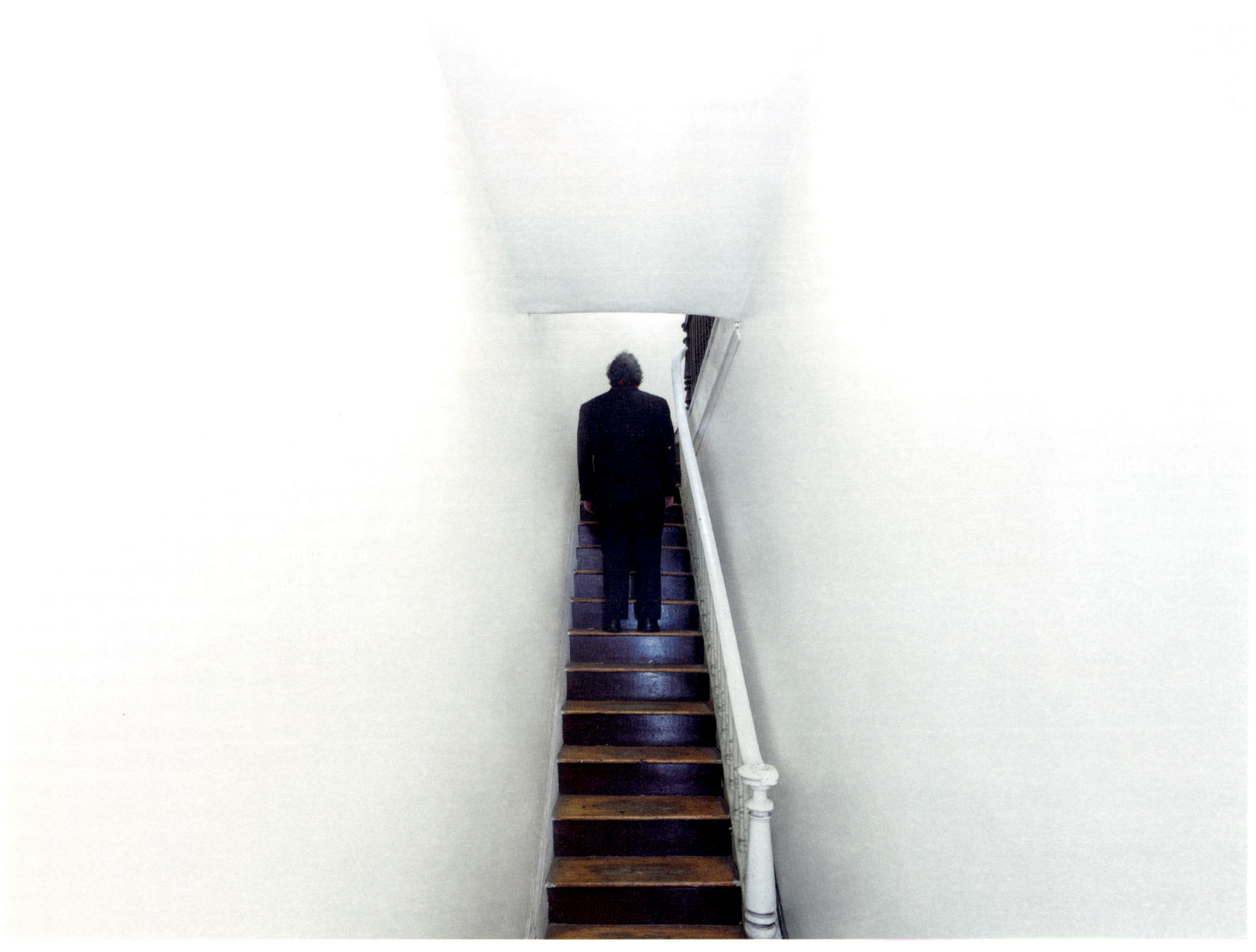

Reed Brody

Hi ha petits gestos que fonamenten una vida. Que es mantenen. Son anècdotes que adquireixen rellevància al llarg del temps. I així, probablement –encara que no en tenim les dades–, Reed Brody és una de les persones més joves que ha escrit una constitució. Amb 12 anys, juntament amb el seu germà petit, Clifford, va escriure la Constitució de la República Lliure de Brodània, un país que, per decret, no es relacionaria amb reis ni dictadors, sinó amb estats d'igual a igual i sobre les bases de la democràcia. Aquest episodi podria haver quedat només en un divertiment, però és el fonament d'una vida arrelada en la lluita en favor de la democràcia, la de l'advocat nord-americà Reed Brody, activista des de fa molts anys en el camp dels drets humans.

Va néixer en un Brooklyn que té poques coses en comú amb el d'ara i hi va créixer sent plenament conscient de les desigualtats. Es va graduar en Dret i va començar a treballar a la Fiscalia de Nova York. Tanmateix, aviat es va embarcar en un viatge que li va canviar la vida: el 1984 va marxar a Nicaragua on, després de ser testimoni de les atrocitats que cometia la Contra, un moviment armat oposat al govern sandinista, va sentir la responsabilitat moral d'explicar-ho. Així va ser com va deixar la feina i, amb només 31 anys, va escriure un detallat informe que acreditava el sadisme de la Contra. Gràcies a aquestes pàgines que van ser portada de *The New York Times*, els Estats Units van deixar de finançar aquest grup.

Més tard, Brody va treballar a l'ONU i en la creació del Tribunal Penal Internacional, fins que el 1998 va entrar a Human Rights Watch, una ONG de referència en el camp dels drets humans de la qual n'ha estat el portaveu. La seva croada per la justícia i els drets humans l'ha dut a El Salvador, Guatemala, el Tibet, Haití, Timor Oriental o la República Democràtica del Congo.

Si bé és cert que els llibres d'autoajuda diuen que per canviar el món cal començar per un mateix, Brody va començar en gran, amb les dues coses alhora, no en va procedeix d'una generació, la dels anys setanta, que volia canviar el món, i durant tota la vida ha demostrat que és possible fer-ho. És per això que li han posat el sobrenom de «caçador de dictadors», tot i que a ell el títol no li agrada.

Diu que «Si mates algú, vas a la presó. Si mates 40 persones, et tanquen en un psiquiàtric. Si mates 40.000 persones, t'exilies còmodament en un altre país amb un bon compte corrent. Això és el que volem canviar». Justícia, ni més ni menys, això és el que demana i pel que lluita. Algunes de les seves victòries més icòniques són Augusto Pinochet, Jean-Claude Duvalier o Hissène Habré i confia que aviat el gambià Yahya Jammeh s'afegirà a la llista de dictadors que ha aconseguit portar davant la justícia.

Perquè els dictadors es cacen, però es necessita temps per fer-ho i, sobretot, paciència. Però aquest advocat, sobre la tasca del qual ja s'han fet cinc documentals, persegueix un somni que consisteix a restaurar allò que és indestructible i profundament bell, allò que viu al cor de l'home més enllà de les circumstàncies i que es diu dignitat.

Pequeños gestos fundan una vida. Permanecen. Son anécdotas que adquieren relevancia a lo largo del tiempo. Y así, probablemente –aunque no tenemos los datos–, Reed Brody sea una de las personas más jóvenes que ha escrito una constitución. Con 12 años, junto a su hermano pequeño, Clifford, escribió la Constitución de la República Libre de Brodania, un país que, por decreto, no se relacionaría con reyes ni dictadores, sino con estados de igual a igual y sobre las bases de la democracia. Este episodio podría haberse quedado en divertimento, pero fundó una vida que se enraíza en la lucha en favor de la democracia, la del abogado estadounidense Reed Brody, que lleva años de activismo dentro del campo de los derechos humanos.

Nacido en un Brooklyn que poco tiene que ver con el de ahora, fue ahí donde creció siendo plenamente consciente de las desigualdades. Se matriculó en Derecho y empezó a trabajar en la Fiscalía de Nueva York. Pronto, sin embargo, se embarcaría en un viaje que le cambiaría la vida: en 1984 se marchó a Nicaragua donde, después de ser testigo de las atrocidades que cometía la Contra, movimiento armado opuesto al gobierno sandinista, sintió la responsabilidad moral de contarlo. Así fue como dejó su trabajo y, con tan solo 31 años, escribió un detallado informe que acreditaba el sadismo de la Contra. Gracias a estas páginas que fueron portada de *The New York Times*, Estados Unidos dejó de financiar a este grupo.

Más tarde, Brody trabajó en la ONU y en la creación del Tribunal Penal Internacional, hasta que en 1998 entró en Human Rights Watch, una ONG de referencia en el campo de los derechos humanos de la que ha sido portavoz. Su cruzada por la justicia y los derechos humanos lo ha llevado a El Salvador, Guatemala, Tíbet, Haití, Timor Oriental o la República Democrática del Congo.

Si bien es cierto que los libros de autoayuda cuentan que para cambiar el mundo es necesario empezar por uno mismo, Brody empezó a lo grande, por las dos cosas a la vez, no en vano procede de una generación, la de los años setenta, que quería cambiar el mundo, y lleva toda la vida demostrando que es posible hacerlo. Por algo lo apodan, aunque a él no le guste el título, «el cazador de dictadores».

Cuenta que «si matas a alguien, vas a la cárcel. Si matas a 40 personas, te encierran en un psiquiátrico. Si matas a 40.000 personas, te exilias cómodamente en otro país con una buena cuenta corriente. Esto es lo que queremos cambiar». Justicia, nada más y nada menos, eso es lo que pide, por lo que lucha. Algunas de sus victorias más icónicas son Augusto Pinochet, Jean-Claude Duvalier o Hissène Habré y confía en que pronto el gambiano Yahya Jammeh se añada a la lista de dictadores a los que ha conseguido llevar ante la justicia.

Porque los dictadores se cazan, pero se necesita tiempo y, sobre todo, paciencia. Pero este abogado, sobre cuyo trabajo se han realizado ya cinco documentales, persigue un sueño que tiene que ver con restaurar aquello que es inquebrantable y profundamente bello, aquello que anida en el corazón del hombre más allá de las circunstancias y que se llama dignidad.

Lives are made up of small gestures. Such gestures stay with us. They are anecdotes that acquire relevance over time. So, Reed Brody is probably – although we are not in possession of the full facts – one of the youngest people to have written a constitution. At the age of 12, with his younger brother, Clifford, he wrote the Constitution of the Free Republic of Brodania, a country that, by decree, would have no relations with kings or dictators, but only with states as equals and on the basis of democracy. This story might have stayed as just an innocent pastime, but was the seed of a life rooted in the struggle for democracy, that of the American lawyer Reed Brody, who has spent years as an activist in the field of human rights.

Born in a Brooklyn that bears little resemblance to the Brooklyn of today, he grew up becoming increasingly aware of inequalities. He went to law school and began his working life at the New York City District Attorney's Office. Soon, however, he embarked on a journey that would change his life: in 1984 he visited Nicaragua where, after witnessing the atrocities committed by the Contras, armed groups fighting the Sandinista government, he felt a moral duty to speak out. Accordingly, he resigned from his job and, at the age of just 31, wrote a detailed report documenting the sadistic actions of the Contras. Thanks to this work, which was published on the front page of *The New York Times*, the United States stopped funding the groups.

Reed later worked at the UN and helped to establish the International Criminal Court, and in 1998 joined Human Rights Watch, a prominent NGO in the field of human rights for which he acted as a spokesperson. His crusade for justice and human rights has taken him to El Salvador, Guatemala, Tibet, Haiti, East Timor and the Democratic Republic of Congo.

While it is true that, according to self-help books if you want to change the world you have to start with yourself, Brody started in a really big way, both at the same time. Not in vain does he come from a generation – that of the seventies – that wanted to change the world and he has shown throughout his life that it is possible to do just that. That is why he is known, although he does not like the nickname, as the "dictator hunter".

He says, "If you kill someone, you go to jail. If you kill 40 people, you are sent to a mental institution. If you kill 40,000 people, you go into comfortable exile in another country with an overflowing bank account. This is what we want to change." Justice, nothing more and nothing less, is what he wants, what he fights for. Some of his most outstanding victories were over Augusto Pinochet, Jean-Claude Duvalier and Hissène Habré, and he hopes that the Gambian Yahya Jammeh will soon be added to the list of dictators he has managed to bring to justice.

Because dictators must be hunted down, but it takes time and, above all, patience. However, this lawyer, whose work has already been the subject of five documentaries, pursues a dream of restoring that which is unshakeable and profoundly beautiful, that which nestles in the heart of man whatever the circumstances, and which is called dignity.

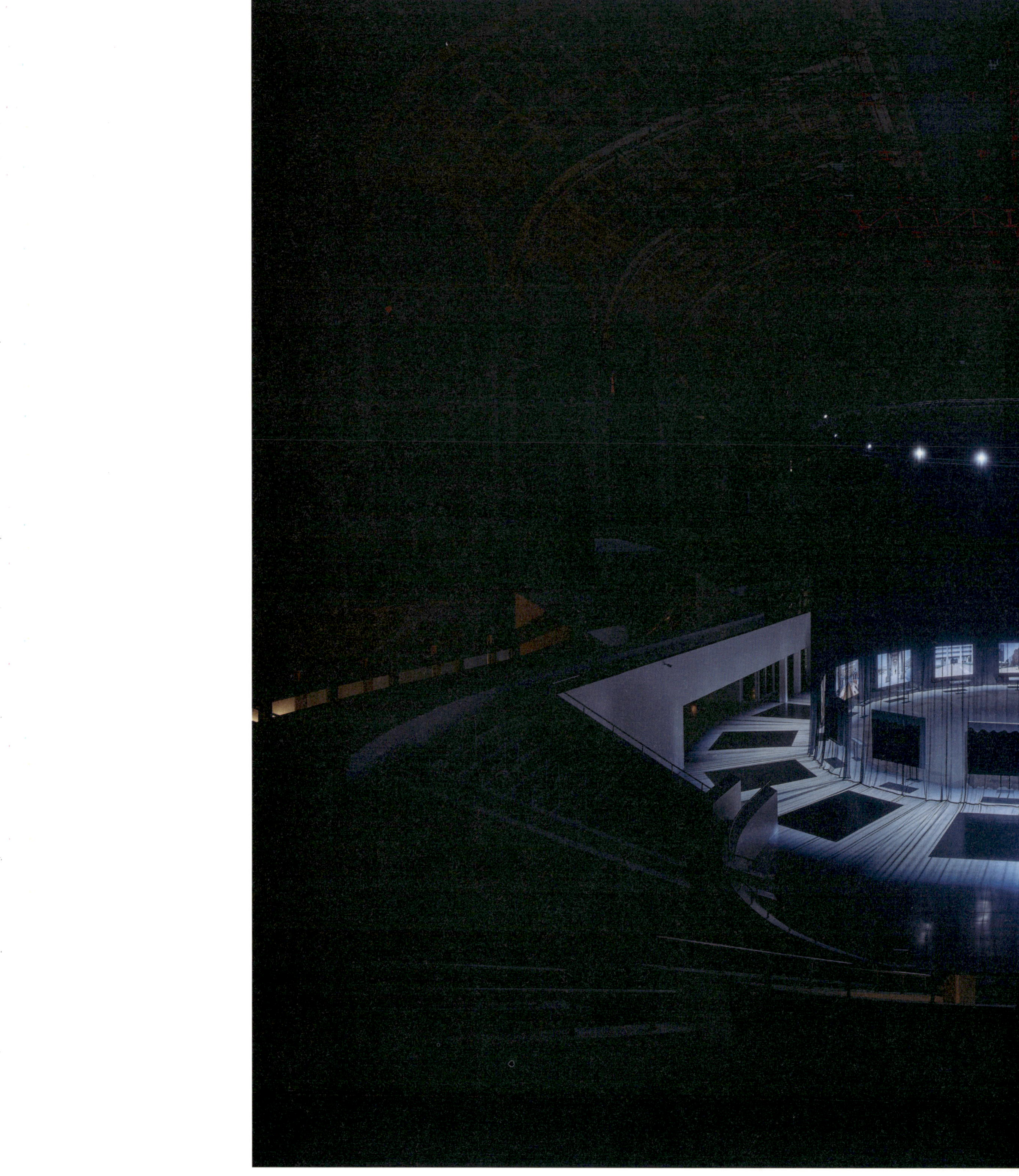

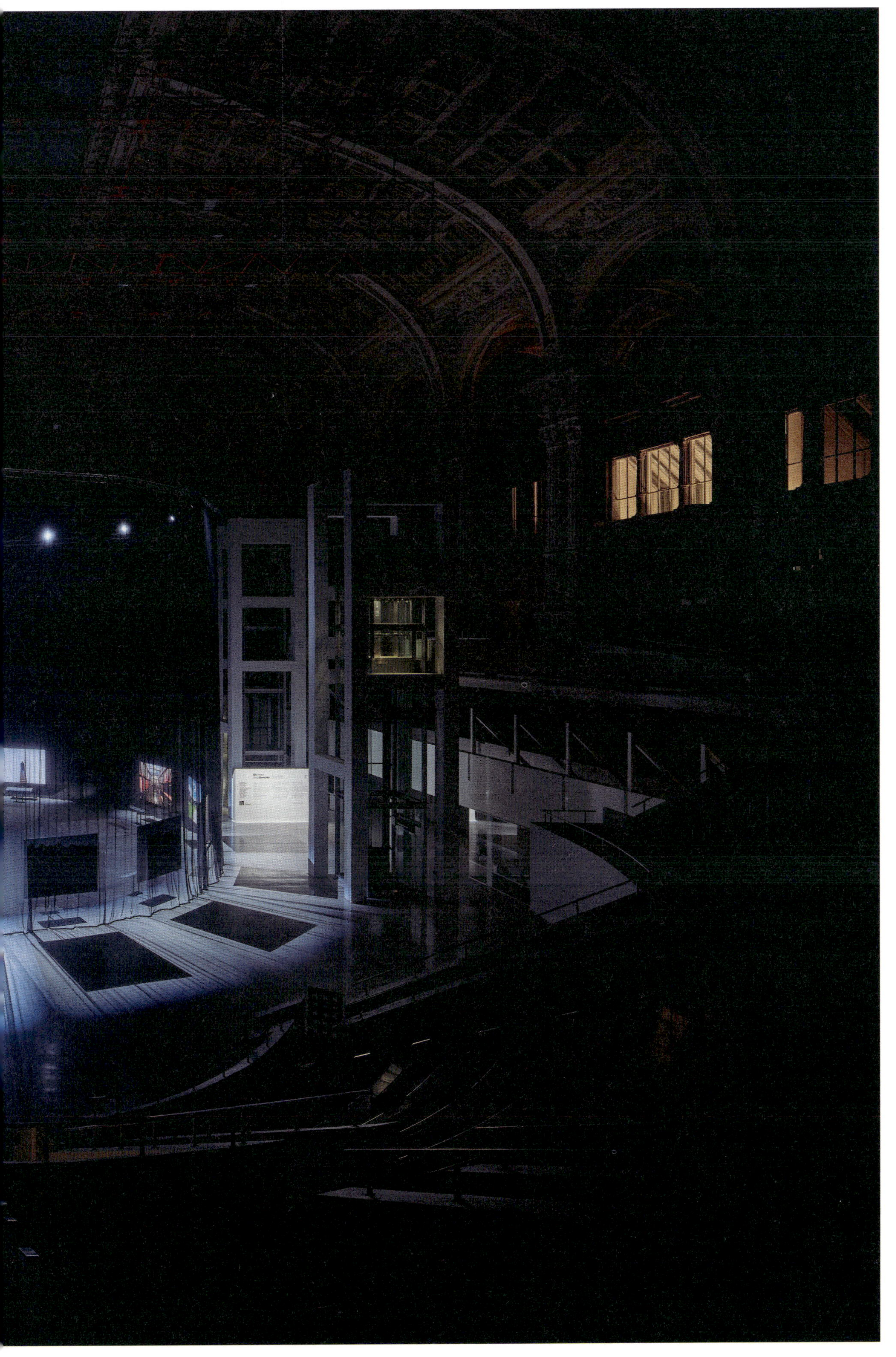

Jordi Bernadó by Jordi Bernadó
Una vida en dades*

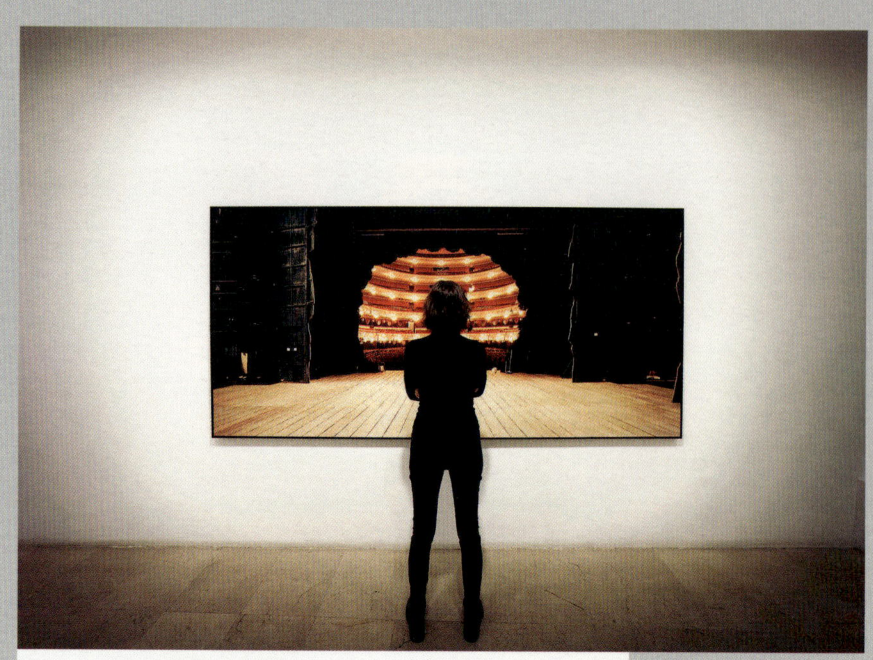

Neix a Lleida el 1966 i guanya la beca Fotopres el 1993, iniciant-se de forma irreversible en el llenguatge que vertebrarà la seva vida a partir d'aquell moment: la fotografia. D'aquella primera trobada, es desplega una llarga llista d'èxits, exposicions, premis, publicacions, col·laboracions, encàrrecs, projectes, viatges i alguna ensopegada. Aquesta no pretén ser una estadística pura ni un recompte exhaustiu. És, senzillament, una aproximació en dades a la vida de l'artista.

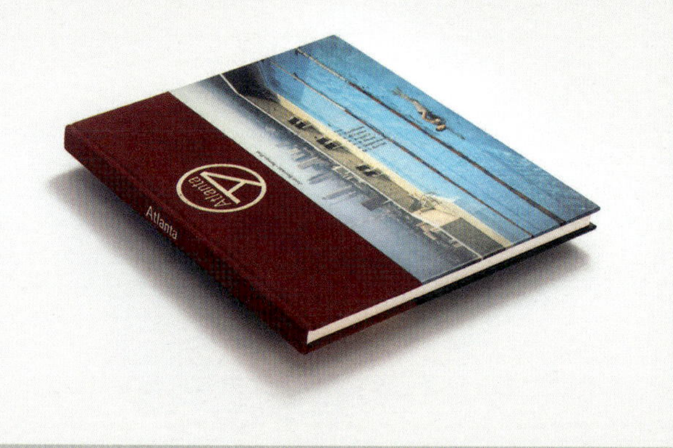

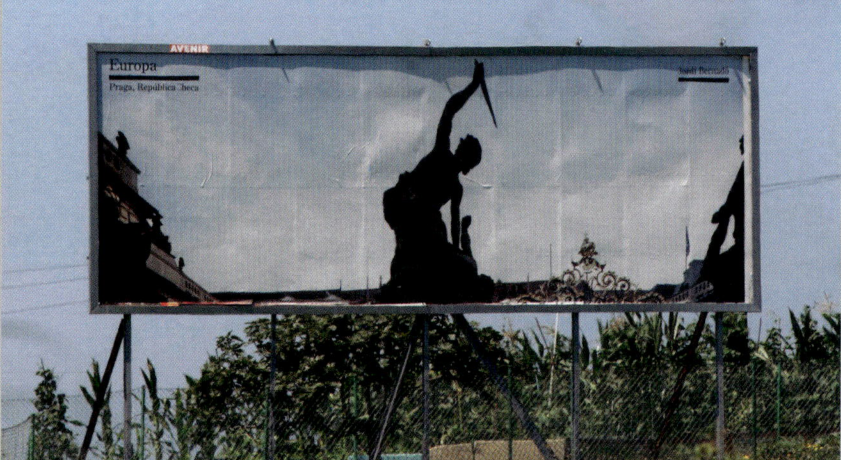

29 llibres individuals publicats i més de 200 publicacions col·lectives, 63 exposicions individuals, i 115 exposicions col·lectives, 203 col·leccions públiques i privades (Col·lecció d'Art Banc Sabadell, MACBA, Bibliothèque Nationale de France, European Patent Office Collection, North Carolina Museum of Art, Deutsche Bank Collection, Fundació La Caixa, Agence Regionale du Patrimoine Provence-Alpes-Côte d'Azur, entre d'altres).

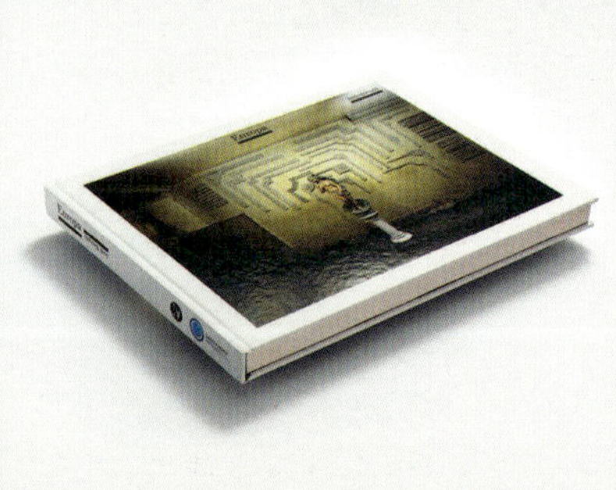

7 premis (Beca Fotopres, Premi Laus'29, millor llibre de fotografia a PHotoESPAÑA'02 per *Very Very Bad News*, Premi del Ministeri de Cultura al millor llibre d'art editat a Espanya per *Very Very Bad News*, *True Loving and other Tales* va ser un dels millors llibres de fotografia de l'any a PHotoESPAÑA'07, X Beca Endesa, *Welcome to Espaiñ* com a un dels millors llibres de fotografia de l'any a PHotoESPAÑA'10, *Welcome to Espaiñ* va ser finalista al *Prix du livre d'auteur* 2010 de *Les Rencontres d'Arles*, premi internacional en la secció de curts experimentals a Arquitectura Film Festival de Santiago de Chile per *Hello Ms. Hock*).

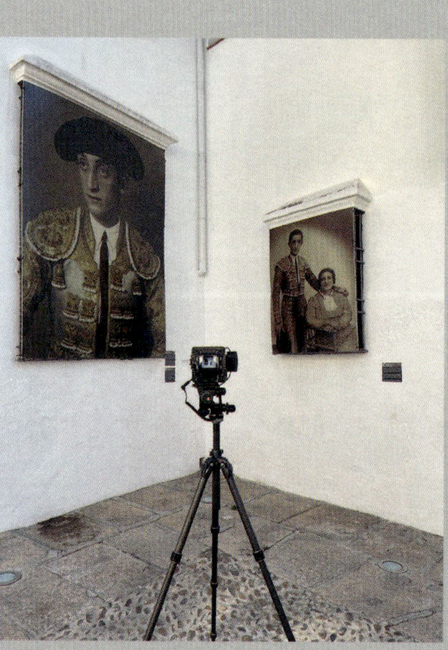

* Si prefereix una versió més completa i precisa del CV de l'artista, pot dirigir-se a: jordibernado.com

19 anys amb el mateix galerista (una llarga i apassionada història d'amor).

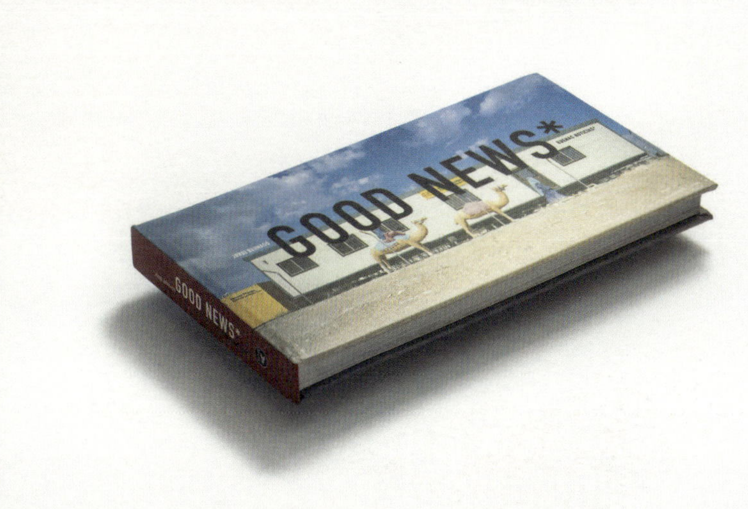

72 encàrrecs especials (destaquen Stalking Detroit, Canada Coast to Coast, Nagoya Inn, Reims Patrimoines Revisités, Rathaaus Insbruck, Instant China, Riva di Garda),

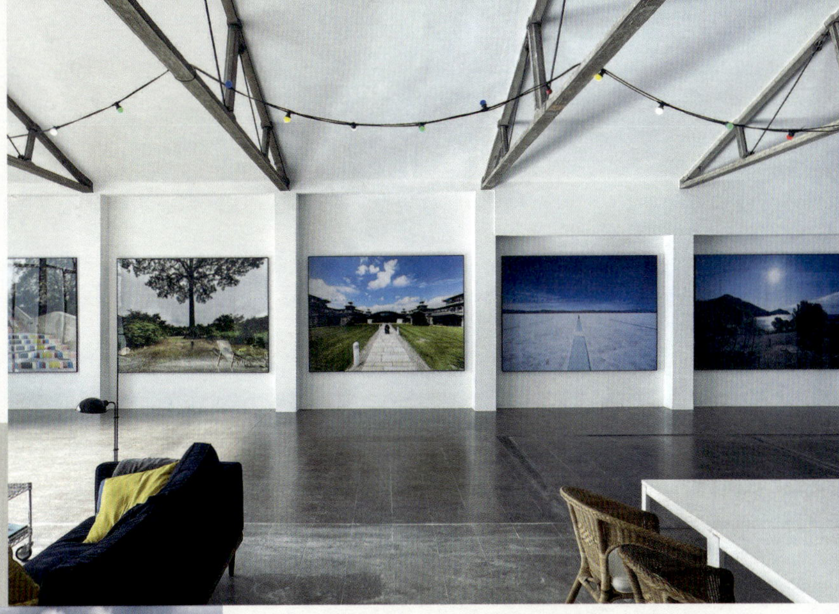

397 edificis d'importants arquitectes fotografiats, 81 països visitats (0 conquerits), 1.003 hotels (dada aproximada), 2 habitacions embruixades, 3 assassinats evitats (1 d'ells va acabar amb l'artista ensenyant a tres gàngsters a disparar una càmera a Detroit: així que, 3 amics fets), 1 expedició a la selva congolesa, 1 malària, 0 morts (de moment).

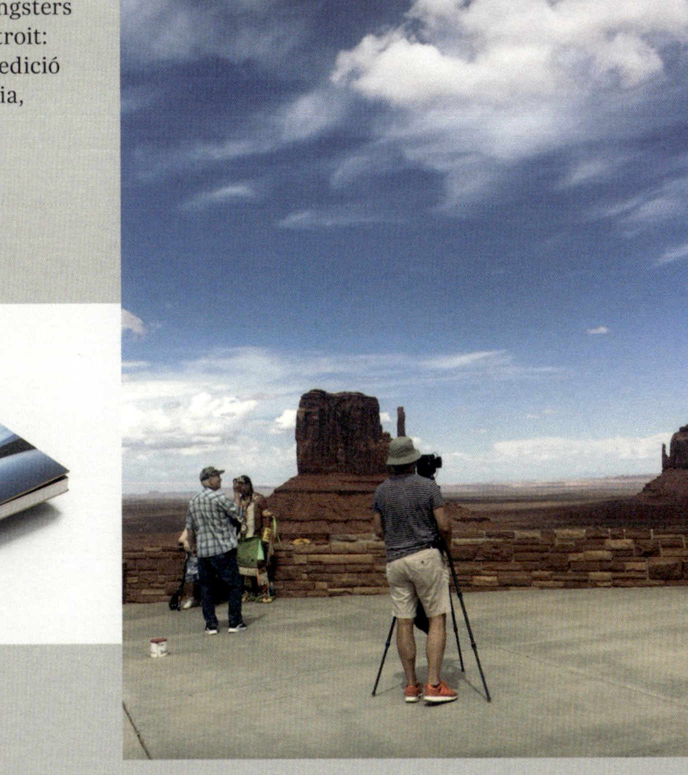

1 flam batejat en el seu honor (l'assoliment més gran de l'artista, segons Pepita Tarragona, la seva mare), 1 carrer promès al seu nom (al poble de Happy, Texas).

Jordi Bernadó by Jordi Bernadó
Una vida en datos*

Nace en Lleida en 1966 y gana la beca Fotopres en 1993, iniciándose de forma irreversible en el lenguaje que vertebrará su vida a partir de ese momento: la fotografía. De ese primer encuentro, se despliega una larga lista de logros, exposiciones, premios, publicaciones, colaboraciones, encargos, proyectos, viajes y algún que otro tropiezo. Esta no pretende ser una estadística pura ni un recuento exhaustivo. Es, sencillamente, una aproximación en datos a la vida del artista.

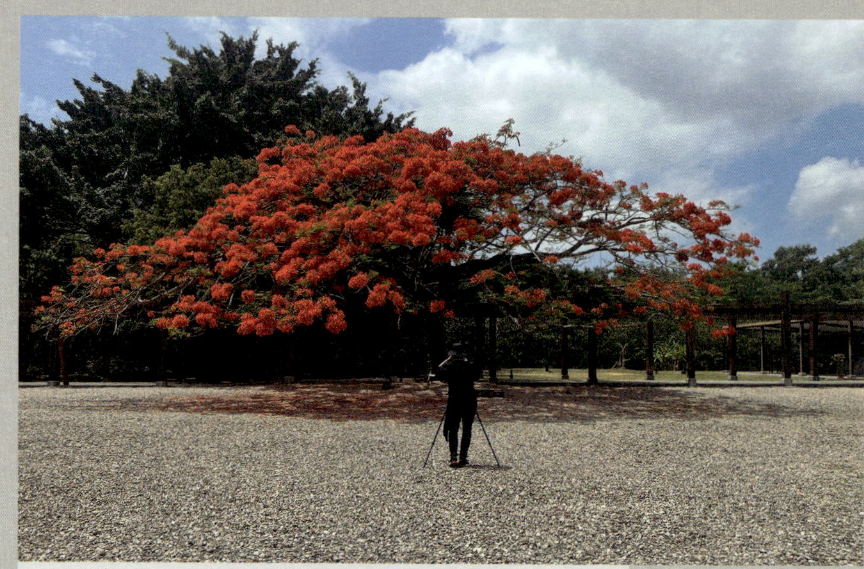

7 premios (Beca Fotopres, Premio Laus'29, mejor libro de fotografía en PHotoESPAÑA'02 por *Very Very Bad News*, Premio del Ministerio de Cultura al mejor libro de arte editado en España por *Very Very Bad News*, *True Loving and other Tales* fue uno de los mejores libros de fotografía del año en PHotoESPAÑA'07, X Beca Endesa, *Welcome to Espaiñ* como uno de los mejores libros de fotografía del año en PHotoESPAÑA'10, *Welcome to Espaiñ* fue finalista en el *Prix du livre d'auteur* 2010 de *Les Rencontres d'Arles*, premio internacional en la sección de cortos experimentales en Arquitectura Film Festival de Santiago de Chile para *Hello Ms. Hock*).

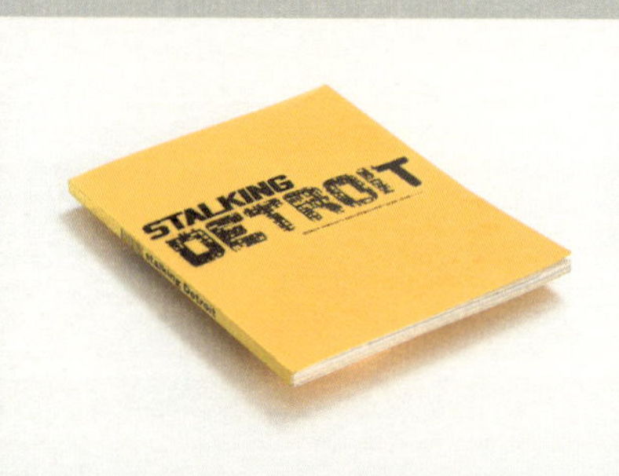

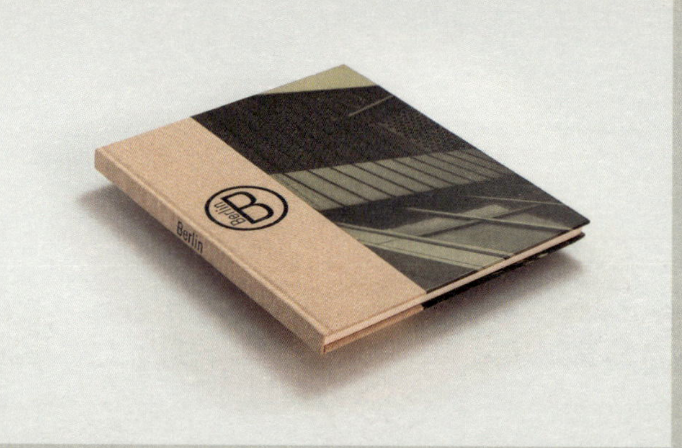

29 libros individuales publicados y más de 200 publicaciones colectivas, 63 exposiciones individuales y 115 exposiciones colectivas, 203 colecciones públicas y privadas (Colección de Arte Banco Sabadell, MACBA, Bibliothèque Nationale de France, European Patent Office Collection, North Carolina Museum of Art, Deutsche Bank Collection, Fundació La Caixa, Agence Regionale du Patrimoine Provence-Alpes-Côte d'Azur, entre otras).

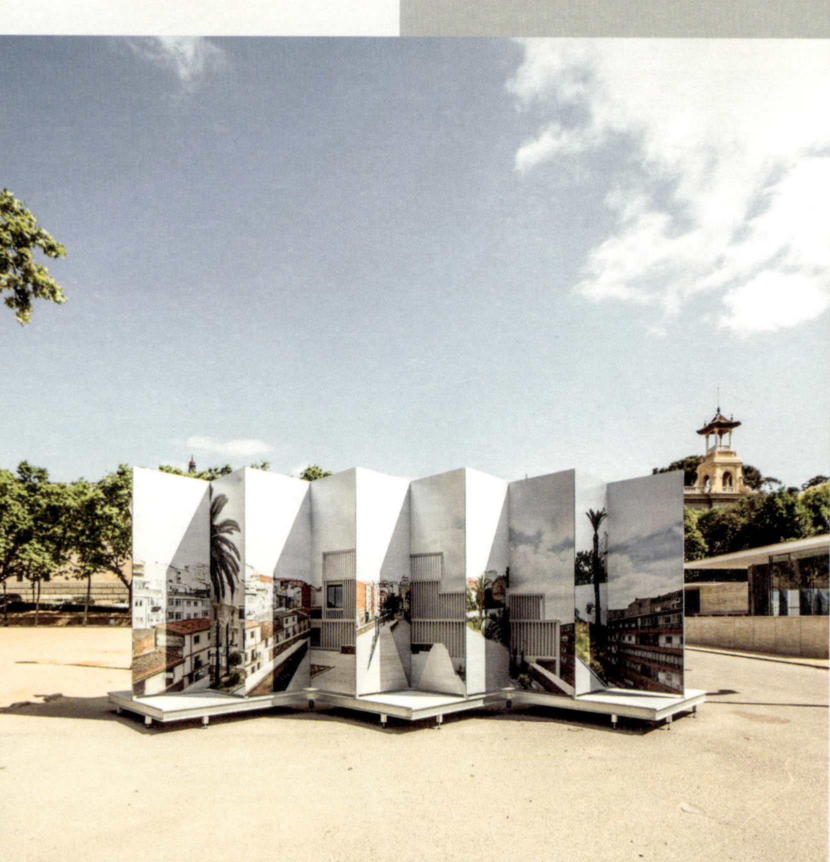

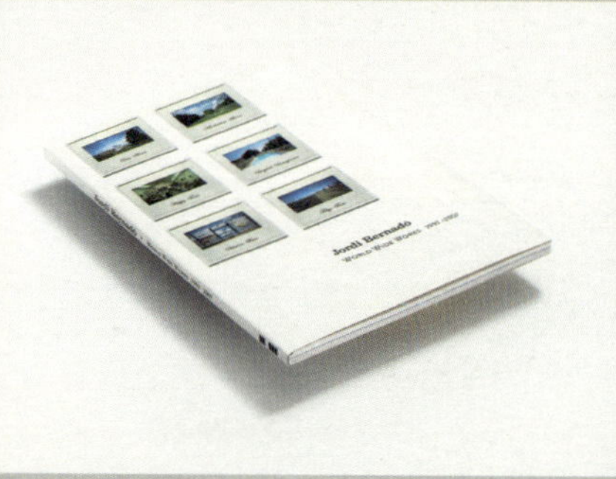

* Si prefiere una versión más completa y precisa del CV del artista, puede dirigirse a: jordibernado.com

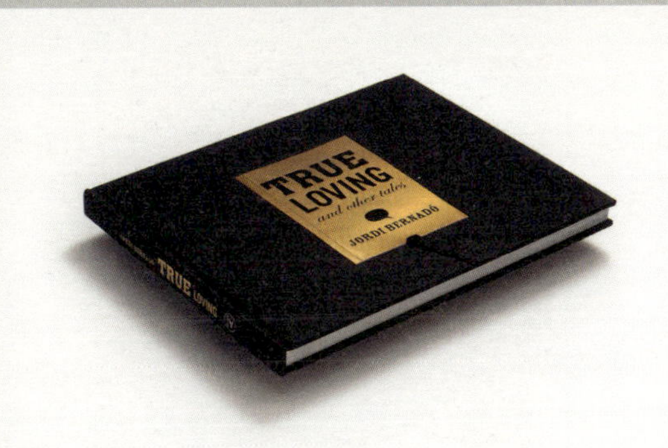

72 encargos especiales (destacan Stalking Detroit, Canada Coast to Coast, Nagoya Inn, Reims Patrimoines Revisités, Rathaaus Insbruck, Instant China, Riva di Garda).

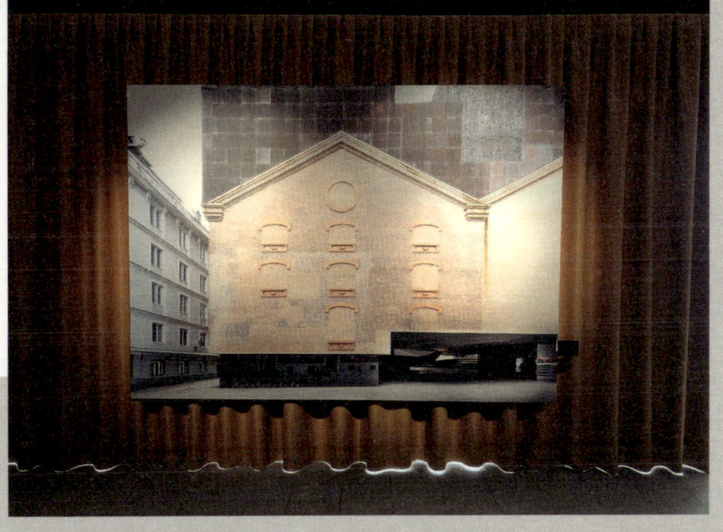

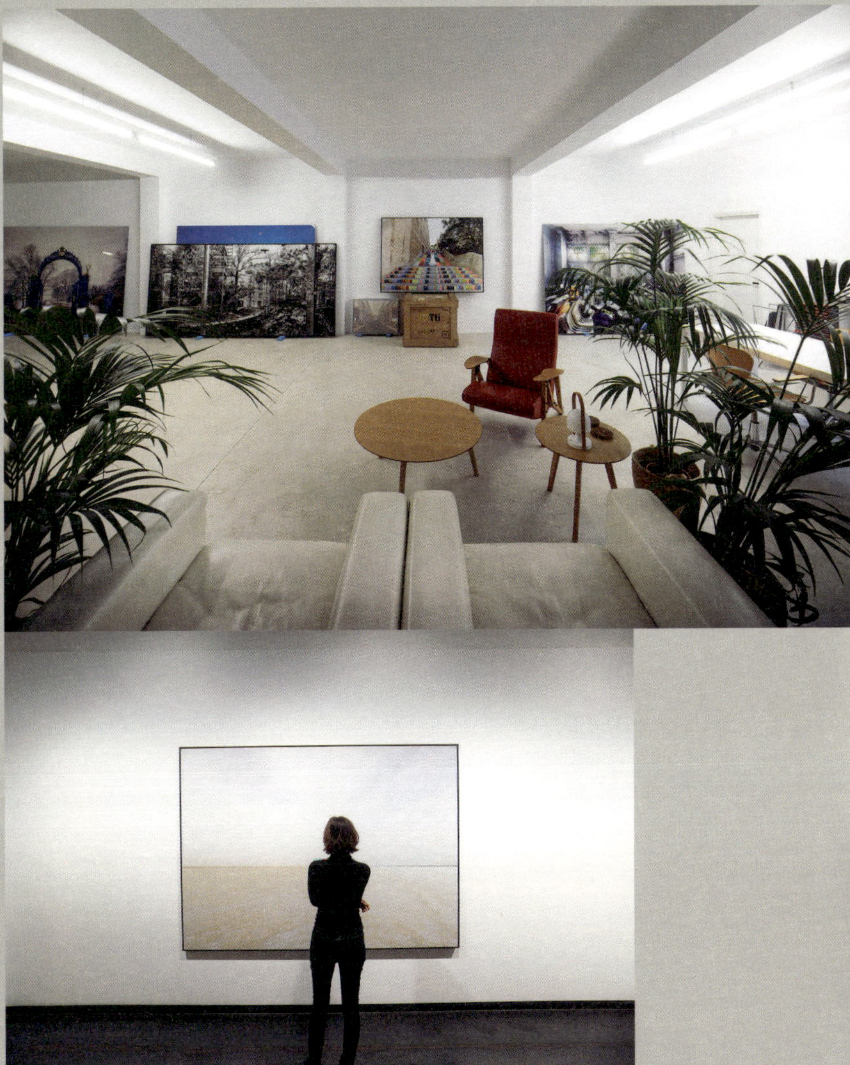

397 edificios de importantes arquitectos fotografiados, 81 países visitados (0 conquistados), 1.003 hoteles (dato aproximado), 2 habitaciones embrujadas, 3 asesinatos evitados (1 de ellos acabó con el artista enseñando a tres matones a disparar una cámara en Detroit: así que, 3 amigos hechos), 1 expedición a la selva congoleña, 1 malaria, 0 muertes (por el momento).

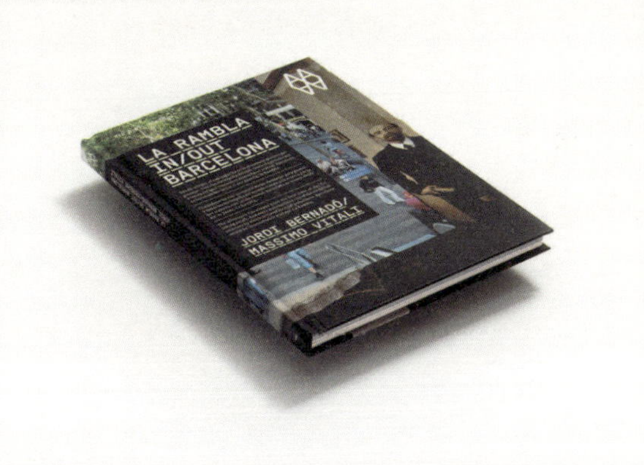

19 años con el mismo galerista (una larga y apasionada historia de amor).

1 flan bautizado en su honor (el mayor logro del artista, según Pepita Tarragona, su madre), 1 calle prometida a su nombre (en el pueblo de Happy, Texas).

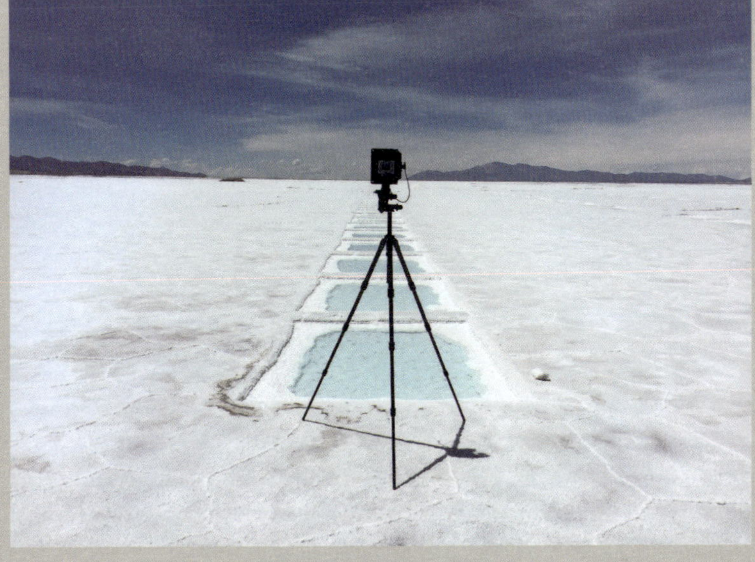

Jordi Bernadó by Jordi Bernadó
A Life in Numbers*

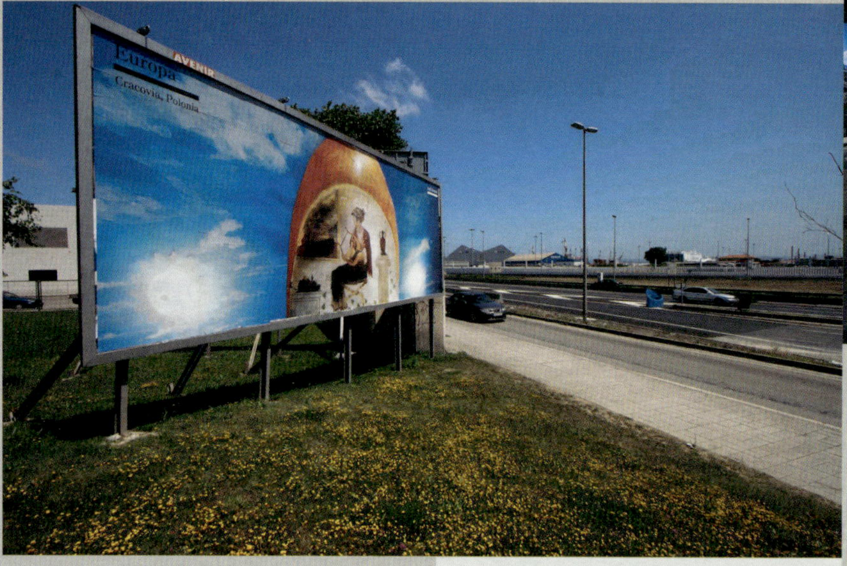

He was born in Lleida in 1966 and won the Fotopres grant in 1993, irreversibly initiating him into the language that would become the backbone of his life from that moment on: photography. That first encounter led to a long list of achievements, exhibitions, awards, publications, collaborations, commissions, projects, travels, and maybe one or two setbacks. This is not intended to be a purely statistical or exhaustive account. It is simply an approximation in data to the artist's life.

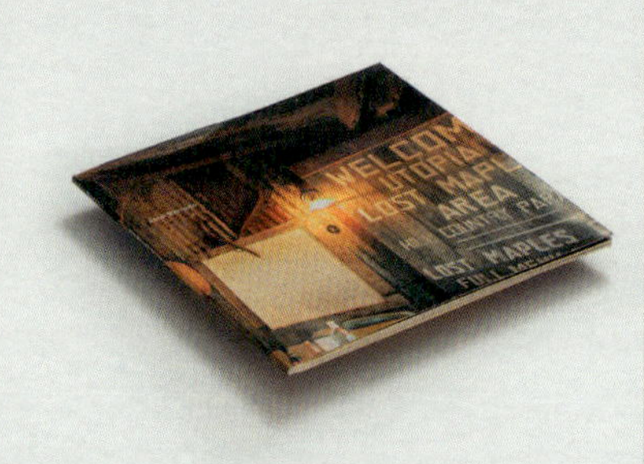

7 awards (Fotopres Fellowship, Laus Award '29, Best Photography Book at PHotoESPAÑA'02 for *Very Very Bad News*, Ministry of Culture Award for the best art book published in Spain for *Very Very Bad News*, *True Loving and other Tales* was chosen one of the best photography books of the year at PHotoESPAÑA'07, X Endesa Grant, *Welcome to Espaiñ* was chosen one of the best photography books of the year at PHotoESPAÑA'10, *Welcome to Espaiñ* was shortlisted for the *Prix du livre d'auteur* 2010 at *Les Rencontres d'Arles*, International Award in the category of Best Experimental Short Films at Arquitectura Film Festival of Santiago de Chile for *Hello Ms. Hock*).

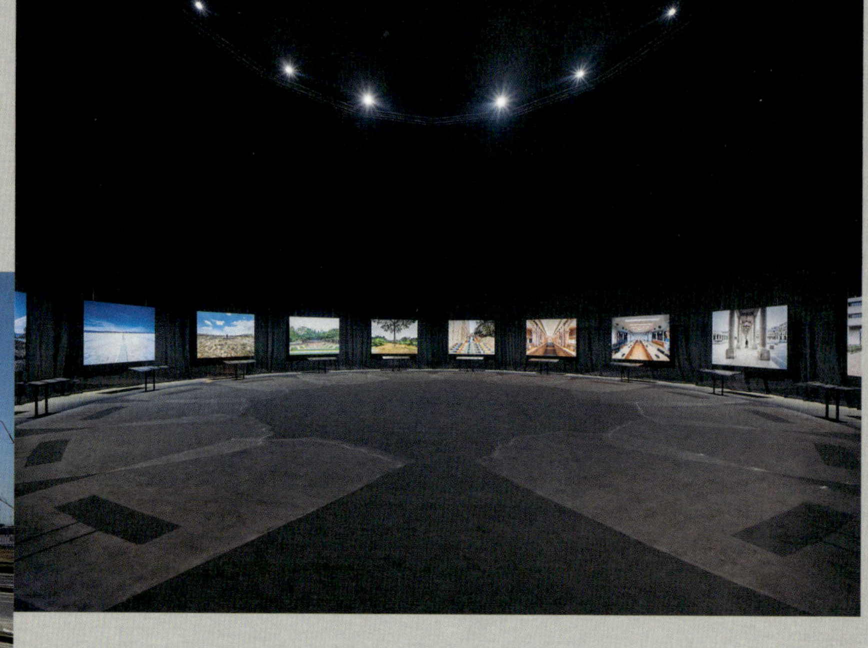

29 individual books published, and over 200 collaborative publications, 63 solo exhibitions and 115 group exhibitions, 203 public and private collections (Banc Sabadell Art Collection, MACBA, Bibliothèque Nationale de France, European Patent Office Collection, North Carolina Museum of Art, Deutsche Bank Collection, Fundació La Caixa, Agence Regionale du Patrimoine Provence-Alpes-Côte d'Azur, amongst others).

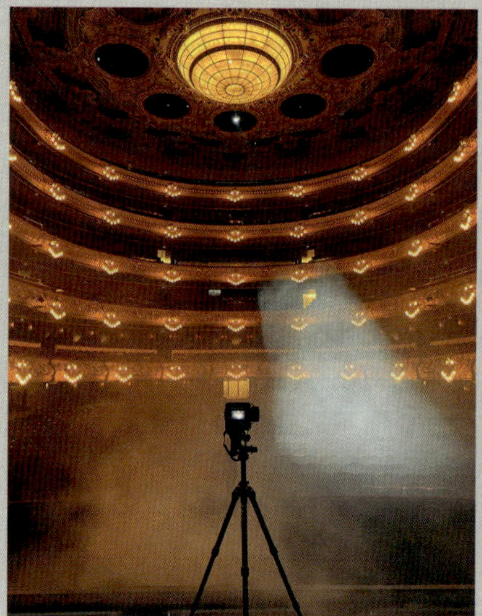

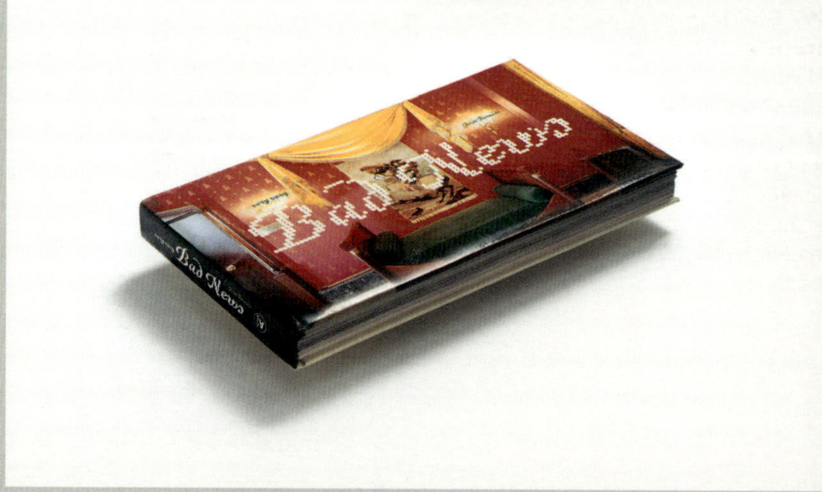

* If you would like to see a more complete and precise version of the artist's CV, please refer to: jordibernado.com

72 special commissions (amongst the most relevant ones: Stalking Detroit, Canada Coast to Coast, Nagoya Inn, Reims Patrimoines Revisités, Rathaaus Insbruck, Instant China, Riva di Garda).

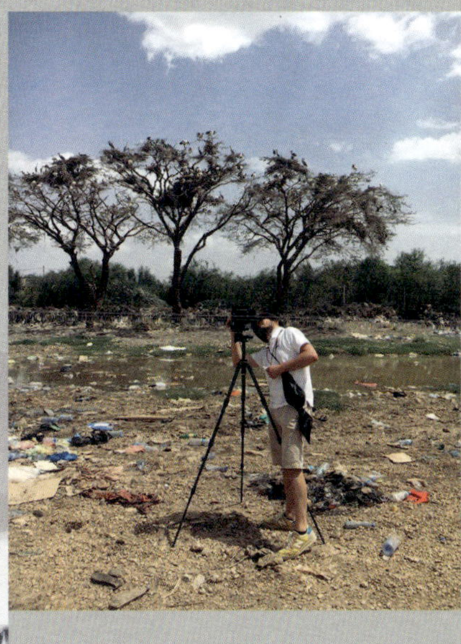

1 dessert named in his honour (the artist's grandest achievement according to Pepita Tarragona, his mother), 1 street promised to his name (in the town of Happy, Texas).

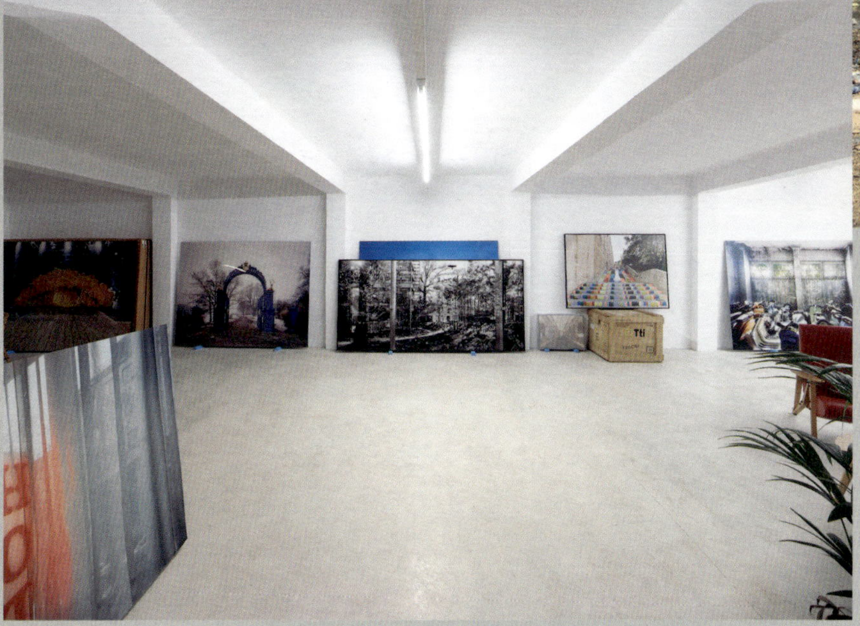

19 years with the same gallerist (a long and passionate love story).

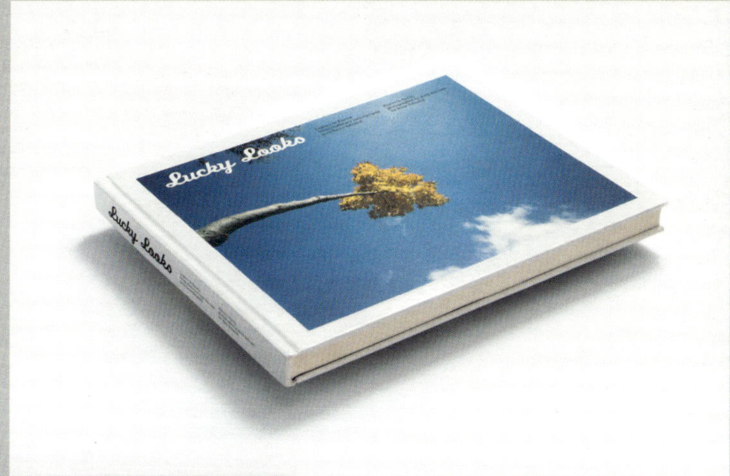

397 buildings by important architects photographed, 81 countries visited (0 conquered), 1,003 hotels (approximate value), 2 haunted rooms, 3 murders avoided (1 of which ended with the artist teaching three thugs how to shoot a camera in Detroit: so, 3 friends made), 1 expedition to the Congolese jungle, 1 malaria, 0 deaths (so far).

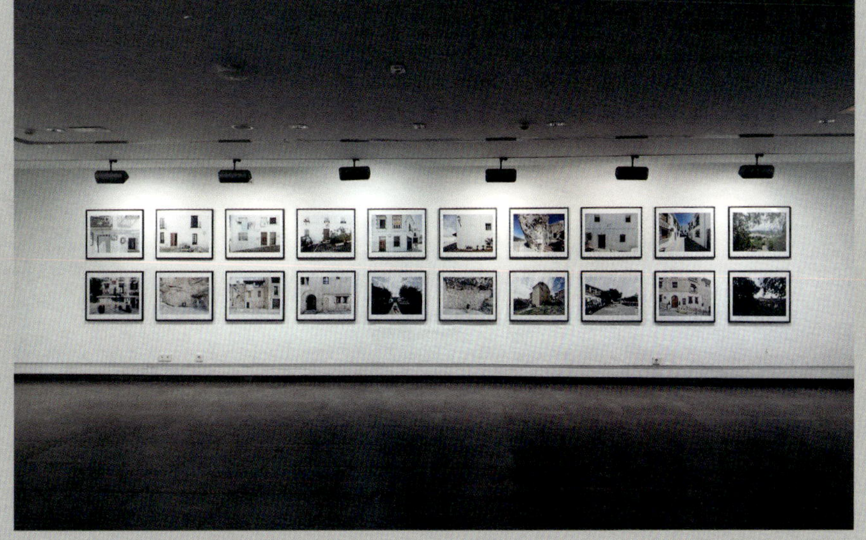

MUSEU NACIONAL D'ART DE CATALUNYA

EXPOSICIÓ / EXPOSICIÓN / EXHIBITION

Organització i producció / Organización y producción / Organisation and production
Museu Nacional d'Art de Catalunya

Direcció / Dirección / Direction
Pepe Serra

Autor / Autor / Author
Jordi Bernadó

Textos / Textos / Texts
Laura Ferrero

Conservadora de fotografia / Conservadora de fotografía / Photography curator
Roser Cambray

Museografia / Museografía / Museography
Lluís Alabern
Mireia Planas
Daniel Orrit
Cristina Portell
Pilar Vila

Disseny / Diseño / Design
PUIG · MIR. Arquitectura y diseño de espacio (Carles Puig, Maria Antònia Mir, Laia Girbau [col·laboradora / colaboradora / collaborator])

Estructura / Estructura / Structure
BASE DOS. (Guillem Gonzàlez, Maria Teresa Celda)

Il·luminació / Iluminación / Lighting design
ILM BCN S.L.
Jordi Moya Baringo, lighting designer

Disseny gràfic / Diseño gráfico / Graphic design
La Factoria

Les obres de l'exposició pertanyen a la Col·lecció d'Art Banc Sabadell

Las obras de la exposición pertenecen a la Colección de Arte Banco Sabadell

The artworks of the exhibition belong to the Banc Sabadell Art Collection

PUBLICACIÓ / PUBLICACIÓN / CATALOGUE

Edició / Edición / Publisher
Museu Nacional d'Art de Catalunya
Editorial Turner

Autor / Autor / Author
Jordi Bernadó

Textos / Textos / Texts
Alejandro Castellote
Laura Ferrero
Amanda Mauri

Traducció i correcció / Traducción y corrección / Translation and proofreading
Jordi Curell
Alan Moore

Disseny gràfic / Diseño gráfico / Graphic design
spread. David Lorente - Tomoko Sakamoto

Producció / Producción / Production
Turner
María José Fresneda

Crèdits fotogràfics / Créditos fotográficos / Photographic credits
Jordi Bernadó / Galeria Senda, excepte / excepto / excluding
Carles Puig, pp. 1, 3
Javi Broto, p. 39
Eugeni Bach, pp. 81, 186
Joan Deulofeu, pp. 102, 103

ISBN (TURNER): 978-84-18895-92-0
ISBN (MNAC): ISBN: 978-84-8043-386-0
DL: M-19023-2022

AGRAÏMENTS DE L'ARTISTA / AGRADECIMIENTOS DEL ARTISTA / SPECIAL THANKS FROM THE ARTIST

Miquel Molins
Montse Corominas
Col·lecció d'Art Banc Sabadell
Josep Maria Gassó
Gabriela Galcerán
Juanjo Lahuerta
Sergio Vila-Sanjuán
La Vanguardia
Victòria Quintana
Mateu Hernández
Anna Marqués
Kate Garvey
London Library
Blanche Carreras
Marina Cussó
The Stephen Hawking Foundation
Elizabeth A. Forrester
Anthea Bain
Alex Martínez
Delfina Gronda
Andrea Mas
Comunidad Warmi
Jorge Gronda
Gastón Arostegui
Martín Gronda
Francisco Mozetic
Paula Artés
Pili Riera
Metropolitan Museum of Art
Nuria Gironés
Soon-Yi Previn
Elsy Sánchez
Daniela Kreimer
Shabbir Ahmad
Elina Vilá
Ginés Górriz
Teresa Giménez Barbat
MB Agència Literaria
Mercedes Soler-Lluró
Isabel Coixet
Gran Teatre del Liceu
Isabel Segura
Carles Puig
Maria Antònia Mir
Alejandro Castellote
Chus Roig
Carlos Duran
Júlia Soler
Pepita Tarragona
Josep Bernadó
Joan Deulofeu
Amanda Mauri
Laura Ferrero

I molt especialment a / Y muy especialmente a / And especially to

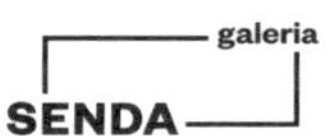